# 20세기의 매체철학

**20세기의 매체철학: 아날로그에서 디지털로**

초판 1쇄 발행 _ 2012년 8월 15일
초판 4쇄 발행 _ 2015년 4월 30일

지은이 _ 심혜련

펴낸이 _ 임성안
편집 _ 김미선 | 디자인 _ 지은미
펴낸곳 _ (주)그린비출판사 | 등록번호 _ 제313-1990-32호
주소 _ 서울시 마포구 동교로17길 7, 4층(서교동, 은혜빌딩) | 전화 _ 702-2717 | 팩스 _ 703-0272

ISBN 978-89-7682-384-7 93100

이 도서의 국립중앙도서관 출판시도서목록(CIP)은 서지정보유통지원시스템 홈페이지(http://seoji.nl.go.kr)와 국가자료공동목록시스템(http://www.nl.go.kr/kolisnet)에서 이용하실 수 있습니다. (CIP제어번호 : CIP2012003441)

Copyright ⓒ 2012 심혜련
이 책은 지은이와 (주)그린비출판사의 독점 계약에 의해 출간되었으므로 무단 전재와 무단 복제를 금합니다. 책값은 뒤표지에 있습니다. 잘못 만들어진 책은 서점에서 바꿔 드립니다.

그린비출판사 나를 바꾸는 책, 세상을 바꾸는 책
홈페이지 · www.greenbee.co.kr | 전자우편 · editor@greenbee.co.kr

이 저서는 2007년 정부(교육인적자원부)의 재원으로 한국학술진흥재단의 지원을 받아 수행된 연구입니다. (KRF-2007-812-A00065)

# 20세기의 매체철학

아날로그에서 디지털로

심혜련 지음

# 머리말

'저기'가 없어졌다. '저기'에 있던 모든 장소가 '지금' '여기'가 되었다. 몇 년 전 「점퍼」Jumper라는 영화를 보았다. 이 영화에서는 공간을 자유롭게 넘나들 수 있는 특별한 능력을 가진 '점퍼'가 등장한다. 이러한 능력을 가진 점퍼는 투명 인간과 더불어 누구나 한 번쯤은 꿈꾸었던 인간 유형일 것이다. 그런데 이러한 꿈들이 점차 실현되고 있다. 물론 다른 방식이긴 하지만, 자유롭게 공간을 뛰어넘기도 하고, 또 보고 있지만 보고 있다는 것을 감출 수도 있다. 아니, 때로는 보고 있다는 것을 노골적으로 드러내기도 한다. '내가 보고 있으니 조심해'라는 강압적 태도를 가지고 말이다. 그런데 문제는 이러한 보고 있음에 대해 무감각해지거나 또는 알아서 자기검열 체계를 작동시키는 데 있다. 감시의 일상화와 내재화가 가져온 무서운 결과다.

'여기가 된 저기' 공간에서는 이미지가 새로운 주체로 등장한다. 현실의 주체는 여전히 '지금' '여기'에 있지만, 또 다른 나, 즉 이미지화된 나는 '여기가 된 저기' 공간에서 일상의 많은 시간을 보낸다. 그러나 진짜 문제는 이게 아니다. 왜냐하면 이 새로운 공간이 본질적으로 이미지 공간이라는 사실을 우리는 알고 있기 때문이다. 문제는 현실의 내가 여전히 물질적으로 존재할 수밖에 없는 '지금'과 '여기'다. 이 공간에서조차 모든 것이 이미지라고 한다. 또 이미지가 모든 것을 지배한다고 한다. 나도 이미지로 인식되고, 다른 사람들과 사물들도 나에게 일차적으로 이미지로 다가온다. 중요한 것은 사람 됨됨이, 즉 본질이라고 지극히 도덕적으로 말하지만, 말하는 사람도 잘 안다. 이 말이 얼마나 허황된지를. 이미지와 본질 자체를 구분하는 것도 무의미해졌을 뿐만 아니라, 이미지가 본질을 압도하고, 더 나아가 이미지가 본질이 된다.

'여기가 된 저기' 공간을 지식의 바다가 아니라, 정보의 바다라고 한다. 이 넓은 바다에서 정보를 찾는 행위는 무엇보다도 중요하며, 여기서 정보를 찾는 것은 당연하다. 그렇다면 지식은? 지식정보사회라고 하는 지금, 사실 지식보다는 정보가 더 중요하며, 책을 읽는 행위보다 정보를 찾는 행위가 더 중요해졌다. 지식검색창에서 검색한 '정보'로 지식을 대신하고 있는 사람들이 도처에 있다. 정보를 독점해서 이를 지식권력으로 삼던 시대는 지나갔다. 정보는 어디에나 넘쳐나고, 누구나 쉽게 접근이 가능해졌으며, 이를 얼마나 빨리 찾고 창의적으로 가공하느냐가 중요한 능력으로 평가받게 되었다. 이 과정에서 지식의 심연은 점차 사라지고 있다.

이러한 문제의식이 지금에서야 새삼스럽게 제기되는 것은 결코 아니다. 다른 공간과 환영 공간에 대한 욕망, 본질이야 어떠하든 간에 겉으로 보기 좋게 보이는 이미지에 대한 욕망, 그리고 짧은 시간 안에 많은 지식을 갖고자 하는 욕망은 늘 있어 왔다. 그렇기에 이러한 욕망들에 대한 철학자들의 우려와 비판 또한 늘 있었던 것이다. 그런데 왜 이것이 새삼 문제인가? 그 이유는 이러한 욕망이 걷잡을 수 없을 정도로 커지고, 또 이러한 욕망을 실현할 수 있는 다양한 기제들이 등장했기 때문이다. 이 모든 변화의 중심에는 늘 매체가 있었다. 거의 모든 것이 매체에 의해서 재편되고 있다고까지 말할 수 있다. 그래서 새로운 매체가 등장하면, 이 새로움의 정체가 무엇인지, 그리고 그 매체가 가져온 본질적인 변화들은 무엇인지 고민할 수밖에 없다. 이 고민을 통해 현재 상황에 대해 이해하고, 또 문제가 있다면 그 해결점을 찾아야 한다. 물론 문제

제기뿐만 아니라, 긍정적 변화에 대한 정당한 평가도 해야 한다. 제대로 알아야 해결도 하고 더욱 발전시킬 수도 있는 것이다.

나의 문제의식 또한 여기서 출발한다. 불과 몇 년 전만 해도 지금의 매체 상황은 SF에서나 볼 수 있는 그러한 상상들에 불과했다. 그런데 상상이 현실이 된 것이다. 21세기가 시작된 지 10여 년이 지난 지금의 매체 상황을 단순히 '디지털 매체 시대'라고 하기에는 뭔가 부족하다. 개인용 컴퓨터로 상징되던 디지털 매체 시대는 이제 스마트폰과 태블릿PC 그리고 유튜브와 페이스북 시대로 접어들었고, 이러한 새로운 매체 상황에서는 무엇보다도 '사회적 소통 체계'가 중요한 관심으로 떠오르게 된다. 일종의 '포스트디지털'post-digital 시대가 온 것이다. 아마도 21세기의 매체철학은 이러한 매체 상황을 중심으로 전개될 것이다. 이 책은 제목 그대로 '20세기의 매체철학'에 대해 다루고 있다. 21세기의 매체 상황이 하루가 다르게 발전하고 있는 지금 말이다. 그러나 모든 철학이 그러하듯이, 그 이전의 담론을 마치 점퍼처럼 건너뛰거나 또는 지금 이 순간 벌어지고 있는 일들에 대해 곧바로 철학적 담론을 내놓을 수는 없다. 아무리 현실과 마주하고 있는 철학이라고 해도 말이다. 뿐만 아니라, 지난 철학이라고 해서 낡은 유물로 취급할 수는 없다. 디지털 이미지가 논의되는 지금, 우리는 플라톤의 이미지 이론이 여전히 중요하다는 것을 잘 알고 있다. 이 책에서 다루고 있는 매체철학도 마찬가지다. 어떤 이들은 여기서 다루는 이론들이 낡았다고 말할 수도 있다. 그렇기 때문에 지금의 매체 상황에 적용할 수 없다고 말이다. 그러나 이렇게 주장하는 사람들은 중요한 사실을 놓치고 있다. 여기서 다루고 있는 철학자들이 자신이 살았던 시대의 새로운 매체를 그 누구보다 치열하게 고민했다는 사실과, 이들의 문제의식은 여전히 보편적으로 유효하게 작용할 수 있다는 사실을 말이다. 새로운 매체가 낡은 매체와 변증법적 관계를 맺으며 또 다른 새로운 매체가 되듯이, 매체철학도 마찬가지다.

지금은 어느 누구도 매체를 단순히 도구나 수단 정도로만 여기지는 않는다. 매체는 환경이자 동시에 인간의 확장이 되었기 때문이다. 또 매체는 인간의 일상생활뿐만 아니라, 의사소통체계, 존재방식, 가치체계 그리고 사유방식에 이르기까지 많은 영향을 미치고 있다. 우리는 아날로그 매체적 인간과 디지털 매체적 인간, 그리고 21세기의 새로운 매체에 익숙한 인간이 서로 다르다고들 말한다. 정말이지 많이 다르다. 그러나 변하지 않는 사실은 인간이 매체를 통해 끊임없이 타인과 소통하려 한다는 점이다. 그래서 '나는 접속한다. 그러므로 존재한다'고까지 말하고 있는 것이다. 여기서 접속이 의미하는 바는 소통이다. 매체철학은 근본적으로 바로 이 소통 과정에서 발생하는 여러 가지 문제들을 다룬다. 소통하는 매체를 중심으로 해서, 소통의 과정과 결과 그리고 그것이 미치는 영향 등을 말이다.

    매체철학과 매체미학에 대해 구체적으로 관심을 갖게 된 것은 독일에서 박사논문을 쓰던 시기부터였다. 평소에 대중매체에 관심이 많았던 나는, 이 문제를 어떻게 철학과 연결시킬 수 있을지를 고민하곤 했다. 마음에 드는 연결점을 찾지 못해 방황하던 중에 벤야민의 매체이론을 접하게 되었다. 대중매체를 일방적으로 폄하하지 않고, 새로운 가능성을 가지고 다양한 각도에서 분석한 그의 글들은 그 당시 나에게 유일한 이론적 탈출구였다. 그 후 벤야민의 매체이론을 학위논문 주제로 삼아 연구하는 과정에서 나의 관심은 당연히 매체철학과 매체미학으로 확장되었으며, 또 이에 대한 연구를 진행하기도 했다. 학위를 마치고 귀국한 이후, 매체에 대한 강의를 하면서 우리말로 된 매체철학 책의 필요성을 절실하게 느꼈다. 특히 내 경우에는 주로 독일어권에 있는 철학자들을 중심으로 강의하고 연구했기 때문에 더욱 그러했다. 불행하게도 편향적인 영어 중심의 교육환경에서 독일어 텍스트를 읽고 토론한다는 것은 상상도 할 수 없었다. 지금은 사정이 좋아져서 매체에 관한 다양한 책들도 번역되었고, 또 국내에서도 많은 담론들이 나오고 있지만, 2000년대 초만 해도 '매체철학' 또는 '매체미학'은 생소한 개념이자 낯선 철학 분과였다. 나는 매체에 대한 연구와 강의를 하면서, 늘 언젠가 이에 대한 책을 써야겠다고 생각했다. 그리고 그 생각을 이제야 실현했다. 이 책에서 다루고 있는 매체철학자들은 자신이 살았던 매체 상황에 대해 치열하게 고민했던 이들이다. 중요한 것은 그들의 논의가 맞느냐 틀리냐가 아니다. 이들의 논의를 통해 지금 우리의 매체적 상황을 '사유'하는 것이 중요하다. 이들의 논의를 통하려면, 우선 이에 대한 이해가 있어야만 한다. 이 책이 그런 이해의 단초가 되었으면 좋겠다.

많은 사람들과 소통할 수 있는 글을 쓰는 것이 나의 꿈인데, 잘 실현되었는지는 모르겠다. 잘 안되었다면, 그것은 전적으로 내 잘못이다. 특히 소통을 중심으로 한 매체 문제를 다루는 책에서 소통이 불가능하다는 문제가 발생한다면 이는 더욱 불행한 일이 될 것이라고 생각한다. 이러한 불행한 사태를 막고자 애써 주신 그린비출판사의 김미선 씨에게 진심으로 감사한다. 그리고 게으를 때 게으름을 질책해 주고, 좌절과 무력감에 빠져 있을 때 힘을 준 남편 이창신에게 그 누구보다도 감사한다. 오랫동안 지고 있던 짐을 내려놓은 느낌이다. 늘 그러했듯이 짐을 내려놓았기 때문에 홀가분한 것이 아니라, 오히려 더 무거운 또 다른 짐을 지고 있는 듯하다. 내려놓으면, 또다시 생기는 이 짐들. 그 짐들에 더해지는 부끄러움들.

2012년 여름
심혜련

**차례**

머리말 · 5
서론 · 13

# 1부 / 아날로그 매체, 대중문화를 열다

1_ 들어가는 말 · 32

2_ 예술의 기술적 재생산과 아우라의 몰락 **발터 벤야민** · 38
들어가며 · 38 | 아우라란 무엇인가? · 42 | 새로운 예술 형식의 등장과 아우라의 몰락 · 56 | 사진: 이미지에 대한 민주적 접근 가능성의 확대 · 58 | 영화: 이미지 수용방식의 변화 · 62 | 광고: 시각적 촉각성의 체험 · 67 | 나가며 · 69

3_ 대중매체와 문화산업 **테오도어 아도르노** · 73
들어가며 · 73 | 사회비판이론으로서의 매체이론 · 76 | '관리되는 사회'에 대한 비판으로서의 예술 · 79 | '관리되는 사회'에 순응을 강요하는 문화산업 · 83 | 문화산업론이 가지는 의의 및 한계 · 90 | 나가며 · 94

4_ 텔레비전 시대의 실재와 가상의 문제 **귄터 안더스** · 97
들어가며 · 97 | 프로메테우스적인 부끄러움 · 99 | 팬텀이 지배하는 텔레비전 · 107 | 매트릭스가 된 세계와 그 세계 안에서의 대중 · 112 | 안더스 이후 텔레비전에 대한 논의 · 117 | 나가며 · 123

5_ 구텐베르크 은하계의 종말과 매체에 의한 인간의 확장 **마셜 맥루언** · 125
들어가며 · 125 | 구텐베르크 은하계의 종말 · 129 | 매체 형식과 매체 내용 · 133 | 매체에 대한 인식론적 분류: 뜨거운 매체와 차가운 매체 · 139 | 매체와 감각 · 143 | 나가며 · 149

6_ 기록매체와 정신분석 **프리드리히 키틀러** · 152
들어가며 · 152 | 1800년경의 기록체계: 문자를 중심으로 · 155 | 1900년경의 기록체계 1: 축음기와 실재계 · 163 | 1900년경의 기록체계 2: 영화와 상상계 · 169 | 1900년경의 기록체계 3: 타자기와 상징계 · 174 | 나가며 · 179

## 2부 / 디지털 매체, 새로운 존재방식을 열다

1_ 들어가는 말 · 184

2_ 시뮬라크르, 하이퍼리얼 그리고 실재 **장 보드리야르** · 190
들어가며 · 190 | 시뮬라크르의 세계 · 194 | 하이퍼리얼과 실재의 가상성 · 199 |
보드리야르 이후 실재와 가상에 대한 논의들 · 205 | 나가며 · 214

3_ 탈역사 시대의 기술적 이미지 **빌렘 플루서** · 216
들어가며 · 216 | 매체로서의 문자와 이미지에 따른 시대 구분 · 219 | 사진과
사진기 그리고 사진 찍기 · 224 | 의미복합체로서의 이미지에 대한 재평가 · 233 |
디지털 가상 구하기 · 237 | 나가며 · 241

4_ 속도에 의한 공간의 소멸과 편협된 시각의 강화 **폴 비릴리오** · 244
들어가며 · 244 | 속도에 의한 공간의 소멸 · 248 | 매체에 의한 공간의 소멸 · 252 |
편협된 시각체계의 강화 · 257 | 지각하는 신체의 해체와 전자적 판옵티콘의
등장 · 263 | 나가며 · 269

5_ 디지털 매체의 확산과 새로운 예술의 의미 **노르베르트 볼츠** : 272
들어가며 · 272 | 문자문화와의 결별 · 276 | 새로운 미학적 패러다임으로서의
감성학 · 282 | 디지털 매체 시대의 예술의 새로운 특징과 수용방식의 변화 · 286 |
새로운 예술: 예술의 종말 또는 확장 · 292 | 나가며 · 296

6_ 매체에 의한 시공간의 재편과 매체공간 **괴츠 그로스클라우스** · 299
들어가며 · 299 | 매체에 의한 공간의 재편 · 302 | 매체에 의한 시간의 재편 · 307 |
디지털 매체 공간: 사이버스페이스 · 312 | 나가며 · 321

참고문헌 · 324
찾아보기 · 338

| 일러두기 |

1 본문의 주석은 모두 각주로 달아 주었으며, 각주에 표기된 문헌들은 권말에 참고문헌으로 따로 정리했다.

2 단행본·전집·정기간행물 등은 겹낫표(『 』)로, 논문·회화·영화 등은 낫표(「 」)로 표시했다.

3 외국 인명이나 지명, 작품명 등은 2002년에 국립국어원에서 펴낸 외래어 표기법을 따랐다. 다만, 발터 벤야민, 칼 맑스, 마셜 맥루언, 판옵티콘 등은 관례와 저자의 원칙에 따라 표기했다.

# 서론

현대사회에서 매체의 역할은 매우 크다. 특히 이미지를 생산하는 다양한 아날로그 매체와 디지털 매체가 등장한 이후, 매체가 우리의 일상생활을 지배하고 있다고 해도 과언이 아니다. 현대인들의 대부분은 많은 여가시간을 매체가 만들어 내는 다양한 생산물들을 소비하면서 보낸다. 뿐만 아니라, 많은 지식과 정보도 매체를 통해 획득한다. 한편, 디지털 매체가 본격적으로 등장한 이후 이러한 상황도 변하기 시작했다. 즉 디지털 매체는 예전에는 매체 생산물의 단순한 소비자 또는 수용자에 머물렀던 사람들을 생산자의 지위로 끌어올렸다. 이제 많은 젊은 사람들은 매체적 산물을 단순히 즐기면서 여가시간을 보내는 것이 아니라, 스스로 다양한 매체 제작물들을 만들어 사이버스페이스에 전시한다. UCC 현상이 바로 그 예다. 이러한 놀라운 변화들과 새로운 현상들이 등장하고 있음에도 불구하고, 매체 현상에 대한 연구들은 주로 피상적이거나 경험적인 차원에서 논의되곤 했다. 그러나 이제는 매체 연구가 단지 이러한 차원에 머물러서는 안 된다. 잘 알려진 것처럼, 1960년대에 리처드 로티 Richard Rorty가 '언어적 전회' linguistic turn를 이야기한 이래, 새로운 패러다임이 요구될 때마다 전회가 논의되곤 했다. '매체적 전회'medial turn, '이미지적 전회'iconic turn 그리고 '공간적 전회'spatial turn 등이 바로 그것이다. 전회란, 단순히 사유 내용의 전회만을 의미하는 것은 아니다. 이는 오히려 사유방식의 전회까지도 포함한다. 각각의 전회는 언어, 매체, 이미지 그리고 공간을 새롭게 중요한 철학적 분석 대상으로 삼을 뿐만 아니라, 사유 그 자체를 언어적, 매체적, 이미지적 그리고 공간적으로 할 것을 요구한다. 매체적 전회도 마찬가지다. 매체적 전회의 관점에서 진행된 철학적 탐구는 1980년대 들어서 '매체철학' 또는 '매체미학'이라는 이름으로 철학 영역에서 본격적으로 진행되고 있다. 디지털 매체 등장 이후의 변화를 연구하는 '디지털 매체 철학' 또는 '뉴미디어 철학' 등이 바로 그것이다. 그러나 모든 철학은 이론적 전사를 무시할 수 없다. 그렇기 때문에 지금의 매체 상황을 철학적으로 분석하기 위해서는, 이전의 매체에 대한 철학적 검토가 필요하다. 이는 아날로그 매체에 대해 현재의 관점으로 연구하는 방식으로 진행될 수도 있고, 또 이미 아날로그 매체 시절에 이에 대해 분석했던 다양한 이론들을 재검토하는 방식으로 진행될 수도 있다.

이러한 연구 과정에서 몇몇 철학자들은 디지털 매체와 아날로그 매체 간의 차이점을 강조하기도 하고, 또 다른 철학자들은 이 둘 간의 유사성과 연속성을 강조하기도 한다. 연구들 간에 다소 차이는 있지만, 이러한 연구들은 매우 중요하다. 매체철학이라는 이름으로 매체라는 개념과 매체를 비롯한 도구에 대한 철학적 이해, 또는 더 나아가 기술과 물질 문명에 대한 고찰 등이 가능하기 때문이다. 뿐만 아니라, 개별적인 매체에 대한 철학, 예를 들어 사진 철학, 영화 철학, 디지털 매체예술 이론, 매체미학 등도 가능하다. 매체철학은 그 외연을 얼마든지 확장할 수 있다. 매체에 대해 관심을 갖고 있는 사람들은 자신의 학문 영역을 중심으로 자신이 관심을 갖고 있는 매체 영역과 연결해서 이에 대해 철학적 고찰을 할 수 있다. 뿐만 아니라, 철학 연구의 핵심이 되는 개념 연구를 기본으로 해서 '매체' 또는 '매개'에 대한 연구를 수행할 수도 있다. 또는 이를 철학사라는 차원에서 일종의 '매체사', '매체철학사' 또는 '매체고고학' 등의 분과로 특화시킬 수도 있다. 그런데 이러한 연구들에는 공통점이 있다. 즉 어떤 방법론을 가지고 어떠한 관점에서 매체를 철학적으로 탐구하든지 간에, 그들이 일종의 매체철학의 선행연구로 분석하는 몇몇 매체철학자들의 이론들이 있다. 현재 매체철학에서는 이러한 선행연구들을 자신의 방법론과 관점에 따라 재해석하고 이를 현재의 디지털 매체에 확대해서 적용하기도 한다.

따라서 나는 매체철학적 탐구를 구체적으로 시도하기 전에 먼저, 매체철학에서 중요하게 다루는 매체철학자들의 이론들을 분석하고자 한다. 이는 본격적인 매체철학적 담론 형성에 있어 매우 중요한 작업이라고 생각한다. 왜냐하면 이러한 작업이 다양한 매체이론들에서 언급되고 있는 철학자들의 논점이 구체적으로 무엇이며, 이들의 논의가 현재의 매체 상황에서 어떻게 철학적으로 유효한가를 살펴보기 위해서는 반드시 필요한 선행연구라고 생각하기 때문이다. 또 이 책에서는 몇몇 개념들을 중심으로 철학자들의 이론을 비교 검토하기보다는 각각의 철학자들을 분리해서 분석했다. 그 이유는 이 책에서 다루고자 하는 철학자들이 구체적으로 매체란 무엇인가라는 개념 규정 작업을 명시적으로 하기보다는, 자신의 매체 분석에서 이런 규정을 전제하고 시작하기 때문이다. 이 책에서 다루는 매체철학자들의 공통점이 있다. 그것은 바로 매체를 결코 도구나 수단으로 협소화해서 이해하지 않는다는 것이다. 그렇기 때문에 이들이 비록 명확하게 매체란 무엇인가라는 개념적 작업을 하지 않았다고 하더라도 매체 그 자체에 대한 철학적 분석을 시도했다고 볼 수 있다.

매체철학과 매체미학은 1980년대부터 독일어권을 중심으로 논의되기 시작한 새로운 학문적 시도다. 독일에서 '매체철학'이라는 이름으로 매체에 대한 분석을 시도했다면, 프랑스와 몇몇 독일어권 논자들은 '매개학'Mediologie이라는 이름으로 이러한 시도를 한다. 내가 볼 때는 둘 다 문제 영역과 문제 설정이 그다지 다르지 않다. 즉 어떤 명칭을 선택하든지 간에 이들은 현대사회에서 매체가 가지고 있는 파급력과 영향력에 주목하고, 이를 적극적으로 철학이나 미학과 연결시키려 했다. 철학이 현실과 무관할 수 없다는 대전제 아래, 이들은 매체가 가져온 현실세계의 변화에 주목하고 이를 철학적으로 접근해 들어간다. 여기서 더 나아가 매체철학은 매체와 사유의 관계, 그리고 특정 매체 시대에 그 매체를 사용하는 주체의 변화 등에 주목한다. 좀더 세분화해서 말하자면, 매체미학은 이런 문제들과 더불어 매체와 지각 작용의 상관관계, 그리고 매체로 인한 예술작품의 생산과 수용의 변화 등에 주목한다.

이 책에서는 '20세기의 매체철학'이라는 제목 아래, '아날로그 매체 시대'와 '디지털 매체 시대'를 구분하고, 각각의 시대의 핵심적인 매체철학들을 검토할 것이다. 20세기에 본격적으로 등장한 아날로그 매체는 기본적으로 대중매체의 시대를 개시함과 동시에 시각문화의 발전을 가져왔다. 따라서 아날로그 매체를 분석한 대부분의 초기 이론들은 대중문화에 대해 논의함과 동시에 문자문화에서 이미지 중심의 시각문화로의 전환이 의미하는 바를 분석하고 있다. 대표적으로 발터 벤야민Walter Benjamin과 테오도어 아도르노Theodor Adorno의 논의가 그것이다. 이 둘은 대중매체와 대중문화의 등장에 대해 매우 날카롭게 분석했다. 이들은 모두 비판이론Kritische Theorie이라고 불리는 사상을 중심으로 작업했던 프랑크푸르트 학파의 대표적인 철학자들이다. 아날로그 매체와 관련한 논쟁에서 매우 중요한 이 두 명의 철학자들은 많은 이론적 교감에도 불구하고 대중매체와 대중문화에 대한 평가에서는 서로 다른 전망을 가지고 있었다. 따라서 이 책에서는 먼저 벤야민의 이론을 '예술의 기술적 재생산과 아우라의 몰락'을 중심으로 분석할 것이다. 그다음 아도르노의 이론을 '대중매체와 문화산업'을 중심으로 분석할 것이다.

잘 알려진 것처럼 벤야민은 대중매체와 대중문화를 이야기할 때, 자주 언급되는 대표적인 철학자다. 특히 그의 논문 「기술 재생산 시대의 예술작품」[1]은 아마도 이 분야에서 가장 많이 인용되고 있는 논문일 것이다. 또 기술 재생산 시대인 아날로그 매체 시대뿐만 아니라, 현재 디지털 매체 시대에도 그의 문제의식은 아직도 많은 영향력을 행사하고 있다. 따라서 벤야민을 다룬 장에서는 벤야민 이론을 중심으로 대중매체에 대한 그의 전망과 대중매체와 예술의 관계 문제를 주로 '아우라의 몰락'이라는 관점에서 파악할 것이다. 이와 더불어 대중매체가 가져온 예술 수용의 문제를 집중적으로 다루면서, 새로운 형식의 예술의 가능성과 수용자의 수용 태도 간의 상관관계에 대해 분석할 것이다. 벤야민에게 예술은 분명 사회적 산물이다. 그는 사회를 구성하고 있는 매체 상황이 변화하면, 그 매체 상황에 부응하는 새로운 예술 형식이 등장하며, 또 새로운 예술 형식은 새로운 수용방식을 요구한다고 보았다. 그에게 새로운 예술 형식이란, 바로 사진과 영화다. 이 중에서도 새로운 수용방식을 요구하는 가장 강력한 것은 영화이

---

1) 벤야민의 국역본에서는 주로 '재생산'보다는 '복제'라고 번역하고 있다. 그러나 나는 이 책에서 재생산이라는 개념을 사용하고자 한다. 그 이유는 먼저 벤야민이 복제(Kopie)라는 용어를 사용하지 않고 재생산(Reproduzierbarkeit)이라는 용어를 사용하고 있기 때문이다. 또 다른 이유는 일반적으로 복제라고 했을 때, 우리는 그대로 똑같이 복제하는 것을 생각할 수 있기 때문이다. 그러나 벤야민이 이야기하는 재생산에는 그대로 똑같이 복제하는 것 외에도 부분적으로 한 부분만 취해서 사진 또는 영화로 재생산하는 것도 포함되어 있다.

다. 이 책에서는 이러한 벤야민의 논의와 그의 논의가 갖는 현재적 의의에 대해 살펴볼 것이다.

그다음에는 아도르노의 이론을 주로 문화산업 이론을 중심으로 분석할 것이다. 아도르노는 대중매체의 발전이 가져온 변화를 '문화산업'이라는 용어로 파악했다. 지금은 문화산업이라는 용어가 대중적으로, 그것도 매우 긍정적인 의미에서 우리가 추구해야 하는 문화와 산업의 방향이라는 측면에서 제시되고 있지만, 아도르노가 처음 이 용어를 사용했을 때에는 지금과 같은 의미는 아니었다. 그는 문화산업이라는 용어를 통해 대중매체의 발전이 문화예술 영역에 미친 영향을 매우 부정적으로 평가했다. 벤야민과는 달리 아도르노에게 문화산업은 문화예술의 확산이 아니라 몰락이며, 또 벤야민이 긍정적으로 평가했던 '아우라의 몰락'은 문화예술 영역에서 일어나서는 안 되는 비극적 현상이었던 것이다. 따라서 아도르노 이론을 분석하는 장에서는 아도르노가 말하는 문화산업이란 무엇이며, 그가 왜 문화산업을 예술의 몰락으로 보았는지를 살펴볼 것이다. 이러한 작업을 하기 위해서는 먼저 아도르노의 예술관에 대한 논의가 필요하다. 그러므로 그가 말하는 '진정한 예술'이란 무엇이며, 이것이 어떻게 문화산업에 의해 퇴행되고 있는지, 또 예술 수용자들을 어떻게 퇴행의 길로 이끌고 있는지를 살펴볼 것이다.

벤야민과 아도르노, 이 두 철학자에 대한 평가는 대중문화에 대해 긍정적이냐, 부정적이냐에 집중되곤 했다. 벤야민은 대중문화에 대해 매우 낙관적인 의견을 가지고 있는 철학자로, 반대로 아도르노는 대중문화에 대해 매우 비판적인 의견을 가지고 있는 엘리트 중심의 철학자로 말이다. 그러나 논의의 초점이 여기에만 맞춰져서는 안 될 것이다. 둘 다 매체의 변화에 주목함과 동시에 매체에 의해 매개되는 문화의 변화에 주목하고 이를 분석했기 때문에, 단순히 내용만 가지고 대중문화를 판단했다고 보기는 어렵다. 또 대중문화와 예술의 상관관계에 대해서도 탁월한 연구 결과를 남겼으므로, 보다 다양한 측면에서 이 둘의 이론을 비교 분석하는 작업이 필요하다고 본다.

그다음 다루고자 하는 철학자는 귄터 안더스Günther Anders다. 그는 많은 면에서 아도르노의 이론을 계승하고 있다고 볼 수 있다. 아도르노가 문화산업이라는 이름 아래 대중매체에 대해 매우 비판적인 입장을 견지하고 있었던 것처럼 안더스 역시 그러하다. 차이점이 있다면 아도르노가 주로 대중음악과 영화를 중심으로 비판하고, 또 진정한 예술이라는 관점에서 문화산업 전반을 '예술의 탈예술화' 현상으로 보았던 반면, 안더스의 주된 비판의 대상은 텔레비전이라는 점이다. 이는 그의 이론이 1950년대의 문화 현상을 중심으로 진행되었다는 데서 기인한다. 또한 아도르노가 '관리되는 사회' 안에서 비판적 기능을 할 수 있는 예술을 기대했기 때문에 문화산업을 비판했던 것과는 달리, 안더스는 텔레비전 이미지를 중심으로 실재와 가상의 문제를 다룬다. 그는 텔레비전 시대를 제2의 산업혁명 시대라고 규정하고, 이 시대에 적응하지 못하는 인간의 상황을 '인간의 골동품성'이라고 규정한다. 그리고 이러한 인간이 텔레비전 시대에 어떻게 혼란을 겪게 되는지를 서술한다. 안더스 이론의 핵심은 텔레비전이 만들어 내는 '팬텀'Phantom이 결국 실재를 지배하게 된다는 데 있다. 그는 단지 텔레비전만을 중심으로 이러한 상황을 분석하는 것이 아니라, 더 나아가 기술 그 자체에 대해 문제를 제기한다.

벤야민이 매체 형식의 변화와 이로 인한 지각의 재편 문제를 중심으로 예술 수용의 문제를 다루고, 아도르노와 안더스가 주로 매체 내용을 중심으로 대중매체를 비판했다면, 마셜 맥루언Marshall McLuhan은 다른 각도에서 매체를 분석한다. 맥루언은 그동안의 매체이론이 주로 매체의 내용을 중심으로 진행되었다고 지적하면서 이를 비판한다. 그는 내용이 아니라 형식을 중심으로 매체를 파악할 것을 요구한다. 이러한 관점에서 그는 기존의 매체 형식에 의거한 문화를 문자를 중심으로 한 '구텐베르크 은하계' Gutenberg Galaxy라고 하면서, 새로운 전자 매체에 의해 이러한 은하계가 몰락했음을 명시한다. 그는 구텐베르크 은하계 몰락의 의미를 밝히며, 새로운 매체 시대가 도래했음을 선언하고 이를 지지한다. 뿐만 아니라, 그는 매체를 단지 수단이나 도구 또는 매개물이나 중개자로 보는 입장에서 벗어나, 매체를 인간의 감각과 연결시켜 이를 '인간의 확장'으로 파악한다. 이는 매체를 인간과 연결시키는 매체인간학적 입장이라고 볼 수 있다. 맥루언의 이론을 철학적 관점에서 보았을 때, 이론적 엄밀성이 떨어지는 것은 사실이다. 그렇기 때문에 그의 이론이 가지는 중요성에도 불구하고, 매체 '철학'으로 다루어지기보다는, 그저 매체를 다루는 하나의 이론으로 취급되기도 한다. 그러나 맥루언이 매체를 인간, 특히 감각 및 지각과 연결시켜 파악하고 있다는 점은 현대의 매체철학 또는 감성적 지각을 강조하는 매체미학과 직접 연결될 수 있다.

    아날로그 매체를 다룬 부분에서 마지막으로 다룰 철학자는 바로 프리드리히 키틀러Friedrich Kittler다. 앞서 다룬 철학자들과 달리 키틀러는 가장 최근까지 왕성하게 이론적 활동을 하고 있는 매체철학자였다. 뿐만 아니라, 현재 매체를 둘러싼 담론에서 가장 논쟁적인 이론을 전개하기도 했다. 그러나 그의 이론의 중요성에도 불구하고 국내에서는 그의 이론에 대한 논의가 거의 이루어지지 않고 있다. 사실 그는 문자문화에 대한 분석에서 시작해서, 아날로그 매체를 거쳐 현재 진행 중인 디지털 매체에 이르기까지 매우 광범위한 매체 영역들을 분석한다. 그렇기 때문에 그의 이론을 아날로그 매체 이론의 범주에 넣어서 분석하는 것은 사실 문제가 있다. 그의 매체이론을 정확히 이해하고 비판하기 위해서는 컴퓨터를 중심으로 한 디지털 매체에 대한 논의가 이루어져야 하기 때문이다. 그러나 이 책에서는 논의의 범위를 좁혀 그가 분석한 아날로그 매체와 정신분석학적 패러다임의 상관관계를 중심으로 논의할 것이다. 키틀러는 20세기에 등장한 대표적인 아날로그 매체로 축음기, 영화 그리고 타자기를 꼽으면서, 축음기는 소리를, 영화는 이미지를 그리고 타자기는 문자를 기록한다고 보았다. 그에게 무엇보다도 중요한 것은 그 시대의 기록매체들이었다. 그는 이들의 기록 방식을 분석하는 것에서 나아가 이들 각각을 라캉의 정신분석학적 패러다임과 연결시킨다. 축음기는 실재계와, 영화는 상상계와 그리고 타자기는 상징계와 연결시켜서 아날로그 매체들이 어떻게 이러한 정신분석학적 패러다임을 대체하고 있는지를 보여 주고 있다.

키틀러는 디지털 매체 시대에는 이러한 매체적 분리가 해체된다고 보았다. 딱히 키틀러의 이론을 비롯한 매체철학적 관점을 취하지 않더라도, 즉 상식적으로 생각해 보아도, 디지털 매체의 특징은 여러 가지 분리된 매체를 하나로 통합하는 복합매체라는 점을 알 수 있다. 아날로그 매체가 대중매체라는 형태로 대중문화를 형성했다면, 디지털 매체는 개인용 컴퓨터와 태블릿PC 등 일인매체를 통해 이전과는 또 다른 개인매체 문화를 형성했다. 그런데 이 개인매체 문화는 동시에 대중문화이기도 하다. 이러한 매체 상황 속에서 디지털 매체는 그것이 소리든, 이미지든 또는 문자이든 간에 디지트digit라는 비물질적인 정보의 형태로 모든 것들을 기록하고 전송한다. 디지털 매체의 등장 이후 본격적인 매체철학이라는 분야가 등장했는데, 이는 디지털 매체가 우리의 일상생활과 문화예술 그리고 사유에 미친 영향이 그만큼 크다는 것을 의미하기도 한다. 그래서 몇몇 이론가들은 디지털 매체를 완전히 새로운 매체라고 보면서, 이 새로움의 정체가 무엇인지를 밝히려고 한다. 반면 또 다른 몇몇 이론가들은 디지털 매체가 가지고 있는 새로움이란 사실 이전의 매체 시기에도 있었다고 주장하기도 한다. 이 둘 중 어느 입장을 택하든지 간에 현대사회에서 디지털 매체가 가진 위력이 거의 혁명적임을 인정하는 데서 이론적 분석을 시작하려 한다.

디지털 매체 부분에서 가장 먼저 다루고자 하는 철학자는 장 보드리야르Jean Baudrillard다. 보드리야르의 이론은 딱히 디지털 매체 시대로 한정할 수는 없다. 왜냐하면 그의 매체이론은 아날로그 매체에서 디지털 매체 전반을 아우르고 있기 때문이다. 그러나 그의 이론에서 이야기하는 매체의 몇몇 특징은 디지털 매체에 의해 아주 잘 드러나고 있으며, 또 그의 이론에 대한 논쟁들이 특히 디지털 매체 논의와 맞물려서 활발하게 진행되었기 때문에, 그의 이론을 디지털 매체 이론의 범주에 넣어 분석하는 것이 더 타당하다고 본다. 보드리야르의 이론은 어떤 측면에서는 아날로그 매체 시대에 텔레비전을 중심으로 실재와 가상의 문제를 분석했던 안더스의 이론과 같은 이론적 궤도에 있다고 볼 수 있다. 왜냐하면 보드리야르 또한 매체를 둘러싼 핵심 문제를 바로 실재와 가상의 문제로 보았기 때문이다. 그러나 이 둘이 비판하고자 하는 핵심은 전혀 다르다. 안더스가 실재가 가상에 의해 지배받게 된 상황을 비판했다면, 보드리야르는 우리가 실재라고 믿었던 것의 가상성을 폭로했다. 가상은, 실재가 가상임을 감추기 위한 고도의 전략으로서 필요하다는 것을 드러내고자 했던 것이다. 따라서 이 책에서는 보드리야르가 새롭게 제시하는 시뮬라크르Simulacre과 하이퍼리얼Hyperreal이라는 개념을 중심으로 그가 이야기하는 실재의 가상성이 무엇을 의미하는지에 대해 살펴볼 것이다.

그다음 논의하고자 하는 철학자는 빌렘 플루서Vilém Flusser다. 그는 디지털 매체 시대를 자신만의 확고한 철학 체계를 중심으로 고찰했다. 그는 때로는 유럽의 맥루언이라고 불리면서 맥루언의 이론과 비교되기도 하는데, 이런 비교는 플루서의 입장에서 보면 조금은 억울할 것이다. 왜냐하면 맥루언에 비해 플루서는 훨씬 체계적이며, 방법론적인 측면에서 현상학을 포함한 다양한 철학적 방법론을 적극 사용하기 때문이다. 그럼에도 불구하고 맥루언과 종종 비교되는 이유는 아마도 전자 시대에 대해 맥루언이 매우 낙관적인 입장을 가지고 있었듯, 플루서 역시 디지털 매체 시대에 대해 그에 못지않은 낙관적인 입장을 가지고 있기 때문일 것이다. 플루서는 이러한 낙관적인 입장을 바탕으로 매체를 통해 역사를 재구성한다. 즉 문자가 등장하기 전에 이미지를 중심으로 한 시대를 '역사 이전의 시대', 문자가 등장하고 이를 중심으로 한 시대를 '역사 시대', 그리고 마지막으로 기술적 장치들이 등장하고 이들을 기반으로 한 기술적 이미지가 등장한 시대를 '탈역사 시대'로 분류한다. 그에게 핵심은 이미지, 특히 탈역사 시대에 기술장치로 만들어진 기술적 이미지다. 이를 전제로 해서 그는 이미지 전반에 대한 이론에서 더 나아가 디지털 가상을 중심으로 가상에 대한 재평가를 시도한다. 따라서 이 책에서는 플루서의 이러한 시대 구분의 의미와 기술적 이미지의 대표 주자라고 할 수 있는 사진에 대한 그의 이론을 중점적으로 분석하고, 디지털 이미지가 어떻게 긍정적으로 평가될 수 있는지를 살펴볼 것이다.

그다음은 폴 비릴리오Paul Virilio에 대한 분석이다. 그는 현재 매체를 중심으로 가장 엄격하게 또는 가장 비관적인 입장에서 매체 상황을 분석하는 철학자이다. 그는 전반적인 매체 상황에서 새로운 학문인 '질주학' Dromology을 제시하고, 이 질주학을 중심으로 어떻게 속도가 공간을 소멸시키는지에 대해 설명한다. 더 나아가 이미지와 강화된 시각체계가 인간의 지각을 어떻게 재편하고 있는지, 이 재편이 의미하는 바는 무엇인지를 설명하고 전망한다. 그 전망은 매우 암울하다. 그가 제시하는 질주학은 속도를 매개로 한 일종의 정치사회 비판이론이다. 속도를 중심으로 권력이 어떻게 이동하고, 또 매체를 소유한 자들이 어떻게 권력의 소유자가 되는지를 비판적으로 고찰하기 때문이다. 뿐만 아니라, 그의 이러한 이론은 일종의 미학이론이기도 하다. 그는 매체와 속도의 발전에 의해서 발생하는 이미지들의 특징을 '사라짐'이라고 규정하고, 이를 '사라짐의 미학'이라고 부른다. 따라서 이 책에서는 비릴리오의 이론을 속도와 시공간의 소멸, 그리고 이미지 문제와 더불어 현재 뜨거운 감자로 논의되고 있는 감시 카메라와 관련지어 고찰할 것이다.

비릴리오의 관점과는 전혀 다르게 지금의 디지털 매체 상황에 대해 매우 낙관적인 입장을 표명하고 있는 철학자 중 한 명이 바로 노르베르트 볼츠Norbert Bolz다. 그는 디지털 매체에 대해 우려하는 많은 사람들을 일종의 문맹인으로 취급한다. 즉 낡은 매체의 패러다임에 갇혀 새로운 매체를 받아들일 마음도 없고, 또 새로운 매체의 특징을 알지도 못하는 사람들이라고 말이다. 더 나아가 그는 특히 디지털 매체의 확산과 예술의 문제를 연결해서, 디지털 매체의 확산이 결국 전통적 의미에서의 예술의 종말을 가져올 것이라고 보았다. 이때 예술의 종말이 의미하는 바는 바로 예술의 확대이기도 하다. 그는 벤야민이 대중매체에 대해 가졌던 전망과 태도를 중심으로 디지털 매체 시대의 새로운 예술론을 논의한다. 그는 이러한 논의방식을 '매체미학'과 연결시켜, 매체미학이란 무엇이며, 왜 매체미학이 현재의 상황에서 지배적인 이론이 될 수밖에 없는지를 이론적으로 보여 주고 있다. 따라서 이 책에서는 그가 주장하는 새로운 예술론의 내용이 무엇이며, 그것이 함축하고 있는 의미는 무엇인지를 구체적으로 살펴볼 것이다.

이제 마지막으로 다루고자 하는 철학자는 괴츠 그로스클라우스$^{Götz}$ $^{Großklauss}$이다. 그의 이론의 핵심은 매체로 인한 시공간의 재편 문제다. 그가 문제 삼고 있는 시공간은 추상적이며 과학적인 시공간이 아니라, 일종의 사회적 시공간이자 일상적 시공간이다. 그에 따르면, 사회적 시공간은 보편적이며 절대불변하는 것이 아니라, 사회적으로 구성되는 것이다. 그렇기 때문에 그는 매체에 의해서 사회적 시공간이 새롭게 재구성될 수 있다고 보았다. 이런 측면에서 본다면, 그를 비릴리오의 이론적 후계자라고 볼 수도 있을 것이다. 그러나 그가 매체를 중심으로 한 시공간의 재편 문제를 다루었다고 해서 단순하게 비릴리오의 이론적 후계자로 보는 것은 무리가 있다. 분석 끝에 다다른 결론 또는 전망이 다르기 때문이다. 비릴리오는 공간의 소멸을 이야기하면서 이를 비판했지만, 그로스클라우스는 단지 '재편'만을 이야기했다. 그는 여기서 더 나아가 '매체공간'에 대해 분석을 한다. 이는 순수하게 매체로 인하여 성립된 공간으로, 즉 일종의 사이버스페이스 또는 가상현실이라고 할 수 있다. 그로스클라우스는 이러한 매체공간에 대해 긍정적인 입장을 내놓는다. 그에 따르면, 매체공간인 사이버스페이스는 이전의 공간과는 다른 특징을 가지고 있으며, 또 한마디로 규정하기 어려운 '하이브리드한 공간'이기도 하다. 장르 간의 경계, 생산자와 수용자 간의 경계 등을 해체하고 이를 융합하는, 이러한 하이브리드한 공간을 그는 긍정적으로 평가하고 있다.

위에서 언급한 철학자들은 공통적으로 자신의 시대에 새롭게 등장한 매체 현상을 분석했다. 그것에 대해 부정적인 입장을 취하든 긍정적인 입장을 취하든 간에, 그들은 자신의 시대에서 사람들의 소통방식과 그 소통방식을 위한 매체에 대해 적극적인 사유를 시도한 것이다. 현대의 매체 변화는 그 어떤 시대보다도 극적이다. 자신의 모습을 드러낸 지 얼마 안 된 새로운 매체가 지배적인 매체가 되는 경우도 있지만, 한편으로 새로운 매체가 등장했다고 해서 낡은 매체가 사라지거나 이전과 다른 역할만을 추구하는 것은 아니다. 지금 우리가 살고 있는 사회에서는 아주 다양한 매체가 공존하며, 각각의 매체들에 대한 전망도 다르다. 예를 들어서 공공 교통수단인 지하철이라는 공간을 보자. 지하철은 매체와 인간의 관계들, 그리고 새로운 매체들의 모습을 날것으로 보여 주는 공간이다. 혼자 있건 여럿이 있건 간에 지하철에 있는 거의 모든 사람들은 자신만의 매체를 가지고 있다. 또 그 매체를 가지고 지하철이라는 공공 공간에서 사적인 의사소통을 한다. 어떤 이는 휴대전화로 통화를 하고, 어떤 이는 문자를 주고받고 있으며, 어떤 이는 영상을 보고 있고, 또 어떤 이는 음악 또는 게임에 열중하고 있다. 현재 같은 공간에 있다는 것과 어디론가 자신의 목적지로 향하고 있다는 공통점만 가진 채, 지하철에 있는 많은 사람들은 개인매체들을 가지고 소통하고 있다. 뿐만 아니라, 지하철을 타고 친구들과 이동하는 사람들은 언어와 많은 몸짓들을 통해 서로 소통하고 있기도 하다. 또 다른 한쪽에서는 묵묵히 신문이나 책을 보고 있는 사람들도 있다. 약간 과장하여 말하자면 지하철 한 칸이라는 좁은 공간에서 우리는 인류의 등장과 더불어 지금까지 출현한 다양한 매체들을 거의 다 볼 수 있다.

  이런 모습은, 공공 공간뿐만 아니라, 가정이라는 사적 공간에서도 별반 다르지 않다. 집에서 공동으로 쓰는 전화는 이미 오래전에 별로 의미가 없게 되었다. 가정에서도 어린아이와 노인들을 제외하고는 거의 모두 휴대전화 및 개인매체를 가지고 있다 해도 과언이 아니다. 디지털 매체는 이러한 개인매체 시대를 여는 근거가 되었다. 디지털 매체는 현재의 관점에서 본다면 지극히 '새로운 매체'이다. 그러나 매체의 역사에서 알 수 있는 것처럼, 영원히 새로운 매체는 없다. 지금 새로운 매체라 하더라도 언젠가는 낡은 매체가 되기 때문이다. 뿐만 아니라, 새로운 매체가 낡은 매체가 되기까지의 시간은 점점 짧아지고 있다. 내가 지금 어떤 매체를 구입하자마자, 그것은 곧바로 낡은 매체가 되었다고 말할 수 있을 정도다. 그렇다면, 낡은 매체가 된 매체들은 낡았다는 이유로 소멸하는가? 그것은 결코 아니다. 말과 문자, 그리고 라디오, 텔레비전, 영화로 대표되는 아날로그 매체가 낡은 매체이긴 하지만, 결코 사라지지는 않았다. 낡은 매체들은 때로는 향수를 자극하면서, 그 모습 그대로를 온전히 보존하기도 한다. 말다움, 문자다움, 그리고 아날로그 매체다움을 훼손당하지 않은 채 그 '-다움'을 특징으로 새로운 매체들 속에서 자신만의 특징을 보존하고 있으며, 또 그것을 수용하는 '매니아' 층들이 존재한다. 사실 새로운 매체들이 등장할 때마다, 낡은 매체들을 중심으로 매체적 위기가 논의되곤 했다. 문자의 등장이 말 그리고 이를 기반으로 한 지식세계를 위협할 것이라는 논의도 있었고, 또 텔레비전의 등장이 영화에 위협이 될 거라는 우려도 있었다. 그러나 디지털 매체 시대라고 하는 지금, 그 어느 것도 사라지지 않았다. 다만, 영향력의 차이는 존재한다. 그 영향력의 차이는 바로 역할의 차이에서 비롯되는 것이다. 이전에는 지식 전달에 있어서 지배적인 매체였던 것들이 이제는 그 역할을 다른 새로운 매체에게 넘겨주고, 자신은 다른 영역, 즉 취미나 취향의 영역에 남아 있기도 한다. 그것이 다는 아니다. 낡은 매체 형식은 새로운 매체에게 내용으로 존재하기도 한다. 또 낡은 매체도 새로운 매체의 형식과 내용을 적극 받아들여, 낡음 속에서 새로움을 보여 주기도 한다. 한마디로 말해서 낡음과 새로움은 변증법적인 관계를 맺으며 서로 내용과 형식이 되기도 하며, 그 과정에서 또 다른 새로움을 보여 주기도 한다.

　이러한 관계 속에서 온전히 남아 있는 것은 '소통'이다. 소통, 이것 없이 인간은 살 수 없다. 아무리 자기 자신이 독불장군식으로 외부 세계와 단절한 채 산다고 해도 그 어떤 방식으로든 소통하고 있다고 볼 수 있다. 소통 사이에 끼여 있는 것이 바로 '매체'다. 잘 알려진 것처럼, 매체라는 말은 라틴어 메디움$^{medium}$에서 유래된 말이다. 메디움은 말 그대로 '중간'을 의미하며, 또 어떤 것과 다른 어떤 것을 '매개한다'는 의미도 갖는다. 뿐만 아니라, 매개하는 장치라는 의미 또한 갖고 있다. 이러한 의미를 다 포괄하고 있는 것, 즉 소통의 중간에 개입해서 매개하는 수단이자 장치가 바로 매체다. 그렇다면 과연 이러한 매체 없이 인간들은 소통할 수 있을까? 이런 질문은 매우 어리석은 질문이다. 인간이 자연 환경 없이 살 수 있을까와 마찬가지인 질문이기 때문이다. 그런데 철학은 이러한 어리석은 질문에서 시작된다. 너무 당연한 질문이기 때문에 물음 자체가 어리석어 보이는 그 지점에서 철학은 출발한다. 모든 철학들의 출발은 다 그랬다. 매체철학도 마찬가지다.

흔히들 매체철학을 새로운 철학 분야, 또는 다양한 기술적 소통 매체가 등장하고 난 후 나타난 새로운 철학적 현상으로 이야기하곤 한다. 그러나 매체철학은 어느 날 갑자기 하늘에서 뚝 떨어진 새로운 철학 분야는 아니다. 단지 매체철학으로 분류되지 않았을 뿐, 매체철학은 늘 있어 왔다. 문자와 말의 갈등, 즉 새로운 매체와 낡은 매체의 갈등 구조를 파악한 플라톤에서부터 지금까지 매체철학은 늘 존재했다. 단지 '매체철학'이란 이름으로 존재하지 않았을 뿐이다. 그러나 달라진 것은 분명 있다. 바로 그 '달라짐'이 중요하다. 그 달라짐은 바로 매체철학에서는 주인공이 매체가 되었다는 데 있다. 매체가 전달하는 내용이 아니라, 매체 그 자체와 매개성$^{Medialität}$이 주인공이 된 것이다. 그렇다면 과연 이러한 변화는 구체적으로 무엇을 의미하는가? 예를 들어 보자. 이 글을 쓰고 있는 나는 내가 생각한 내용들을 컴퓨터 앞에서 키보드를 치면서 문자화하고 있다. 이전의 관점으로 보면, 이때 중요한 것은 내가 쓴 글이다. 그런데 매체철학은 이것뿐만 아니라, 내가 컴퓨터 앞에서 키보드를 치면서 내 생각을 글로 옮기고 있다는 사실에 주목한다. 컴퓨터와 키보드가 나의 생각을 글로 표현하는 데 도움을 주는 수단이라는 생각도 하고, 또 컴퓨터로 글을 쓰는 행위가 원고지에 글을 쓰는 것과 다르다는 것에도 주목하는 것이다.

예술과 관련해서도 마찬가지다. 백남준 이후 우리는 흔히 '비디오예술' 또는 '매체예술'이라는 용어를 사용한다. 그런데 이 말을 뒤집어 생각해보면, '매체예술이 아닌 예술이 도대체 존재한다는 말인가?'라는 질문을 던져 볼 수 있다. 모든 철학이 매체철학이라고 말할 수 있듯이, 모든 예술 또한 매체예술이기 때문이다. 그럼에도 불구하고 우리는 '매체예술'이라는 용어를 사용한다. 사실 그 이전의 미술사에서 보면, 어느 시대의 미술사를 규정할 때, 이렇게 수단이나 도구가 전면에 등장해서 한 시대의 미술사를 규정한 예는 없다. 예를 들어, 그 시대의 미술이 표현하고자 하는 내용, 표현 기법 등을 중심으로 해서 '인상주의' 또는 '초현실주의'라고 규정했다. 그렇다면 '비디오예술'이라는 용어만 놓고 생각해 보면, 이는 거의 혁명에 가까운 변화가 이 용어 안에 들어가 있다는 것을 알 수 있다. 표현하는 도구와 수단이 한 시대의 사조를 규정하는 개념이 된 것이기 때문이다. 이제 도구는 단지 도구가 아니라 본질이 되었다. 매체가 곧 본질이 된 것이다. 그러므로 매체에 대한 사유와 탐색은 인간의 본질에 대한 사유와 탐색으로 작용할 것이다. 마지막으로 이 책의 몇몇 장들은 기존에 발표했던 논문들을 일부 수정하거나 또는 대폭 수정해서 실은 내용도 있다는 점을 밝혀 둔다. 어떤 논문을 어떻게 수정하고 또 사용했는지는 해당되는 각각의 장에서 구체적으로 밝힐 것이다.

**1부**

아날로그 매체,
대중문화를 열다

# 1 | 들어가는 말

> 예술작품이 상품이라고 주장하는 것은 쉽다. 어떤 상품이 예술작품인지 규정하는 것이 훨씬 어려운 일이다. ─ 보리스 그로이스, 『예술의 위상학』

사진, 영화, 라디오 그리고 텔레비전으로 대표되는 아날로그 매체는 우리에게 놀라운 변화를 안겨 주었다. 20세기 초에 이것들이 가져온 변화는 지금 우리가 상상할 수 없을 정도로 컸다. 사진이 처음 등장했을 때, 그 당시 사람들은 사진이 과학기술적으로 현실화되었음에도 불구하고 이를 믿지 않았다. 특히 사람의 얼굴을 과학기술적 방법으로 인화지 위에 고정시킨다는 것은 말도 안 되는 일이라고 생각했다. 사진이 실제로 가능하다는 것을 알게 된 이후에도, 많은 사람들은 사진 찍기를 매우 꺼려했다. 사진을 찍으면, 바로 자신의 영혼을 빼앗길 것이라고 생각했기 때문이다. 사진을 과학기술이 아니라, 일종의 마술로 생각했던 것이다. 영화도 마찬가지였다. 1895년 뤼미에르 형제가 처음으로 만든 「기차의 도착」L'Arrivée d'un Train en Gare de la Ciotat이라는 '동영상'을 처음 상영했을 때, 사람들은 이 영상을 보고 기차가 자신에게로 다가오는 줄 알고, 혼비백산해서 도망가려고 했다. 이렇게 초기에는 받아들여지기조차 힘들었던 아날로그 매체는 아주 빠른 시간 안에 대중적 매체가 되어서 강력한 영향력을 발휘하게 되었다. 심지어 디지털 매체가 등장한 이후에도 아날로그 매체의 영향력은 좀처럼 줄

어들지 않고 있다. 이전에도 그랬지만, 지금도 우리의 일상은 대중문화$^{mass}$ $^{culture}$에서 시작해서 대중문화로 끝난다고 해도 과언이 아니다.

사실 아날로그 매체 이론 또는 아날로그 매체 철학이라고 확실히 규정할 수 있는 학문 영역은 딱히 없다. 이 말은 아날로그 매체의 등장과 의의를 따로 분석한 아날로그 매체 철학이 독립적으로 존재하지 않는다는 것이다. 이는 디지털 매체 철학과 비교하면 더욱 분명해진다. 아날로그 매체와 달리 디지털 매체는 그 등장 이후 '디지털 매체의 등장은 과연 무엇을 의미하며, 또 아날로그 매체와 구별될 수 있는 디지털 매체의 특징은 무엇인가'에 대해 철학적 담론이 형성되었다. 이에 반해 아날로그 매체는 그 자체에 대한 연구보다는 오히려 개별적인 매체 현상을 중심으로 연구되는 경향이 있었다. 그러고 나서야 아날로그 매체 그 자체에 대한 포괄적인 연구가 진행되었다. 이러한 연구 경향도 사실 디지털 매체에 대한 연구가 어느 정도 진행된 다음에 시작되었다. 즉 디지털 매체와 구별되는 아날로그 매체의 특징은 무엇인가에 대한 논의에서부터 연구가 시작된 것이다. 이러한 각각의 아날로그 매체 이론을 하나의 축으로 묶을 수 있다면, 그것은 바로 '대중매체'에 대한 논의라는 점에서다. 즉 아날로그 매체는 대중매체라는 특징을 가짐과 동시에, 대중문화 형성에 막대한 기여를 한 것이다. 그러므로 아날로그 매체에 대한 논의는 대부분 이에 대한 연구로 볼 수 있다.

물론 대중문화가 아날로그 매체 시대에 갑자기 그리고 새롭게 등장한 문화적 현상은 아니다. 어느 시대이든 간에 소수를 위한 문화도, 그리고 다수를 위한 문화도 존재했기 때문이다. 그러나 대중매체들이 등장하기 이전의 대중문화는 넓은 의미에서, '특정 지역과 특정 문화권에 기반을 둔 채, 그 지역 안에서 소수가 아닌, 다수가 즐기는 문화'라는 의미이다. 그런데 현재적 의미에서 이야기하는 대중문화는 좁은 의미에서 '아날로그 매체를 중심으로 대중적으로 형성된 문화'를 의미한다. 이때 중요한 것은 바로 '대중'mass과 '대중매체'mass media다. 대중은 분명 산업혁명 이후 등장한 새로운 유형의 '집단'을 말한다. 새로운 사회현상으로 등장한 대중들은 도시의 주된 거주민으로 등장했으며, 이들에게는 도시라는 새로운 공간에서 즐길 수 있는 '거리'가 필요했다. 인간의 본질이 '놀이하는 인간', 즉 '호모 루덴스'Homo Ludens라고까지 이야기되고 있는데, 이들에게 여가를 즐길 수 있는 무언가가 필요한 것은 너무도 분명했다. 예컨대 인쇄술의 발전에 힘입어, 다양한 내용들을 다루는 '대중소설'들을 비롯해서 이동 중 쉽게 읽고 버릴 수 있는 것들이 등장했다. 이 대중들은 이동 중일 때뿐만 아니라, 일을 마치고 집으로 돌아왔을 때도, 쉽고 편하게 즐길 수 있는 것을 추구한다. 힘들게 일하고 돌아와 놀면서까지 다시 머리를 쓰고 싶지는 않은 것이다. 이러한 대중들의 욕구와 맞물려 대중매체 문화는 급속하게 발전하고 확산되었다.

이렇게 등장한 대중문화는 비난과 찬사를 동시에 받는다. 물론 철학을 비롯한 학문 영역에서는 대부분 이를 비난했지만 말이다. 어떤 이들은 대중문화가 사람들을 아무 생각 없는 단순한 수용자로 만들 뿐이라고 비판한다. 텔레비전을 '바보상자'라고 하는 것도 이러한 이유에서다. 또 다른 이들은 대중문화를 통해 특권층만이 독점하고 향유했던 지식과 예술문화가 대중화되었다면서 환영한다. 바보상자라고 보는 입장은 바로 대중문화 비판론이라고 볼 수 있다. 이 입장에서 특히 비판하는 것은 '획일화'다. 어느 여름날 저녁 아파트를 산책하다 보면, 섬뜩할 정도로 이러한 획일화를 경험할 수 있다. 열린 창문으로 어느 집에서나 들리는 텔레비전 소리들, 그리고 획일화된 거실의 풍경들. 거실 가운데 텔레비전이 마치 주인처럼 놓여 있는 그러한 광경은 쉽게 볼 수 있다. 모든 사람들이 똑같은 것을 보고,

똑같은 것에 대해 이야기하고, 또 텔레비전에 나오는 사람들의 삶의 방식을 따라하려고 한다. 지하철을 타면, 유행하는 머리 스타일을 하거나 옷을 입은 사람들이 쭉 앉아 있는 모습을 볼 수 있다. 수없이 복제된 「매트릭스」의 스미스 요원들처럼 말이다. 다양성과 개성은 온데간데없고, 오로지 동일한 현상만 있고, 또 반복되고 있다. 대중문화는 바로 이러한 점에서 많은 비판을 받는다. 이뿐만 아니라, 대중문화를 비판하는 이론들은 그 획일화의 내용에 문제가 있음을 지적한다. 한마디로 말해서 '하향평준화된 획일화'라고 말이다. 고상한 취향과 교양을 중심으로 획일화되어도 문제가 되는데, 하물며 이 내용이 아주 저급하다는 것이다. 대중문화는 도덕적 타락을 부추기며, 또 무분별한 쾌락과 소비를 추구하게 만드는 경향이 있다는 것이 이들의 주장이다. 이 입장에 따르면, 대중문화는 아도르노의 말처럼 문화가 아니라, 그저 '산업' 또는 '장사'에 불과한 것이다. 한마디로 말해서 대중문화는 저급한 자본주의 산물에 불과하다는 것이다.

　이와 다르게 대중문화를 긍정적으로 평가하는 이론들도 있다. 이 이론들은 대중문화에 비판적인 이론들을 비판한다. 비판의 핵심은 바로 두 가지다. 하나는 대중문화에 반대하는 견해가 대중문화에 대한 판단 이전에 대중들에 대한 판단에서 비롯된 것이라고 비판하는 입장이다. 또 다른 하나는 이러한 견해가 대중문화에 대한 가치절하와 몰이해에서 비롯된 것이라고 비판하는 입장이다. 즉 대중은 그들이 생각하는 것처럼 멍청하지 않다는 것이다. 그저 주는 대로 받아들이고, 아무 생각 없이 이를 즐기는 수동적인 주체가 아니라는 것이다. 대표적으로 벤야민의 주장이 그렇다. 그는 대중들이 웃고 즐기는 동시에 비판할 수 있는 능력 또한 가지고 있다고 보았다. 벤야민을 비롯해서 대중문화를 긍정적으로 바라보는 사람들이 강조하는 것은 무엇보다도 대중문화로 인해 문화예술이 대중화될 수 있었고,

소수의 손에 독점되어 있던 지식들이 대중에게도 접근 가능하게 되었다는 점이다. 신문, 라디오 그리고 영화와 텔레비전을 통해 우리는 알지 못했던 세계와 멀리서 벌어지는 무수히 많은 일들에 대해 알 수 있게 되었다. 예전에는 정보가 별로 없는 상태에서 소수의 엘리트들이 내려 준 판단만을 따랐다면, 이제는 대중들 스스로 많은 정보들을 접함으로써 스스로가 판단할 수 있게 된 것이다.

대중문화 비판론이든 또는 긍정론이든 간에 이들이 일차적으로 주목한 것은 대중문화가 대중적으로 그리고 대량으로 생산된 문화라는 사실이다. 이는 소수의 취향을 위한 것도 아니며, 소수의 지식인들을 위한 것도 아니다. 대중문화가 가지고 있는 힘은 바로 여기서 발생한다. 이러한 힘 때문에 대중문화 등장 이후 권력은 늘 대중문화를 자신의 통제 아래 두려고 했으며, 또 자신의 선전선동의 도구로 사용하기도 했다. 이러한 예들은 멀리서 찾을 필요가 없다. 우리나라에서도 늘 그러한 예들이 있어 왔기 때문이다. 이렇게 대중문화를 정치적으로 활용한 권력집단은 그 누구보다도 대중문화가 가지고 있는 힘을 잘 알고 있었던 집단이다. 대중문화를 비판하는 사람들이 특히 우려했던 현상들도 바로 이러한 현상들일 것이다. 그러나 그 반대로 성립할 수도 있다. 즉 한편에서 대중을 속이기 위해 대중문화를 이용할 수 있다면, 그 반대로 속고 있다는 것을 밝히기 위해 대중문화를 사용할 수도 있다는 것이다. 어쨌든 이 두 방향의 논의들은 둘 다 타당성이 있는 이론들이다. 사실 대중문화는 마치 동전의 양면처럼 이 두 개의 속성을 다 가지고 있다고 볼 수 있기 때문이다. 그렇기 때문에 대중문화를 둘러싼 논의들을 '비판론이냐, 옹호론이냐'는 단순한 이분법적 잣대로 분류하는 것은 문제가 있다. 그 어느 현상도 하나의 특징만을 가지고 있을 수는 없는 것이다.

이러한 분석과 진단은 대중매체가 전달하는 내용을 중심으로 한 것이다. 사실 맥루언이 이제 매체의 내용이 아니라, 형식을 중심으로 매체 비평을 해야 한다고 주장하기 이전까지는 거의 모든 논의가 내용 중심으로 이루어졌다고 해도 과언이 아니다. 물론 벤야민과 이 책에서는 다루지 않는 하이데거의 기술철학 등을 매체와 연결시켜 본다면, 이들은 예외라고 볼 수 있지만 말이다. 이러한 문제점을 인식한 많은 매체철학자들은 대중문화를 다른 패러다임으로 보기 시작한다. 이들은 먼저 대중문화 현상을 구체적으로 파악하기에 앞서 '매체'에 대한 연구를 수행한다. 도구나 수단을 중심으로 한 조작으로서의 협소한 매체 규정에서 벗어나 매체 그 자체와 매개성 등에 대해 철학적 탐구를 수행한 것이다. 뿐만 아니라, 각각의 아날로그 매체들이 인간의 사유방식과 존재방식 그리고 문화예술 영역에 미친 영향 등을 자신의 철학적 방법론을 가지고 분석한다. 이 책의 아날로그 매체 부분에서 소개하고 있는 철학자들이 대표적인 예다. 벤야민, 아도르노, 안더스, 맥루언 그리고 키틀러 등은 앞서 소개한 이분법적인 대중문화론에서 벗어난 인물들이라고 볼 수 있다. 물론 그들이 분석한 내용에 따라, 아도르노와 안더스는 대중문화 비판론 그리고 벤야민과 맥루언은 대중문화 옹호론이라는 범주에 넣을 수는 있다. 그러나 이렇게 분류하기에는 매체에 대한 그들의 사유의 단상이 매우 심오하다. 따라서 이 책에서는 이들을 단순한 대중문화이론의 범주에 넣지 않고, 아날로그 매체 시대의 대표적인 매체철학자라고 규정하며, 이들의 논의를 구체적으로 소개할 것이다.

## 2 | 예술의 기술적 재생산과 아우라의 몰락
발터 벤야민

### 1. 들어가며

아우라Aura의 몰락을 이야기했던 발터 벤야민Walter Benjamin, 1892~1940만큼 아우라(?)를 가진 사상가도 많지 않다. 아날로그 매체 시대를 거쳐 디지털 매체 시대에 이르기까지 예술작품과 관련된 논쟁에서 어김없이 등장하는 개념 중 하나가 바로 아우라다. 그의 아우라에 대한 논의는 매우 다양한 이론적 지평에서 접근이 가능하다. 사실 아우라뿐 아니라 그의 이론은 대부분 하나의 열린 텍스트로서 다양한 해석의 여지를 열어 두고 있다. 그렇기 때문에 벤야민 연구자뿐 아니라 문화와 예술 그리고 문학 비평 등에 관심을 갖는 많은 연구자들이 각자 나름대로 벤야민을 해석하고 그의 이론을 적용·확대하고 있다.

한편, 벤야민의 이론에 대한 관심은 끊이지 않고 지속되어 왔다. 학문적 유행처럼 붐을 이루다 어느덧 사그라드는가 싶더니, 다시 논쟁의 중심에서 불꽃을 피우는 식이다. 그의 이론은 당대의 유명한 사상가들과의 연관 속에서 재해석되기도 한다. 아도르노, 브레히트, 숄렘 그리고 아렌트 등과의 관계에서 벤야민 이론을 재조명하려는 시도가 바로 그것이다. 더 나아가 벤야민 이후의 사상가들과 벤야민의 이론을 비교하는 학문적 시도들도 많다. 매체철학과 매체미학 영역에서뿐만 아니라, 푸코와 데리다 등 현대 프랑스 철학자들과의 비교 분석 역시 바로 이러한 시도들에 해당한다.

이처럼 벤야민 이론은 다양한 분야에서 개별 학자들이 가진 이론적·정치적 지평에 의해 다르게 해석될 여지가 많다. 그렇기 때문에 일찍이 하버마스는 벤야민을 어떻게 해석하느냐에 따라서 그 사람의 학문적 그리고 더 나아가 정치적 입장이 결정될 수 있다고 보았다.[1] 따라서 벤야민 이론을 다루는 데는 매우 다양한 관점과 해석이 요구될 수밖에 없으며, 또한 절대적으로 어느 하나의 관점과 해석만이 정당하다고도 볼 수 없다. 바로 이러한 점이 벤야민을 연구하는 데 하나의 학문적 유혹이 될 수도 있고, 그 반대가 될 수도 있다.

이 글에서는 벤야민 이론에 대한 많은 관점과 해석에 대해서 자세히 다루지 않겠다. 우리가 벤야민에게 접근하는 길은 바로 '매체'다. 따라서 이 글에서는 벤야민의 매체이론이 갖는 철학적 의미를 되짚어 보고, 그 현대적 의의와 한계를 살펴보고자 한다. 벤야민의 매체이론은 1980년대 매체미학이 성립되기 시작하면서 다시 많은 주목을 받게 되었다. 현재 많은 매체미학자들은 거의 대부분 매체미학의 선구자로 벤야민을 지목하고 있다. 그렇기 때문에 매체를 다루는 거의 모든 책에서 벤야민의 매체이론을 다루고 그것이 가진 의의를 지적하고 있는 것이다. 하지만 정작 벤야민 자

---

[1] Jürgen Habermas, "Bewußtmachende oder rettende Kritik: Die Aktualität Walter Benjamins", Hrsg. Siegfried Unseld, *Zur Aktualität Walter Benjamins*, Frankfurt am Main: Suhrkamp, 1972, S. 175~177.

신은 하나의 학문 체계로서 자신의 매체이론을 서술하지 않았다. 그는 다양한 글에서 산발적으로 자신의 매체이론을 전개하고 있으며, 그 때문에 그의 매체이론을 둘러싸고 많은 논쟁들이 계속해서 제기될 수밖에 없다.[2]

벤야민의 매체이론을 둘러싼 이러한 현상은 최근의 현상만은 아니다. 벤야민이 자신의 글들을 발표했던 당시에도 논란이 있었고, 또 68혁명 당시에도 역시 이러한 논란들이 있었다. 특히 68혁명 때는 그의 예술이론과 매체이론이 주목을 받으면서, 맑스주의 진영 내에서 새로운 예술이론으로 평가받았다. 그 당시 벤야민을 주목했던 많은 사람들은 그의 매체이론 자체보다는 오히려 그 이론이 갖는 정치적 함의와 정치적 실천의 가능성에 주목했다. 하지만 이와 달리 현재 매체이론과의 관계에서 벤야민 이론을 검토하는 논의들은 대부분 '탈정치화'하는 경향을 보이고 있다. 사실 벤야민의 매체이론 그 자체는 매우 정치적이다. 특히 '예술의 정치화'와 '정치의 예술화'라는 그의 테제는 예술과 정치의 관계 그리고 사회 속에서 예술이 어떠한 역할을 수행해야 하는가라는 측면에서 매우 중요하다.[3] 이러한 테제들은 바로 그가 가지고 있는 매체에 대한 표상, 더 나아가 대중매체와 대중예술에 대한 그의 생각과 직접적으로 연결된다. 따라서 예술의 정

---

[2] 이러한 상황 속에서 최근에는 특히 벤야민의 매체이론에 주목해서 이를 재조명하려는 시도들이 많다. 이와 관련해 다음의 두 책은 벤야민의 매체이론에 대한 연구에 많은 도움을 주고 있다. Walter Benjamin, *Medienästhetische Schriften*, Hrsg. Detlev Schöttker, Frankfurt am Main: Suhrkamp, 2002(이 책은 벤야민의 글 중에서 매체이론과 직접 관련이 있는 글들을 모아 출판한 책이다); Christian Schulte Hrsg., *Walter Benjamins Medientheorie*, Konstanz: UVK Verlagsgesellschaft, 2005(이 책은 기술 재생산 시대 이후의 매체 시대에 벤야민 이론이 갖는 의의를 다양한 각도에서 논의한 논문들을 모은 책이다. 이 책을 통해 디지털 매체 시대에 벤야민 이론이 갖는 의의와 역할에 대해 현재 어떠한 논의들이 진행되고 있는지를 알 수 있다).
[3] 이와 관련해서는 다음의 글을 참조하길 바란다. 심혜련, 「예술의 새로운 사회적 기능: 발터 벤야민의 "예술의 정치화"를 중심으로」, 홍준기 엮음, 『발터 벤야민: 모더니티와 도시』, 라움, 2010.

치화라는 그의 테제를 바르게 이해하기 위해서는 매체에 대한 그의 연구를 다룰 수밖에 없다. 그렇다면 대중매체와 그로 인해 파생된 예술의 변화를 벤야민은 과연 어떻게 생각하고 있는가? 또 이를 어떻게 정리하고 있는가? 먼저 벤야민은 대중매체가 등장한 시대를 '기술 재생산 시대'라고 규정한다. 그리고 이 시대의 특징을 '아우라의 몰락'Verfall der Aura이라고 정의한다. 그는 이 테제를 다음과 같은 관점들에서 접근하고 있다. 하나는 기술 재생산이 기존의 예술에 미친 영향을 중심으로 접근하는 것이고, 다른 하나는 이를 토대로 한 새로운 형식의 예술, 즉 사진, 영화 그리고 많은 대중적 시각 이미지들을 중심으로 접근하는 것이다. 더 나아가 그는 아우라의 몰락을 지각의 변화와 연결시켜 설명하기도 한다. 현대 매체미학에서 벤야민이 선구자로서 다루어지는 것은 바로 이러한 접근방식 때문이다.[4]

매체미학의 선구자로서 벤야민의 매체이론을 고찰할 때, 우리는 매체미학의 두 가지 기본 전제와 관련해서 벤야민 이론을 정리할 수 있다.[5] 하나는 그가 전통 미학에 대해 반대했다는 점이고, 다른 하나는 지각과 수용의 관점에서 기술 재생산 시대의 예술작품을 고찰했다는 점이다. 벤야민의 미학은 전통 미학과는 다르다. 그의 기본적인 미학이론은, 예술은 절대 불변하는 보편적인 것이 아니라는 데서 출발한다. 예술은 분명 사회적 산물이며, 따라서 그 시대의 사회·경제적 수준에 직접 영향을 받을 수밖에 없

---

[4] 매체미학은 기본적으로 미학을 감성학으로 해석하는 데서 출발한다. 즉 철학적 미학이 아니라, 지각을 다루는 감성학이 본래 미학이라는 주장에서 출발한다. 감성학과 매체미학 그리고 벤야민 간의 관계에 대한 자세한 논의는 다음의 글을 참조하길 바란다. 심혜련, 「감성학에서의 감성적 지각 문제에 관하여: Aura, Uncanny 그리고 Atmosphere를 중심으로」, 『시대와 철학』 제22권 2호, 한국철학사상연구회, 2011.
[5] 벤야민 이론과 매체미학의 상관관계 그리고 매체미학에 대해서는 이 책의 2부 5장 볼츠 부분을 참조하라.

다는 예술사회학적인 입장에서 그는 출발한다. 또한 벤야민은 전통 미학이 전제 삼고 있는 예술의 자율성에 대한 개념에도 지극히 부정적인 입장을 보인다. 그에 따르면 예술의 자율성이란 인간이 가지고 있는 헛된 꿈, 다시 말해서 '아름다운 가상'에 지나지 않는다. 그는 사회가 변화하면, 예술작품도 변화하고, 또 인간의 지각 경험과 미적 체험도 변화한다고 보았다. 뿐만 아니라, 이러한 예술작품의 변화로 인해 이를 수용하는 방식 및 예술작품이 가지고 있는 가치와 기능 등에도 전반적인 변화가 일어난다고 보았다. 따라서 그는 자신이 살고 있던 시대, 즉 '지금'과 '여기'에 존재하는 예술에 관심을 가졌다. 즉 사진과 영화가 대중적 매체로 자리 잡고 있던 당대의 예술작품들을 '기술 재생산 시대의 예술작품'이라 규정하면서, 이에 대한 적극적 탐구를 모색했다. 그는 과거의 예술에 대한 예술이론을 정립하고자 한 것이 아니라, 지금, 여기에서 일어나고 있는 동시대의 예술 현상에 대한 설명을 시도했던 것이다. 또한 이러한 예술작품이 전통적인 예술작품과 어떻게 다르며, 이것이 어떤 혁명적 변화를 가져올 수 있는지에 대해 설명하고자 했다. 그 출발점이 바로 아우라다. 그렇기 때문에 벤야민의 매체이론을 이해하기 위해서는 아우라가 무엇이며, 왜 몰락했는지, 그리고 몰락이 가져온 결과는 무엇인지를 알아야만 한다.

## 2. 아우라란 무엇인가?[6]

언제부터인가 문화예술과 관련된 많은 책과 글 속에서 아우라라는 개념이 빈번하게 등장하고 있다. 뿐만 아니라, 일상생활에서도 아우라라는 개념은 흔히 사용되고 있다. 우리말로 번역되지 않고, 아우라라고 그대로 사용되고 있는 이 개념의 의미는 도대체 무엇인가? 사전적 의미로 '영기'靈氣, '신비스러운 효력' 또는 '신비스러운 분위기' 등으로 번역할 수 있는 아우라는 본래 철학적·미학적 개념은 아니었다. 오히려 그보다는 하나의 종교적 개념이었다. 고대 희랍어의 기원에 따르면 아우라란 '입김', '공기' 그리고 '가볍고 부드러운 바람' 등을 의미하며, 중세 유대교의 비설인 카발라$^{Kabbalah}$의 이해에 따르면 사람의 주위를 감싸고 있고, 사람이 최후의 심판까지 보존하고 있는 어떤 정기$^{Äther}$라는 종교적 의미를 갖는다.[7] 우리는 중세 시대의 성화에서 성인들이나 천사들 머리 주위에 둥그런 원이 그려진 것을 볼 수 있는데, 이것이 바로 종교적 의미에서 그들을 감싸고 있는 특별한 영기 또는 후광으로서의 아우라를 의미하는 것이다. 신학자 프란츠 폰 바더$^{Franz\ von\ Baader}$는 아우라를 '신의 입김'으로 파악했으며, 루돌프 슈타이너$^{Rudolf\ Steiner}$는 아우라를 우리의 "육체 주위를 맴도는 빛의 너울"로 정의했다.[8]

이러한 종교적 의미를 갖는 아우라는 벤야민에 의해 비로소 철학적·미학적 의미로 전환된다. 아니, 전환되었을 뿐만 아니라, 이 영역에서 일종의 중심 개념이 되었다 해도 과언이 아니다. 이렇게 의미가 전환된 아우라 개념은 벤야민의 미학이론과 매체이론을 이해하는 데 키워드로 작용하게 되는데, 왜냐하면 이 개념들을 근거로 해서 벤야민이 기술 재생산 시대의 새로운 예술 형태인 사진과 영화에 관한 예술이론을 전개하고 있기 때문이다. 새로운 형태의 예술에 대한 벤야민의 관심은 「기술 재생산 시대의 예술작품」에서 체계적으로 드러난다.[9] 바로 이 논문에서 벤야민은 "현재 진

---

6) 이 글의 2절과 3절은 다음 글의 일부를 수정 보완한 것임을 밝힌다. 심혜련, 「발터 벤야민의 아우라(Aura) 개념에 관하여」, 『시대와 철학』 제12권 1호, 한국철학사상연구회, 2001.
7) Joachim Ritter Hrsg., *Historisches Wörterbuch der Philosophie* Bd. 1, Basel: Schwabe, 1971, S. 651 참조.
8) Marleen Stoessel, *Aura: Das vergessene Menschliche. Zu Sprache und Erfahrung bei Walter Benjamin*, München: C. Hanser, 1983, S. 11~12.

행되고 있고", "현재 새롭게 나타나고 있는 새로운 조형예술의 형태"를 명확히 규명하고 예술의 새로운 기능을 정치와의 연관성 속에서 살펴보고자 했다.[10] 예술과 문화 분야에서 19세기에 새로 두드러지게 나타난 현상은 바로 기술 재생산 발전에 힘입은 새로운 기술적인 예술 형태의 탄생이다. 이러한 새로운 예술의 탄생을 벤야민은 "예술의 운명의 시간"이라고 표현한다.[11] 현대의 조형예술에 관한 서술에서 그는 특히 사회적 발전의 정도와 예술의 기능 변화 간의 연관성에 주목한다. 그는 예술작품이 각각의 시대마다 각기 다른 고유한 기능을 가지고 있었다고 확신한다. 그는 전통적인 예술작품의 경우, 그 자신의 아우라로부터 생성된 자신의 권위를 보존하면서 주술적이고 종교적인 기능을 수행했다고 보았다. 그런데 기술 재생산 시대에 들어서 이러한 예술을 둘러싸고 있는 상황이 많이 변했다. 예술은 더 이상 주술적이고 종교적인 기능을 수행하지 않게 된 것이다. 예술의 종교 영역으로부터의 해방, 벤야민의 용어로 간단히 말하자면 이것은

---

9) Walter Benjamin, "Das Kunstwerk im Zeitalter seiner technischen Reproduzierbarkeit", *Gesammelte Schriften* I. 2, Unter Mitw. von Theodor W. Adorno und Gerschom Scholem, Hrsg. von Rolf Tiedemann und Hermann Schweppenhäuser, Frankfurt am Main: Suhrkamp, 1991(이후에는 벤야민 논문 제목, 전집, 권호 정보만 간략히 밝혔다).
10) 벤야민은 이 논문에 관한 의도를 동료들에게 보낸 편지들과 이력서 등에서 자세히 서술한다. 즉 자신이 왜 이러한 논문을 쓰려고 하는지, 그리고 어떤 내용들을 다룰 것인지, 더 나아가 이 논문이 이전의 예술이론을 다루고 있는 다른 저자들의 논문들과는 어떤 차별성이 있는지 등을 밝히고 있다. 그는 이력서에서 이 논문의 의도를 다음과 같이 쓰고 있다. "'수집가이자 역사가, 에두아르트 푹스(Eduard Fuchs)'와 「기술 재생산 시대의 예술작품」이라는 글은 조형예술의 사회학을 위한 논문들이다. 후자의 논문에서는 특정한 예술 형태, 특히 이것의 기능 변화를 이해하려고 한다. 영화에 의해서 예술은 전반적으로 사회적인 발전의 진행 과정 아래에 놓이게 되었다"(Walter Benjamin, "Lebensläufe", *Gesammelte Schriften* VI, S. 227~228). 뿐만 아니라 벤야민은 막스 호르크하이머(Max Horkheimer)와 게르숌 숄렘(Gerschom Scholem)에게 보낸 편지에서도 위의 이력서에서 밝혔던 것과 같은 의도를 밝히고 있다. Benjamin, *Gesammelte Schriften* I. 3, S. 983~984 참조.
11) Benjamin, *Gesammelte Schriften* I. 3, S. 983.

바로 아우라 몰락의 완성이고, 아우라의 몰락은 바로 모더니즘적인 예술의 특징을 규정하는 것이기도 하다.

앞서 언급한 논문 외에 「사진의 작은 역사」와 「보들레르의 몇 가지 계기들에 관하여」에서도 아우라에 관한 개념 규정이 드러나는데, 이 세 논문에서는 아우라에 관한 동일한 내용이 반복해서 나타나고 있다. 그러나 벤야민이 아우라를 자신의 예술이론의 단초로 삼고 있음에도, 그 개념을 명확히 이해하기는 쉽지 않다. 아니, 이해하려고 할수록 아우라 개념은 점점 더 모호하게 다가오는 것이 사실이다. 벤야민 특유의 글쓰기 방식은 아우라 개념을 명확히 정의하기보다는 오히려 많은 은유적 형식을 통해 시적으로 서술하고 있기 때문이다. 이러한 애매모호함과 해석의 어려움 때문에 벤야민의 아우라 개념에 관한 다양하고 상이한 해석들이 존재한다. 이러한 상이한 해석들은 또한 해석자의 이론적·정치적 입장에 따라서 아우라의 몰락에 관한 테제를 달리 해석한다.[12] 따라서 벤야민 텍스트를 중심으로, 벤야민 자신이 말하고 있는 아우라 개념을 정확히 이해하는 것이 무엇보다도 중요하다. 벤야민이 말하는 아우라는 과연 무엇인가?

## 1) 대상이 가지고 있는 객관적 특성으로서의 아우라

예술작품의 근원을 살펴보았을 때, 발생 초기부터 예술작품이 주술적 기능과 연관되어 있었고, 후에는 이것이 종교적 기능으로 발전했다는 사실은 어느 누구도 부정할 수 없다. 전통적 예술작품은 이러한 사회적 역할과

---

12) 벤야민의 아우라 개념에 관한 상이한 해석들에 관해서는 다음의 글을 참조하길 바란다. 심혜련, 「발터 벤야민의 아우라(Aura) 개념에 관하여」, 149~159쪽.

더불어 항상 특별한 교육을 받은 소수 계층의 지위와 밀접하게 연관되어 있었다. 사실 전통적 예술작품은 종교적 숭배의 대상으로서 평범한 사람들이 다가서기에는 너무나도 먼 대상이었다. 물론 지배계급이 자신의 이해 때문에 가끔 평범한 사람들에게 예술작품을 보여 주고 그것을 수용할 수 있는 기회를 주기는 했지만, 이것은 극히 예외적인 경우였다. 이러한 상황 속에서 예술작품은 숭배적 가치$^{Kultwert}$를 지닐 수 있었다. 바로 이 점을 벤야민은 비판적 시각으로 고찰한다. 그는 전통적 예술작품의 종교적 기능과 아우라를 바로 연결시킨다. 아우라가 있기 때문에, 종교적 기능이 가능한 것으로 보았기 때문이다. 그리고 그는 이 아우라가 무엇보다도 예술작품이 지니고 있는 물질적 특성에서 기인한다고 보았다. 예술작품은, 그것도 위대한 예술작품은 위압적 권위를 가지고 있다. 이 권위는 바로 아우라 그리고 종교적 기능과 연결된다. 그런데 벤야민은 이 권위의 근거가 예술가의 창조성이나 천재성에 있는 것이 아니라, 그 작품이 가지고 있는 물리적 속성, 즉 원본성$^{Originalität}$, 진품성$^{Echtheit}$과 일회성$^{Einmaligkeit}$에 있다고 보았다. 오직 하나로 존재하는 것이 갖는 힘, 바로 그것이다.

예술작품은 "원본의 여기와 지금"[13]이라는 시공간적 형식으로 "일회적인 현존재"로 나타난다.[14] 일회적인 현존재가 의미하는 것은 바로 예술작품의 '진품성'이다. 예술작품은 바로 진품으로서 그가 있는 '여기'와 '지금'에 맞물려 있을 때 그의 아우라적인 권위를 발휘한다. 진품이 아닌 복제된 예술작품에게 결여되어 있는 것은 바로 이것이다.[15] 이러한 물리적 속

---

13) Benjamin, "Das Kunstwerk im Zeitalter seiner technischen Reproduzierbarkeit", S. 476.
14) ibid., S. 475.
15) ibid., S. 475~476.

성에서 기인한, 전통적 예술작품이 가지는 가장 중요한 가치는 바로 자신의 숭배적 가치이다. 그리고 이러한 물리적 속성에서 예술작품의 아우라적인 현상이 생겨난다.

"전통과의 연관성 속에서 예술작품의 근원적인 개입은 경배에서 찾을 수 있다. 우리가 이미 알고 있듯이, 가장 오래된 예술작품은 제의적 기능에서, 즉 주술적이고 종교적 기능에서 생겨난다. 예술작품의 아우라적인 현존재방식이 결코 자신의 제의적 기능으로부터 분리될 수 없다는 사실은 아주 중요하다. 다른 말로 표현하면, **진짜 예술작품**의 유일한 가치는 예배에서 자신의 토대를 갖는다. 그곳에서 예술작품은 자신의 진품성과 최초의 사용가치를 가지게 되었다."[16]

앞에서 언급한 것처럼 예술작품이 가지는 최초의 사용가치는 바로 그의 종교적 기능과 연관되어 있다. 숭배적 가치와 더불어 예술작품은 석기시대부터 중세 시대에 이르기까지 '주술적 도구'의 기능을 수행했다. 이러한 예술의 기능에서 벤야민이 주목했던 것은 예술작품의 존재 자체보다는 그 작품이 보여지는 방식이 더 중요했다는 사실이다. 그렇다면 예술작품의 존재 자체보다 그 작품의 현상이 더 중요했던 것인가? 그것은 무엇을 의미하는가? 사실 과거의 예술 생산에 있어서 중요했던 것은 예술품의 전시 가치$^{Ausstellungswert}$보다는 숭배적 가치였다.[17] 이런 이유로 대부분의 전통적인 예술작품들은 누구나 원하면 볼 수 있는 공개적인 장소에 전시되

---

16) ibid., S. 480.
17) ibid., S. 483, 각주 11번 참조.

기보다는 오히려 감추어진 채로 접근하기 힘든 장소에 주로 놓여 있었다. 당시의 사회적 상황에서는 일반적으로 평범한 사람이 특권적 지위를 가지고 있었던 예술작품에 접근하는 것 자체가 쉽지 않았다. 단지 몇몇의 특권층만이 예술작품에 임의적으로 접근할 수 있었으며, 평민들과 하층계급은 특별한 장소에서 특별한 목적 아래 예술작품이 전시될 때 여기에 접근할 수 있는 기회를 부여받았다.

"예술 생산은 종교적 기능을 위한 형상물로서 출발했다. 우리가 추측할 수 있듯이, 이러한 형상물에서는 그것이 보여진다는 사실보다는 존재한다는 사실이 훨씬 더 중요했다. 석기 시대 때 인간이 자신의 동굴의 벽에 그린 사슴은 마법의 도구였다. 그것은 다른 사람들 앞에서 전시되기도 했지만, 무엇보다도 신령들을 염두에 둔 것이었다. 이러한 것으로서 숭배적 가치는 바로 오늘날 예술작품이 감추어진 채로 머물러 있기를 요구하고 있는 것처럼 보인다. 즉 어떤 신상들은 밀실에서 단지 승려들에게만 접근 가능하고, 어떤 마돈나상은 거의 1년 내내 감추어진 채로 있었으며, 중세 성당의 어떤 조각상은 관찰자들이 지상에서는 볼 수 없게 되어 있었다."[18]

분명한 사실은 과거의 전통적 예술작품은 결코 즐김의 대상이 아니었고, 오히려 종교적 대상이었다는 것이다. 만약 예술작품이 종교적 예배를 위한 기능을 수행한다면, 그것을 감상하는 수용자들에게도 특정한 형태의 수용방식이 요구될 것이다. 또 볼 수 없고 가까이할 수 없다는 특성에서 생

---

18) Benjamin, "Das Kunstwerk im Zeitalter seiner technischen Reproduzierbarkeit", S. 483~484.

긴 예술작품의 권위 때문에 수용자는 매 순간마다 그 권위에 무릎을 꿇어야만 했다. 바로 이 점에서 벤야민은 예술작품의 권위가 종교적 기능에서 기인했다고 파악한다. 이러한 예술의 기능적 측면은 예술의 물질적 측면과 밀접하게 연관되어 있다. 즉 그 당시의 시대가 가지고 있는 기술적·사회적 한계 때문에 대부분의 전통적인 예술작품은 사실 여러 번 재생산 또는 복제될 수 없었다. 뿐만 아니라, 복제된 예술작품은 그것이 아무리 뛰어난 작품이라 할지라도, 이미 원본이라는 것이 존재하기 때문에 평가절하되게 마련이다. 복제된 예술작품은 언제나 복제된 예술작품에 불과했다.[19] 이러한 상황 속에서 숭배적 기능으로 활용되는 예술작품은 복제된 것이 아니라, 주로 원본이었다. 숭배적 기능을 위해 단 하나만 존재하는 그것을 사용하지, 결코 쉽게 복제된 것을 사용하지는 않았던 것이다. 따라서 벤야민은 예술작품에서 바로 이러한 물질적 특징이 그 본질에 결정적인 영향을 행사하고 있다고 파악한다. 결국 예술작품의 아우라를 형성하는 것은 바로 예술작품이 가지고 있는 사물적이고 물질적인 특성이다.

그렇다면 벤야민은 왜 아우라를 예술작품이 가지고 있는 이러한 특성에서 파악하고자 했는가? 그가 사회적 생산력과 생산수단의 변화 및 발전 과정을 토대로 예술작품의 역사를 서술하고자 시도했기 때문이다.[20] 벤야민에게 예술작품은 사회적 관계와 무관한 것이 아니라, 예술적 생산물로서 사회적 생산물을 의미했던 것이다.[21] 예술작품을 분석하는 그의 방법론의 기초는 바로 사회 속에서 예술작품의 기능과 영향력을 함께 고찰하고

---

19) ibid., S. 475.
20) ibid., S. 473.
21) Michael Scharang, *Zur Emanzipation der Kunst*, Berlin: Luchterhand, 1971, S. 10 참조.

자 시도하는 데 있다. 그는 예술의 기능과 역할을 사회와는 무관하게 파악하는 것처럼 보이는 예술에 대한 추상적 이해에 반대한다.[22] 그에 따르면 이러한 예술에 대한 이해의 뒤에는 어떤 이데올로기적인 목적과 '이데올로기적 낙인'이 숨어 있다.[23] 그에게 예술이 갖는 주술적이고 종교적인 기능은 어떤 이데올로기를 수행하기 위한 기능과 다르지 않은데, 예술에 대한 추상적 이해는 이를 암묵적으로 지지하고 유지하도록 도와줄 뿐이다.

벤야민은 무엇보다도 예술작품의 아우라적 권위를 진품성을 중심으로 파악하고 있다. 호르스트 브레데캄프Horst Bredekamp가 지적했듯이, 벤야민은 예술작품의 물리적 특징인 일회성을 아우라와 연결하고 아우라를 예술의 종교적 가치와 직접적으로 연결했다.[24] 여기서 벤야민이 아우라를 예술작품이 가지고 있는 객관적 특징으로 파악하고 있었다는 것이 명확히 드러난다. 이러한 아우라의 객관적 특징은 진품성으로 그리고 일회성으로 서술되기도 하지만, 이 특징은 후에 아우라의 주관적 특징에도 영향을 미친다.

## 2) 대상에 대한 주체적 경험으로서 아우라

이미 언급했듯이 아우라는 예술작품이 가지고 있는 객관적 속성만을 의미하는 것은 아니다. 아우라는 대상에 대한 주체적 경험으로서 바로 인간의

---

22) Scharang, *Zur Emanzipation der Kunst*, S. 474~475.
23) Benjamin, *Gesammelte Schriften* I. 3, S. 1050.
24) Horst Bredekamp, "Der simulierte Benjamins", Hrsg. Andreas Berndt, Peter Kaier, Angela Rosenberg und Diana Trinker, *Frankfurter Schule und Kunstgeschichte*, Berlin: Reimer, 1992, S. 118.

지각 작용과 밀접하게 연관되어 있기 때문이다. 아우라는 심미적 경험이기도 하다. 물리적 속성에 기반을 둔 전통 예술작품의 아우라는 인간의 지각 작용에 매우 큰 영향을 미친다. 진품성과 일회성 등은 바로 수용자와 예술작품과의 거리를 의미하며, 예술작품을 '볼 수 없음'과 '가까이할 수 없음'은 바로 대상에 대한 주체적 경험 과정에 큰 영향을 미친다. 그렇기 때문에 벤야민은 지각과 연결시켜 아우라를 규정하기도 하는 것이다. 그에 따르면, 아우라는 결국 시공간적 지각 안에서 발생하는 예술작품이 갖는 일종의 형식인 것이다.[25] 그에게 아우라는 지각형식으로서 시간과 공간의 형식으로 나타난다. 그의 표현에 따르면, 아우라는 "공간과 시간의 특별한 직물織物"이다. 그는 아우라에 대해 다음과 같이 은유적으로 설명한다.

> "아우라란 도대체 무엇인가? 공간과 시간의 특별한 직물: 가까이 있더라도 먼 곳의 일회적인 현상. 어느 여름날의 오후 조용히 휴식을 취하고 있는 사람에게 자신의 그림자를 던지고 있는 지평선의 산맥이나 또는 나뭇가지를 조용히 보고 있으면, 이 나뭇가지가 숨을 쉬고 있다는 것을 느낀다. 이것이 바로 이 산들의 아우라이다."[26]

"가까이 있더라도 먼 곳의 일회적 현상"이라는 아우라에 관한 본질적 설명은 매우 시적이고 신비롭게 느껴지지만, 이 설명이 의미하는 것은 명확하다. 이것이 의미하는 바는 바로 예술작품의 시공간적 거리감이다. 전

---

25) Benjamin, "Das Kunstwerk im Zeitalter seiner technischen Reproduzierbarkeit", S. 480.
26) ibid., S. 440. 아우라에 대한 이러한 정의는 벤야민의 또 다른 글 「사진의 작은 역사」에서도 반복적으로 서술되고 있다. Benjamin, "Kleine Geschichte der Photographie", *Gesammelte Schriften* II. 1, S. 378 참조.

통적 예술작품의 경우, 어떤 특별한 경우라야 일반 사람들이 일회적으로 예술작품을 가까이에서 접할 수 있다. 그러나 이것은 일상적인 것이 아니라, 말 그대로 '먼 곳의 일회적 현상'을 의미한다. 이것이 바로 아우라이다.

"'가까이 있더라도 먼 곳의 일회적 현상'으로서 아우라 정의는 공간적이고 시간적인 지각의 범주로 숭배 가치를 형식화한 것이다. 먼 곳은 가까운 곳의 반대이다. 본질적으로 먼 곳은 가까이할 수 없음이다. 사실 가까이할 수 없음은 숭배적 그림의 주요한 특징이다."[27]

전통적 예술작품이 지니고 있던 아우라는 "예술작품의 지금과 여기—그가 존재하는 장소에서의 그의 일회적인 현존재"라는 속성에서 기인한다.[28] 예술작품의 '여기'라는 것은 그 공간적 특성을 의미하며, 예술작품의 '지금'이라는 것은 그 아우라적 특성의 시간적 속성을 의미한다. 예를 들어서 중세 시대의 성당에 있던 조각들은 공간적 제약으로 인해 일반 수용자에게는 매우 낯선 대상이었다. 그렇기 때문에 이러한 수용자는 예술작품에 감성적으로 접근할 수 없었다. 바로 이러한 감성적 접근 불가능성이 예술작품으로부터의 소외라는 현상을 이끌어 낸다. 이것이 바로 아우라를 가지고 있는 대상에 대한 주체의 경험을 의미하는 것이다. 이는 중세뿐만이 아니라, 지금도 그렇다. 유럽 여행 중에 미술관에서 유명한 그림들을 보게 된 우리는 과연 온전하게 그 그림들을 감상할 수 있을까? 평소 가까이할 수 없다는 사실 때문에 그 작품들은 우리에게 권위적인 아우라를

---

27) Benjamin, "Das Kunstwerk im Zeitalter seiner technischen Reproduzierbarkeit", S. 475.
28) ibid., S. 475.

줄 것이 분명하다. 바로 이 점에서 기술 재생산 시대의 새로운 형식의 예술 작품에 대한 벤야민의 관심이 시작된다.

벤야민에 따르면, 기술 재생산 시대의 예술작품은 일회성도, 유일성도, 원본성도 지니고 있지 않기 때문에 이전의 예술작품들과는 달리 권위의 근거로서 아우라를 가지고 있지 않다. 이 새로운 형식의 예술작품은 무한히 재생산될 수 있으며, 그 자체적 형식으로 인해 아무도 원본성을 문제삼지 않는다. 또한 그 재생산 가능성 때문에 이 새로운 예술작품은 일반인들에게 자기 자신으로 향한 수용 기회를 확대시킬 수 있었다. 언제 어디서든 쉽게 예술작품에 접근할 수 있게 된 것이다. 이러한 민주적 접근 가능성의 확대로 인하여, 예술작품을 수용하는 지각방식도 필연적으로 변화를 경험할 수밖에 없다.

예술작품의 가치는 작품 자체에서 생산되는 것이 아니며, 반드시 수용자가 존재해야만 그 가치가 생산된다. 수용자들이 전통과의 연관 속에서 그 작품을 어떻게 수용하고 평가하느냐에 따라서 예술작품의 가치가 형성되는 것이다. 요컨대 예술작품은 바로 인간들에 의해서 경험되고 지각되고 평가된다. 이 지각 과정에서 예술작품은 객체로서 그리고 인간은 주체로서 작용한다. 결국 인간의 지각은 바로 아우라를 형성하는 데 결정적인 역할을 하는 것이다. 따라서 벤야민의 아우라 개념은 대상이 가지고 있는 객관적 속성임[29]과 동시에 '지각 가능성'Wahrnehmbarkeit을 의미하기 때문에, 이 두 방향에서 아우라를 고찰해야 한다.[30]

---

29) Bernd Auerochs, "Aura, Film, Reklame", Hrsg. Theo Elm und Hans H. Hiebel, *Medien und Maschinen: Literatur im technischen Zeitalter*, Freiburg: Rombach, 1991, S. 109.
30) Benjamin, "Über einige Motive bei Baudelaire", *Gesammelte Schriften* I. 2, S. 646.

대상에 대한 주체적 경험으로서 아우라가 반드시 인공적이고 예술적인 대상의 경우에만 존재하는 것은 아니다. 벤야민 또한 이 점을 인정한다. 자연과 인간과의 교감에서도 아우라는 존재한다. 그러나 자연적 대상은 예술적 대상과는 달리 일회성이나 유일성 그리고 원본성도 소유하지 않고 있다. 그렇다면 자연적 대상에서 생기는 아우라는 어떻게 형성되는 것인가? 자연적 대상을 지각할 때, 인간은 예술적 대상을 지각할 때와 마찬가지로 아우라를 경험한다. 즉 어떤 감정을 느낄 수 있다. 그것은 자연을 경험하는 인간이 자연과의 교감을 인식하고 그 과정에서 자연과 서로 시선을 주고받을 수 있기 때문이다.[31] 그러나 자연과 교감할 때 느끼는 아우라는 전통적 예술작품처럼 숭배적 가치를 지닌 채 인간에게 다가서는 것이 아니라, 평등한 관계 속에서 다가선다.

주체의 경험 또는 미적 경험으로서의 아우라는 대상과 주체 간의 교감과 상응에서 출발한다. 이를 벤야민은 '시선의 주고받음'을 통해 설명하고 있다. 벤야민은 아우라를 언급한 다른 논문과는 달리 「보들레르의 몇 가지 계기들에 관하여」에서는 아우라가 일종의 교감 능력으로서의 '시선'Blick이라는 또 다른 정의를 내리고 있다.

---

[31] Gernot Böhme, *Atmosphäre*, Frankfurt am Main: Suhrkamp, 1995, S. 27을 참조하라. 여기에서 뵈메는 자연 경험과의 연관성 속에서 벤야민의 아우라 개념과 그의 몰락에 관한 테제를 비판한다. 그의 주장에 따르면, 아우라란 다름 아니라 일종의 묘한 '분위기'로서 인간의 미적 경험을 의미하기 때문에 몰락을 이야기할 수 없다는 것이다. 그는 벤야민이 이러한 아우라의 주체적 속성을 아주 간과한 것은 아니지만, 이것을 아우라의 본질적인 요소로 취급하지 않음으로써 결국 아우라의 몰락이라는 주장을 할 수 있었던 것이라고 비판한다. 그리고 나서 그는 아우라를 자신이 이야기하는 아트모스페러라는 개념으로 재해석하려고 시도한다. 뵈메의 논의에 대해서는 다음의 글을 참조하길 바란다. 심혜련, 「감성학에서의 감성적 지각 문제에 관하여: Aura, Uncanny 그리고 Atmosphere를 중심으로」.

아우라의 경험은 따라서 인간 사회에서 친숙한 반응 형식을 무생물 또는 자연과 인간 사이의 관계로 옮겨 놓은 데서 기인한다. 시선을 주고 있는 자나 시선을 받고 있다고 믿는 자는 시선을 되돌려 준다. 어떤 현상의 아우라를 경험한다는 것은, 상대에게 시선을 되돌려 줄 수 있는 능력을 부여한다는 것이다.[32]

여기서 벤야민이 강조하고 있는 것은「기술 재생산 시대의 예술작품」에서와는 다르게 바로 느낌, 시선 그리고 지각으로서 아우라이다. 여기서 우리는 도대체 '시선'으로서의 아우라가 무엇을 의미하는가를 물을 수 있다. 지각 과정에서 벤야민이 언급했듯이 객관적 대상과 인간이 '시선을 서로 주고받는다는 것', 또 인간과 인간이 '시선을 서로 주고받는다는 것'은 바로 주체와 객체 간의 열린 의사소통을 의미하는 것이다. 누군가가 나를 보고 있다는 시선을 지각하고 뒤돌아볼 수 있거나, 대상과의 교감 속에서 응답할 수 있는 것이 바로 아우라를 경험함을 의미한다. 따라서 우리가 벤야민적 의미에서 아우라를 경험하고자 한다면 서로 교감할 수 있도록 시선을 주고받을 수 있는 능력을 가지고 있어야 하며, 이때 아우라는 주체적 능력을 뜻하게 된다. 그런데 이런 시선의 주고받음은 서로가 평등한 관계에 있지 않으면 불가능하다. 하나의 시선이 위압적인 것일 때, 또 다른 하나의 시선은 억압된 채, 정면을 응시하지 못하고, 흘깃 보거나 눈치를 살피며 보는 것이 될 터이기 때문이다. 벤야민이 자연과의 교감에서 모든 숭배적

---

32) Benjamin, "Über einige Motive bei Baudelaire", *Gesammelte Schriften* I. 2, S. 646. 벤야민은「중앙공원」이라는 글에서도 아우라를 교감할 수 있는 시선으로서 묘사하고 있다. Benjamin, "Zentralpark", *Gesammelte Schriften* I. 2, S. 670을 참조하라.

가치의 부재를 강조하는 것 또한 이런 이유에서이다.

## 3. 새로운 예술 형식의 등장과 아우라의 몰락[33]

이러한 벤야민의 아우라 개념에 대한 논의는, 특히 아우라의 몰락을 둘러싸고 그 후 많은 논쟁들을 불러일으켰다. 이 논쟁의 구도를 단순화하면, 심미적 경험을 중요하게 생각하는 이론가들과 예술의 사회적 특성을 강조한 맑스주의적 입장을 가진 이론가들의 대립으로 나누어 볼 수 있다. 아도르노의 철학 전통에 따라 아우라를 대상에 대한 인간의 주체적 경험으로 해석하는 입장에서는 벤야민이 아우라를 대상이 가지고 있는 객관적 특성으로 파악함으로써 단순화시켰다고 비판한다. 이와 달리 맑스주의적 입장에서는 벤야민이 아우라를 객관적 특성으로 파악한 점이 바로 긍정적 계기로 작용한다. 즉 객관적 특성으로서 아우라가 기술 재생산 시대에 몰락했으며, 이 몰락은 종교적 기능으로부터 예술의 해방을 의미하며, 이 해방은 바로 예술의 다른 기능, 즉 정치적 기능의 획득을 의미한다는 것이다. 이 두 견해는 비록 해석의 방식은 달랐지만, 대상이 가지고 있는 객관적 특성으로 벤야민의 아우라를 파악하는 데서 출발했다는 점에서는 일치한다.

그러나 앞에서 이야기했듯이 벤야민의 아우라는 대상에 대한 주체적 경험의 측면도 지니고 있다. 앞에서 언급한 두 상이한 입장은 바로 이 점을 간과하고 있는 것이다. 전통적 예술작품이 자신의 아우라의 근거로 지니

---

[33] 이 글의 3, 4, 5 그리고 6절은 다음의 글 중 일부를 수정 보완한 것임을 밝힌다. 심혜련, 「대중매체에 관한 발터 벤야민의 미학적 고찰이 지니는 현대적 의의」, 『미학』 제30집, 한국미학회, 2001.

고 있었던 대상의 객관적 특성, 즉 일회성과 유일성 그리고 원본성은 기술 재생산 시대에 와서 예술적 재생산 기술의 발전으로 인하여 극복되었다. 기술 재생산 시대에서 일회성은 반복성으로, 지속성은 일시성으로 전환되었다. 이러한 전환을 그는 '아우라의 몰락'이라고 정의한다.[34] 예술작품이 제한적 생산의 제약에서 벗어남으로써, 누구나 원한다면 어디서든 예술작품을 수용할 수 있게 되었다. 이제 예술은 종교적 숭배의 대상이 아니라, 심미적 대상인 동시에 즐김의 대상이 된 것이다. 이 전체적 과정이 바로 아우라의 몰락이며, 이는 예술 일반의 몰락이 아니라, 새로운 형태의 예술의 시작을 의미하는 하나의 은유이다. 동시에 아우라의 몰락은 예술에 대한 폐쇄적인 수용방식에서 벗어난 새로운 지각 작용의 시작을 의미한다.

아우라의 몰락은 기술 재생산 시대 예술의 특징이다. 이 시대에 새로운 예술 형식으로 등장한 것은 바로 사진과 영화다. 사진과 영화의 등장으로 인하여 기존의 예술 형식은 급격한 변화를 맞이하게 된다. 동시대의 다른 사상가들이 이런 새로운 매체가 가져올 수 있는 부정적 기능과 부정적 효과, 특히 예술 영역에 가져올 수 있는 부정적 효과 등에 대해 우려의 시선을 보낸 것과 달리, 벤야민은 새로운 매체의 등장을 매우 긍정적이고 본질적인 변화로 파악하고 있다. 그는 기술 재생산 가능성, 즉 사진과 영화가 예술의 영역에 미친 영향을 예술사의 일대 전환으로 보고 있다. 그는 새로운 매체의 등장이 무엇보다도 예술의 가치와 기능 변화를 초래했다고 본다. 그러나 예술이 스스로 변화할 수밖에 없는 운명의 시간을 맞이하고 있음에도 불구하고 스스로 그것을 잘 인식하지 못하고 있다고 지적하기도 한다.

---

34) Benjamin, "Das Kunstwerk im Zeitalter seiner technischen Reproduzierbarkeit", S. 477.

벤야민 당시에 다른 이론가들은 새로운 매체에 대한 분석의 초점을 주로 매체의 영향에 맞추어 그것이 가지고 있는 조작적이고 부정적인 효과의 측면에서 바라보았다. 그러나 그는 매체의 효과가 매체 그 자체가 가지고 있는 본성에서 기인하는 것이 아니라, 그것이 어떻게 활용되는가의 문제에 달려 있다고 보았다. 따라서 그는 긍정적 방향에서 쓰일 수 있는 매체의 활용에 관심을 가졌다고 볼 수 있다. 이는 새로운 정치적 그리고 사회적 측면에서 매체를 본 것으로, 그는 특히 예술의 영역에서 쓰이는 매체, 기술에 대한 긍정적 전망을 가지고 있었다. 그리하여 그는 새로운 매체에 의해 가능해진 새로운 예술 형식을 예술로서 받아들인다. 이러한 벤야민의 매체이론은 사진에서 출발해서 영화에서 완성된다.

## 4. 사진: 이미지에 대한 민주적 접근 가능성의 확대

19세기에 발명된 이래 사진은 예술 영역에서 매우 커다란 질적·양적 변화를 가져왔다. 현재 다양한 시각적 매체가 발명되고 발전되었음에도 불구하고 여전히 사진은 중요한 시각적 매체이다. 예술로서의 사진이 보편적으로 인정되고 있는 지금과는 달리, 처음 사진기가 발명되었을 때 사진은 전통 예술과 다른 새로운 형태의 예술로 인정되기보다는, 오히려 회화를 위한 보조적 역할을 수행하는 수단으로 취급되곤 했다. 그러나 사진에 대한 벤야민의 관심은 사진이 예술인가 아닌가라는 문제에 있지 않았다. 오히려 그는 예술작품의 수용자 관점에서 사진이 가져온 새로운 변화 가능성에 주목한다. 사진을 둘러싼 당시의 논쟁과 관련해서 벤야민은 사진으로 재생산된 예술에 관해서는 논의되지 않고 있음을 지적한다. 그에게 '예술로서의 사진'에 관한 논쟁은 일차적인 문제라기보다 오히려 하나의 부

차적인 문제에 불과했다. 일차적인 문제제기는 오히려 '사진으로서의 예술'이었다.[35]

벤야민에게 사진의 등장이 가지는 의미는 예술작품의 기계적 재생산 가능성이었고, 그리고 그 기계적 재생산 가능성은 "예술작품을 향한 민주적 접근 가능성의 확대"를 의미했다.[36] 접근할 수 없었기 때문에 수용자가 예술작품에 대하여 가질 수밖에 없었던 막연한 두려움과 신비감, 그리고 그것으로부터 생기는 아우라적인 권위는 사진의 등장으로 인하여 흔들리게 되었다. 사진은 "전통적 예술의 탈마법화"에 결정적인 역할을 한다.[37] 가까이할 수 없었던 것을 가까이하게 되었을 때 우리는 그 대상이 가지고 있었던 신비감으로부터 어느 정도 자유로워질 수 있다. 대상의 지각 과정에서 대상 외적인 요소로부터 자유로울 수 있다는 것은 벤야민에게 그 대상을 비판적으로 관찰할 수 있는 기회가 주어졌다는 것을 의미한다. 성당에서만 접할 수 있었던 어떤 성화를 사진으로 촬영해서 화보로 볼 때의 지각방식은 성당에서 볼 때와 분명 다르다. 여기서 사진은 더 이상 숭배적 가치를 지니고 있지 않기 때문에 침잠과 집중을 요구하지 않는다. 바로 이 점에서 벤야민은 사진이 예술의 특성에도 변화를 가져왔을 뿐 아니라 예술작품의 지각 작용에도 많은 영향을 주었다고 본다. 진품은 아니지만, 어쨌든 사진으로 복제된 형식으로라도 누구나 예술작품을 볼 수 있게 되었기 때문이다.

---

35) Benjamin, "Kleine Geschichte der Photographie", S. 381.
36) Willfried Baatz, "Über Fotografie: Bemerkungen zur Theorie Walter Benjamins", *Fotografie* Heft 40, Leipzig: Fotokinoverl., 1986, S. 2.
37) Burkhardt Lindner, "Technische Reproduzierbarkeit und Kulturindustrie: Benjamins Positives Barbarentum im Kontext", Hrsg. Burkhardt Lindner, *Links hatte noch alles sich zu enträtseln*, Frankfurt am Main: Syndikat, 1978, S. 186.

예술작품에 대한 접근 가능성의 확대는 벤야민에게 단지 예술작품 수용 기회의 확대만을 의미하는 것은 아니다. 그의 사진에 대한 분석에는 여전히 아우라에 관한 문제가 남아 있다. 그는 사진이 가져온 아우라의 몰락을 고찰하기 위하여 사진의 역사를 사진기술의 발전 수준과 예술 영역에서의 사진의 역할에 따라 두 단계, 즉 초기 사진과 후기 사진으로 나눈다. 그에 따르면 초창기에는 사진이 전통적 예술작품과는 다르게 기계의 도움으로 만들어졌고, 원본성이라는 것이 의미가 없으며, 더 나아가 재생산 가능성이 존재함에도 불구하고 아우라가 존재했다. 그렇다면 여기서 다음과 같은 질문이 제기될 수 있다. 기술 재생산 시대의 새로운 예술 형태인 사진의 아우라는 어디에서 형성되는 것인가?[38]

벤야민은 초기 사진에 존재하는 아우라의 흔적이 그 당시 사진 촬영의 기술적 한계와 사진이 담아내던 대상에서 기인한다고 말한다. 특히 초기 사진기술의 발전 수준은 "아우라적 현상의 조건"을 형성하는 데 결정적 역할을 한다고 보았다.[39] 초창기에는 어떤 한 사진을 찍기 위해서 지금은 상상할 수 없을 정도의 긴 시간이 필요했고, 그로 인하여 한 장의 사진에는 각각의 다른 시간대의 빛의 스펙트럼이 들어갔다. 따라서 한 장의 사진에는 "밝은 빛에서 어두운 그림자에까지 이르는 절대적 연속"이 존재하면서 미묘한 분위기가 드러난다.[40] 이러한 미묘한 분위기가 사진이 현실 그대로를 모사한 것이라기보다는 하나의 회화처럼 느껴지게 했다. 이러한 기술

---

[38] 벤야민이 초창기 사진을 분석하면서 아우라가 존재한다고 언급한 부분 때문에, 아직도 사진과 아우라의 문제에 대한 논의가 계속되고 있다. 이에 대한 자세한 논쟁은 다음의 글을 참조하길 바란다. 심혜련, 「사진에 대한 매체철학적 고찰」, 『미학』 제63집, 한국미학회, 2010.
[39] Benjamin, "Kleine Geschichte der Photographie", S. 376.
[40] ibid., S. 376.

적 제약뿐만 아니라 그것에 담기는 대상도 초기 사진이 아우라를 갖게 하는 근거였다. 벤야민의 관점에서 보면 사진은 기존의 회화가 가지고 있던 독점적 위치에 대한 도전이었다.[41] 이러한 상황은 특히 초기 사진이 주로 초상 사진을 찍는 데 많이 사용되었다는 사실에서 명확히 드러난다. 초상화에 대한 회화의 독점적 지위가 이제 사진으로 넘어가면서, 초상화는 사진의 진정한 희생자가 되었다.[42] 이렇듯 초기 사진의 대상은 주로 인간의 얼굴이었다. 기존에는 초상화가 특정 계급 내에서 자신의 부나 지위를 과시하는 수단으로 사용되었고, 자신이 기억하고 싶은 사람들의 얼굴을 남겨 놓는 수단으로 사용되었다. 사진의 등장은 특정 계급뿐만 아니라, 일반 사람들의 이러한 욕구를 충족시켜 주었다. 즉 사진은 "죽었거나 또는 멀리 있는 사랑하는 사람들을 위한 기억의 숭배"의 수단으로 사용되었던 것이다.[43] 사진은 여전히 전통적인 예술작품, 특히 초상화가 가지고 있었던 숭배의 기능적 역할을 부분적으로 수행했다.

초기 사진에 잔존해 있던 아우라적 특성은 사진기술이 발전함과 동시에 점점 사라지게 된다. 발전된 형태의 사진기는 원시적 사진기보다 긴 촬영시간을 필요로 하지도 않았고, 상대적으로 손쉽게 찍을 수 있는 기회를 확대시켰다. 또한 상대적으로 짧은 시간에 무엇인가를 촬영할 수 있다는 기술적 조건은 사진이 담을 수 있는 대상의 영역에도 변화를 가져왔다. 사진은 기술적 재생산 시대의 새로운 예술작품으로서 진가를 비로소 발휘하기 시작한다. 벤야민의 용어로 이야기하면, 바로 진정한 아우라의 몰락

---

41) Benjamin, *Das Passagen-Werk*, *Gesammelte Schriften* V. 2, S. 826.
42) Benjamin, "Kleine Geschichte der Photographie", S. 374.
43) Benjamin, "Das Kunstwerk im Zeitalter seiner technischen Reproduzierbarkeit", S. 485.

이 시작된 것이다. 이러한 전환의 과정에서 특히 벤야민은 외젠 아제$^{Eugéne}$ $^{Atget}$의 사진에 주목한다. 그는 아제의 사진에서 사진의 새로운 시기가 시작되었다고 파악한다. 아제의 사진이 그 이전의 것과 확실히 구별되는 점은 바로 대상에 있다. 그는 더 이상 자신의 사진을 초상화의 그 어떤 대체물로 사용하지 않았고, 오히려 경치라든가 또는 아주 사소한 것을 자신의 사진에 담아내곤 했다. 일상생활에서 우리가 흔히 보고 지나치는 거리의 정물들이 그에게는 하나의 특별한 사진의 대상들이었다. 더 나아가 그는 주로 사람이 없는 텅 빈 거리들을 아주 건조한 방식으로 촬영했는데, 이로 인해 그의 사진들은 마치 범죄의 현장을 보존하기 위한 사진과 같은 효과를 가졌다.[44] 이러한 아제의 사진을 벤야민은 아우라적인 분위기를 연출하는 요소를 사라지게 함으로써 현실에 덧칠해져 있던 아우라적인 요소를 지워 버렸다고 해석한다.[45] 아제의 사진이 "아우라로부터의 대상의 해방"을 의미한다고 본 것이다.[46] 이제 진정한 의미에서 '탈아우라화'가 이루어진 것이다.[47]

## 5. 영화: 이미지 수용방식의 변화

벤야민에게 영화란 하나의 매혹의 대상이었다. 그에게 영화란 외부의 세계를 경험하게 하고, 자신이 살고 있는 공간을 재현하여 이해할 수 있고 의

---

44) Benjamin, "Kleine Geschichte der Photographie", S. 379.
45) ibid., S. 377.
46) ibid., S. 378.
47) Norbert Bolz und Willem van Reijen, *Walter Benjamin*, Frankfurt am Main: Campus-Verl., 1991, S. 109.

미 있게 하는 '유일한 프리즘'을 의미한다.[48] 벤야민은 특히 수많은 움직이는 그림으로 구성되는 영화의 형식이 인간의 지각 영역에 미친 영향은 거의 혁명적이라고 보았다. 살아 있는 듯 활동적으로 움직이는 그림들은 관객들에게 새로운 지각 경험을 제공한다. 움직이는 그림들로 이루어진 화면들뿐만 아니라 영화의 색다른 효과들 즉, 다양한 화면기법과 오버랩 등은 시각적 환영을 일으키면서 새로운 지각의 체험을 가능케 했다. 게다가 영화의 편집 기술은 공간이나 연대기적인 논리적 서술에 얽매임 없이 움직이는 화면을 재구성할 수 있다. 이러한 논리적 시공간의 해체와 재구성은 관객들에게 다른 시공간에 대한 체험을 제공하여 색다른 미학적 경험을 가능케 한다. 그리고 이것은 관객에게 일종의 쇼크 경험을 제공하여 영화에 침잠하는 것을 방해한다. 이러한 편집 기능을 벤야민은 '영화의 변증법적 구조'라고 정의한다.[49] 이러한 영화적 효과에서 생성된 새로운 지각 방식을 그는 정신오락적·분산적 지각 그리고 촉각적 지각으로 파악한다.

벤야민에게 이러한 지각방식을 통한 예술의 수용은 "통각의 근본적인 변화의 증후"를 의미한다.[50] 전통적 예술작품을 감상할 때 침잠$^{Versenkung}$과 집중$^{Sammlung}$이 요구되는 것과는 달리, 새로운 예술 형식으로서의 영화는 자신의 고유한 형식으로 인하여 분산적이고 촉각적인 지각방식에 호소한다. 분산과 집중은 대립적인 지각방식이다.[51] 벤야민이 말하는 분산적 지각에서는 오락적 측면이 강조된다. 예술을 대할 때 정신을 집중하여 경건한 마음으로 대하는 것이 아니라, 정신을 분산시킴으로써 하나의 오락

---

48) Benjamin, "Erwiderung an Oscar A. H. Schmitz", *Gesammelte Schriften* II. 2, S. 752.
49) Benjamin, *Gesammelte Schriften* I. 3, S. 1040.
50) Benjamin, "Das Kunstwerk im Zeitalter seiner technischen Reproduzierbarkeit", S. 505.
51) ibid., S. 504 참조.

적 대상으로 여기는 것이다. 지각의 분산적 성격은 예술의 영역에서 지금까지 소홀히 다루어졌다. 이러한 예술의 수용방식은 하나의 잘못된 예술의 수용으로 이해되었기 때문이다. 따라서 분산적 지각에 대한 벤야민의 주목은 '분산의 재평가'를 가져 왔다고 볼 수 있다.[52] 오락적 측면이 강조된 이러한 새로운 지각방식은 예술에 대한 특별한 지식이 없는 대중들에게 적합한 것이기도 하다. 그들에게 예술은 집중을 요구하는 종교적 숭배의 대상이 아니라 하나의 오락의 대상이기 때문이다. 따라서 그는 다음과 같이 명확히 주장한다. "예술 애호가가 집중함으로써 예술작품에 다가가는 반면에, 예술에 낯선 대중은 예술작품에서 분산을 추구한다. 대중에게 예술작품은 분산의 대상이고 예술 애호가에게 예술작품은 그들의 집중의 대상"이라고 말이다.[53] 그렇다면 그는 왜 이러한 새로운 지각방식에 주목하였고 그리고 이러한 지각 작용을 왜 긍정적으로 파악했는가?

분산적 지각방식에서 벤야민은 예술과 수용자 사이의 관계 변화에 주목한다. 분산이라는 개념은 그에게 예술작품과 수용자 간의 거리를 의미한다. 예를 들어서 연극의 경우에는 관객들이 배우들의 모습을 직접 본다. 이와는 반대로 영화는 카메라라는 기구를 통하여 배우들의 모습을 간접적으로 재현한다.[54] 따라서 벤야민은 연극의 경우에 그 직접성으로 인하여 배우와 관객의 동일화가 보다 쉽게 이루어진다고 파악한다. 동일화는 일종의 예술작품으로의 침잠으로서 비판적 계기를 잃기 쉽다. 그에 따르면 침잠이라는 예술 수용방식은 예술과 수용자 간의 관계에서 비판적 의미에

---

52) Gerhard Wagner, *Walter Benjamin: Die Medien der Moderne*, Berlin: Vistas, 1992, S. 103.
53) Benjamin, *Gesammelte Schriften* I. 3, S. 1043.
54) Benjamin, "Das Kunstwerk im Zeitalter seiner technischen Reproduzierbarkeit", S. 487~488 참조.

서의 거리 두기에 적합한 방식이 아니라고 한다. 이러한 방식은 예술작품과 일정한 거리를 두면서 그것을 비판적으로 고찰하기보다는 오히려 예술작품 그 자체에 침잠함으로써 예술작품과 하나가 된다는 것이다.[55] 이와는 달리 정신오락적·분산적 지각방식은 "주체의 능동적인 활동"을 의미한다.[56] 영화를 오락의 대상으로 수용하는 주체는 그것이 제공하는 내용을 결코 맹목적으로 수용하지 않고, 오히려 분산적 지각을 통해서 그것을 즐기는 동시에 그것을 비판할 수 있다. 여기서 우리는 그의 대중에 대한 믿음을 볼 수 있다. 그는 대중이 결코 맹목적이고 무비판적으로 머무르지 않을 것이라고 확신했다. 즉 관객은 '정신이 산만한 시험관試驗官'이다.[57]

벤야민이 영화에서 주목하고 있는 것은 이러한 지각방식의 질적 변화와 더불어 영화의 대중적 성격이다. 영화는 생산에서 수용에 이르기까지 대중적 성격이 강조되는 장르이다. 영화를 수용하는 지각방식은 바로 양적 측면에서 집단적이고 대중적인 지각방식이다. 대도시에서의 대중의 등장은 산업혁명 이후 나타난 새로운 사회 현상이다. 대중의 등장은 그에게 단지 사회적인 변화만을 의미하는 것이 아니라, 하나의 새로운 문화적 현상을 의미했다. 대중은 기술 재생산 시대에 대량으로 생산되는 새로운 예술의 관객을 의미한다. 대중은 대중문학과 화보의 독자이고, 영화의 관객이며, 그리고 라디오 방송의 청취자이다. 도시를 배회하는 대중은 전통적 예술작품의 수용자처럼 특정한 계급의 사람들이 결코 아니다. 그들은 다양한 계층이 뒤섞인 불특정 다수이다. 다양한 계층이 뒤섞여 영화를 감상

---

55) ibid., S. 504.
56) Benjamin, *Gesammelte Schriften* I. 3, S. 1041.
57) Benjamin, "Das Kunstwerk im Zeitalter seiner technischen Reproduzierbarkeit", S. 505.

할 수 있는 영화관은 새로운 공적 공간으로 떠오른다. 영화는 이미 벤야민 시대인 바이마르 공화국 시절에 대중이 가장 선호하는 오락의 대상이었고 영화관은 하나의 중요한 놀이 공간이었다. 그 시대에서부터 영화는 많은 사람들의 일상적인 생활에 적지 않은 영향을 미쳤던 것이다. 영화는 예술, 삶의 방식, 정치, 남녀 관계 그리고 여가시간과 소비생활에 이르기까지 자신의 영향력을 널리 행사했다.[58]

영화는 전통적 예술작품과 달리 많은 관객들에게 자신으로 향하는 길을 열어 놓았다. 원한다면 누구나 영화를 볼 수 있다. 영화는 소수의 관객보다는 많은 관객들을 미리 상정하고 만들어진다.[59] 그에게 영화란 교양과 지식을 바탕으로 계몽된 공적 영역에서만 상영되는 것이 아니다. 따라서 그는 사진에서와 마찬가지로 이러한 현상을 '예술로 향하는 민주적 통로의 확장'이라는 긍정적 의미로 파악한다. 그리고 집중과 침잠의 대상으로서의 예술이 아닌 정신 오락적 대상인 영화에 필요 이상의 예술적 권위를 요구하지 않는다. 영화는 아우라의 몰락의 과정에서 "가장 강력한 주선자 Agent"의 역할을 수행한 것이다.[60] 결국 벤야민에게 영화란 "문화적 유산의 전통적 가치의 해체"를 의미하는 것이다.[61] 따라서 그는 영화가 사진과 마

---

[58] Wolfgang Jacobsen Hrsg., *Geschichte des deutschen Films*, Stuttgart: Metzler, 1993, S. 63~69, S. 100 참조.
[59] James Monaco, *Film verstehen*, Hamburg: Rowohlt, 1996, S. 259~260 참조. 이 글에서 저자는 벤야민이 바로 영화의 이러한 대중적 특징을 파악하고 있었다는 사실을 높이 평가하고 있다. "벤야민의 글은 이해하기가 매우 어렵다. 그렇지만 그의 주장들은 영화(그리고 기술적으로 재생산 가능한 다른 예술들)가 사회에서 어떻게 작용하고 있는가를 이해하기 위해서는 근본적인 것이다. 벤야민은 영화와 전통적인 예술들 사이에 놓여 있는 가장 중요한 차이점을 새로운 예술은 대량으로 생산될 수 있고 소수가 아니라 다수가 접할 수 있다는 데서 찾았다——이것은 하나의 혁명적 작용이다."
[60] Benjamin, "Das Kunstwerk im Zeitalter seiner technischen Reproduzierbarkeit", S. 478.
[61] ibid., S. 478.

찬가지로 예술의 종교적 가치를 해체하고 "예술의 자율성이라는 가상"을 해체시킴으로써 아우라의 몰락을 완성했다고 본 것이다.[62]

## 6. 광고: 시각적 촉각성의 체험

기술 재생산 시대의 새로운 예술의 등장과 지각의 구조 변화 간의 관계에서 벤야민이 새로운 지각방식으로서 분산적 지각방식에 주목하였음을 살펴보았다. 이와 더불어 그는 이러한 분산적 지각이 가지고 있는 '촉각적 질'을 언급한다.[63] 예술 수용에 관한 그의 이론에서 시각적·촉각적 지각은 매우 중요한 지각 형태이다.[64] 촉각성Taktilität은 원래 신체적 접촉에 의해 직접적으로 지각되는 성질을 의미한다. 무언가를 신체적으로 느끼는 것, 바로 이것이 촉각적 지각이다. 이러한 촉각적 지각을 벤야민은 기술 재생산 시대의 예술작품의 수용과 연결시킨다. 엄격히 말해서 벤야민이 말하는 촉각성이란, 시각적 촉각성을 의미한다. 그는 새로운 형태의 예술작품을 수용하는 과정에서 우리가 어떤 대상을 시각적으로 지각하지만, 그것이 우리에게 마치 촉각성과 유사한 지각의 체험을 준다는 사실에 주목한다.[65] 시각적 촉각성에 관한 그의 이론은 사실 분산적 지각과 분리해서 생각할 수 없다. 그는 분산적 지각을 언급하면서 동시에 촉각적 지각을 언급

---

62) ibid., S. 486.
63) ibid., S. 502.
64) Franz-Joachim Verspohl, "Optische und taktile Funktion der Kunst: Der Wandel des Kunstbegriffs im Zeitalter der massenhaften Rezeption", *Kritische Berichte*, Jahrgang 3 Heft 1, 1973, S. 25 참조.
65) 벤야민이 이야기하는 시각적 촉각성은 현재 디지털 매체 시대의 시각 이미지 체험을 분석하는 데 결정적인 요소가 되었다. 모든 가상현실 체험은 결국 이러한 시각적 촉각성에 호소하는 방식으로 만들어지고 있다 해도 과언이 아니다.

하고 있으며, 그 두 가지 방식의 지각 형태는 그의 예술이론에서 특별히 분리되는 개념은 아니다. 이 새로운 두 가지 지각방식은 대도시의 일상생활과 기술 재생산 시대의 예술에 적합한 방식이다.

정적이고 안정적인 전통사회와는 다르게 대도시에서의 삶은 유동적이고 불안정하다. 전통적인 사회가 서로를 잘 아는 친밀감으로 구성된다면 대도시는 서로가 서로를 모르는 익명성으로 구성된다. 이러한 대도시에서 사람들은 교통수단의 발달로 인하여 이전과는 다른 속도감을 체험한다. 특히 기차 여행을 할 때 바깥의 풍경은 마치 하나의 파노라마처럼 스쳐 지나가고, 사람들은 여기서 전혀 다른 시공간적 지각을 경험한다. 뿐만 아니라 대도시의 많은 광고 사진들과 대도시의 전람회를 위한 건물, 놀이동산 그리고 많은 상가 건물들 같은 여러 가지 건축물들은 새로운 체험의 장으로서 시각적 촉각성의 체험을 가능케 하였다. 벤야민은 이러한 대도시의 새로운 문화적 현상들에 관심을 가지고 바라보았으며, 대도시를 하나의 '커다란 도서관'이라고 표현했다.[66]

시각적 촉각성과 관련해서 그는 특히 대도시의 거리에서 흔히 볼 수 있는 많은 포스터들과 광고 사진에 주목한다.[67] 거리에 붙어 있는 많은 광고 사진들은 벤야민에게 단지 상품을 팔기 위한 하나의 수단만을 의미하는 것이 아니다. 오히려 기술 재생산 시대의 새로운 문화적 현상 중 하나이며, 더 나아가 하나의 새로운 미학적 매혹의 대상이다. 광고 사진을 통해서 대중들은 회화를 수용하는 데서 느꼈던 예술 대상으로부터의 낯섦을 일차

---

[66] Benjamin, "Paris, die Stadt im Spiegel", *Gesammelte Schriften* IV. 1, S. 356.
[67] 벤야민은 「베를린 연대기」에서 어린 시절에 자신에게 가장 놀라운 현상으로 다가온 것은 바로 길거리에 붙어 있는 이러한 그림들이었다고 서술하고 있다. Benjamin, "Berliner Chronik", *Gesammelte Schriften* VI, S. 468 참조.

적으로 극복한다. 흔히 볼 수 있는 광고는 전통적 예술처럼 종교적 숭배의 대상도 아니고, 문화적 계층인 예술 애호가들을 위한 대상도 아니다.[68] 광고는 이제 우리가 자주 접할 수 있는 하나의 주요한 예술적 체험의 대상이 되었다. 이러한 많은 광고들을 우리는 집중과 침잠이라는 지각방식을 통해서 수용하기보다는, 오히려 주의를 기울이지 않고 스쳐 지나가면서 그것을 체험하고 있다. 연속적으로 스쳐 지나가는 제각각의 그림들은 기본적으로 시각적 요소들로 구성되어 있음에도 불구하고 마치 촉각적으로 그것을 체험하는 듯한 느낌을 준다. 또 서로 어떤 연관성도 없이 곳곳에 붙어 있는 많은 그림들을 우리는 기대하지 않았던 장소에서 연속적으로 봄으로써 하나의 파노라마적 체험을 경험한다. 이러한 체험이 바로 시각적·촉각적 지각이다. 촉각적 지각은 광고에서뿐만 아니라 영화에서도 나타난다. 영화의 움직이는 화면들과 시공간의 일관성 있는 배치와는 무관한 편집이 주는 쇼크 작용은 바로 시각성에 촉각성을 가져오는 듯한 지각을 유발한다.[69] 이 체험은 기대되고 요구되지 않았던 체험이며, 일시적인 체험이다.[70] 이러한 체험은 바로 '시각적 촉각성'의 근원적 체험이 된다.

## 7. 나가며

벤야민이 아우라의 몰락을 이야기한 후, 오히려 역설적으로 현대 예술에서 아우라에 대한 논의가 중요하게 되었다. 특히 사진과 영화 비평에서 아

---

68) Benjamin, *Gesammelte Schriften* I. 3, S. 1044.
69) ibid., S. 1049.
70) Benjamin, *Das Passagen-Werk*, V. 1, S. 235.

우라를 중심으로 논의가 진행되는 경우가 많은데, 이 또한 매우 재미있는 현상이다. 뿐만 아니라, 디지털 매체 시대에 아우라에 대한 논의가 다양한 각도에서 활발하게 진행되고 있다는 사실에도 주목해야 한다.[71] 벤야민 이후 현대 미술에서 아우라는 매우 중요하다. 왜냐하면 예술은 자의든 타의든 간에 결코 자신의 숭배적 가치에서 벗어날 수가 없기 때문이다. 예술을 둘러싼 숭배적 가치는 여전히 중요하다. 그래서 더욱 벤야민의 아우라 몰락에 대한 논쟁이 계속되고 있는지도 모른다. 그렇다면 아우라의 몰락을 이야기한 그의 주장은 완전히 틀린 것인가? 그의 이론은 아날로그 매체와 관계된 예술 형식에서는 유효한 것이며, 디지털 매체 시대에서의 예술 형식에는 전혀 적용할 수 없는 것인가?

먼저 '벤야민 이론이 디지털 매체 시대에 적용 가능한가'라는 물음은 그의 입장에서 보았을 때, 올바른 물음이 아니다. 앞서 설명한 것처럼 그는 그 당시의 매체 상황과 기술 상황이 예술작품 그 자체를 어떻게 변화시키고, 또 그것을 수용하는 방식이 어떻게 변화했는가를 중심으로 자신의 논의를 진행했다. 따라서 아날로그 매체를 중심으로 한 그의 논의를 지금 매체 상황에 적용하고자 하는 시도는 그의 이론의 기본 전제인 예술의 사회적 성격을 염두에 두지 않은 것이라고 볼 수 있다. 그의 관심사는 그 당시에 새롭게 진행된 예술 형식이었다. 그렇다면 이제 벤야민 시대의 상황과는 완전히 다른 디지털 매체 기술이 예술작품을 어떻게 변화시키며, 또 그것에 대한 수용방식은 어떻게 변화했는가를 묻는 것이 중요하다. 즉 디지

---

71) 벤야민이 아우라의 몰락을 이야기한 이후, 특히 디지털 매체 시대에도 아우라에 대한 논의가 여전히 진행 중이다. 이와 관련된 자세한 논의는 이 글에서는 다루지 않겠다. 이와 관련해서는 다음의 글을 참조하길 바란다. 심혜련, 「디지털 매체 시대의 아우라 문제에 관하여」, 『시대와 철학』 제21권 3호, 한국철학사상연구회, 2010.

털 매체 상황에서 그의 테제, 즉 아우라가 몰락했는가 안 했는가를 묻는 것보다 이러한 물음이 오히려 그의 문제의식을 긍정적으로 발전시키는 것이라고 볼 수 있다. 벤야민적 입장에서 지금 매체 시대에 이러한 물음을 던지는 시도 중 하나가 바로 매체미학이다.

벤야민의 미학이론은 결코 예술작품을 중심으로 한 것이 아니다. 어쩌면 그는 예술계에서 아우라가 몰락되든, 존재하든, 아니면 회귀하든 관심이 없을 수도 있다. 그가 아우라의 몰락이라는 테제를 통해 주장하고 싶었던 것은 예술작품을 중심으로 논의되는 예술이론으로부터의 탈출이었을 것이다. 그의 관심사는 도시를 중심으로 형성된 현대성의 경험이었으며, 이를 예술적 체험이라 생각하지 않았기 때문에 논의의 대상으로 삼지 않았던 예술계와 예술이론계의 당시의 속물적인 태도를 조롱한 것일 수도 있다. 그래서 그는 기술 재생산 시대의 예술작품의 특징을 아우라의 몰락이라고 규정하고, 논의를 더 이상 예술작품 중심으로 진행하지 않는다. 그는 스스로 이론적 실천을 수행한다. 즉 예술작품이 아니라, 그 당시 지배적인 시각 체험의 내용인 광고, 판화, 거리 풍경, 아케이드, 패션 등등을 분석한 것이다.[72] 결국 중요한 것은 앞서 말했듯이, 벤야민의 이론이 맞았는가 또는 틀렸는가를 논의하는 방식보다는 오히려 그의 문제의식을 연장해서 디지털 매체 시대의 예술작품의 특징을 분석하는 작업이 그의 논의를 발전적으로 받아들이는 일일 것이다. 또한 디지털 매체 예술에만 논의를 한정시키지 말고, 그가 기술 재생산 시대의 예술작품을 분석하면서 시각 이

---

72) Norbert Bolz, "Aesthetics of Media: What is the Cost of Keeping Bejamin Current?", eds. Hans Ulrich Gumbrecht and Michael Marrinan, *Mapping Benjamin: The Work of Art in the Digital Age*, Standford: Standford University Press, 2003, pp. 24~25.

미지 일반을 분석했던 것처럼, '디지털 이미지' 즉 광고, 디지털 효과, 컴퓨터 게임 그리고 애니메이션 등등을 포괄하는 디지털 이미지 전반에 대한 논의를 진행시키는 데로 나아가야 한다.

# 3 | 대중매체와 문화산업
### 테오도어 아도르노

## 1. 들어가며

오해도 많고 탈도 많은 이론 중 하나가 바로 테오도어 아도르노Theodor Adorno, 1903~1969의 문화산업론이다. 아도르노의 문화산업론은 대중문화에 대해 폄하하는 대표적인 이론으로 언급되며, 또 이러한 해석들이 아도르노의 예술이론을 온전히 이해하지 못하는 데서 오는 오해라는 반박도 있다.[1] 아도르노와 막스 호르크하이머Max Horkheimer가 『계몽의 변증

---

[1] 이에 대한 많은 논의들이 있지만, 이 글에서는 이러한 논의들을 구체적으로 소개하지는 않겠다. 다만 지적하고 넘어가야 될 점은 아도르노를 엘리트주의자로 보는 논의들은 주로 문화이론이나 대중문화론에서 제기되는 입장이며, 반면 아도르노 전공자들은 이러한 입장에 강력하게 반발한다는 점이다. 엘리트주의자로 보는 입장은 아도르노에 대한 잘못된 이해에서 기인하고 있는 것이라고 말이다. 하나의 예만 들자면, 국내 아도르노 연구자인 노명우는 아도르노를 엘리트주의자라고 보는 견해에 강력히 논박하는 입장을 취하고 있다. 그에 따르면, 아도르노와 호르크하이머는 "관리되는 사회의 문화를 비판하는 사람이지, 대중문화를 천하게 취급하는 엘리트주의자는 아니"라고 한다(노명우, 『계몽의 변증법: 야만으로 후퇴하는 현대』, 살림, 2005, 207~208쪽 참조). 또한 문화산업에 대한 잘못된 이해가 문화산업을 분석할 때 중요한 계기들을 놓치게 한다고 비판한다(같은 책, 211쪽).

법』*Dialektik der Aufklärung*을 함께 쓰고 출판한 이후, 이러한 해석을 둘러싼 논쟁들은 지금까지도 계속되고 있다. 특히 아도르노의 경우 그의 예술이론과 문화산업론을 연결시켜 논의할 수밖에 없는데, 그렇기 때문에 그의 문화산업론에 대한 논의들은 더욱 첨예하게 대립하면서 진행되었다.[2] 이러한 논의들 속에서 어떤 입장을 취하든 간에 모두가 인정할 수밖에 없는 중요한 사실은 어느 누구도 아도르노만큼 현대 대중문화에 대해 관심을 가지고 지속적으로 비판적인 입장을 견지한 학자가 없었다는 것이다. 이러한 사실은 역으로 아도르노가 대중문화의 폭발적인 힘을 이미 정확하게 파악하고 있었다는 것을 입증하기도 한다. 만약 여기에 관심이 없다면, 또는 그것이 가지고 있는 힘을 인식하지 못한다면, 그 어떤 것에 대한 비판도 가능하지 않을 것이다. 관심은 비판을 낳지만, 무관심은 그 어떤 비판도 낳지 못한다.

따라서 아도르노의 문화산업론을 '대중문화에 대한 폄하인가 아닌가'라는 이분법적 입장에서 고찰하는 것은 옳은 태도는 아니다. 오히려 그가 왜 문화산업 전반에 대해 철저히 비판하려 했는지, 또는 어떤 관점에서 이를 비판하려 했는지를 보는 것이 더 중요하다. 더 나아가 그의 문화산업론이 현재 어떤 의의를 가질 수 있는지에 대해 고찰하는 것이 더 의미 있는 작업일 것이다. 물론 그렇다고 해서 아도르노의 문화산업론에 대한 비판

---

[2] 안드레아스 후이센은 바로 이러한 점 때문에 아도르노의 문화산업론과 그의 모더니즘이 여전히 유효하다고 평가한다. 후이센은 아도르노가 현대 문화 이론을 이야기한 사상가들 중에서 대중문화와 고급예술을 연결시키면서 논의한 몇 안 되는 사상가 중 하나이기 때문에 그렇다고 설명한다. 안드레아스 후이센, 「거꾸로 읽는 아도르노: 헐리우드에서 리하르트 바그너까지」, 『헐리우드/프랑크푸르트』, 김소영 편역, 시각과언어, 1994, 20쪽 참조(Adreas Huyssen, "Adorno in Reverse: From Hollywood to Richard Wagner", *After the Great Divide: Modernism, Mass Culture, Postmodernism*, Bloomington: Indiana University Press, 1986).

이 모두 문제가 있는 것으로 취급될 수는 없다. 왜냐하면 그의 대중문화론은 어떤 관점에서 그것을 비판했든 간에 문화산업을 전체적으로 조망하거나 다른 가능성을 검토하기보다는, 그것이 가져오는 부정적인 효과에만 초점을 두고 비판했던 것도 사실이기 때문이다. 물론 중요한 점은 그가 왜 긍정적인 관점을 취하지 않았는가에 있지만 말이다. 어쨌든 벤야민과 대비되는 이러한 점들 때문에 아도르노의 문화산업론은 지금까지도 벤야민의 「기술 재생산 시대의 예술작품」의 내용과 비교되면서 논의되고 있는 중이다.[3]

지금까지 미학이론, 철학, 문화이론, 대중문화론 등등의 영역에서 아도르노의 문화산업론은 중요한 이론적 전거로 작용했으며, 지금도 그러하다. 이 글에서 나는 이러한 다양한 관점에서 다루어진 문화산업론에 대한 논쟁들에 대해 구체적으로 언급하지는 않을 것이다. 이 글의 초점은 아도르노의 문화산업론을 '매체철학'의 관점에서 접근하는 것이기 때문이다. 즉 그가 매체에 대해 어떻게 표상했으며, 또 그에게 매체는 무엇을 의미하는지를 살펴볼 것이다. 그렇다면 여기서 이런 질문이 가능하다. 매체철학적 관점에서 아도르노의 매체이론을 살펴보겠다면서, 왜 그의 문화산업론이 핵심이 되는가라는 질문 말이다. 그 이유는 명확하다. 아도르노의 매체이론의 핵심은 바로 대중매체에 대한 비판이며, 그의 대중매체에 대한 비판이론은 곧 문화산업론을 의미하기 때문이다.[4]

---

3) Jürgen Felix, "Im Zeitalter der Reproduktion: Revisionen nach der Moderne", *Ästhetik & Kommunikation: Medien an der Epochenschwelle*, Heft 88, Jahrgang 24, 1995, S. 103 참조.
4) Detlev Schöttker, "Theodor W. Adornos Beiträge zur Medientheorie "Erkennendes Hören" als Programm", Hrsg. Alexander Roesler und Bernd Stiegler, *Philosophie in der Medientheorie: von Adorno bis Žižek*, München: Wilhelm Fink, 2008, S. 11.

## 2. 사회비판이론으로서의 매체이론

대중문화가 그 위용을 드러냈을 때, 대중문화의 파급력에 대해 많은 이론가들이 우려를 했었다. 이 우려들은 전혀 근거 없는, 즉 소위 부르주아 속물들이 자신들의 문화가 위협을 받기 때문에 대중문화를 폄하하려는 의도에서 그랬던 것만은 절대 아니다. 특히 프랑크푸르트 학파의 대중문화에 대한 비판은 충분히 설득력 있는 것이었다. 그 당시, 특히 독일의 1920년대와 1930년대의 정치 상황과 문화 상황 때문이었다. 또한 프랑크푸르트 학파는 문화비평을 통해 당시 사회상을 비판하고자 했기 때문에,[5] 그들의 문화비판은 사회비판과 분리될 수 없었다. 그렇기 때문에 대중문화를 무조건 비판해야 할지, 또는 비판적으로 수용해야 할지에 대한 논의가 있었던 것이다.

그 논쟁의 중심에 벤야민과 아도르노가 있었다. 물론 이 둘이 가졌던 대중매체에 대한 전망은 달랐지만, 둘 다 대중매체가 가져올 커다란 변화를 이미 간파하고 있었다. 그래서 벤야민은 대중매체가 권력, 특히 파시즘과 나치즘에 이용당하고 있었던 당시에 좌파 진영에서도 이에 적극적으로 반응해야 한다고 강조했다. 벤야민은 그러한 흐름을 '정치의 심미화'라고 규정하고 이에 대응하기 위해 '예술의 정치화'가 필요하다고 주장했다.[6]

---

[5] 마틴 제이, 『변증법적 상상력』, 황재우 외 옮김, 돌베개, 1981, 269~277쪽 참조(Martin Jay, *The Dialectical Imagination: A History of the Frankfurt School and the Institute of Social Research 1923~1950*, Boston: Little, Brown, 1973).

[6] Walter Benjamin, "Das Kunstwerk im Zeitalter seiner technischen Reproduzierbarkeit", *Gesammelte Schriften* I. 2, Unter Mitw. von Theodor W. Adorno und Gerschom Scholem Hrsg. von Rolf Tiedemann und Hermann Schweppenhäuser, Frankfurt am Main: Suhrkamp, 1991, S. 508.

벤야민이 주장하는 '예술의 정치화'는 예술의 또 다른 기능에 주목한 것으로 예술이 지닌 사회적 기능을 강조하기 위한 것이었다. 또한 이 주장에는 전통적인 예술이론과 예술작품이 수행했던 예술 기능에 대한 벤야민의 반대 입장이 전제되어 있다.[7] 즉 그는 고급과 저급을 나누는 진짜 저급한 예술 평가 기준에 대해 반대했던 것이며, 그렇기 때문에 그가 예술의 정치화라고 했을 때, '예술'은 고급 또는 순수예술만을 의미하는 것이 결코 아니었다. 대중매체를 포함한 예술에서 벤야민이 강조하려 했던 것은 바로 예술의 사회적 기능이며, 또 이 예술의 기능을 사용과 생산방식의 측면에서 본 것이다. 이러한 측면에서 그는 '예술의 대중화'에 손을 들어 주었다.

아도르노 또한 예외는 아니다. 즉 그도 예술의 사회적 기능을 강조한다. 다시 말해서 이 둘은 사회비판적 차원에서 예술과 대중매체 이론을 전개한 것이다. 그러나 벤야민이 대중의 측면에서 사용과 수용을 강조했다면, 아도르노는 생산 또는 제작의 측면에서 대중매체를 분석했다. 즉 아도르노에게는 대중매체 이면에 감추어져 있는 생산자의 의도가 더 중요했던 것이다.[8] 요컨대 벤야민이 대중매체에 적극 반응하는 수용자들을 염두에 두고 이에 대해 분석했다면, 아도르노는 이를 만들고 일방적인 수용을 강요하는 독점자본의 메커니즘과 이를 소극적으로 받아들이는 수용자를 염두에 두고 이를 비판했다. 또한 아도르노에게 더 중요했던 문제는 '예술의 정치화' 또는 '정치의 심미화'가 아니었다. 안드레아스 후이센Andreas

---

7) 이에 대한 자세한 논의는 다음 글을 참조하길 바란다. 심혜련, 「예술의 새로운 사회적 기능: 발터 벤야민의 "예술의 정치화"를 중심으로」, 홍준기 엮음, 『발터 벤야민: 모더니티와 도시』, 라움, 2010.
8) 프랑크 하르트만, 『미디어 철학』, 이상엽·강웅경 옮김, 북코리아, 2008, 260쪽(Frank Hartmann, *Medienphilosophie*, Wien: WUV, 2000).

Huyssen이 지적했듯이 아도르노에게 좀더 중요했던 문제는 오히려 매체 자본의 메커니즘과 관계된 '예술의 상품화'와 '상품의 심미화'였던 것이다.[9] 그에게는 대중매체에 의해서 예술과 문화가 상품이 되는 상황, 그리고 이것을 경제구조로 편입시키는 사회가 더 큰 문제였다.[10] 그렇기 때문에 '예술의 대중화'에 반대할 수밖에 없었던 것이다.

예술의 대중화에 찬성을 하든, 아니면 반대를 하든 간에 대중매체에 대한 이 두 사람의 이론은 맑스주의적인 사회비판이론일 수밖에 없다.[11] 물론 아도르노에게 문제는 '예술의 상품화'와 '상품의 심미화'였지만, 그는 이 문제를 미학적인 방법론만으로 접근하지는 않는다. 오히려 그는 이 두 현상을 가능하게 하는 사회 구조와 이 현상들로 야기되는 심미적인 문제에 더 비판의 축을 둔다.[12] 왜냐하면 아도르노의 매체이론의 중심은 "작품들Werke이 아니라, 의식의 형식Bewußtseinsform"이기 때문이다.[13] 그는 사회비판적 관점에서 대중매체가 '잘못된 의식'을 만들어 내며, 이러한 잘못된 의식으로 인하여 대중매체의 수용자들이 자신이 처한 사회적 상황에 대해 잘 알지 못한 채 기만당한다고 보았다.[14] 즉 대중들이 총체적으로 '관리되

---

9) 안드레아스 후이센, 「거꾸로 읽는 아도르노: 헐리우드에서 리하르트 바그너까지」, 『헐리우드/프랑크푸르트』, 24쪽(Adreas Huyssen, "Adorno in Reverse: From Hollywood to Richard Wagner").
10) Dieter Mersch, *Medientheorien zur Einführung*, Hamburg: Junius, 2006, S. 79[디터 메르시, 『매체이론』, 문화학연구회 옮김, 연세대학교 출판부, 2007].
11) ibid, S. 57~90 참조. 디터 메르시는 매체철학적 관점에서 아도르노의 매체이론을 맑스주의적 매체 비판의 범주에 넣는다. 그는 벨라 발라즈, 발터 벤야민, 베르톨트 브레히트, 아도르노와 호르크하이머 등이 바로 맑스주의적 매체 비판가라고 분류한다. 프랑크 하르트만도 유물론적 매체 비평의 대표적인 예로 이들의 이론을 언급한다(하르트만, 『미디어 철학』, 255~263쪽 참조).
12) Schöttker, "Theodor W. Adornos Beiträge zur Medientheorie "Erkennendes Hören" als Programm", S. 11.
13) ibid, S. 11.

는 사회' 속에서 이에 대해 정확히 인식하거나 또는 비판할 수 있는 능력을 박탈당한 채, 그저 수동적으로 그 안으로 편입되는 것을 우려하면서, 이를 조장하는 대중매체에 대해 문화산업이라는 이름으로 비판했던 것이다.

## 3. '관리되는 사회'에 대한 비판으로서의 예술

아도르노의 '관리되는 사회'에 대한 비판으로서의 대중매체 이론은 그의 예술이론과 불가분의 관계를 맺고 있다. 왜냐하면 그는 예술이야말로 '관리되는 사회'의 밖에서 사회 전반을 부정하고 비판할 수 있는 유일한 것이라고 보았기 때문이다. 예술이 바로 이러한 기능을 수행해야만 하는데, 대중매체가 예술을 상품이라는 이름으로 포장하며, 또 이와 더불어 상품을 마치 예술처럼 심미화하기 때문에 아도르노는 문화산업을 '탈예술화' 현상으로 보았다.[15] 그에게 예술이란 상품이 아니며, 더 나아가 절대 상품이 되어서는 안 되는 것이다. 상품 또한 마찬가지로 절대 예술의 탈을 쓰면 안된다. 예술은 예술이며, 상품은 상품인 것이다. 그의 대중매체에 대한 비판은 태생적으로 이러한 그의 예술이론에 기반을 두고 있다. 그렇다면 아도르노에게 과연 예술은 무엇을 의미하는가? 또 예술의 사회적 기능은 과연 무엇인가?

사실 아도르노의 예술이론은 매우 복잡하며 심층적이다. 그렇기 때문에 이 글에서 이러한 아도르노의 예술이론 전반에 대해 이야기하거나 이

---

14) ibid, S. 11.
15) 테오도어 아도르노, 『미학 이론』, 홍승용 옮김, 문학과지성사, 1983, 36쪽(Theodor W. Adorno, *Ästhetische Theorie*, Frankfurt am Main: Suhrkamp, 1970).

를 체계화하는 것은 무리가 있으며, 그가 모든 체계화와 동일화에 '부정적 사유'와 '비동일적 사유'로 맞섰던 것을 생각할 때 이는 애초부터 가능하지 않은 작업인지도 모른다. 하지만 아도르노의 대중매체 이론을 말하려면, 그의 예술 개념에 대한 이해와 그가 생각한 예술의 사회적 기능에 대해 이야기할 수밖에 없으므로 그가 생각한 진정한 예술과 그 사회적 기능에 대해서만 간략히 언급하겠다.

아도르노가 예술 일반을 옹호하고 대중매체에 대해 일방적으로 비판했다고 생각하면, 이것은 오해다. 왜냐하면 모든 예술이 그가 생각하는 '진정한 예술'은 아니기 때문이다. 그에게 진정한 예술이란, 바로 진리의 계기를 포함하고 있는 예술이어야만 한다. 그렇다면 그가 예술에게 기대했던 진리 내용Wahrheitsinhalt과 진리 계기Wahrheitsmotiv는 무엇인가? 그것은 바로 '비판적 내용'이다.[16] 이 비판적 내용은 예술이 처해 있는 당대 사회적 현실과 긴밀하게 연결된다. 왜냐하면 아도르노는 기본적으로 예술 개념을 불변하는 것이 아니라, "역사적으로 변화하는 여러 계기들의 짜임 관계Konstellation"에 의해서 형성되는 것으로 파악했기 때문이다.[17] 이렇게 형성된 예술작품이 가지고 있는 진리 내용은 긍정이 아닌, 현존재와 현재 상태에 대한 부정을 포함하고 있다.[18] 그리고 이 부정은 역사 또는 사회적 상황과 만나면서 사회비판으로서 그 모습을 드러낸다.[19] 즉 예술이 진정한 예술로서 존재하기 위해서는 부정과 비판이라는 진리 내용을 가져야만 되는 것이다.

---

16) 아도르노, 『미학 이론』, 66쪽.
17) 같은 책, 13쪽.
18) 같은 책, 213쪽 참조.
19) 같은 책, 213쪽 참조.

그런데 바로 여기서 예술작품이 가지고 있는 근원적인 딜레마가 발생한다. 즉 자율적임과 동시에 사회적이어야만 하는 그런 딜레마 말이다. 이것이 바로 예술이 근원적으로 가질 수밖에 없는 '양면성'이다. 먼저 예술은 사회와의 관계 속에 있음에도 불구하고 이와 무관하게 구성되어야 하고, 이와 분리되어야만 한다. 그래야지만 "예술은 경험적 현실과 분리됨으로써 자체의 필요에 따라 전체와 부분들 간의 관계를 형상화"할 수 있다.[20] 즉 예술은 외부 세계에 대해 자신을 폐쇄시키고 이와의 소통을 거부해야만 한다. 마치 '창문 없는 단자(單子)'처럼 말이다.[21] 그러나 예술은 동시에 사회적 산물이다. 그렇기 때문에 사회적인 요소들을 가질 수밖에 없다. 그래서 비록 '창문 없는 단자'의 형식을 갖추고 있지만, 단자가 그러했던 것처럼 외부와 소통할 수밖에 없다. 이 소통의 과정에서 예술작품이 근원적으로 가지고 있던 사회적 요소들이 드러난다. 하지만 이러한 사회적 요소들이 예술작품에서 직접 드러나서는 안 된다. 사회적 요소들을 가지고 있으되, 이를 감추고 있어야 하는 것이다.[22] 예술작품은 마치 "사회적인 생산관계의 침전물 혹은 복사품"처럼 외부 세계에 관여해야 한다.[23] 이것이 바로 예술작품이 가지고 있는 이중적 성격이자 근원적인 딜레마다.

예술작품이 사회적 요소를 가지고 있으면서도 이를 감추어야 했던 것처럼, 그의 기능 또한 노골적으로 수행되어서는 안 된다. 이러한 기능을 아도르노는 예술이 가지고 있는 '비사회적 요인'과 '무기능성'으로 설명하고 있다. 즉 예술은 '관리되는 사회'에 대한 비판으로서 기능하는데, 이러

---

20) 같은 책, 17쪽.
21) 같은 책, 18쪽 참조.
22) 같은 책, 17쪽 참조.
23) 같은 책, 18쪽.

한 비판은 '관리되는 사회'에 결코 편입되지 않는 방식으로 이루어진다. 그래서 예술은 비사회적임을 드러내어야만 하고, 이 '관리되는 사회' 속에서 관리를 위한 그 어떤 기능도 수행할 수 없음을, 즉 무기능성을 보여 주어야 한다. 유용성과 효율성이 강조되는 사회에서 그 어떤 유용성이나 효율성도 추구하지 않는 예술의 무기능성이야말로 바로 예술이 수행하는 사회적 기능이다.[24] 이러한 사회 속에서 아무런 기능 없이도 존재할 수 있다는 것을 보여 주는 것 자체가 기능 중심으로 돌아가는 사회에 대한 비판인 것이다. 이때 예술은 예술 그 자체가 목적이고 기능이다. 그 외에는 어떤 목적도 기능도 없다. 예술이 가지고 있는 이러한 비사회적 요인이야말로 "특정한 사회에 대한 확정적 부정"이 되며,[25] 이것은 바로 사회에 대한 저항으로서 자신의 모습을 드러낸다. 그래야만 예술은 자신의 생명력을 보존할 수 있으며, 예술이 상품화되는 것을 방지할 수 있는 것이다.[26] 이러한 무기능성을 통한 저항에 대해 아도르노는 어떻게 설명하고 있는지 살펴보자.

> 예술작품이 어떤 사회적 기능을 지닌다고 단언할 수 있다면 그것은 작품의 무기능성이다. 예술작품은 마법에 걸린 현실과 거리를 둠으로써, 존재자들이 그 본래의 올바른 위치에 놓이게 되는 상태를 부정적으로 구현한다. 예술작품의 마술은 탈마법화이다. 작품의 사회적 본질은 작품의 독자적 존재와 사회에 대한 작품의 관계에 대해 양면적으로 반성할 것을 요구한다.[27]

---

24) 아도르노, 『미학 이론』, 350쪽.
25) 같은 책, 350쪽.
26) 같은 책, 350쪽.
27) 같은 책, 351쪽.

그렇다. 예술의 기능은 바로 '기능 없음'에 있는 것이고, 이 '기능 없음' 이야말로 사회와 기능으로 연결될 수 있는 연결고리를 부정하는 것이다. 바로 이러한 기능을 통해 사회, 더 나아가 '관리되는 사회'와의 어쭙잖은 '화해의 가상'을 단호히 거부하면서,[28] 예술은 기꺼이 사회에서 눈엣가시와 같은 역할을 하는 것이다. 이와 같은 역할을 통해 예술은 '관리되는 사회'에 편입되지 않은 채, 이를 비판할 수 있는 비동일자로 남을 수 있는 것이다. 이것이 바로 아도르노가 생각하는 진정한 예술이며, '관리되는 사회'에 대한 비판으로 기능하는 예술작품의 기능이다. 그는 이러한 기능을 수행하지 못하는 그 어떤 것도 예술이 될 수 없으며, 예술이 되어서도 안 된다고 생각한다.

## 4. '관리되는 사회'에 순응을 강요하는 문화산업

아도르노는 대중매체를 기반으로 해서 형성된 대중문화와 대중예술을 결코 문화와 예술이라는 범주에서 고찰하지 않는다. 왜냐하면 대중문화와 대중예술은 그가 생각하는 진정한 예술, 요컨대 '관리되는 사회'에 대해 날카롭고 본질적인 비판의 계기를 포함하고 있는 예술이 결코 아니기 때문이다. 아도르노가 보았을 때, 문화산업은 '관리되는 사회'에 대한 비판을 결코 이끌어 내지 못한다. 오히려 '관리되는 사회'의 체제를 굳건하게 하는 데 그 어떤 것보다도 많은 활약을 하고 있기도 하다. 대중들이 '관리되는 사회'에 순응할 것을 강요함으로써 말이다. 더 나아가 문화산업은 대중매체를 이용해서 예술을 '탈예술화'시킴과 동시에 상품화시키기에 이르렀

---

28) 같은 책, 62쪽.

다.[29] 아도르노는 또한 "문화산업에 익숙하고, 기만당하고 그리고 문화산업의 상품들을 즐기고 탐내는 자들은 결코 예술의 영역에 도달할 수 없다"고 비판한다.[30] 왜냐하면, 문화산업은 아주 다양한 측면에서 악의적으로 예술을 왜곡함으로써 예술의 진지성을 해치기 때문이다. 결국 문화산업의 산물들, 즉 상품들은 예술을 흉내 내는 것에 불과한 것이다. 이것이 바로 아도르노가 생각하는 문화산업의 본질이다. 그래서 그는 대중문화를 하나의 장사 외에는 아무것도 아니라고 보며, 그렇기 때문에 산업이라는 말을 강조해서 문화산업이라는 용어를 사용한다. 그렇다면 문화산업은 왜 이러한 성격을 가질 수밖에 없는 것인가? 그것은 바로 대중문화를 만들어 내는 대중매체가 극소수의 독점자본의 소유 아래 있으며, 이것을 소유한 독점자본가들은 단지 이윤 추구만을 위해서 대중문화라는 이름으로 문화와 예술을 상품화하기 때문이다. 이들은 더 이상 예술이라는 가면을 뒤집어 써서는 안 되며, 자신의 본질을 드러내야 한다는 것이 아도르노의 주장이다.

독점하에서 대중문화는 모두 획일적인 모습을 하고 있는데, 독점에 의해 만들어지는 대중문화의 골격과 윤곽이 서서히 드러나기 시작한다. 대중문화의 조정자들은 독점을 숨기려 하지도 않는다. 독점의 힘이 강화될수록 그 힘의 행사도 점점 노골화된다. 영화나 라디오는 더 이상 예술인 척 할 필요가 없다. 대중매체가 단순히 장사business 이외에는 아무것도 아니라는 사실은 아예 한술 더 떠 그들이 고의로 만들어 낸 허섭스레기들을 정당화하는 이데올로기로 사용된다.[31]

---

29) 아도르노, 『미학 이론』, 36쪽.
30) 같은 책, 37쪽.

이렇게 독점자본 아래에서 만들어진 문화산업의 상품들은 사회에서 과연 어떤 기능을 수행하는가? 아도르노의 입장에서 보았을 때, 이것들은 '관리되는 사회'에 비판적 기능을 수행하는 진정한 예술과는 달리, 이 체제에 순응하기를 강요한다. 그렇다면 문화산업은 어떻게 그 수용자들이 '관리되는 사회'에 순응하기를 강요하고 있는가? 이 운명적인 순응 과정을 아도르노는 문화산업의 산물들이 지니고 있는 상품적 성격, 그리고 이것이 만들어 내는 인간의 허위 욕구와 수용자의 퇴행이라는 현상을 통해 설명한다.

먼저 그가 설명하고 있는 문화산업이 지니고 있는 상품으로서의 본질에 대해 살펴보자. 진정한 예술과는 달리 새로움이 배제된 문화산업은 그가 평생을 통해 비판했던 동일성의 사유체계를 재생산하고 있을 뿐이다. 동일한 것들이 그때그때 옷만 다르게 입고 등장할 뿐, 본질은 동일하다. 바로 이 점이 문제다. 이 동일성은 문화산업에서 규격화된 획일성으로 드러난다. 즉 동일성과 규격화된 획일성이 문화산업의 본질인 것이다. 겉으로는 다양한 대중매체——즉 다양한 매체 형식인 잡지, 영화 등등——를 통해 문화산업이 그 모습을 드러내지만, 내용적인 측면에서 보면 이는 동일한 것이다. 차이가 있어 보이지만, 이는 소비자를 현혹시키기 위한 기만적인 차이일 뿐이다. 본질은 변하지 않은 채, 계속 반복되는 것이다. 유일하게 달라지는 것은 그것을 포장하고 있는 포장지일 뿐이다.[32]

동일성과 규격화된 획일성만을 산출하는 문화산업은 결국 말 그대로

---

31) 막스 호르크하이머·테오도어 아도르노, 『계몽의 변증법』, 김유동·주경식·이상훈 옮김, 문학과지성사, 2001, 184쪽(Max Horkheimer und Theodor W. Adorno, *Dialektik der Aufklärung*, Frankfurt am Main: Fischer Taschenbuch Verl., 1969).
32) 같은 책, 172~175쪽 참조.

산업일 뿐이다. 특히 예술 향유$^{Genuß}$와는 전혀 무관한 하나의 유흥$^{Amusement}$산업에 불과한 것이다. 문화산업의 핵심은 즐김을 상품으로 만들어 파는 유흥산업이라는 점에 있다. 이 유흥을 위해 수용자들은 적극적으로 사유하거나 행위할 필요가 없다. 유흥적인 성격을 지니고 있는 문화산업의 산물들은 마치 인스턴트 식품처럼 다 조리되어 있기 때문이다. 그저 한 귀퉁이를 열고 전자레인지에 넣어서 2분만 돌리면 되는 즉석밥처럼 말이다. 또한 이미 다 조리가 되어 있기 때문에, 이것을 택한 사람들은 똑같은 것을 먹을 수밖에 없다. 문화산업이 바로 그렇다.[33] 이 과정에서 문화와 예술이 가지고 있었던 새로움과 특별함 그리고 개성은 소멸된다. 즉 '사이비 개성화'만이 진행될 뿐이다.[34] 더욱이 이 유흥의 본질은 단순한 즐김이다. 고통의 상태를 순간적으로 망각하며, 이 망각으로 인하여 불합리한 사회 상황에 대해 저항할 수조차 없는 그러한 무기력한 상태로 떨어지게 된다. 이러한 무기력의 상태에서 부정되는 것은 "부정성을 의미하는 사유로부터의 해방"일 뿐이다.[35]

단순한 즐김으로의 도피 그리고 저항의식으로부터의 도피는 결국 문화산업이 만들어 내는 허위 욕구와 직접 연결된다. 대중이 원하기 때문에 무언가를 만들어 내고, 또 그들이 원하는 것을 만들었기 때문에 소비되는 것이라고 하는 문화산업의 주장을 아도르노는 단호히 부정한다. 즉 그것은 문화산업의 위선에 불과한 것이라고 말이다.[36] 대중이 요구하는 것을

---

33) 호르크하이머·아도르노, 『계몽의 변증법』, 188쪽.
34) 테오도어 아도르노, 『프리즘: 문화 비평과 사회』, 홍승용 옮김, 문학동네, 2004, 140쪽(Theodor W. Adorno, *Prismen: Kulturkritik und Gesellschaft*, Berlin: Suhrkamp, 1955).
35) 호르크하이머·아도르노, 『계몽의 변증법』, 200쪽.
36) 테오도어 아도르노, 『한 줌의 도덕』, 최문규 옮김, 솔, 2000, 282쪽(Theodor W. Adorno, *Minima Moralia*, Frankfurt am Main: Suhrkamp, 1980).

제공하는 것이 아니라, 오히려 대중들의 요구와 반응을 조작하는 것이 바로 문화산업의 본질이다.[37] 더 나아가 문화산업은 대중들을 기만한다.[38] 문화산업이 독점 지배 아래 있고, 또 이들의 위치가 확고해지면 확고해질수록 대중에 대한 기만은 더욱 견고해진다.

사람들은 노동이 끝난 후 대부분의 여가시간에 문화산업이 만들어 낸 획일적으로 규격화된 생산물들을 수동적으로 수용하면 된다. 뻔한 이야기들이 포장만 바꾼 채 영원히 반복되는 이 세계에서는 "상상을 위한 공간이 남겨져 있지 않다".[39] 결국 이러한 문화산업의 구조 속에서 수용자들은 그 산물들처럼, 즉 하자 없는 규격품처럼 재생산될 뿐이다.[40] 이렇게 하자 없는 규격품처럼 재생산된 수용자들은 가볍고 쉽게 문화산업을 수용한다. 이 과정에서 아도르노가 예술의 진정한 수용방식으로 주목했던 미메시스Mimesis적 수용방식은 실종된다. 미메시스적 수용방식이란, 예술작품을 수용할 때 주체가 스스로를 망각하고 스스로에 대해 무관심한 상태에서 자신을 작품인 객체와 동일화시키는 방식이다.[41] 여기서 중심은 주체가 아니라, 작품인 객체다. 또 이들 간에는 변증법적인 매개 관계가 있어야만 한다. 그러나 문화산업은 이러한 변증법적인 매개 관계를 허락하지 않는다. 단지 허위 욕구로 무장한 수동적인 주체인 감상자에 대한 고려만이 있다. 이로 인해 미메시스적 수용방식은 실종될 수밖에 없다. 아니, 애초에 문화산업은 이를 고려한 것이 아니기 때문에, 이러한 수용방식 자체를 논하는 것

---

37) 같은 책, 120쪽.
38) 아도르노, 『미학이론』, 37쪽.
39) 같은 책, 177쪽.
40) 같은 책, 177쪽.
41) 같은 책, 180쪽 참조.

자체가 말이 안 되는 시도일 수 있다. 진정한 예술작품이란 모름지기 집중과 침잠 그리고 관조Kontemplation를 통해서 수용되어야만 한다. 또한 예술작품이 가지고 있는 수수께끼와 같은 성격 때문에, 수용자들은 마치 암호문을 해독하는 사람처럼 자발적으로 사유할 수 있었다. 그러나 아도르노가 보기에 문화산업의 산물들은 이러한 침잠과 관조를 도무지 필요로 하지 않으며, 즐김만을 요구할 뿐이다. 즉 분산적 지각만을 요구한다. 산만하고 분산적이며, 오락적인 수용방식은 결국 수용자들을 퇴행의 과정에 이르게 한다. 영화를 보는 관객들이 그렇고, 또 재즈를 비롯한 대중음악을 수용하는 청취자들이 바로 그러한 예다.[42]

아도르노는 현대의 청취자가 제일 선호하는 것은 바로 이러한 지각방식에 호소하는 음악이라고 비판한다. 이는 예술이 아니라, 유흥이며 오락이다. 이러한 오락은 때로는 예술이라는 옷을 입고 있지만 결국 고상한 유흥에 불과하며, 이 고상한 유흥이 만들어 내는 구속력이 없고, 가상적인 객체들은 청취자의 정신오락적 분산을 지시할 뿐이다.[43] 이로 인해 청취자의 퇴행이 완성된다. 그들은 동일한 것을 반복적으로 행하는 유아들처럼 동일한 음악만을 수용하기를 고집한다. 새로운 시도를 한 음악을 들었을 때, 청취자들은 거의 노이로제적 반응을 보인다.[44] 영화의 관객들과 대중음악

---

42) Theodor W. Adorno, "Über den Fetischcharakter in der Musik und die Regression des Hörens", T. W. Adorno, *Dissonanzen: Musik in der verwalteten Welt*, Göttingen: Vandenhoeck & Ruprecht, 1991, S. 25. 이 글은 벤야민과 대중매체를 둘러싼 논쟁에서 매우 중요한 역할을 한다. 왜냐하면 아도르노가 직접 밝혔듯이 이 글은 벤야민의 「기술 재생산 시대의 예술작품」에 대한 그의 답변이기 때문이다. 이 글에서 아도르노는 벤야민의 논지를 정면으로 반박하면서 대중문화가 결코 인식의 심화나 지식과 정보 그리고 문화와 예술의 대중적 확산을 가져올 수 없다고 강력히 주장한다.
43) ibid., S. 25.
44) ibid., S. 25.

의 청취자들은 이제 총체적인 유아기적 이해 단계에서 벗어날 수 없다.[45]

그렇다면 이렇게 관객 또는 청취자의 수용 능력을 퇴행 단계와 노이로제 단계로까지 몰고 가는 문화산업이 노리는 효과는 과연 무엇인가? 또 그것이 가져온 결과는 무엇인가? 이와 관련해서 아도르노가 가장 비판하는 점은 '비판의식의 실종'이다. 비판의식을 실종시키기 위해서 문화산업이 취하는 방식은 고통의 일시적 완화제 역할이다. 가정주부가 어둡고 폐쇄된 영화관이라는 공간에서 스크린을 통해 보이는 영화에조차 무심한 눈길을 주면서, 가정 또는 자신이 속한 사회에서 일시적으로 분리된 채 존재할 수 있음에서 오는 편안함을 느끼도록 하는 완화제 말이다.[46] 이렇듯 영화를 비롯한 문화산업은 허위 욕구들을 조장하고 만족시키면서 일정한 마취제적 또는 기분 전환적 기능을 하고 있다. 그래서 아도르노는 영화를 "종합적인 백일몽, 즉 일상으로부터의 도피를 위한 차량"으로 간주했다.[47] 대중들은 여가시간마저도 지배적인 사회질서에 맡겨 버림으로써, '관리되는 사회'에서 가질 수밖에 없는 삶의 고통과 삶에 대한 성찰들을 방기한 채, 문화산업의 산물들을 그저 즐기기만 하면 되는 수동적 존재로 전락한다. 이러한 과정에서도 대중들은 '관리되는 사회'에 기만당하고 또 기만당하는 것이다. 계급 차이를 감춘 채, 모두 다 동일한 것을 보고 즐기고 있다는 기만적인 일반화를 통해, 자신을 위로하는 것이다. 이는 정말 값싼 위로에 불과한 것임에도 말이다. 또 문화산업이 만들어 내는 말도 안 되는 환상에 스스로를 대입시켜, 언젠가 나도 저렇게 될 수 있을지 모른다는 환상을 갖

---

45) ibid., S. 29.
46) 호르크하이머·아도르노, 『계몽의 변증법』, 193~194쪽 참조.
47) 아도르노, 『한 줌의 도덕』, 283쪽.

게 한다. 현대판 신데렐라를 다룬 많은 드라마의 주인공처럼 말이다. 신데렐라는 동화 속의 인물일 뿐이다. 또 진짜 현실에서 신데렐라가 된다 하더라도 과연 그 신데렐라가 모든 계급적 또는 계층적 차이를 극복하고 행복할 수 있을지도 의문이다. 결국 이는 '관리되는 사회'가 저항의 싹을 없애기 위해 하나의 환상을 제공한 것에 지나지 않는다. 그럼에도 많은 대중문화 소비자들은 이에 환호하고 열광하며, 이를 꿈꾼다. 왜 그럴까? 대중들이 무지몽매한 바보라서? 아니면 문화산업이 철저하게 이들을 관리하기 때문일까? 바로 이 점에서 아도르노의 문화산업론이 가지는 의의와 한계가 발생한다.

## 5. 문화산업론이 가지는 의의 및 한계

대중문화를 옹호하는 사람들의 주된 입장은 대중문화로 인해 예술과 대중 사이에 존재하는 괴리감이 없어졌고 또 이것으로 인해 예술에 대한 민주적 접근 가능성이 확대되었다는 것이다. 그러나 이러한 주장에 대해 아도르노는 반대한다. 아도르노의 입장에서 보면 문화산업이 가지고 온 효과는 "교양의 상실"과 "야만적인 무질서의 증가"일 뿐이다.[48] 즉 예전에는 대중이 접근할 수 없었던 예술에 대해 문호를 개방한 듯 보이지만, 이는 결국 기만일 뿐이라는 것이다. 이러한 기만을 통해 '관리되는 사회'는 자신의 체제를 더욱 공고히 할 수 있었다. 결국 이로써 "심미적인 야만 상태"가 완성될 뿐이다.[49] 즉 그 어느 때보다도 야만적인 상태임에도 불구하고, 이를 문

---

48) 아도르노, 『한 줌의 도덕』, 219쪽.
49) 같은 책, 183쪽.

화적 또는 예술적으로 그럴싸하게 포장함으로써 현대사회가 가지고 있는 야만적 상태를 교묘하게 은폐하고 있는 새로운 야만 상태가 완성된 것이다. 이러한 심미적인 야만 상태는 '관리되는 사회'의 정치적 이데올로기를 교묘하게 은폐하며, 더 나아가 이를 조작하기도 한다. 바로 이 점이 아도르노의 문화산업론에 대한 비판의 핵심이며, 결국 그의 비판적 매체이론의 핵심이다. 이 조작들을 통해 문화산업은 욕구를 승화시키는 것이 아니라 억압하며, 또 욕구 자체를 조작하기도 한다. 이는 결국 문화산업을 수용하는 수용자 주체의 퇴행과 해체를 가져올 것이라고 아도르노는 보았다.[50]

이렇게 정치적 가정들을 은폐하고 마비시키는 효과 때문에 대중문화를 경멸하였다고 하더라도, 아도르노는 대중문화가 최소한 정치적 분석과 비판의 중요한 행위 장소라고 인식하기는 했다. 그렇기 때문에 대중매체와 대중문화에 대해 진지한 접근을 했던 것이다. 또한 중요한 점은 아도르노가 대중문화에 대해서만 유독 비판적 입장을 견지한 것은 절대 아니라는 점이다. 상품화되는 예술과 '관리되는 사회'에 순응하는 예술에 대해서도 그는 가차 없이 비판한다. 그는 나치라는 아픈 경험을 한 후 인간의 계몽, 합리성, 그리고 그것을 기반으로 한 문화와 예술 전반에 대해 곱지 않은 시선을 보낸다. 그래서 아도르노는 "아우슈비츠 이후 모든 문화는 쓰레기다"[51]라고 극단적으로 주장하기도 한다. 그럼에도 불구하고 아도르노는 예술에서 마지막 희망까지 버리지는 않았다. 왜냐하면 그것은 쓰레기이면서 동시에 진리 현상이기 때문이다. 쓰레기 같은 성격과 진리 계기, 이 두

---

50) Schöttker, "Theodor W. Adornos Beiträge zur Medientheorie "Erkennendes Hören" als Programm", S. 83 참조.
51) Theodor W. Adorno, *Negative Dialektik*, Frankfurt am Main: Suhrkamp, 1994, S. 359.

가지 성격이 바로 예술을 구성하는 이중적 성격이라고 그는 진단한다. 따라서 그는 '진정한 예술'을 꿈꾸며, 이 진정한 예술이 끊임없이 진리 계기를 내포한 채, 사회에 비판적 기능을 수행할 것을 꿈꾼다.

여기서 주체의 역할도 다시 강조된다. 얼핏 보면 그는 작품에 침잠할 수 있는 주체를 강조함으로써, 주체의 해체와 객체의 우위를 강조하는 듯하다. 맞다. 그러나 좀더 엄밀하게 말하면 여기에서의 주체의 해체는 근대의 계몽적 주체의 해체이고, 이 과정을 통해 그가 말하고자 하는 바는 이성적 합리성으로 무장된 근대적 개념의 주체가 아닐까? 이성적 합리성 대신에 그가 상정한 것은 바로 심미적 합리성을 중심으로 한 심미적 주체이다. 불합리하고 부조리한 예술작품에 끊임없이 개입하려고 하는 심미적 주체는 아도르노가 보기에 일종의 무기력에서 벗어나고자 노력하는 주체다.

아도르노의 예술이론은 합리성과 계몽에 대한 비판에서 출발한다. 합리성과 계몽은 근대에 이르기까지 인간을 설명하는 긍정적인 범주였다. 그러나 아도르노가 보기에 이러한 합리성과 계몽은 효율성의 다른 이름일 뿐이다. 효율적인 것은 합리적인 것이고, 계몽의 계획에 합당한 것이다. 이와 반대로 비효율적인 것은 비합리적인 것이고, 계몽의 계획에 역행하는 것이다. 그러나 효율적이라는 것은 과연 무엇인가? 바로 여기서 아도르노의 예술이론이 전개된다. 아도르노에 따르면 비효율적인 것으로 끝까지 남아 있을 수 있는 것이 바로 예술이다. 모든 것들이 유용성과 효율성을 추구하는 사회에서 비효율적인 것으로 남아 있을 수 있다는 것만으로도 '관리되는 사회'에 대한 저항이 될 수 있는 것이다. 그러나 문화산업은 이와는 정반대로 노골적으로 효율성을 정면에 내세우며, 이를 위해 기꺼이 예술을 이용한다. 여기에서 진행되는 예술은 애써 효율성에 무관심할 필요가 없다. 아도르노가 본 문화산업의 본질이 바로 이것이며, 그는 이를 비판했던 것이다. 이것이 바로 그의 문화산업론에서 찾을 수 있는 의의다.

그러나 이러한 의의에도 불구하고 아도르노의 문화산업론을 온전히 받아들이기는 여전히 쉽지 않다. 왜냐하면 어찌되었든 간에 그는 문화산업의 산물들을 예술이라는 이름으로 받아들이는 것을 여전히 망설이고 있기 때문이다. 대중매체의 발전으로 인해 순수예술과 대중예술의 경계가 모호해지고 있는 지금, '과연 그것이 예술인가 또는 비예술인가의 문제가 그토록 중요한 것인가, 또 정말 문화산업의 산물들은 예술로 인식될 수 없을 것인가'의 문제가 제기될 수 있다. 이에 대해 물론 다른 해석들도 있다. 즉 아도르노가 초기에 문화산업에 대해 강력하게 비판했던 것과는 달리 후기에 가서는 약간의 입장 전환을 보인다는 해석 말이다. 특히 아도르노의 후기 논문인 「영화의 투명성」과 나중에 자신이 한스 아이슬러Hanns Eisler 와 함께 쓴 책이라는 사실을 밝힌 『영화를 위한 작곡』에서 이러한 경향이 두드러지게 보인다는 해석 말이다.[52] 그러나 이러한 해석 또한 문제가 있다. 왜냐하면 입장 전환을 보이는 것은 분명하지만, 그렇다고 해서 이전에 가졌던 문화산업에 대한 입장을 완전히 폐기한 것은 아니기 때문이다. 물론 『영화를 위한 작곡』에서 반전이 존재하기는 한다. 여기서 아도르노는 '영화음악을 위한 미학' 또는 '영화 미학'이라는 용어를 사용하면서 영화와 영화음악에 대한 미학적 접근을 '조심스럽게' 시도하고 있다. 이는 이전과는 달리 영화와 영화음악을 최소한 예술의 범주에서 고찰하기 시작했음을 의미한다고 볼 수 있다.[53] 그러나 그는 이 글에서 영화와 영화음악이 미학

---

52) 미리엄 한센, 「아도르노의 영화의 자명성에 관하여」, 『헐리우드/프랑크푸르트』, 김소영 편역, 시각과언어, 1994, 87쪽(Miriam B. Hansen, "Introduction to Adorno, 'Transparencies on Film (1966)'", *New German Critique*, no. 40(Winter), 1987.

53) Theodor W. Adorno und Hanns Eisler, *Komposition für den Film*, München: Roger &

영역에서 고찰될 수 있고, 또 미학 영역에서 의미가 있을 수 있음을 언급하기는 하지만, 단서를 단다. 즉 '얄팍한' 미학적 개념과 관계를 맺고 있을 뿐이라고 말이다. 그렇기 때문에 아도르노의 미학에서 영화가 차지하는 부분은 극히 미약하고, 또 독립영화와 예술영화의 가능성을 기대하면서 썼던 「영화의 투명성」이라는 글에서조차 영화에 대한 오해와 불신이 지속되고 있다는 마르틴 젤Martin Seel의 주장은 지극히 타당하다고 볼 수 있다.[54] 결국 아도르노가 문화산업 일반에 대해 미학적 가능성을 보려고 하긴 했지만, 그 시도는 미약했다고 볼 수 있는 것이다. 그렇기 때문에 이러한 시도가 그의 문화산업론 전반을 전적으로 뒤집어서 해석할 여지를 주는 것은 아니다.

## 6. 나가며

매체철학적 관점에서 보았을 때, 아도르노의 매체이론, 즉 문화산업론에서 비판의 핵심은 결국 '조작'이다. '관리되는 사회' 체제를 유지하기 위해, 또 이 사회에서 살아가는 사람들을 수동적으로 만들기 위해 매체를 사용하는 매체의 조작성이 문제가 되는 것이다. 그러나 매체를 단지 조작의 도구만으로 보는 것에는 문제가 있다. 왜냐하면 매체가 지니고 있는 조작성은 마치 동전의 양면처럼, 긍정적 또는 부정적으로 기능할 수 있는 요소들을 다 가지고 있기 때문이다. 한스 엔첸스베르거가 주장하고 있는 것처럼 매체

---

Bernhard, 1996, S. 95~99.
54) Martin Seel, "Unkontrolliert Dabeisitzen: Adornos Entwurf einer Ästhetik des Kinos", Hrsg. Nicolaus Schafhausen, Vanessa Joan Müller und Michael Hirsch, *Adorno: Die Möglichkeit des Unmöglichen*, Frankfurt am Main: Lukas & Sternberg, 2003, S. 25.

는 그 조작 또는 사용에 따라서 억압적인 미디어가 될 수도 있고, 해방적인 미디어가 될 수도 있다.[55] 매체의 조작성을 다르게 해석할 수 있는 여지가 많음에도, 그 여지를 두지 않은 점이 아도르노의 문화산업론이 가지는 가장 큰 한계일 것이다. 그렇기 때문에 그는 대중문화가 가지고 있는 전복적이며 해방적인 계기들을 결국 놓치고 말았다. 뿐만 아니라, 대중문화를 수용하는 수용자들의 능동적 수용 행위에 대해 고려를 하지 않았다. 즉 대중들의 주체적 활동이 배제된 수용 과정만을 본 것이다. 결국 아도르노는 대중매체에서 대안적 미학의 가능성을 보지 않았고, 또 대중문화가 대안적 문화를 위해 사용되는 것에는 관심이 없었다고 볼 수 있다.[56]

이러한 결과가 나올 수밖에 없었던 것은 아도르노가 수용자의 관점에서 매체를 분석하기보다는 대중매체를 생산하는 독점자본과 그것을 가능하게 하는 사회에 대한 비판적 관점에서 분석했기 때문이다. 또한 그는 이러한 관점에서 매체를 분석할 때, 매체 그 자체와 매체가 매개하는 내용을 중점적으로 분석했다. 매체 형식과 내용 면에서 동일한 것이 영원히 반복되는 현상과 그 과정에서 수용자들의 퇴행만을 본 것이다. 그러나 그 이후 수용자들이 결코 퇴행의 과정만을 경험했던 것은 아니라는 점이 밝혀졌다. 많은 대중들은 대중매체에서 대안적이며 해방적인 계기들 또한 추구했다. 기존 세대의 문화와 사회에 대한 비판을 위한 도구로서, 즉 해방적 매체로서 매체를 사용했으며, 더 나아가 이를 향유했다.

이러한 아도르노의 한계에도 불구하고 그의 문화산업론을 완전히 폐

---

55) 한스 M. 엔첸스베르거, 「미디어 이론의 제 요소」, 『뉴미디어의 영상 미학』, 권중운 편역, 민음사, 1994, 187쪽(Hans Magnus Enzensberger, "Constituents of a Theory of the Media", *The Consciousness Industry*, ed. Michael Koloff, New York, 1974).
56) Mersch, *Medientheorien zur Einführung*, S. 79.

기할 수는 없다. 그가 비판했던 대중문화 현상들이 여전히 존재하며, 문화를 둘러싼 독점자본의 논리가 여전히 힘을 발휘하고 있기 때문이다. 그렇기 때문에 현재 매체철학적 담론 안에서 매체의 내용이 아닌 형식, 또는 매체 그 자체에 대한 분석이 중요하다고 주장하는 이론가들은 이러한 아도르노의 주장에 주목할 필요가 있다. 매체철학적 관점에서 아도르노의 후계자라고 할 수 있는 오스카 넥트Oskar Negt가 거의 글을 쓰고 있지 않다가 한 인터뷰에서 오랜만에 현재 매체와 그것을 둘러싼 담론에 대해 자신의 의견을 밝혔다. 현재 매체가 사회체계 내에서 가장 중요한 것이 되었으며, 그렇기 때문에 그것의 작용과 역할에 대해 질문을 던져야 한다고 말이다.[57] 이러한 넥트의 주장은 맥루언 이후 매체 분석이 내용이 아니라, 형식을 중심으로 이루어지는 것에 대한 비판적 대응이다. 아도르노와 더 나아가 넥트의 입장에서 보았을 때, 매체 담론에서 중요한 것은 여전히 매체가 매개하는 내용인 것이다. 이러한 내용에 대한 분석 없이는 매체에 대한 비판적 성찰이 불가능하기 때문이다. 이들의 관점에 따르면, 형식 중심의 매체 비판은 공허할 수 있다. 그렇다고 무조건 매체 내용을 중심으로 한 매체철학적 접근만이 유효한 것은 결코 아니다. 형식과 내용에 대한 변증법이 오래된 철학적 역사를 가지고 있듯이, 매체 형식과 매체 내용의 관계에 대한 문제는 매우 중요하다. 따라서 매체 내용과 매체 형식에 대한 질문, 그리고 이 둘의 매체 변증법적 관계에 대한 질문을 던져야만 한다.

---

57) Oskar Negt, "Oskar Negt im Gespräch mit Eberhard Knödler-Bunte, Strukturwandel der Öffentlichkeit", *Ästhetik & Kommunikation*, Heft 100, Jahrgang 29, 1998, S. 129.

# 4 | 텔레비전 시대의 실재와 가상의 문제
### 귄터 안더스

## 1. 들어가며

21세기에 진입한 지 10년이 지난 지금, 하루가 다르게 매체적 양상이 달라지고 있다. 일부에서는 아날로그 매체 시대를 연 '사진'이 이미 고고학적 대상이 되었다고 이야기되고 있을 뿐만 아니라, 더 나아가 단순히 디지털 매체 시대라고 하는 표현도 진부해졌다. 그렇다면 지금의 매체적 상황을 어떻게 규정할 수 있을까? 한마디로 말해서 '스마트폰, 태블릿PC 시대'라고 규정할 수 있을 것이다. 이는 단순히 디지털 매체가 일상화되었다는 것뿐만 아니라, 언제 어디서나 매체와의 접근 가능성이 열려 있다는 것을 의미한다. 이처럼 디지털 매체가 일상화된 지금, 아날로그 매체들의 운명은 과연 어떻게 될 것인가. 분명 디지털 매체는 새로운 매체이다. 그러나 이 새로운 매체 또한 이전의 매체에 토대를 두고 있고, 그 때문에 많은 사람들이 아날로그 매체의 운명에 대해 걱정했던 것과는 달리 아날로그 매체들은 결코 사라지지 않았던 것이다. 이들은 디지털 매체로 재매개화되기도 하고, 또 오히려 자신의 영역을 특화시켜 자신만의 장점을 부각시키는 형태로 살아남기도 했다. 텔레비전이 등장했을 때 모두들 라디오와 영화의 운명을 걱정했지만, 이들은 텔레비전 시대를 넘어 디지털 매체 시대에서도 여전히 자신의 영역들을 지키고 있듯이 말이다.

텔레비전은 디지털 매체 시대 이전, 즉 아날로그 매체 시대에 지금의 컴퓨터처럼 우리의 일상 공간에 깊숙이 침입해 들어와 일상생활에 본질적인 영향을 주었던 매체였다. 물론 텔레비전 이전에도 사진과 영화의 등장은 일상과 예술문화 전반에 있어서 뿌리를 송두리째 흔드는 혁명의 시간을 창조해 냈다. 그래서 앞서 언급한 벤야민과 아도르노가 사진과 영화 등을 중심으로 기술적 매체의 등장이 예술에 미친 파급효과와 일상의 변화, 그리고 이를 수용하는 대중의 태도를 문제 삼아 분석했던 것이다. 그러나 아날로그 매체가 대중문화의 시대를 열었다고 할 때, 이 시대를 연 것은 누가 뭐라 해도 텔레비전일 것이다. 텔레비전이 가져온 변화와 충격은 매우 컸다. 세계를 다른 어떤 공간이 아니라, 바로 나의 사적인 공간으로 가져왔기 때문이다. 그것도 이미지라는 형식으로 말이다. 지금 이곳이 아닌 다른 공간으로 갈 필요가 없이, 바로 내가 먹고 자는 일상 공간에서 세계를 경험할 수 있도록 기회를 제공해 준 것이 바로 텔레비전이다. 공적인 세계가 가장 사적인 공간으로 침투하는 역사적 사건이 열린 것이다.

이러한 텔레비전의 영향력에 대해, 특히 그것이 전달하는 이미지 문제를 중심으로 실재와 가상에 대해 철학적인 질문을 본격적으로 제기한 사람은 바로 귄터 안더스Günter Anders, 1902~1992다. 그는 특히 텔레비전에 의해 매개되는 세상과 그 세상에 심취된 대중들에 대해 매우 비판적인 입장을 취한다. 그는 아도르노가 문화산업을 비판한 것과 같은 입장에서 텔레비전이라는 대중매체를 비판했으며,[1] 또 하이데거가 현대 기술문명을 비판했던 것과 같은 입장에서 대중매체를 가능하게 한 기술문명 전반을 비판한다.[2] 무엇보다도 안더스의 텔레비전 비판에는 아도르노와 호르크하이머가 『계몽의 변증법』에서 계몽을 중심으로 한 인간의 이성을 비판하고 이를 토대로 문화산업을 비판했던 관점이 전제되어 있다고 볼 수 있다. 그렇기 때문에 대중매체를 중심으로 한 문화산업 비판이라는 측면에서 보았을 때, 그는 아도르노 이론의 계승자라고 볼 수 있다.[3] 텔레비전을 중심으로 한 그의 매체 비판은 결국 기술에 대한 총체적인 비판에서 출발한다.

## 2. 프로메테우스적인 부끄러움

장-이브 고피Jean-Yves Goffi는 기술이 그 어느 것보다 중요함에도 불구하고, 철학적으로 연구되지 않은 이유들 중 하나를 "두루 퍼져 있으면서도 동시에 인지되지 않"는다는 점에서 찾았다.[4] 이 말은 기술이 마치 물이나 공기처럼 너무나 익숙하게 우리 주위에 존재하기 때문에, 주목의 대상이 안 되었다는 것을 의미한다. 그는 여기서 그치지 않고 더 나아가 기술이 철학적으로 연구되지 않은 데는 또 다른 중요한 이유가 있다고 설명한다. 그는 이러한 근원적 이유를 "단순한 부주의나 무관심의 문제"만이 아니라, 인간들이 가지고 있는 '기술 공포증'에서 찾고 있다.[5] 기술 없이는 못 살 정도로 기술에 익숙하고, 또 기술이 인간 자신의 확장으로 되었음에도 불구하고,

---

1) 디터 메르시, 『매체이론』, 문화학연구회 옮김, 연세대학교 출판부, 2007, 97쪽.
2) Norbert Bolz, *Eine kurze Geschichte des Scheins*, München: Fink, 1991, S. 105.
3) Konrad Paul Liessmann, *Philosophie der modernen Kunst*, Wien: WUV-Universitätsverlag, 1999, S. 109.
4) 장-이브 고피, 『기술 철학: 테크노 월드 속의 도구적 인간』, 황수영 옮김, 한길사, 2003, 15쪽 (Jean-Yves Goffi, *La Philosophie de la Technique*, Paris: PUF, 1988).
5) 같은 책, 15쪽.

인간은 근원적으로 기술에 대한 공포를 가지고 있기 때문에, 그 공포의 원인이 되는 기술을 감히 객관화시켜서 볼 수 없다는 것이다. 그러나 모든 철학자들이 그랬던 것은 아니다. 고피도 자신의 저서를 통해 철학사에서는 드물게 기술에 대한 철학을 전개했던 철학자들을 언급하고 있다. 그러나 고피의 이러한 주장을 받아들인다 하더라도 이 주장을 그대로 안더스에게 적용할 수는 없다. 왜냐하면 안더스는 고피가 보았던 '기술 공포증'을 가지고 있음에도 불구하고, 기술 문제에 대해 회피하지 않고, 이를 적극적으로 분석하고 비판하기 때문이다. 그는 두렵기 때문에 피하는 것이 아니라, 두려움의 근원을 파헤치기 시작했다. 그 결과 대표적인 기술매체이자 대중매체인 텔레비전에 대한 철학적 고전이라고 할 수 있는 저서를 남긴다. 이 책은 텔레비전이 가져온 변화를 철학적으로, 특히 현상학적이며 존재론적인 방법론으로 고찰한 것이었다.[6] 텔레비전의 본질에 접근해서 철학적으로 분석하면 할수록 그의 결론은 더욱 확고하게 비관적으로 된다. 이런 점에서 그는 움베르토 에코Umberto Eco의 분류에 따르면, 일종의 대표적인 '종말론자'라고 볼 수 있다.

에코는 대중문화 연구와 관련해서 연구의 흐름을 크게 두 가지, 즉 '종말론'과 '순응론'으로 나눈다.[7] 그에 따르면, 종말론은 대중문화에 반대하는 "반대자들의 집착"을 의미하며, 반대로 순응론은 "반대하지 않는 사람들의 구체적인 현실"을 의미한다.[8] 반대와 반대하지 않음이라는 연구 태

---

[6] Thomas Heinze, *Medienanalyse: Ansätze zur Kultur-und Gesellschaftskritik*, Opladen: Westdt. Verl., 1990, S. 37.
[7] 물론 에코가 이 둘을 명확히 분리되는 것으로만 파악하지는 않는다. 이 둘의 상호작용의 가능성과 이론적 대립과 중첩의 가능성 또한 지적하고 있다. 이와 관련해서는 다음을 참조하길 바란다. 움베르트 에코, 『매스컴과 미학』, 윤종태 옮김, 열린책들, 2009, 25쪽, 37쪽(Umberto Eco, *Apocalittici e Integrati*, Milano: Bompiani, 1965).

도는 대중문화를 연구하는 데 있어서 무엇을 다루는가에 달려 있다. 에코에 따르면, 종말론자들은 주로 "대중문화에 관한 텍스트"와 관련된다. 반면 순응론자들은 "대중문화에 속하는 텍스트"와 관련된다.[9] 이러한 에코의 분류에 따르면, 안더스는 진정한 종말론자가 된다. 왜냐하면 그는 텔레비전을 분석할 때, 그것에 담기는 구체적인 내용을 분석하기보다는, 텔레비전이라는 대상 자체에 대한 철학적 분석을 시도하기 때문이다. 이는 안더스 이론의 양면성이다. 거의 전무후무하게 텔레비전에 대해 존재론적인 지평에서 연구했다는 장점과 그럼에도 불구하고 텔레비전에 대한 구체적인 경험과 분석이 결여되어 있다는 단점을 동시에 가지고 있는 것이다.[10]

안더스의 저서 『인간의 골동품성』 *Die Antiquiertheit des Menschen*은 총 두 권으로 구성되어 있다.[11] 이 각각의 권들은 다른 부제를 갖고 있는데, 1권은 『인간의 골동품성: 제2차 산업혁명 시대의 영혼에 관하여』이고, 2권은 『인간의 골동품성: 제3차 산업혁명 시대에서의 삶의 파괴에 관하여』이다. 이

---

8) 같은 책, 37쪽.
9) 같은 책, 37쪽. 에코는 종말론자와 다르게 순응론자들은 대중문화를 다루는 텍스트를 분석하는 데 그치지 않고, 대중문화 그 자체를 텍스트로 분석했다고 보았다. TV 비평, 영화 비평, 그리고 만화 비평 등이 여기에 해당한다. 에코 또한 스스로 만화를 비롯한 많은 대중문화들을 비평하기도 했다.
10) 안더스는 1948년 뉴욕에서 망명 시절을 보내는 동안 텔레비전을 경험하고, 이 경험이 매우 충격적이었기 때문에, 이에 대해 연구를 시작했다고 한다. 그런데 그가 텔레비전을 경험한 시간은 불과 몇 분밖에 안 되었다고 한다. Günter Anders, 1982년 6월 인터뷰 참조. Liessmann, *Philosophie der modernen Kunst*, S. 109에서 재인용.
11) 이 글에서는 'Antiquiertheit'를 '골동품성'이라고 번역한다. 그러나 이렇게 번역하는 것은 말 그대로 직역이다. 나는 이 용어를 안더스의 주장과 연결시켜 적절한 번역어를 찾아 번역하고자 했으나, 딱히 좋은 용어를 찾을 수가 없었다. 안더스가 이 용어를 쓴 의도는 인간이 자신이 만들어 낸 기술 세계에 속하지 못하고, 인간 자체가 낡고 뒤떨어지는 전체적인 현상을 표현하기 위해서일 것이다. 즉 2차와 3차 산업혁명 이후 세계에서 인간이 스스로 골동품화되고, 그럼으로써 이 세계로부터 소외되고 있는 현상을 이 용어로 표현하려 한 것이다.

러한 부제에서 그가 이 책을 쓰려고 한 목적과 의도는 분명히 드러난다. 즉 그는 2차와 3차 산업혁명 이후 인간 자신의 영혼과 삶이 어떻게 해체되고 파괴되었는가를 보여 주려고 한 것이다.

앞서 언급했듯이, 안더스는 기술문명 비판과 관련해서 아도르노와 호르크하이머 그리고 하이데거의 이론을 직접적으로 계승한다고 볼 수 있다. 그렇기 때문에 먼저 기술문명 비판과 관련해서 하이데거 이론과 안더스의 이론을 비교할 필요가 있다. 산업혁명 이후의 기술문명과 관련해서 안더스는 세계를 '거대기기'Makrogerät 그 자체로 파악한다. 그 자체가 하나의 전체로서 기능하는 거대기기 체계가 바로 우리의 세계 그 자체가 된 것이며, 그렇기 때문에 기기 또는 기술은 이미 수단이 아니다. 더 나아가 이미 세계 그 자체가 된 기기나 기술은 인간을 소비하기에 이르렀다.[12] 바로 이러한 안더스의 이론을 노르베르트 볼츠Norbert Bolz는 하이데거의 기술 비판과 동일한 것으로 파악한다. 볼츠에 따르면, 안더스가 주장하는 '거대기기'는 하이데거의 '닦달'Ge-Stell과 같은 의미를 갖는다.[13] 그리고 이 두 개념 모두 안더스가 말하고 있는 '이미 결정된 것'Vorentscheidung이라는 개념과 동일한 것이라고 볼 수 있다.[14] 볼츠 또한 그렇게 보고 있다. 그러나 그의 주장은 부분적으로는 타당하고 또 부분적으로는 타당하지 않다. 분명 그가 말하고 있는 것처럼, 하이데거와 안더스의 기술문명에 대한 이해에는 매우 유사한 측면이 있다. 그러나 한편으로는 결정적인 차이가 있다. 그것은 바로 기술문명의 토대가 되는 기술 그 자체에 대한 이해이다.

---

[12] Bolz, *Eine kurze Geschichte des Scheins*, S. 105.
[13] ibid., S. 105.
[14] Günter Anders, *Die Antiquiertheit des Menschen: Über die Seele im Zeitalter der zweiten industriellen Revolution*, München: Beck, 1987, S. 2.

하이데거도 안더스처럼 기술을 단지 도구나 수단으로 파악하는 것에 반대했다.[15] 그는 기술에 대한 도구주의적 해석을 넘어서 존재론적 접근을 통하여 기술 본성에 대해 철학적으로 규명하고자 했다. 그는 이러한 시도가 현대 기술이 가지고 있는 근본적인 문제를 해결할 수 있는 유일한 길임을 보여 주고자 한 것이다.[16] 하이데거는 '닦달'이라는 새로운 개념을 만들어서 현대 기술의 본질이 바로 '강요된 탈은폐Entbergen'에 있다는 것을 이야기하고자 했다. 즉 탈은폐 자체가 문제인 것이 결코 아니라, 바로 닦달하고 강요하는 탈은폐가 문제인 것이다. 본래 탈은폐란 은폐되어 있는 것을 "밖으로 끌어내어 앞에 내어놓는 것"을 의미한다.[17] 감추어져 있고, 드러나 있지 않은 것들을 드러나게 하는 것이 바로 그 작용이다. 하이데거에 따르면 이러한 작용은 본래 진리의 작용과 같은 것이다. 즉 감추어져 있는 것을 드러내고, 밝히는 것이기 때문이다.[18] 우리가 흔히 '진리를 밝힌다' 또는 '진리가 드러나다'라고 말할 때를 생각하면 된다.

하이데거는 이러한 의미에서 기술에 대한 기존의 부정적인 평가를 뒤엎는다. 즉 이러한 의미에서 본다면, 기술 그 자체는 근본적으로 진리와 같은 것이기 때문에 기술 본성이 나쁜 것일 수 없다. 그렇기에 문제는 기술 그 자체에 있는 것이 아니라, 이 탈은폐 과정이 현대 기술 세계에서는 강요되고 닦달당하고 있다는 데 있다. 따라서 하이데거는 이 강요된 탈은폐 과정으로 치닫고 있는 현대 기술을 다시 본래적 의미의 탈은폐 과정으로 만

---

15) 마르틴 하이데거, 『기술과 전향』, 이기상 옮김, 서광사, 1993, 17쪽(Martin Heidegger, *Die Technik und die Kehre*, Pfullingen: Neske, 1962).
16) 돈 아이디, 『기술철학』, 김성동 옮김, 철학과현실사, 1998, 194쪽(Don Ihde, *Technic and Praxis*, Boston : D. Reidel Pub. Co., 1979).
17) 하이데거, 『기술과 전향』, 37쪽.
18) 같은 책, 37쪽.

들어야 한다고 주장한다. 이를 위해 그는 바로 고대 테크네techné 개념을 복원할 것을 제안한다.[19] 이것이야말로 지금 기술이 가지고 있는 문제를 해결할 수 있는 유일한 길인 것이다. 테크네는 단지 현대적 의미의 기술만을 의미하는 것은 아니다. 테크네는 뭔가를 끄집어내어 밝힌다는 의미에서 진리의 뜻도 가지고 있으며, 예술로서의 포이에시스Poiesis라는 뜻도 가지고 있다.[20]

기술이라는 낱말은 그리스어에서 유래한다. 테크니콘은 테크네에 속하는 것을 뜻한다. 이 말의 의미와 관련해 우리는 두 가지 점에 유의해야 한다. 첫째, 테크네는 수공업적인 행위와 능력만이 아니라 고차적인 예술과 미술을 지칭하는 이름이다. 그것은 밖으로 끌어내어 앞에 내어놓음, 즉 포이에시스에 속한다. 그것은 시적인 어떤 것이다. 두번째 것은 …… 인식을 지칭하는 이름이다. 인식은 해명하며 열어젖히는 힘이 있다. 해명하는 인식으로서의 인식은 일종의 탈은폐이다.[21]

하이데거에게는 예술로서의 기술, 도구적인 목적에서 벗어난 기술이야말로 기술이 자신의 현재의 불행한 운명을 극복할 수 있는 길이었던 것이다. 따라서 하이데거는 지금의 기술에 대해서는 안더스처럼 부정적으로 보지만, 그 부정성을 해결할 수 있는 길 또한 기술에서 보았다. 그것이 비록 고대의 테크네일지라도 말이다.[22]

---

19) 하이데거, 『기술과 전향』, 95쪽.
20) 같은 책, 95쪽.
21) 마르틴 하이데거, 「기술에 대한 물음」, 『강연과 논문』, 이기상 외 옮김, 이학사, 2008, 19쪽.
22) 예술과 기술의 문제에서 하이데거의 이러한 주장은 매우 중요하다. 이 글에서는 이에 대해

안더스의 기술문명에 대한 전망은 하이데거의 전망보다 훨씬 더 어둡다고 볼 수 있는데, 그 이유는 다음과 같다. 비록 현대 기술에 대한 암울한 진단을 내리기는 하지만, 하이데거에게는 구원의 계기가 분명 존재한다. 기술이 점점 복잡하게 도구화된다 하더라도 기술 그 자체, 즉 테크네로 돌아가면 문제의 실마리가 보인다. 그러나 안더스의 기술문명 비판에는 이러한 구원의 계기 또는 문제의 실마리가 보이지 않는다. 왜냐하면 그는 기기와 인간의 관계가 이미 전도되었다고 보았기 때문이다. 돌아가 구원의 길을 찾을 수도 없고, 앞으로도 구원의 빛은 보이지 않는다. 인간 스스로가 만든 기기가 이제 인간을 지배해서 인간이 기기의 일부가 된 것이다. 기기의 일부가 된 인간은 기기가 만들어 내는 팬텀을 그저 수용만 하면 된다. 사실 이미 그렇게 하고 있다. 이것이 바로 그가 주장하는, 인간이 가질 수밖에 없는 '프로메테우스적인 부끄러움'이다.[23] 이는 인간의 본질이 도구를 사용하는 '호모 파베르'Homo Faber이기 때문에, 인간이 운명적으로 가질 수밖에 없는 부끄러움이다. 호모 파베르인 인간은 본질적으로 무언가를 만들어 내고 사용한다. 그런데 이 과정에서 인간은 자신이 만들어 낸 사물들, 더 나아가 그 사물들로 이루어진 세계에서 소외될 수밖에 없다. 그럼에도 불구하고 이 과정을 멈출 수는 없다. 멈출 수 없음을 아는 인간은 이 과정을 계속 진행하지만, 이 과정에 대한 부끄러움을 갖게 된다. 이것이 바로 인간이 숙명적으로 갖는 '프로메테우스적 부끄러움'이다.[24]

---

자세히 언급하지는 않겠다. 위와 관련된 논의는 다음의 글을 참조하길 바란다. 심혜련, 「예술과 기술의 문제에 관하여: 벤야민과 하이데거의 논의를 중심으로」, 『시대와 철학』 제17권 1호, 한국철학사상연구회, 2006.
23) Anders, *Die Antiquiertheit des Menschen: Über die Seele im Zeitalter der zweiten industriellen Revolution*, S. 20.

잘 알려진 것처럼, 프로메테우스는 인간에게 제우스 몰래 불을 가져다 준 신이다. 여기서 불의 의미는 도구의 발전과 그로 인한 문명의 등장이다. 프로메테우스가 인간에게 불을 가져다주기 전에 인간은 신의 감시와 허락이 있어야만 불을 사용할 수 있었다. 그런데 프로메테우스가 인간에게 불을 가져다줌으로써 상황은 달라졌다. 인간 스스로 불을 통제하고 마음대로 생산하고자 하는 것들을 생산하기 시작한 것이다. 안더스는 이러한 시작을 '프로메테우스적 자유'로 보았다.[25] 문제는 이 자유의 결과로 인하여 만들어진 생산물로부터 인간 자신이 소외되기 시작하면서 발생한다.[26] 기기가 점차 거대기기 체계가 되고, 또 그 자체가 세상이 되면서, 인간은 자신이 만들어 내는 기기를 점점 더 감당할 수 없게 된다. "인간과 인간의 생산물 세계와의 비동시성"이 점점 커지게 된 것이다.[27] 이러한 인간과 인간의 생산물 세계 간의 격차를 그는 '프로메테우스적 격차'라고 설명한다.[28] 이러한 격차로 인하여 인간은 자신이 만들어 낸 사물의 주인이 아니라, 그 사물의 노예가 될 수밖에 없는 상황을 맞이하게 된다. 즉 "만드는 자와 만든 것 사이에서 잘못된 교환"이 일어난다.[29] 더욱 심각한 문제는 이러한 프로메테우스적인 부끄러움이 불합리함에도 이것의 정체를 명확히 파악할 수 없다는 데 있다. 극복하려면 파악해야 하는데, 그 정체를 파악할 수 없다.

---

24) Anders, *Die Antiquiertheit des Menschen: Über die Seele im Zeitalter der zweiten industriellen Revolution*, S. 23.
25) ibid., S. 16.
26) 이와 관련해서는 다음의 글을 참조하길 바란다. 프랑크 하르트만, 『미디어 철학』, 이상엽·강웅경 옮김, 북코리아, 2006, 294~298쪽.
27) Anders, *Die Antiquiertheit des Menschen: Über die Seele im Zeitalter der zweiten industriellen Revolution*, S. 16.
28) ibid., S. 16.
29) ibid., S. 25.

게다가 이러한 부끄러움은 어디에서나 그리고 언제나 존재한다.[30] 결국 안더스는 인간이 인간인 이상 이러한 불합리함에서 결코 벗어날 수 없다고 보았고, 기술문명에 대한 매우 비관적인 관점을 결코 버릴 수 없었다.

## 3. 팬텀이 지배하는 텔레비전

안더스는 인간이 호모 파베르로서 가질 수밖에 없는 프로메테우스적 부끄러움에서 벗어날 수 없다고 보기 때문에, 그의 매체 비판은 비관적일 수밖에 없다. 특히 그는 텔레비전을 중심으로 한 이미지의 세계에 대해서도 여전히 이러한 입장을 관철시키고 있다. 이런 이미지 세계는 인간의 교양 수준을 매우 심각하게 저하시킨다는 것이다.[31] 이러한 텔레비전을 중심으로 한 세계를 그는 '탈문자적인 문맹자 집단'의 등장으로 파악한다.[32] 이러한 탈문자적인 문맹자 집단이 가능하게 된 주된 요인은 바로 기계적인 이미지 재생산에 있다. 도처에서 전방위적으로 생산되고 재생산되는 이미지들은 인간들을 이미지에 집착하게 만든다. 즉 인간을 '아이콘마니아' Ikonomanie로 만들어 버린 것이다.[33] 그런데 문제는 바로 여기서 발생한다. 왜냐하면 안더스는 이미지에 집착하는 아이콘마니아를 바로 일종의 문맹자 집단으로 보았기 때문이다. 이러한 그의 입장은 대중매체를 중심으로 한 대중문화의 등장을 문화 일반의 몰락으로 보는 것이며, 대중문화를 일

---

30) ibid., S. 26~27 참조.
31) 이러한 안더스의 입장은 아도르노의 문화산업 비판, 특히 영화 비판과 매우 유사하다. 아도르노의 문화산업과 관련된 내용은 이 책의 아도르노 장을 참조하길 바란다.
32) ibid., S. 3.
33) ibid., S. 3~4.

종의 하위문화로 이해하는 것이다. 대중문화 속에서 인간은 문화를 향유하고 때로는 비판하는 것이 아니라, 단지 수동적인 문화 소비자에 머무르면서 그저 이미지들을 향유하면 된다.[34] 이러한 과정에서 결정적인 역할을 하는 것이 바로 텔레비전이다.

앞서 설명했듯이, 안더스 이전에 벤야민과 아도르노가 이미 대중매체에 대해 문제를 제기했다. 그들이 비판과 분석의 대상으로 삼은 주된 매체는 영화였다. 이와 달리 안더스는 그 당시 집에서 자유롭게 보고 들을 수 있었던 텔레비전과 라디오를 분석 대상으로 삼는다. 특히 그는 이전의 이론가들이 주로 대중매체 또는 대중문화와 예술의 관계에 주목해서 문제를 제기했던 것과는 달리, 예술 외의 문제와 대중매체를 연결해서 분석한다. 재생산 기술이 예술에만 영향을 미친 것은 결코 아니었다. 안더스의 문제의식은 결국 기술이 우리의 존재와 현실 이해의 방식에도 많은 영향을 미쳤다는 점에서 출발한다. 따라서 그의 분석과 비판은 텔레비전이라는 매체가 인간의 현실과 가상에 대한 이해 그리고 일상생활과 인간의 존재방식에 어떤 영향을 미치고 있는가에 집중되어 있다. 그의 이러한 분석은 대표적인 저서 『인간의 골동품성: 제2차 산업혁명 시대의 영혼에 관하여』에 잘 드러나고 있다. 이 책에서도 특히 텔레비전 분석과 관련해서 여전히 많은 논쟁거리를 제공하고 있는 글은 「팬텀과 매트릭스로서의 세계: 라디오와 텔레비전에 대한 철학적 고찰」[35]이라는 논문이다. 세계가 팬텀과 매트릭스로 이루어져 있다니, 이 얼마나 놀라운 세계 이해인가! 그렇다면 왜 그는 세계가 팬텀과 매트릭스로 이루어졌다고 본 것인가? 또 이러한 세계가

---

34) 플루서의 입장은 이와 다르다. 플루서는 아이콘마니아를 긍정적으로 해석하고 있기 때문이다. 이와 관련해서는 이 책의 플루서의 장을 참조하길 바란다.

인간의 삶과 영혼을 어떻게 비극적으로 변화시킬 수 있다고 본 것인가?

안더스의 문제 인식의 출발점은 바로 달라진 세계다. 그는 인류가 더 이상 실제 세계나 세계 경험 속에서 살아가는 것이 아니라, 오히려 텔레비전에 의해 구성된 팬텀 세계에서 살고 있고, 또 이 팬텀 세계를 소비하면서 살아가고 있다고 한다.[36] 그렇기 때문에 우리에게 실제 세계는 그 자체로는 아무런 의미가 없다. 왜냐하면 우리가 '실제 세계'wirkliche Welt라고 믿는 세계는 이미 텔레비전에 의해 방송됨으로써 이미 '팬텀화'가 되었기 때문이며, 그렇기에 우리는 '팬텀-버전'Phantom-Version으로 된 세계를 체험할 수밖에 없다.[37] 팬텀-버전으로 이루어졌다는 세계는 텔레비전이 존재하는 한 쉽게 접할 수 있다. 텔레비전은 실제 세계를 팬텀-버전으로 만들기 위해 모든 것을 편집한다. 결국 우리는 지금 어느 곳에서 실제로 일어나고 있다는 사건도 '실재' 그 자체로 받아들이는 것이 아니라, 텔레비전을 통해 보이는, 즉 '팬텀-버전'으로 변화된 사건으로 경험하고 있는 것이다. 우리가 텔레비전을 통해 접하는 세계 곳곳의 뉴스들이 바로 대표적인 예라고 볼 수 있다. 이러한 텔레비전 세계는 실제 세계를 드러내는 듯하지만, 드러내는 것은 이미지로 이루어진 팬텀화된 세계일뿐이며, 이 팬텀화된 세계에 익숙해진 수동적인 이미지 소비자들은 실제 세계를 알지 못한다. 그렇기 때문에 팬텀화된 세계를 아주 자연스럽게 실제 세계라고 믿는다. 이러한 현상들은 현재 우리 주변에서도 쉽게 볼 수 있다. 오랫동안 방송되었던

---

35) Günter Anders, "Die Welt als Phantom und Matrize: Philosophische Betrachtungen über Rundfunk und Fernsehen", *Die Antiquiertheit des Menschen: Über die Seele im Zeitalter der zweiten industriellen Revolution*, 1987.
36) ibid., S. 1.
37) ibid., S. 1~2.

텔레비전 드라마 「전원일기」의 김회장 부부였던 최불암과 김혜자를 실제 부부로 착각하듯이 말이다. 또 드라마 속 인물과 그 인물을 연기한 연기자를 동일시하는 현상은 여전히 일어나고 있다. 얌전하고 현명한 역할을 한 연기자가 실제 생활에서 그와 반대되는 사건을 일으켰을 때, 대중들이 보이는 반응을 보면 이 같은 사실을 알 수 있다.

    잠시 다른 이야기를 해보자. 아주 어린 시절, 텔레비전에 빠져 있던 나는 잠깐이지만 심각하게 고민한 적이 있다. 텔레비전에 나오는 사람들은 우리와는 다른 아주 조그마한 사람들이 아닐까라고. 그러니까 조그마한 사람들이 텔레비전이라는 공간에 살면서 쇼도 하고 노래도 하고 드라마도 찍는 것 아닐까라고 말이다. 그렇지 않고서는 텔레비전의 공간을 이해할 수 없었던 것이다. 그러나 이러한 말도 안 되는 고민이 과연 나만 가지고 있었던 고민일까? 그렇지 않을 것이다. 그렇다면 이러한 고민은 왜 생겼을까? 그것은 텔레비전이 만들어 내는 가상 또는 이미지의 공간에 대한 이해가 없었기 때문일 것이다. 가상을 가상으로 인지하지 못하고, 가상세계를 실제 세계로 이해했기 때문일 것이다. 물론 이러한 고민은 극단적인 예이긴 하지만, 많은 사람들이 텔레비전을 통해 보는 세계에 대해 이러한 혼란들을 한 번쯤은 경험했을 것이다. 바로 이러한 경험세계에 대한 통찰로부터 안더스의 철학적 사색이 시작된다.

    안더스의 텔레비전에 대한 비판은 텔레비전을 통해 방송되는 내용에 대한 것이 아니다. 단지 내용 비판에 그쳤다면 그의 비판이 그토록 치열하지는 않았을 것이다. 그의 치열한 비판은 매체를 단지 어떤 것들을 매개하는 수단이나, 도구적인 것으로 여기지 않았기 때문에 가능한 것이었다.[38] 그는 맥루언이 주장한 것처럼 매체를 내용이 아니라, 형식을 중심으로 고찰한다. 그러나 결론은 맥루언과는 전혀 다르다. 맥루언이 매체 형식을 중심으로 매체에 대한 긍정적인 이해를 했던 것과는 달리, 그는 매우 비판적인 전망을 내놓는다. 그는 오히려 맥루언보다도 매체를 더 본질적으로 파악한다. 그는 "매체는 수단이 아니라, 오히려 이미 결정된 것들이다"라고 강조한다.[39] 더 나아가 '이미 결정된 것'이라고 단수로서의 속성을 강조한다. 즉 그는 하나의 단수, 즉 전체로서 매체 체계를 이해한 것이다. 그에게 부분적인 매체를 연구한다는 것은 별로 중요하지 않다. 이러한 연구는 매체를 일종의 도구나 수단으로 보기 때문에 가능한 것이기 때문이다. 오히려 그는 매체를 하나의 기기가 만들어 내는 체계 전체로 이해하며, 이 체계 전체가 바로 세계 그 자체가 되었다고 강조한다.[40] 게다가 이 세계는 무작위적으로 모든 집에 자신의 세계를 제공한다.[41] 그렇다면 텔레비전을 통해 집으로 제공되는 세계의 본질은 무엇인가?

안더스는 텔레비전으로 보는 세계를 '방송된 사건'이라고 설명한다. 그런데 이 방송된 사건은 '존재론적인 모호성'을 갖는다. 그렇다면 텔레비전은 왜 존재론적인 모호성을 가질 수밖에 없는가? 그 이유는 '방송된 사건'은 "현재적인 동시에 부재하고, 현실적인 동시에 가상적이고, 바로 여기에 존재함과 동시에 여기에 존재하지 않기" 때문이다.[42] 현재적인 것을 방

---

38) Liessmann, *Philosophie der modernen Kunst*, S. 111. 이 글에서 리스만은 안더스의 텔레비전 이해에 대해 비판한다. 그럼에도 불구하고 리스만이 인정하는 것은 안더스가 매체를 단지 도구나 수단으로 이해하지 않고, 오히려 본질적으로 이해하려고 한 거의 최초의 이론가라는 점이다. 그러나 이러한 주장은 무리가 있다고 본다. 왜냐하면 벤야민과 아도르노 역시 매체를 단지 도구나 수단으로 보지 않았기 때문이다. 결국 현대적 의미에서 매체철학자라고 볼 수 있는 매체이론가들의 공통점은 바로 이 점에 있다고 본다.
39) Anders, *Die Antiquiertheit des Menschen: Über die Seele im Zeitalter der zweiten industriellen Revolution*, S. 2.
40) ibid., S. 2.
41) ibid., S. 99.

송된 사건으로 만듦으로써, 현재적인 것은 부재하게 된다. 현존하는 것은 방송된 사건일 뿐이다. 현존과 부재가 뒤엉킨 실타래처럼 작용한다. 결국 텔레비전은 반은 존재하고, 반은 존재하지 않는 형상을 취함으로써 비로소 팬텀이 된 것이다.[43] 이 때문에 존재론적으로 모호한, 텔레비전으로 방송된 이미지와 사건들은 마치 팬텀과 같은 성격을 갖는다. 유령이나 귀신을 뜻하는 팬텀의 속성은 이러한 모호함에 있다. 즉 현실에 있지만 현실에 속하는 존재는 아니고, 그것을 믿는 사람에게는 지극히 현실적이지만 믿지 않는 사람에게는 헛된 가상에 불과하기 때문이다. 텔레비전은 말 그대로 멀리 있는 것$^{tele}$을 보게끔 $^{vision}$ 도와주는 장치다. 이 장치로 인하여 우리는 공간적 거리와 시간적 제약 때문에 지금 여기서 볼 수 없는 것들을 볼 수 있다. 문제는 여기서 발생한다. 멀리 있는 현실이, 즉 지금 부재하는 현실이 나에게 텔레비전을 통해서 바로 여기에 있게 또 실재하는 현실로서 드러나는데, 이것이 가상인지 현실인지 모호하다는 것이다. 텔레비전이 태생적으로 가질 수밖에 없는 존재론적인 모호함이란 바로 이런 것이다.

## 4. 매트릭스가 된 세계와 그 세계 안에서의 대중

팬텀으로서 존재론적인 모호성을 가질 수밖에 없는 텔레비전은 이제 집 안으로 세상을 제공하는 데 그치지 않는다. 텔레비전은 여기서 더 나아가 우리의 실제 현실과 그 현실에 대한 이해를 변화시킨다. 다시 말해서 텔레

---

42) Anders, *Die Antiquiertheit des Menschen: Über die Seele im Zeitalter der zweiten industriellen Revolution*, S. 131.
43) ibid., S. 111.

비전의 이미지들이 현실과 관계를 맺으며, 현실을 변화시키고, 현실을 대치代置하는 현상이 발생한다. 이는 디지털 매체의 등장 이후 본격적으로 논의되는 가상현실과 실제 현실의 문제와 거의 유사하다. 가상인 텔레비전 세계와 실제 세계, 이미지인 텔레비전 세계와 실제 세계 사이에 역전된 관계가 형성된다. 바로 이러한 점 때문에 안더스는 무엇이 가상이고 현실인지 모호해지며, 더 나아가 그것의 중요성이 뒤바뀜으로써 세계가 결국 가상현실의 공간, 즉 매트릭스가 된다고 주장한다.

안더스에 따르면, 매트릭스가 된 세계의 특징은 매체에 의해서 복제된 현실, 즉 텔레비전으로 제공된 사건이 실제 현실보다 더 영향력을 발휘한다는 데 있다. 복제된 현실이 지배하는 매트릭스 세계에서는 "실재와 가상, 현실과 이미지 사이에 존재하는 차이"가 사라지게 된다.[44] 또한 그 차이가 사라질 뿐만 아니라, 결국에는 원본이 복제를 닮고자 한다. 궁극적으로 현실세계는 자신을 재생산하는 단순한 매트릭스가 될 수밖에 없다.[45] 안더스의 이러한 주장은 텔레비전 시대에 대한 진단이라기보다는 오히려 디지털 매체 시대에 대한 예견으로 읽힐 수 있다. 디지털 매체 시대에 들어서 본격적으로 논의되기 시작한 실재와 가상의 문제를 그는 이미 아날로그 매체 시대의 텔레비전을 중심으로 해서 정확히 파악하고 있었다고 볼 수 있다. 실재와 가상의 차이가 없어지고, 가상이 실재보다 더 큰 영향력을 발휘하며, 더 나아가 실재가 가상을 닮고자 한다면, 과연 세계는 어떻게 될 것인가 라는 문제가 바로 안더스가 제기하는 문제의 핵심이다.

얼마 전 상연된 제임스 캐머런의 영화 「아바타」는 이 문제가 어떻게

---

44) ibid., S. 111.
45) ibid., S. 111.

전개되는지를 정확히 보여 준다. 영화 「아바타」에서는 원본과 복제의 문제가 더 심각해진다. 나는 이 영화의 핵심이 주인공인 제이크 설리가 판도라 행성에서의 삶을 선택했다는 데 있다고 본다. 내용적인 측면에서 보았을 때, 「아바타」라는 영화는 사실 새로울 것이 없다. 그리고 아바타라는 가상현실에서의 새로운 인간 존재방식, 판도라라는 행성으로 등장하는 가상현실뿐 아니라, 그 가상현실에 진입하고 가상의 자아를 원격 조정하기 위한 훈련 과정들을 지나치게 교과서적으로 보여 주었기 때문에, 많은 재미를 주고 있지 못하다. 그런데 이 영화가 주는 철학적 충격은 주인공이 실제 세계가 아니라, 가상의 세계를 자신의 의지로 선택했다는 데 있다. 복제 또는 가상이 실재를 이긴 것이다. 본래대로라면 복제는 원본을 모방하고, 가상은 실재처럼 작용한다. 그런데 이제 원본이 복제를 복제하기 시작하고, 실재가 가상처럼 작용한다. 처음에는 개그맨 김영철이 하춘화라는 가수를 모방했지만, 결국 하춘화라는 원본(?) 또는 실재(?)가 김영철을 모방하는 것처럼 말이다. 원본은 복제에 의해서 실재는 가상에 의해서 자신의 존재감을 더욱 드러낸다. 결국 영화 「아바타」의 주인공인 제이크 설리가 판도라 행성에서의 삶을 선택했다는 것의 의미는 실재가 가상을 선택함으로써, 가상이 실재를 없애고 가상만이 남게 되었다는 것이다. 즉 안더스가 이야기한 것처럼 세계 개념은 폐기되고, 세계는 사라지게 된 것이다.[46]

이렇게 매트릭스가 된 세계 안에서 대중들은 과연 어떤 방식으로 존재하게 될 것인가? 안더스는 텔레비전 시청자에 대한 분석을 중심으로 주체와 객체, 즉 인간과 세계가 갖는 관계의 변화를 존재론적으로 분석한다.[47]

---

46) Anders, *Die Antiquiertheit des Menschen: Über die Seele im Zeitalter der zweiten industriellen Revolution*, S. 112.

이 또한 안더스는 매우 부정적으로 평가한다. 아도르노와 마찬가지로, 안더스는 텔레비전을 보는 시청자들이 진정한 의미의 취향과 개성을 가질 수 없다고 본다.[48] 왜냐하면 그는 "우리가 세계로 가는 것이 아니라, 세계가 우리에게 올 때, 우리는 더 이상 세계 안에 있을 수 없다"고 보았기 때문이다.[49] 우리에게 온 세계는 팬텀화된 세계이고, 또 그 세계를 우리는 수동적으로 받아들이기 때문에, 이 과정에서 우리의 주체적 활동이 개입될 여지가 없다고 본 것이다. 즉 팬텀의 특징을 가지고 우리에게 다가온 세계 안에서 우리는 단지 '게으른 소비자'가 될 뿐이다.[50] 뿐만 아니라, 텔레비전은 기기의 특성상 상호작용이 불가능하다. 그렇기 때문에 텔레비전은 일방적으로 이미지를 보내고, 수용자인 시청자는 단지 이미지를 '봄'과 '보지 않음'만을 결정할 수 있다. 텔레비전을 켜거나 끄는 역할, 약간의 적극적 의지를 가지고 채널을 이리저리 돌리는 역할만을 한다. 이미지에 관여하는 방법 또한 지극히 수동적이다. 수동적인 이미지 소비자는 엿듣거나 몰래 훔쳐보는 역할만을 수행할 수 있을 뿐이다.[51] 즉 이미지 그 자체에 관여할 수는 없는 것이다. 한마디로 우리는 그 이미지 세계에 말을 건넬 수 없다. 단지 일방적으로 그 세계가 하는 말을 들어야만 한다.[52] 안더스는 이러한 과정에서 결코 시청자들의 능동성을 기대하지 않는다. 마치 아도르노가 문화산업으로 변질된 대중음악에서 청취자의 퇴행만을 본 것처럼 말이

---

47) Heinze, *Medienanalyse: Ansätze zur Kultur-und Gesellschaftkritik*, S. 37~38.
48) 이 책의 아도르노 부분을 참조하길 바란다.
49) Anders, *Die Antiquiertheit des Menschen: Über die Seele im Zeitalter der zweiten industriellen Revolution*, S. 111.
50) ibid., S. 111.
51) ibid., S. 111.
52) ibid., S. 111.

다.[53] 더 나아가 시청자들은 자신의 사적 공간에 매트릭스 세계가 다가오는 것을 허용함으로써, 사적 공간에서의 자신의 여가시간마저도 빼앗기게 된다. 그들은 자신도 모르게 텔레비전 방송의 존립을 위해 일하는 '재택 노동자'로서 자신의 역할을 수행한다.[54]

그런데 여기서 이러한 물음이 가능하다. 과연 텔레비전이라는 세계에 직접 개입할 수 없다고 해서, 또는 텔레비전이 일종의 흐름처럼 주의를 기울이지 않아도 되는 경험세계를 제공해 준다고 해서 대중들이 그토록 수동적인 위치에 머무르는 데 그치고 마는가라는 물음 말이다. 아도르노의 문화산업론이 가지는 한계처럼 안더스 또한 대중의 능동적 역할은 전혀 기대하지 않고 있었다. 움베르토 에코가 비판하듯이, 이는 대중들을 일종의 다른 방식으로 물신화시키는 것은 아닐까?[55] 벤야민이 영화를 분석하면서 대중들에게 기대했던 분산적 지각이 갖는 비판적 특징을 텔레비전에서는 결코 찾을 수 없는 것일까? 물론 안더스 이후에 텔레비전이 갖는 이러한 일방적인 특징에 대해 비판하거나 이를 보완, 변화시키려는 노력들이 있어 왔다. 즉 텔레비전 방송을 만드는 생산자들도 텔레비전이 갖는 일방향성에 대해 인식하고, 이를 다양한 방식으로 변화시키려고 노력하고 있는 것이다. 시청자가 프로그램에 깊숙이 관여할 수 있게 된 것도 한 예라고 볼 수 있다. 뿐만 아니라, 이제 시청자들은 텔레비전 방송 시간에 맞추어 프로그램을 보지 않아도 된다. 자신이 원하는 시간에 보고자 하는 프로그램을 몰아서 볼 수 있게 되었기 때문이다. 또 예술 영역에서도 텔레비전 이

---

53) Liessmann, *Philosophie der modernen Kunst*, S. 112.
54) ibid., S. 142.
55) 에코, 『매스컴과 미학』, 50~51쪽 참조.

미지가 가지는 일방향성에서 벗어나려는 시도들이 있었다. 백남준이 텔레비전을 가지고 한 작업들이 대표적으로 그러하다.

그러나 이러한 노력들은 안더스 이후에 등장한 것이다. 그렇기 때문에 안더스는 그 자신의 프레임 안에서 텔레비전의 등장을 가상이 실재를 잡아먹는 비극적인 사건으로 볼 수밖에 없었다. 결국 그의 텔레비전 철학은 실제 존재를 기반으로 한 세계는 사라진다는 암울한 전망을 내놓는다. 더 나아가 안더스는 텔레비전으로 인한 문화와 교양의 확대도 부정한다. 에코의 주장처럼 대중매체로 인한 "정보의 축적이 교양으로 바뀔 수 있음을 부정"했던 것이다.[56] 우리는 그가 결국 텔레비전을 중심으로 한 대중문화와 그 대중문화의 수용자들에게 아주 미미한 희망도 갖지 않았음을 알 수 있다. 바보상자의 의미를 넘어 실재의 근거를 뒤흔드는 텔레비전과 그것을 알거나 모르면서 수용하는 수용자만이 있을 뿐이다. 안더스가 어쩌면 기술 그 자체와 더불어 인간 본성에 대해서도 부정적인 시각을 가지고 있었다고 볼 수도 있을 것 같다. 벤야민이 대중들에게서 웃고 즐기면서도 비판할 수 있는 능력을 본 것과는 반대로 말이다.

## 5. 안더스 이후 텔레비전에 대한 논의

디지털 매체 기술이 이미지 영역에 가져온 변화에 대해 많은 논의들이 있다.[57] 그 중 하나가 바로 디지털 매체 기술이 각각의 매체를 기반으로 형성

---

56) 같은 책, 86쪽.
57) 이에 대한 자세한 논의는 다음의 글을 참조하길 바란다. 심혜련, 「디지털 매체 기술과 예술의 융합: 디지털 데이터 총체 예술작품에 대한 논의를 중심으로」, 『미학』 제53집, 한국미학회, 2008.

된 예술 장르들을 하나로 통합했다는 사실에 주목하는 경우인데, 바로 프리드리히 키틀러Friedrich Kittler가 그렇다. 그는 소리를 저장하고 전달하던 축음기, 이미지를 저장하던 영화 그리고 문자를 저장하던 타자기가 하나의 매체, 즉 컴퓨터로 통합되었다는 사실에 주목한다.[58] 이러한 분석은 맞다. 그러나 컴퓨터 이전에, 즉 텔레비전도 타자기의 기능만 없었을 뿐이지, 소리와 이미지를 하나의 매체 안에 통합했다.[59] 매체가 본질적으로 통합되었든, 단지 현상적으로 통합되었든지 간에, 텔레비전은 이미지와 소리를 통합시켰고, 이를 토대로 지극히 사적인 공간에서 세계를 경험할 수 있게 만들었다. 그런데 이러한 텔레비전은 디지털 매체 시대가 등장하면서 그 운명이 어떻게 되었는가? 한때 존재했던 추억 속의 매체로 사라졌는가? 그렇지 않다는 사실을 우리는 누구나 알고 있다. 맥루언, 그리고 볼터Jay David Bolter와 그루신Richard Grusin이 이야기했듯이 이전의 매체 형식은 새로운 매체 내용으로 끊임없이 재매개Remediation되기도 하며, 또 새로운 매체적 성격을 적극 받아들여 자신을 변형시키거나,[60] 새로운 매체로 낡은 매체가 수용되기도 한다. 뿐만 아니라, 그 이전의 매체적 성격을 고스란히 가지고 있다 해도 낡은 매체는 결코 쉽게 사라지지 않는다.

    디지털 매체 시대인 지금에도 텔레비전은 여전히 그 영향력을 발휘하고 있다. 예를 들어, 거의 세계 최고 수준의 인터넷 인프라를 가지고 있는 우리나라의 경우를 보더라도, 텔레비전이 미치는 영향은 조금도 줄어들지

---

58) Friedrich Kittler, *Grammophon, Film, Typewriter*, Berlin: Brinkmann & Bose, 1986, S. 7.
59) 물론 키틀러가 단순히 이러한 통합만을 염두에 두고 이야기한 것은 결코 아니다. 자세한 내용은 이 책의 키틀러 부분을 참조하길 바란다.
60) 제이 데이비드 볼터·리처드 그루신, 『재매개: 뉴미디어의 계보학』, 이재현 옮김, 커뮤니케이션북스, 2006, 52~61쪽 참조(Jay David Bolter and Richard Grusin, *Remediation: Understanding New Media*, Cambridge, Mass.: MIT Press, 1999).

않았다. 새로운 디지털 매체를 이용해 텔레비전 방송을 시청하는 모습을 곳곳에서 볼 수 있으며, 길거리나 은행 등 공공 장소와 버스·택시 등 대중교통 수단에서도 수시로 텔레비전 화면을 마주 대하게 된다. 피할 수 없다. 물론 초기에는 텔레비전이 귀했기 때문에 어느 정도 공적 의미를 가지고 소용될 수밖에 없었다.[61] 그러나 지금은 텔레비전 영상이 존재하지 않는 곳을 찾기 어려울 정도다. 텔레비전은 가정에서 마치 그 가정의 주인인 양, 거실의 핵심에 자리 잡고 있다.[62] 그뿐만 아니라, 우리가 나누는 대화 내용의 대부분도 거의 텔레비전 프로그램과 관련이 있다. 요즘 무엇을 읽고 있는가보다는 어떤 프로그램과 드라마를 보고 있는가가 주된 대화의 내용이다. 텔레비전은 우리의 일상에 깊숙이 침투해 있으며, 텔레비전이 없는 생활은 상상할 수도 없다. 이러한 삶을 살기 위해서는 금주와 금연과도 같은 결단이 필요할 정도다. 아니 금단 현상으로 보면, 금주나 금연보다 더 어려울 것이다. 이렇게 일상으로 침투한 텔레비전은 하나의 문화적 구성물들

---

61) 요시미 순야는 일본에서의 초기 텔레비전 수용사를 살펴보면서, 초기에는 텔레비전 보급이 어려웠으므로, '가두 텔레비전'이 공공장소에 많이 설치되었다는 사실을 지적한다. 그런데 텔레비전 보급이 어려운 상황이 아님에도 불구하고, 그리고 개인용 디지털 매체를 통해 텔레비전 프로그램을 볼 수 있음에도 불구하고, 우리나라에서는 여전히 공공장소에 설치된 텔레비전을 많이 볼 수 있다. 이러한 텔레비전은 우리에게 참을 수 없는 소음을 제공한다. 귀는 쉴 수 있는 권리를 박탈당한 채, 소음에 무방비상태로 노출되고 있는 것이다. 요시미 순야, 『미디어 문화론』, 안미라 옮김, 커뮤니케이션북스, 2006, 149~159쪽 참조.

62) 노명우, 『텔레비전, 또 하나의 가족』, 프로네시스, 2008 참조. 노명우는 텔레비전을 책 제목 그대로 '또 하나의 가족'으로 파악한다. 즉 텔레비전이 단순한 매체가 아니라, 그만큼 우리 일상에 깊숙이 파고든 존재라는 것을 보여 준다. 그렇기에 그는 텔레비전에 대한 성찰이 그 어느 때보다도 필요하다고 강조하고 있으며, 또 자신 나름대로의 성찰을 이 책에서 잘 보여 준다. 플루서 역시 텔레비전을 분석할 때, 바로 이러한 텔레비전의 수용방식을 핵심으로 삼는다. 그는 텔레비전에 대한 현상학을 시도하면서, 무엇보다도 수용자가 그대로 받아들이는, 거실에 상자처럼 놓여 있는 텔레비전에 대한 분석을 시도하겠다고 한다. 빌렘 플루서, 『피상성 예찬: 매체 현상학을 위하여』, 김성재 옮김, 커뮤니케이션북스, 2004, 189쪽 참조(Vilém Flusser, *Lob der Oberflächlichkeit: Für eine Phänomenologie der Medien*, Bensheim: Bollmann, 1993).

을 형성함으로써 텔레비전의 시대를 열 수 있었다.[63] 바로 이러한 상황 때문에 텔레비전은 여전히 힘을 발휘하고 있다.

상황은 이러한데, 오히려 텔레비전에 대한 객관적 논의는 다른 매체에 비해 매우 부족하다.[64] 물론 해마다 텔레비전과 관련된 많은 논문들이 나온다. 그런데 왜 객관적 논의가 부족하다는 것일까? 그것은 일종의 문화적 구성물들을 구성한 여타 중요한 매체들에 비해 유독 텔레비전에 관한 연구들 중에는 일반적인 논의가 없다는 것을 의미한다.[65] 과연 그 이유는 무엇일까? 이는 앞서 기술에 대한 논의 부족에서 이야기한 것처럼, 텔레비전이 "도처에 있으면서 인지되지 않는" 매체이기 때문이라고 볼 수 있다.[66] 텔레비전은 이미 자신의 일부, 또는 가족의 일부가 되었기 때문에, 그것과 객관적으로 거리 두기가 힘들다. 일반적으로 사람들은 늘 함께하는 것에 대해서는 그다지 주의를 기울이지 않는다.[67] 또 다른 이유는 텔레비전을 '바보상자' 취급하는 것과 같은 이유다. 대표적인 대중매체인 텔레비전에 대한 학계의 반응은 매우 부정적이었다. 신성한 아카데미에서 텔레비전과 같은 저급한 대중매체와 대중문화에 대해 논의한다는 것이 말이 안 되는 시기도 있었다. 텔레비전에 대한 다양한 논의들은 대중매체를 중심으

---

63) 노명우, 『텔레비전, 또 하나의 가족』, 43~52쪽 참조.
64) 플루서, 『피상성 예찬: 매체 현상학을 위하여』, 189쪽.
65) 노명우, 『텔레비전, 또 하나의 가족』, 136쪽. 이 책에서 노명우는 이러한 일반적 논의의 부재를 텔레비전 특성에서 찾는다. 텔레비전은 수많은 프로그램들로 이루어졌기 때문에, 각각의 프로그램에 대한 논의들은 많고, 또 가능하지만, 이를 토대로 텔레비전에 대한 일반적 논의를 할 수는 없다고 그는 주장한다(같은 책, 137~139쪽 참조).
66) 고피, 『기술 철학: 테크노 월드 속의 도구적 인간』, 13쪽. 나는 앞에서 설명한 고피의 기술에 대한 이해를 그대로 텔레비전 철학의 부재에 적용할 수 있다고 생각한다. 그러므로 나는 이 장에서 그의 주장의 '기술' 자리에 '텔레비전'을 대입시켜 텔레비전 철학의 부재에 대해 설명할 것이다.
67) 같은 책, 14쪽.

로 한 문화연구와 함께 본격적으로 진행되었다. 또 대중매체에 대한 다양한 제 논의들은 텔레비전의 활성화와 맞물려 비로소 본격적으로 시작했다. 1960년대 이후 텔레비전을 비롯한 대중매체에 대한 논의는 문화이론과 사회비판이론의 핵심적 분야가 되었다. 이러한 텔레비전을 비롯한 대중매체에 대한 문화연구는 비판이론의 문화연구에서 직접적인 영향을 받았다.

안더스의 텔레비전에 대한 연구 이후 그의 연구와 관련해서 살펴볼 수 있는 이론 영역은 두 가지다. 텔레비전이라는 매체를 내용을 중심으로 보는 연구와, 형식으로 보는 연구가 바로 그것이다. 매체 내용을 중심으로 보는 연구로 대표적인 것은 바로 문화연구의 텔레비전 비판이다. 사실 문화연구의 텔레비전 연구는 기본적으로 비판이론을 토대로 이루어졌다. 그러나 이들의 이전 세대인 비판이론이 주로 텔레비전 밖에서 일방적으로 텔레비전을 비판했다면, 문화연구의 담론은 비판적 관점을 취하면서도 텔레비전 안에서, 다시 말해서 텔레비전의 특성과 프로그램 등을 구체적으로 언급하면서 진행되었다. 뿐만 아니라 그 이전까지 문화 영역에서 진지하게 다루어지지 않았던 텔레비전을 비롯한 대중매체들을 문화연구의 담론 체계 안으로 끌어들였다. 이들은 텔레비전을 비롯한 대중매체의 기능을 일방적으로 비판하는 것이 아니라, 그 영향력을 인정하고 그것의 특징과 함의 및 효과 등을 체계적으로 분석하면서 대중매체에 대한 이론을 학문적으로 정착해 냈다고 평가받고 있다. 따라서 레이먼드 윌리엄스$^{Raymond\ Williams}$나 존 피스크$^{John\ Fisk}$ 등의 텔레비전 읽기는 이전의 텔레비전 비판과는 다르게 전개되었다. 이들 연구는 공통적으로 내용을 중심으로 이루어지기는 했지만, 여기서 조금 다른 측면에서 봐야 하는 연구는 바로 윌리엄스의 연구다. 윌리엄스는 안더스가 텔레비전의 등장 이후에 주의를 기울이지 않아도 되는 '이미지 흐름'$^{Bilderflut}$을 중심으로 아이콘마니아가 등장했음을 이야기한 것처럼 텔레비전을 파악한다.[68] 텔레비전의 내용과 효과가 아니라, 체험 방식을 중심으로 텔레비전을 이해하는 것이다. 그는 흐름의 연속성이라는 체험을 텔레비전 체험이라고 정의하는데, 이는 안더스의 주장과 유사하다.[69] 문화연구뿐만 아니라, 니클라스 루만Niklas Luhmann도 텔레비전을 중심으로 대중매체를 내용에 중점을 두고 파악하기도 한다. 그는 안더스와는 달리 텔레비전이 단지 조작의 도구를 의미하는 것이 아니라, 인식의 도구, 지식의 도구가 될 수 있다고 주장한다.[70]

    매체를 내용이 아니라, 형식으로 보는 관점은 현대에 와서 좀더 두드러지게 나타나는 연구 방식이다. 특히 매체철학과 매체미학이 기본적으로 취하고 있는 방식이 바로 이것이다. 또한 가상과 실재의 문제도 그렇다. 이 문제는 가상과 실재가 전도된 관계에 놓이게 되었다고 생각했던 안더스처럼 이해되기도 하고, 또 그 반대로 이해되기도 한다. 안더스와 유사한 방식으로 이 문제를 이해하는 철학자로는 대표적으로 장 보드리야르가 있다. 보드리야르가 서술하고 있는 시뮬라시옹Simulation 이론은 근본적으로 안더스의 가상과 실재에 대한 이해와 같은 입장에서 출발한다. 안더스와 반대로 이해하는 대표적인 철학자는 바로 빌렘 플루서Vilem Flusser이다.[71] 어쨌든 이 매체철학자들 세 명이 다루고 있는 핵심 문제는 가상과 실재에 관한 것이다.

---

[68] Anders, *Die Antiquiertheit des Menschen: Über die Seele im Zeitalter der zweiten industriellen Revolution*, S. 3.
[69] 레이먼드 윌리엄스, 「흐름의 연속으로서의 TV체험」, 박성봉 편역, 『대중예술의 이론들: 대중예술의 비평을 위하여』, 동연, 2000, 264~270쪽 참조.
[70] Niklas Luhmann, *Die Realität der Massenmedien*, Opladen: Westdt. Verl., 1996, S. 9.
[71] 이들의 논의는 여기서 자세히 다루지는 않겠다. 그들을 분석하는 이 책의 다른 장에서 안더스 이론과의 연관관계에 대해 구체적으로 언급할 예정이다.

## 6. 나가며

안더스의 텔레비전 비판은 한마디로 말해서 암울하다. 왜냐하면 묵시론적인 시각이 전체적으로 깔려 있고, 또 그 자신도 이러한 시각을 여지없이 드러내고 있기 때문이다. 그는 "진보적인 발전, 생산적인 개선, 존속하는 체계의 다른 가능성을 알지 못하거나 알려고 하지 않는 부정적인 전체성"을 주장하고 있다.[72] 그런 측면에서 엔첸스베르거가 벤야민을 제외한 비판이론가들에게 세웠던 날선 비판들이 유효한 것이다. 왜 안더스는 드러난 결과, 또는 방송된 사건이 주는 결과만을 중심으로 텔레비전을 비판하려 한 것일까? 엔첸스베르거가 지적한 것처럼 다른 사용에 의해서 다른 결과가 나올 수 있다고는 생각하지 못했을까?[73] 당연히 생각할 수 없었을 것이다. 왜냐하면 안더스는 매체를 결코 사용 또는 목적과 관련된 도구나 수단으로 생각하지 않았기 때문이다. 그에게 매체는 곧 세계 그 자체였다. 그는 세계 자체가 된 매체에 대해 비판하려 했던 것이다. 그가 말했듯 어떤 것에 대해 비판한다는 것은 바로 그 어떤 것에 반응한다는 것을 의미한다.[74]

지금의 매체적 상황은 안더스 시대의 상황과는 판이하게 다르다. 텔레비전을 둘러싼 상황도 마찬가지다. 사실, 최근에는 다양한 개인용 디지털 매체와 스마트폰으로 인하여, 텔레비전은 텔레비전이라는 기기로 존재

---

72) 랄프 슈넬, 『미디어미학』, 강호진 외 옮김, 이론과 실천, 2005, 298쪽(Ralf Schnell, *Medienästhetik: Zu Geschichte und Theorie audiovisueller Wahrnehmungsformen*, Stuttgart: J. B. Metzler, 2000).
73) 한스 M. 엔첸스베르거, 「미디어 이론의 제 요소」, 『뉴미디어 영상 미학』, 권중운 편역, 민음사, 1994, 169~176쪽 참조.
74) Anders, *Die Antiquiertheit des Menschen: Über die Seele im Zeitalter der zweiten industriellen Revolution*, S. 5.

하기보다는 일종의 프로그램으로 존재하는 듯하다. 뿐만 아니라, 안더스가 우려했던 것처럼 수용자가 '방송된 사건'을 단순하게 받아들이기만 하는 것도 아니다. 오히려 수용자들은 단순한 수용자에서 벗어나, 스스로 '방송된 사건'을 만들어 전파한다. 인터넷에 유포되는 많은 '무슨 무슨 남과 여'의 영상들이 바로 그것이다. 그런데 이러한 영상들은 전후 맥락 없이 만든 자의 의도에 의해 편집되는 경우도 많다. 기존에 텔레비전이 일방적으로 만들어 유포하던 '방송된 사건'들과 별반 다르지 않게 말이다. 그렇다면 이러한 매체적 상황 속에서 안더스의 문제의식을 가져와 이에 반응하고 또 이를 비판하고자 한다면, 과연 무엇이 핵심이 되어야 할까?

텔레비전은 외부 공간을 사적인 공간으로 가져왔다. 그런데 현재 매체 상황에서는 문제가 좀 다르게 전개된다. 즉 모든 일, 업무들이 일상 공간 안에서 가능하게 된 것이다. 이것이 바로 문제다. 사적 공간에서의 '쉼'이 어려워졌기 때문이다. 외부의 일들은 자꾸 사적 영역으로 침투한다. 그리고 사적 공간에서도 그 일들을 해내기를 요구한다. 이는 단지 공간만의 문제는 아니다. 더 큰 문제는 개인적인 것과 사회적인 것의 경계 해체다. 지금의 매체적 소통방식은 지극히 '사회적'이다. 그런데 사회적 소통 체계를 사용하면서도 그 사용자들은 그것의 사회성을 잘 인식하지 못하고 있다. '나는 접속한다. 그러므로 존재한다'라고까지 이야기되고 있는 지금, 그럼에도 불구하고 자신이 '접속'하고 있다는 사실을 쉽게 망각한다. 그러나 잊지 말아야 한다. 자신이 접속하고 있기 때문에, 사회적 소통 체계 안에 들어와 있다는 사실을 말이다. 그리고 이 체계 안에서 개인적인 것이 어떻게 사회적으로 작용하고 있는지를 알아야 한다. 어쩌면, 접속한 이상, 개인적인 것이 사라지게 되는 것은 아닐까? 공개적으로 소통의 흔적만 남긴 채 말이다.

# 5 | 구텐베르크 은하계의 종말과 매체에 의한 인간의 확장[1]
마셜 맥루언

## 1. 들어가며

마셜 맥루언Marshall McLuhan, 1911~1980은 1960년대에 매체이론과 관련해서 자신의 주요 저작인 『구텐베르크 은하계』*The Gutenberg Galaxy*, 1962와 『미디어의 이해』*Understanding Media*, 1964를 잇달아 출간했다. 이 두 책은 맥루언의 매체이론뿐만 아니라, 매체이론 전반에 걸쳐 매우 중요한 저서들이다. 이 책들의 출판으로 인하여 맥루언은 구텐베르크로 대표되는 인쇄문화에 대한 논쟁과 새로운 매체 시대에 대한 논쟁을 불러일으켰다.[2] 새로운 매체, 즉 전자 매체에 대한 논쟁은 맥루언의 매체이론 그 자체에 대한 논쟁에

---

1) 국내에는 이미 맥루언의 저서들과 그의 이론들을 다룬 몇몇 이차 문헌들이 번역되어 있다. 그런데 번역본마다 '마샬 맥루한', '마샬 맥루안', '마셜 맥루언' 등등 표기법이 통일되어 있지 않다. 국립국어원의 외래어표기법에 따르면 '마셜 매클루언'으로 표기해야겠지만, 이 글에서는 이를 하나로 통합해서 마셜 맥루언으로 지칭할 것이다. 따라서 이 글에서는 기존에 맥루한 또는 맥루안으로 표기되어 있는 책들을 인용할 때, 모두 맥루언으로 표기할 것임을 밝힌다. 이 점 기존의 역자들에게 양해를 구하는 바이다.
2) Daniela Kloock und Angela Spahr, *Medientheorien Eine Einführung*, München: Fink, 2000, S. 39 참조.

서 출발했다고 해도 과언이 아니다. 맥루언이 자신의 매체이론을 전개함과 동시에, 그의 이론 자체에 대한 극단적인 평가들이 나오기 시작했기 때문이다.[3] 맥루언의 이론에 대해 과대평가를 하든 또는 과소평가를 하든 간에 인정할 수밖에 없는 것은 그가 매체이론 영역에서 새로운 지평을 열었다는 사실이다. 그러나 그가 하나의 완성된 학문적 체계를 갖춘 매체이론을 제시한 것은 아니었다. 게다가 그는 마치 잠언록 또는 에세이 등과 같은 형식으로 자신의 이론을 서술했다. 바로 이러한 점이 그의 이론이 갖는 장점이자 약점이다. 어쨌든 그는 긍정적 의미에서든 부정적 의미에서든 매체이론 분야의 선구자이며, 동시에 일종의 예언자임에는 틀림없다.[4]

그런데 바로 이 '예언자'라는 명칭에 맥루언의 매체이론이 갖는 밝음과 어두움이 동시에 존재한다. 즉 그가 '이론가'나 '사상가' 또는 더 나아가 '철학자'가 아니라, 단지 '예언자'일 뿐이라는 평가를 받을 수 있기 때문이다. 예언자는 앞으로 다가올 미래에 대해 암시적으로 몇몇의 말들만 던져주면 된다. 즉 예측만 하면 될 뿐이다. 이 예측에 대한 이론적인 체계와 전망, 그 예측이 이루어졌을 때 파생될 수 있는 사회적인 변화 등에 대해 책임질 필요가 없다. 뿐만 아니라, 이 예언이 틀려도 그만이다. '아니면 말고'라는 태도가 용서될 수 있는 명칭인 것이다. 이러한 맥루언에 대한 평가는

---

3) 맥루언에 대해 극단적인 평가를 내리는 다양한 입장들은 다음의 책을 참조하길 바란다. 크리스토퍼 호락스, 『마셜 맥루언과 가상성』, 김영주·이원태 옮김, 이제이북스, 2002, 14~45쪽 (Christopher Horrocks, *Marshall McLuhan and Virtuality*, Cambridge: Icon, 2000). 여기서 크리스토퍼 호락스는 맥루언에 대한 비판적 평가들을 '맥루언 지우기'로 정리하고 있다. 반면 맥루언 사후, 특히 디지털 매체의 등장 이후 맥루언을 재평가하려는 시도들을 '신맥루언주의'로 정리하고 있다.
4) 이와 관련해서는 다음의 문헌을 참고하길 바란다. Kloock und Spahr, *Medientheorien Eine Einführung*, S. 39~41; 한스 M. 엔첸스베르거, 「미디어 이론의 제 요소」, 권중운 편역, 『뉴미디어의 영상 미학』, 민음사, 1994, 193~195쪽.

전혀 근거 없는 것은 아니다. 앞서 이야기했듯이, 그의 이론에는 구체적 분석과 논리적 완결성이 결여되어 있기 때문이다. 물론 이는 맥루언의 의도적인 글쓰기 방식에서 기인하고 있는 부분도 있다. 그는 이전부터 누누이 강조해 왔듯 구텐베르크 은하계가 가지고 온 선형성과 균질성, 획일성을 부정하기 위해 다른 글쓰기를 시도했는데, 이러한 글쓰기 방식은 체계를 거부하는 방식으로 이루어져 있다.[5] 그는 이러한 구텐베르크적 글쓰기 방식에서 탈피한 '모자이크적 글쓰기' 방식을 제안하며, 스스로 이러한 글쓰기를 실현하고 있다.[6] 마치 벤야민이 인용만으로 이루어진 책을 구상하면서, '몽타주적 글쓰기' 방식을 시도했듯이 말이다.[7] 이러한 글쓰기 방식은 폐쇄적이지 않고, 개방적이다. 책의 저자는 독자에게 각각의 모자이크 조각들을 그냥 줄 뿐이며, 이 조각들을 가지고 나름의 그림을 그리는 것은 바로 독자의 몫이다. 맥루언이 의도하고 있는 읽기의 방식은 바로 이런 것이다. 이러한 읽기는 동시에 쓰기를 확장하는 것이라고도 볼 수 있다. 이러한

---

[5] 조너선 밀러, 『맥루안』, 이종인 옮김, 시공사, 2001, 12쪽(Jonathan Miller, *McLuhan*, London: Fontana, 1971). 조너선 밀러는 바로 이 점을 지적하면서, 매우 신랄하게 비판하고 있다. 결국 맥루언도 책이라는 형태로 자신의 사상을 전개하면서 자신의 사상을 선형적으로 전개하기를 꺼리는 이유를 납득할 수 없을 뿐만 아니라, 이러한 방식이 독자들에게 매우 불친절한 형태라고 비판하는 것이다. 그는 결국 책이라는 매체를 통해 자신의 이론을 전달하고자 할 때는 책이라는 매체가 가진 특성을 완전히 거부할 수 없는 것이라고 주장한다.

[6] 마셜 맥루언, 『구텐베르크 은하계』, 임상원 옮김, 커뮤니케이션북스, 2001, 503쪽(Marshall McLuhan, *The Gutenberg Galaxy: The Making of Typographic Man*, Toronto: University of Toronto Press, 1962).

[7] 벤야민과 맥루언의 매체이론은 여러 측면에서 재미있는 비교가 가능하다. 특히 책이라는 형태를 중심으로 보았을 때, 이 둘이 시도한 새로운 글쓰기의 방식은 매우 유사하다고 볼 수 있다. 벤야민은 이미지가 대중화되는 것을 경험하면서 일종의 몽타주적 글쓰기를 제안했으며, 맥루언은 구텐베르크 은하계의 해체를 주장하면서 모자이크적 글쓰기의 방식을 시도했다. 매체와 글쓰기 방식의 상호관계를 비교해 볼 때, 이 둘의 작업을 비교하는 작업은 중요하다고 본다. 여기서 더 나아가 플루서가 주장하는 '디지털 시대의 글쓰기'도 함께 검토할 필요가 있다.

측면에서 보았을 때, 그는 단지 '예언자'일 뿐 아니라, '이론가'이기도 하다.

그렇다면 이러한 모자이크 형식으로 구성된 그의 매체이론에서 무엇을 읽어 낼 수 있을까? 독자인 나는 어떤 이론들의 그림을 만들어 낼 수 있을까? 나는 지각을 중시하는 감성학을 토대로 한, 매체철학과 매체미학적 방법론으로 맥루언의 저서들에 접근할 것이다.[8] 감성학Aisthetik이란 감각적 지각을 중심으로 한 일종의 지각 이론이다. 감성학에서는 이성이 아닌, 감성과 감각을 무엇보다도 중요하게 여긴다. 특히 매체와 관련해서는 매체와 인간의 감각 문제를 중요하게 다룬다. 이러한 방법론이야말로 맥루언의 저서를 통해 그를 새롭게 이해할 수 있는 길을 열어 줄 것이다. 이러한 감성학의 관점에서 맥루언의 매체이론을 본다면, 그가 단지 내용 없는 수사로 가득 찬 예언만을 일삼은 거짓 예언자가 아니라, 현대적 의미의 '매체철학자'이자 '매체미학자'일 수 있는 가능성이 열린다. 그의 매체이론의 핵심은 분명 지각이론이기 때문이다.[9] 뿐만 아니라, 맥루언의 이론은 매체철학적 관점에서 매체인식론적 관점과 연결시켜 볼 수 있다. 그의 이론이 특히 매체 내용이 아니라, 형식을 중심으로 매체를 분석하고 있기 때문이다. 따라서 이 글에서는 먼저 맥루언이 주장하는 구텐베르크 은하계의 종말이 의미하는 것이 무엇인지를 살펴보고, 그다음 구체적으로 매체 형식과 매체 내용의 관계, 매체 형식에 따른 매체 분류, 그리고 매체와 인간의

---

8) 감성학에 대한 자세한 논의는 다음의 글을 참조하길 바란다. 심혜련, 「감성학에서의 감성적 지각 문제에 관하여: Aura, Uncanny 그리고 Atmosphere를 중심으로」, 『시대와 철학』 제22권 2호, 한국철학사상연구회, 2011. 그리고 감성학에 기초한 매체미학에 대한 자세한 논의는 이 책의 노르베르트 볼츠 부분을 참조하길 바란다.

9) Kloock und Spahr, *Medientheorien Eine Einführung*, S. 56~57 참조. 여기서 앙겔라 슈파어 또한 이러한 주장을 하고 있다. 즉 맥루언의 매체이론의 핵심은 바로 지각이며, 그렇기 때문에 현재 논의되는 매체이론적 관점에서 봐도 그의 이론은 중요하다는 것이다. 이러한 그녀의 주장은 이 글에서 내가 맥루언 이론을 분석하고자 하는 방향과 일치한다고 볼 수 있다.

지각 간의 관계를 살펴볼 것이다. 이러한 내용들을 살펴봄으로써, 맥루언 이론이 여러 문제점이 있음에도 불구하고 현재 디지털 매체 이론에 많은 영향을 미치고 있는 이유에 대해 살펴보고자 한다.

## 2. 구텐베르크 은하계의 종말

현대사회에서 매체를 단순히 도구로 생각하는 사람들은 거의 없을 것이다. 매체는 이미 도구를 넘어, 인식의 차원 및 인간 존재 자체와 행위 그리고 사유방식에 영향을 미치고 있기 때문이다.[10] 매체를 내용이 아닌 형식을 중심으로 분석하고, 단순히 도구로 이해하는 것에서 벗어나 인간의 확장으로 생각하는 맥루언의 이론은 무엇보다도 구텐베르크로 상징되는 인쇄문화의 종말에 대한 분석에서 시작한다. 이는 매체 내용이 아니라, 매체 형식을 중요하게 생각한 그가 당연하게 생각했을 출발점인 것이다. 인쇄, 더 나아가 인쇄가 형성한 문화, 즉 '구텐베르크 은하계'에 대한 분석은 바로 구텐베르크 인쇄술, 즉 형식에서 출발한다. 그의 이론이 전제하고 있는 바는 분명하다. 지금까지 지배적인 문화는 구텐베르크로 상징되는 인쇄문화였으나, 이 문화도 역시 한 시기의 지배적인 문화에 지나지 않았고, 다른 매체의 등장으로 인하여 종말을 눈앞에 두고 있다는 사실이다. 보편적이며 영원한 매체는 존재하지 않는 것이다. 맥루언은 구텐베르크 은하계의 종말을 이야기하기 위해서 먼저 매체를 중심으로 역사를 4단계로 나눈다. 즉 구술이 중심인 부족문화와 문자를 중심으로 한 필사문화, 인쇄술의 발

---

10) Frank Hartmann, *Mediologie: Ansätze einer Medientheorie der Kulturwissenschaften*, Wien: WUV, 2003, S. 8.

전으로 등장한 구텐베르크 은하계, 그리고 전기電氣 시대로 말이다.[11]

　맥루언의 이러한 역사분류 방식은 기존의 분류 방식과는 다르다. 즉 그는 사회체제나 경제 또는 문화를 중심으로 역사를 분류한 것이 아니라, 그 시기의 지배적인 매체를 중심으로 역사를 구분했던 것이다. 뿐만 아니라, 문화와 사회 그리고 역사 서술의 문제를 바로 매체와 기술을 중심으로 분석했다.[12] 물론 우리가 일찍이 배웠던 신석기, 구석기, 청동기 그리고 철기 문화 역시 그 시대의 지배적인 도구를 중심으로 분류한 것이다. 그렇기 때문에 어느 정도는 맥루언의 역사분류와 동일한 부분이 있다. 그러나 맥루언은 좀더 명확하게 매체를 중심으로 시대를 구분한다. 특히 커뮤니케이션 매체를 중심으로 말이다. 더 나아가 그는 한 시대에 새로운 지배적인 매체가 등장하면, 단순히 매체만 바뀌는 것이 아니라, 이 매체를 중심으로 사회와 문화예술 등 전반적인 영역에서 변혁이 일어난다고 보았다. 그렇기 때문에 전기 시대에 새롭게 등장한 전자 매체를 중심으로 한 그의 매체이론은 바로 구텐베르크 인쇄문화가 발전시킨 책 중심 문화의 종말에 대한 분석에서 시작한다. 그렇다면 구텐베르크 은하계라고까지 불리는 인쇄문화 또는 책문화의 특징은 과연 무엇이며, 이 문화는 전기 시대에 와서 어떻게 몰락의 과정을 겪을 수밖에 없었는가?

　맥루언은 인쇄문화의 종말이 도래한 가장 큰 이유를 다른 매체 상황, 즉 전기 시대의 등장에서 찾았다. 그에 따르면, 전기 시대가 도래함으로써 비로소 인간은 새로운 전환점을 맞이할 수 있게 되었다.[13] 이러한 새로운

---

11) Kloock und Spahr, *Medientheorien Eine Einführung*, S. 59.
12) Dieter Mersch, *Medientheorien zur Einführung*, Hamburg: Junius, 2006, S. 92~93.
13) 맥루언, 『구텐베르크 은하계』, 21쪽.

전환점에서 그는 다음의 두 현상에 주목했다. 하나는 커뮤니케이션 과정에서 새로운 현상과 그것을 가능하게 하는 구조가 등장했는데, 바로 이것들이 구어적인 것에 바탕을 둠으로써 탈문자적인 성격을 갖고 있다는 점이다. 대표적인 예가 바로 전화다. 전보는 여전히 문자적인 성격을 갖지만, 전화는 다르다. 비록 떨어져 있지만, 말로 소통하기 때문이다.[14] 또 다른 하나는 하나의 감각기관에만 호소하던 매체들이 전기 시대에 와서는 다른 양상을 보인다는 점이다. 즉 그는 "인간의 확장된 감각이 집합적으로 상호작용"하는 것에 주목했다.[15]

맥루언이 무엇보다도 주목했던 것은 바로 '감각들의 상호작용'이었다. 따라서 그는 이전의 매체 시대들에서 하나의 감각이 지나치게 확대되고, 이 하나의 감각이 다른 감각들을 억압했던 현상들을 지적하면서, 전기 시대에는 다른 양상이 일어날 것이라고 주장한다.[16] 이러한 전제 아래에서 맥루언은 인쇄문화를 시각 중심 문화라고 평가하면서, 이 문화가 가지고 있는 기본적인 특징을 "균질성, 획일성, 반복성"으로 규정한다.[17] 이러한 성격을 가지고 있는 인쇄문화는 맥루언이 무엇보다도 중요하게 여긴 감각의 상호작용을 방해한다. 그렇기 때문에 맥루언의 인쇄문화 비판의 근거는 인쇄문화가 인간의 감각기관을 폐쇄적인 체계로 운영한다는 데 있다. 맥루언의 관점에서 보았을 때, 인간이 다섯 개의 감각을 이용해서 외부 세계를 지각하고, 이 과정에서 인간의 오감이 상호작용하고 또 상호의존성을 갖는 것은 자연스러운 현상이다. 그런데 알파벳문화 또는 인쇄문화는

---

14) 같은 책, 17쪽.
15) 같은 책, 21쪽.
16) 같은 책, 20~22쪽 참조.
17) 같은 책, 119쪽.

이러한 자연스러운 현상을 억압한다는 데서 그의 비판이 시작된다. 따라서 맥루언이 밝혔듯이 그의 저서 『구텐베르크 은하계』의 목적은 바로 알파벳문화와 인쇄문화가 갖는 이러한 폐해를 지적하는 것이다.[18] 그는 구텐베르크의 인쇄 기술이 낳은 가장 중요한 영향 중 하나가 "감각들을 서로 떼어 놓고, 그리고 실체의 질감을 느끼는 촉각적 공감각 속에서 그들 다양한 감각들이 상호작용하는 것에 간섭하여 방해하는 것"이라며 비판한다.[19]

맥루언은 인쇄문화가 감각들 간의 상호작용을 억압한 결과, 하나의 감각이 다른 감각들을 지배하는 폐쇄적인 감각체계가 우위를 점하게 되었다고 비판한다.[20] 이 폐쇄적이며 지배적인 감각이 바로 '시각'이다. 즉 "감각이 분열되고, 시각이 다른 감각으로부터 떨어져 나가게 된 것"이다.[21] 이렇게 우위를 가지게 된 하나의 감각은 또 다시 다른 감각들이 가지고 있는 힘을 약화시킨다. 순환적으로 상호작용을 억압하는 이러한 과정이 발생하는 것이다. 그 결과 하나의 감각만이 점점 더 강화되고 다른 감각들은 마치 마취 상태에 빠진 것처럼 작용을 하지 않게 된다. 이에 대해 맥루언은 다음과 같이 서술한다.

만일 어떤 기술이 한 문화권 내에서 혹은 외부 문화권에서 도입되어 우리의 5개 감각 가운데 어떤 하나의 감각을 강조하고, 그것이 전체 감각들 가

---

18) 맥루언, 『구텐베르크 은하계』, 25쪽.
19) 같은 책, 42쪽.
20) 폴 비릴리오도 맥루언과 마찬가지로 시각 중심의 문화를 비판한다. 그러나 맥루언이 구텐베르크 문화를 시각 중심의 문화로 규정한 것과 달리, 비릴리오는 이미지들을 생산하는 다양한 시각기계들의 등장 이후 편협된 시각문화가 확대되었다고 비판한다. 비릴리오의 시각문화에 대한 비판은 이 책의 2부 4장 비릴리오 부분에서 자세히 다룰 것이다.
21) 같은 책, 111쪽.

운데 차지하는 비율을 상승시키면 우리의 5개 감각들 간의 지배 비율은 바뀌게 된다. 그렇게 되면 우리는 예전과 같이 느끼지 못하게 되며, 우리의 눈, 귀, 혹은 다른 감각기관의 감각은 전과 같을 수가 없게 된다. 그리고 우리 감각들의 상호작용은 마취 상태 속에서 이루어진다. 어떤 한 감각의 강도가 고도로 강화될 때 다른 여타 감각들은 마취 상태에 빠지게 된다.[22]

그런데 이렇게 시각 중심으로 형성된 인쇄문화는 자신이 주술적이며 마법적인 청각 세계를 붕괴시켰던 것처럼, 그 자신도 종말의 시간을 맞이한다. 전기의 발명으로 인한 다양한 매체들의 등장이 바로 그 종말의 시간을 열게 된 것이다.[23] 다시 말해 매체로 인한 인간의 확장, 즉 인간 감각의 확장이 시작된 것이며, 바로 이 지점에서 맥루언은 매체 형식을 중심으로 매체와 감각을 연결시켜 자신의 이론을 전개한다.

### 3. 매체 형식과 매체 내용[24]

매체와 지각 간의 관계를 논의하기에 앞서 먼저 맥루언의 매체이론이 가지는 특징에 대해 이야기하려 한다. 앞서 강조했듯이, 맥루언의 매체이론의 특징은 그가 매체 내용이 아니라, 매체 형식에 주목한다는 데 있다. 맥루언 이전에 아도르노와 호르크하이머는 『계몽의 변증법』에서 대중매체를 중심으로 매체에 대한 사회비판적인 이론을 '문화산업'이라는 이름으로

---

22) 같은 책, 55~56쪽.
23) 같은 책, 482쪽.
24) 이 글의 3절과 5절은 다음의 논문을 수정 보완한 것임을 밝힌다. 심혜련, 「매체와 공감각 그리고 자연적 인터페이스」, 『미학』 제60집, 한국미학회, 2009.

시도했었다. 이들은 맥루언 이론과는 반대되게 주로 매체 내용을 중심으로 다루며, 그 중에서도 매체가 가지고 있는 조작성에 초점을 맞추어 매체에 대한 비판을 시도한다. 물론 아도르노와 호르크하이머뿐만 아니라, 맥루언 이전의 또는 동시대의 많은 학자들이 매체에 대해 이야기하고 이를 비판하거나 매체가 가지고 있는 대안적 가능성에 대해 이야기하곤 했다. 그런데 이러한 시도들은 거의 매체 형식이 아니라, 매체 내용을 중심으로 이루어진 것들이었다. 이에 대해 맥루언은 강하게 그리고 노골적으로 비판한다. 그는 매체 내용을 중심으로 매체를 연구한다는 것은 다 틀린 것이라고까지 말한다. 따라서 그는 연구의 패러다임을 전환해서 이제 매체 형식을 중심으로 연구해야 한다고 주장한다.

이러한 그의 의도는 "매체는 메시지이다"라는 말로 집약된다.[25] 이 말이 의미하는 바는 매우 크다.[26] 한마디로 말해서 매체라는 형식이 내용, 즉

---

25) 마셜 맥루언, 『미디어의 이해』, 박정규 옮김, 커뮤니케이션북스, 1997, 25쪽(Marshall McLuhan, *Understanding Media: The Extensions of Man*, New York: McGraw-Hill, 1964).
26) 1970년대 초 매체이론에 대한 관심이 커질 때, 엔첸스베르거는 맥루언 이론을 매우 하찮게 취급했다. 그럼에도 불구하고 그는 맥루언의 이 명제가 가지는 의미의 중요성만은 크게 인정했다. 그러나 그는 동시에 맥루언이 자신이 한 말이 어느 정도 중요한지를 인식하지 못하고 있다고 비판한다(한스 M. 엔첸스베르거, 「미디어 이론의 제 요소」, 194쪽 참조). 즉 맥루언이 어쩌다가 매우 중요한 명제를 제시하기는 했지만, 그것이 앞으로 매체이론에 미칠 영향력에 대해서는 알지 못했다는 것이다. 더 나아가 엔첸스베르거는 벤야민과 맥루언을 같은 지평에 두고 비교하는 연구들에 대해 강하게 비판했다. 그 비판의 초점은 벤야민의 매체이론과는 달리, 맥루언의 매체이론에는 정치적인 함의가 없다는 것이다. 즉 둘 다 매체를 새롭게 조명하는 것은 사실이지만, 왜 조명하는지가 전혀 다르며, 또 매체를 바라보는 지평 자체가 전혀 다르다는 것이다. 그래서 엔첸스베르거는 맥루언의 매체이론을 부르주아 매체이론으로 간주하며, 매체 그 자체를 원할 뿐 그 어떤 다른 목적도 가지지 않는 부르주아 매체이론가들을 비판한다. 이러한 그의 비판은 사회비판이론적 측면에서는 의미가 있는 지적이다. 그러나 맥루언에 대한 그의 이러한 비판도 비판의 여지가 많다. 왜냐하면 그는 맥루언의 이 명제가 지니고 있는 인식론적인 함의를 간과하고 있기 때문이다. 즉 엔첸스베르거는 매체 그 자체를 다룬 매체철학적 관점에서 맥루언의 이론이 가진 의의를 보지 못했다고 할 수 있다.

메시지와 동일하다는 것이다. 매체 자체가 메시지이기 때문에, 여기서 매체는 단순히 다른 것에 의해 규정되는 목적어가 아니라, 스스로 규정하는 주체 또는 주어로서 존재할 수 있다. 바로 이러한 점 때문에 매체는 인식론적 함의를 포함할 수 있다.[27] 이제 매체들이 매개하고 전달하는 것에서 의미를 찾을 수 있는 것이 아니라, 바로 "매체 자체의 매개성"에서 의미를 찾아야 하는 것이다.[28] 매체 자체의 매개성에서 의미를 찾는다는 것은 바로 매체 그 자체의 형식과 논리를 다루면서 그 매체가 사회에 미친 영향과 효과 등을 연구해야 한다는 것을 의미한다.[29] 맥루언은 만약 그렇지 않고 내용을 중심으로 매체를 연구했을 경우에는, 매체 본성을 아는 데 방해가 될 뿐이라고 비판한다.[30] 뿐만 아니라, 그는 매체를 어떻게 사용하느냐에 관해 논의하는 태도들을 "감각이 마비된 기술 백치의 태도"라고 비판한다.[31]

맥루언에게 매체는 단순한 매체 또는 기술 이상의 것을 의미한다. 매체는 하나의 환경을 의미한다. 즉 그것 없이는 살 수 없는 그러한 환경 말이다. 더 나아가 매체는 그 매체 환경에서 살아가는 사람들의 경험, 사유방식, 지식 그리고 관계까지도 결정할 수 있는 결정적인 전제조건이다.[32] 우리는 지금 맥루언 시대에는 상상도 할 수 없을 만큼 다양한 그리고 편리한 매체들을 사용해서 커뮤니케이션한다. 우리는 어떤 매체들을 사용하는가에 따라 매체 내용이 달라지고 있다는 것을 우리의 일상 속에서 확인할 수 있다. 이메일로 편지쓰기, 전화하기, 영상전화하기 또는 문자 보내기 등등

---

27) Mersch, *Medientheorien zur Einführung*, S. 111.
28) ibid., S. 111.
29) 프랑크 하르트만, 『미디어 철학』, 이상엽·강웅경 옮김, 북코리아, 2008, 340쪽.
30) 맥루언, 『미디어의 이해』, 27쪽.
31) 같은 책, 40쪽.
32) Mersch, *Medientheorien zur Einführung*, S. 108.

을 생각해 보면, 형식이 내용을 규정한다는 것이 무엇을 의미하는지를 알 수 있을 것이다. 형식이 내용을 규정할 수 있으며, 또 형식 자체가 내용이 되기도 한다. 그렇기 때문에, 매체 내용이 아니라 매체 형식을 중심으로 매체에 대한 연구를 진행해야만 하는 것이다. 바로 이러한 현상들에서 우리는 맥루언의 매체이론이 여전히 유효함을 알 수 있다. 그러나 그는 매체 연구에서 새로운 패러다임을 열었음에도 불구하고,[33] 매체가 매개하는 구체적인 내용들을 연구하지 않은 점, 특히 정치·사회적 상황과의 관련 속에서 매체 내용이 의미하는 바를 연구하지 않은 점 등으로 인해 다른 매체 연구자들로부터 비판을 받기도 한다.[34]

맥루언의 주장처럼 단순하게 매체 형식만을 분석한다고 해서, 그 내용을 파악할 수 있는 것은 아니다. 따라서 맥루언에 대한 비판은 타당하다. 예를 들어, 텔레비전 드라마를 생각해 보자. 드라마가 사회적으로 미치는 영향력은 매우 크다. 그런데 어떤 드라마를 분석할 때, 텔레비전이라는 매체 형식만 분석해서는 뭔가 부족하다. 그 드라마가 전달하는 구체적인 메시지에 대한 분석이 있어야 하는 것이다. 지금 '막장 드라마'라고 비판받는 많은 드라마들은 그 말도 안 되는 내용들 때문에 비판받고 있다. 마치 아도르노가 문화산업의 내용들이 갖는 기만적 성격을 분석했듯이 말이다. 결국 맥루언은 지나치게 형식 중심으로 매체를 연구함으로써, 매체가 갖는 이데올로기적 함의, 또 정치·사회적 함의를 놓치고 말았다. 매체가 인간 그 자체 그리고 사회·문화적 차원의 물질적 조건에 직접적이고 강력한 영향

---

33) 하르트만, 『미디어 철학』, 327쪽. 이 책에서 하르트만은 이러한 관점을 "문화이론의 기술적 전환"이라고 규정한다.
34) 밀러, 『맥루안』, 18~19쪽 참조.

을 미치고 있다고 본 그가 정작 이 변화에 대해서는 눈을 돌리지 않는 결정적인 실수를 한 것이다. 그러나 그의 매체 연구 논리에 따르면, 이는 문제가 안 된다. 그의 논리체계 안에서는 그러한 연결구조를 파악할 필요가 전혀 없다. 매체 형식이 곧 내용이기 때문이다.

바로 맥루언의 이러한 점이 그와 더불어 대표적인 매체 낙관론자로 논의되고 있는 벤야민과의 결정적인 차이다.[35] 앞에서 보았듯이, 벤야민의 매체이론은 일종의 정치적 실천과 긴밀하게 연관되어 있다. 벤야민이 매체 형식뿐만 아니라 매체 내용을 연구하면서 전제로 삼고 있었던 것은 '예술의 정치화'의 가능성이었다. 벤야민은 이 가능성을 매체 형식과 내용의 변화 둘 다에서 찾고자 했던 것이다. 즉 그에게 매체를 비롯한 기술은 정치적 경향을 가늠할 수 있는 척도였다.[36] 그렇기 때문에 벤야민은 68혁명 이후 변혁을 꿈꾸던 세대에게 새로운 매체이론가로 부각될 수 있었던 것이다. 이와 다르게 맥루언은 매체적인 것과 정치적인 것을 분리한 점에서 70년대 이후 관심 밖의 이론으로 전락했을지도 모른다.[37] 한편 결론은 다르게 내리지만, 매체 형식만을 분석했다는 점에서 맥루언은 안더스의 이론과 유사성을 갖고 있다고도 볼 수 있다. 왜냐하면 매트릭스라는 매체적 구조와 이 매체적 구조가 만들어 내는 팬텀들에 관한 안더스의 이론에는 구체적인 내용 분석이 없기 때문이다. 어쩌면 안더스도 맥루언처럼 매체 자

---

35) Annegret Jürgens-Kirchhoff, *Technik und Tendenz der Montage In der bildenden Kunst des 20. Jahrhunderts*, Giessen: Anabas, 1984, S. 173~194 참조.
36) Walter Benjamin, "Der Autor als Produzent", *Gesammelte Schriften* II. 2, Unter dem Mitwirkung von Theodor W. Adorno und Gerschom Scholem herausgegeben von Rolf Tiedemann und Hermann Schweppenhäuser, Frankfurt am Main: Suhrkamp, 1991, S. 689 참조.
37) 호락스, 『마셜 맥루언과 가상성』, 14쪽.

체를 메시지로 받아들이고 있었는지 모른다.[38]

어쨌든 맥루언에게 중요한 것은 매체 형식이다. 그런데 매체철학의 관점에서 맥루언의 이론을 보고자 했을 때, 하나의 어려운 점을 만나게 된다. 그것은 바로 내용이 아니라 형식을 중심으로 매체를 파악한다는 것이 도대체 무엇인지를 맥루언 자신이 명확히 정리하고 있지 않다는 것이다. 그는 이를 비유적으로 설명하는데, 이를테면 매체를 전기에 비유하면서 전기는 내용이 아니라 형식으로 우리에게 지각되고 있음을 지적한다. 전기의 내용을 도대체 어떻게 설명할 수 있단 말인가? 또한 그는 매체 내용도 결국은 매체 형식이라고 설명한다. 즉 새로운 매체에서 내용으로 다루고 있는 것들이 결국은 낡은 매체의 형식에서 가져온 것이라고 본 것이다. 예를 들어 문자라는 새로운 매체가 담고 있는 내용은 결국 문자 이전의 음성언어이다. 또 언어라는 매체는 비언어적 매체를 내용으로 하고 있다.[39] 이러한 매체들 간의 관계를 보여 주는 예로는 영화가 많은 소설과 만화를 원작으로 삼는 경우를 들 수 있다. 많은 컴퓨터 게임의 경우도 마찬가지다. 이처럼 낡은 매체의 형식은 사라지지 않고, 새로운 매체의 내용으로 재등장한다. 여기서 낡은 매체 형식이 아니라, 결국 낡은 매체 내용이 새로운 매체의 내용으로 변화한 것이 아닌가라는 물음이 제기될 수 있다. 그러나 재매개를 강조하는 학자들의 입장에 따르면, 내용이 계승되는 것도 매체 형식이 계승되는 것을 의미하기 때문에, 여기서 형식 또는 내용 중 어느 것이 계승되는가라는 질문은 중요한 문제가 아니다.

여기서 중요한 점은 매체의 형식과 내용이 서로 상호작용하면서 변

---

38) 안더스의 텔레비전에 대한 분석은 이 책의 1부 4장 안더스 부분을 참조하길 바란다.
39) 맥루언, 『미디어의 이해』, 26~27쪽.

증법적으로 작용한다는 데 있다. 즉 새로운 매체 형식이 등장했다고 해서 낡은 매체 형식이 사라지는 것은 결코 아니다. 앞서 언급했듯 낡은 매체의 형식이 새로운 매체의 내용으로 재등장하기도 한다. 또는 반대로 낡은 매체가 새로운 매체 형식을 받아들여 변형된 매체 형식으로 등장하기도 한다. 이는 다양한 기능을 가진 텔레비전, 스마트폰 그리고 컴퓨터에서도 일상적으로 경험할 수 있다. 이러한 현상들을 볼터Jay Bolter와 그루신Richard Grusin은 '재매개'라는 개념으로 설명하고 있다. 결국 맥루언은 이들이 디지털 매체의 독특한 특징이라고 규정한 매체 간의 '재매개'를 전기 시대에 이미 언급했다고 볼 수 있다.[40] 비록 맥루언이 이러한 재매개 과정을 명확히 이야기하진 않았지만, 그에게 모든 매체는 재매개화되는 것이었다. 그러므로 그에게 매체이론은 매체 형식에 대한 이론이 될 수밖에 없는 것이다. 그는 형식을 중심으로 한 매체 연구에서 매체 그 자체에 대한 개념을 명확히 규정하려고 시도하기보다는 적합한 예들을 통해 이를 설명한다. 그 대표적인 예가 바로 '뜨거운 매체'와 '차가운 매체'에 대한 분류다.

## 4. 매체에 대한 인식론적 분류: 뜨거운 매체와 차가운 매체

매체의 내용이 아니라 형식이 중요하다는 기본 전제 아래, 맥루언은 매체를 '뜨거운 매체'hot media와 '차가운 매체'cool media로 나눈다. 이는 일종의

---

40) 제이 데이비드 볼터·리처드 그루신, 『재매개: 뉴미디어의 계보학』, 이재현 옮김, 커뮤니케이션북스, 2006, 53쪽. 이 책에서도 저자들은 맥루언의 이러한 논의들을 재매개 이론으로 파악하고 있다. 이들이 간략하게 밝히고 있는 것처럼, 이들이 주장하는 재매개 이론은 맥루언의 이론을 디지털 매체 시대에 적용해서 확장한 것으로 볼 수 있다. 이들의 입장은 영어판 저서 제목인 『뉴미디어의 이해』에서 그대로 보여 주고 있다 해도 과언이 아니다.

인식론적 분류다. 매체 형식이 우리의 사유 과정과 사유 범주로 작용하고 있다는 전제를 가지고 있으며, 이러한 틀이 사유 내용을 어떻게 만들어 가는지를 보여 주고 있기 때문이다. 매체 그 자체가 사유 형식과 사유 내용을 규정한다는 주장은 지금은 매우 당연하게 받아들여진다. 원고지에 펜으로 글을 쓰는 행위, 타자기로 글을 쓰는 행위 그리고 지금 컴퓨터로 글을 쓰는 행위를 비교해 보았을 때, 이는 너무도 명확히 드러난다.[41] 사실 맥루언뿐만 아니라, 니체나 하이데거와 같은 철학자들도 이미 새로운 글쓰기 매체가 글 내용을 바꿀 수 있다는 사실에 주목했었다. 맥루언은 이러한 관계를 단지 지적하는 것에서 그치지 않고, 구체적으로 매체 형식을 매체가 가지고 있는 정보량과 이를 수용하는 태도와 연결해서 분석한다. 이것이 바로 그가 이야기하는 '뜨거운 매체'와 '차가운 매체'에 대한 분류다. 그러나 그는 매체를 단순하게 이분법적으로 '뜨거움'과 '차가움'으로 분류하는 데 그치지 않고, 이를 인식론적인 지평에서 접근한다.[42] 매체 형식이 담아내는 내용과 그것을 수용하는 방식에 대한 연구가 바로 그것이다. 따라서 매체의 형식과 내용, 그리고 뜨거운 매체와 차가운 매체에 대한 맥루언의 논의는 한마디로 말해서 '매체 인식론'Medienepistemologie이라고 할 수 있다.[43]

    그렇다면 어떤 매체가 뜨거운 매체이고, 또 어떤 매체가 차가운 매체인가? 맥루언의 분류에 따르면 매체가 뜨거운 것과 차가운 것으로 구분될 때, 결정적인 기준이 되는 것은 그 매체가 가지고 있는 정보의 양이다. 이 정보의 양이 그 매체의 정세도definition, 精細度를 규정한다. 정세도란, 인간의

---

41) 이에 대한 자세한 논의는 다음의 글을 참조하길 바란다. 심혜련, 「복제기술의 발전과 사유의 연관 관계」, 『아카필로』, 철학아카데미, 2001.
42) 박영욱, 『매체, 매체예술 그리고 철학』, 향연, 2008, 30~35쪽 참조.
43) Mersch, *Medientheorien zur Einführung*, S. 111.

단일 감각이 매체를 통해 받아들이는 정보의 양을 의미하고, 이것은 데이터의 밀도와 관련이 있는 것이다. 그러나 그는 단지 정보의 양만으로 매체의 정세도를 규정하지는 않는다. 그는 정세도와 인간 감각을 연결시키는데, 매체의 정세도를 그 매체가 지배적으로 호소하는 감각을 정하는 것이라고 정의한다. 맥루언은 뜨거운 매체를 "단일 감각을 높은 정세도에까지 확장하는 것"이라고 설명한다.[44] 여기서 높은 정세도란 "자료가 충족되어 있는 상태"를 의미한다.[45] 이와 반대로 차가운 매체는 "낮은 정세도의 매체"라 설명한다.[46]

맥루언은 뜨거운 매체와 차가운 매체를 이렇게 규정한 다음, 이에 대한 구체적인 내용을 예를 들어서 설명한다. 그의 설명에 따르면 사진은 뜨거운 매체이고, 만화는 차가운 매체이다. 사진은 만화보다 훨씬 정확하게 상황과 사태에 대한 정보를 전달하여 시각이라는 단일 감각을 높이기 때문이고, 만화는 사진보다 가지고 있는 시각 정보의 양이 적기 때문이다. 즉 사진은 높은 정세도를 가지고 있으며, 만화는 낮은 정세도를 가지고 있다. 따라서 사진은 뜨거운 매체가 되고, 만화는 차가운 매체가 된다.[47] 사진과 만화의 예는 라디오와 전화에도 그대로 적용된다. 라디오는 전달하는 청각 정보의 양이 매우 많다. 즉 높은 정세도를 가진다. 반대로 전화는 청각 정보의 양이 적다. 이러한 전화는 바로 낮은 정세도 때문에 라디오와는 달리 전화 통화를 하는 사람들에게 높은 참여도를 요구한다. 정세도가 낮기 때문에, 이 매체를 활용하는 사람들이 매체에 적극 참여해서 낮은 정세도

---

44) 맥루언, 『미디어의 이해』, 47쪽.
45) 같은 책, 47쪽.
46) 같은 책, 47쪽.
47) 같은 책, 47~48쪽.

의 부분을 스스로 채워 넣어야만 하는 것이다.[48] 단일 감각에 호소하는 정보의 양인 정세도는 이렇게 매체 사용자가 그 매체에 참여하는 부분을 결정한다. 뜨거운 매체는 그 자체만으로도 정세도가 높기 때문에 참여도가 낮아질 수밖에 없다. 즉 배타적인 매체로 작용한다. 이와 반대로 차가운 매체는 포괄적으로 작용한다.[49]

그러나 뜨거운 매체가 언제 어디서나 뜨겁게, 그리고 차가운 매체가 언제 어디서나 차갑게 작용하는 것은 아니다. 즉 이는 상대적 개념이지 절대적으로 고정불변하는 개념은 아니다. 예를 들어 사진과 만화를 비교했을 때, 사진은 뜨거운 매체이고 만화는 차가운 매체가 된다. 이는 사진이 만화보다 높은 정세도를 지니고 있기 때문이다. 그러나 만화와 비구상 회화를 비교해 보자. 만화는 비구상 회화보다 높은 정세도를 지닌다. 이런 경우에 만화가 뜨거운 매체가 되며, 비구상 회화는 차가운 매체가 된다. 또 다른 경우 매체적 상황이 상이한 두 나라를 비교했을 때, 특정 매체가 뜨겁게 작용하는 경우도 있고 그렇지 않은 경우도 있을 수 있다. 차가운 매체의 경우도 마찬가지다. 라디오 문화가 일반적인 나라에서는 전화가 차가운 매체가 되지만, 라디오 문화가 일반적이지 않은 나라에서 전화는 매우 뜨거운 매체가 된다. 즉 뜨거움과 차가움은 상대적 개념으로서 매체 상황과 사회문화적 상황에 따라 얼마든지 바뀔 수 있는 것이다. 이는 매체가 가지고 있는 상호작용성과 긴밀하게 연결된다. 맥루언도 강조했듯이 그 어떤 매체도 단독으로 그 의미와 작용을 갖지는 않는다. 하나의 매체는 다른 매체와 상호작용함으로써 의미를 갖게 되며, 자신의 작용을 명확히 한다.[50]

---

48) 맥루언, 『미디어의 이해』, 48쪽.
49) 같은 책, 49쪽.

그렇다면 이렇게 뜨거운 매체와 차가운 매체가 뜨거움과 차가움의 극한까지 갔을 때, 이들은 어떤 변화를 겪으며, 또 매체 상황에는 어떤 변화가 초래되는가? 맥루언은 하나의 매체가 지나치게 뜨거워지거나 차가워지면 관계가 역전되는 상황이 온다고 설명한다. 맥루언은 이를 '외부확산' Explosion과 '내부확산'Implosion이라는 용어로 설명한다.[51] 외부확산이 극에 달하면, 더 이상 외부로 확산할 수 없기 때문에, 폭발적인 힘은 내부로 향한다. 그래서 내부확산이 발생한다. 내부확산도 마찬가지다. 뜨거운 매체와 차가운 매체의 관계 역전 문제도 바로 이러한 외부확산과 내부확산의 문제로 설명할 수 있다. 어떤 매체가 단일 감각에 의존하고 단일 감각의 힘을 극단적으로 키우게 되면, 이와 동시에 다른 감각에 대한 요구가 생겨난다. 그렇기 때문에 뜨거운 매체는 뜨거움의 정점에까지 외부확산을 하다가, 그 정점에서는 차가운 매체로 전환될 수 있다. 즉 내부확산이 일어날 수 있다. 그렇기에 맥루언 이론에 따르면 구텐베르크 은하계는 종말을 고할 수밖에 없는 것이다. 시각이라는 단일 감각에 호소하는, 그리고 정세도가 높기 때문에 수용자의 적극적인 참여를 요구하지 않는 '뜨거운' 인쇄문화는 전기 시대에 들어 다른 '차가운' 전자 매체에 의해서 결국 몰락한 것이다.

## 5. 매체와 감각

맥루언의 저서 『미디어의 이해』의 부제는 '인간의 확장'이다. 이렇듯 그는 매체, 더 나아가 모든 새로운 기술을 인간의 확장, 즉 인간 육체의 확장으

---

50) 같은 책, 52쪽.
51) 같은 책, 66쪽.

로 이해한다.[52] 그래서 그는 기술을 객관적인 대상으로 고찰하기보다는 인간에게 새롭게 도입되는 새로운 척도로 파악해야 한다고 강조한다.[53] 이는 물론 맥루언 이론만이 가지는 독창적인 점은 아니다. 맥루언 이전에도 기술 발전을 인간 육체와 연결시켜 파악하려는 시도는 이미 있어 왔기 때문이다.[54] 예를 들어 프로이트의 이론이 바로 그렇다. 그는 『문명 속의 불만』 *Das Unbehagen in der Kultur*이라는 글에서 기술 발전을 인간의 확장과 직접 연결시켰다. 그는 모터를 인간 근육의 확장, 안경과 망원경 등을 인간 시각의 확장, 축음기를 청각의 확장, 전화를 목소리의 확장, 집을 어머니 자궁의 확장이자 대용품으로 보았다.[55] 여기서 중요한 사실은 그가 이러한 기술 발전의 산물들을 인간의 '대용품'으로 보았다는 데 있다. 즉 프로이트는 기술을 단지 인간의 부족한 점을 보충하는 하나의 '보족Prothese, 補足 장치'로 보았던 것이다.[56] 그는 더 나아가 이렇게 부족한 점을 보충하려는 인간의 시도를 인간이 이상적 개념으로 설정한 신이라는 개념에 도달하려는 시도로 파악했으며, 앞으로도 그러한 시도가 계속될 것이라고 보았다. 그래서 그는 "미래에는 문명 분야에서 상상할 수 없을 만큼 크고 새로운 진보가 이루어질 테고, 인간은 지금보다 훨씬 신을 닮게 될 것"이라고 보았다.[57] 그러나 그는 인간이 신을 닮으려 할수록, 그리고 신을 닮아 갈수록 점차 행복감을 느끼기는 어려울 것이라고 설명한다.[58]

---

52) Kloock und Spahr, *Medientheorien Eine Einführung*, S. 50.
53) 맥루언, 『미디어의 이해』, 25쪽.
54) 이에 대한 자세한 논의는 다음의 연구를 참조하길 바란다. Kloock und Spahr, *Medientheorien Eine Einführung*, S. 50~51.
55) 지그문트 프로이트, 『문명 속의 불만』, 김석희 옮김, 열린책들, 1998, 275쪽.
56) Dieter Mersch, *Medientheorien zur Einführung*, S. 109.
57) 프로이트, 『문명 속의 불만』, 276쪽.
58) 같은 책, 276~277쪽.

기술과 매체의 발전을 인간을 위한 보조 장치의 발전으로 본 프로이트의 이론에서 중심은 기술 또는 매체가 아니라 인간이다. 전형적으로 인간 중심의 사유를 한 것이다. 맥루언도 마찬가지다. 그 또한 기술매체의 발전을 인간 중심적 관점에서 인간의 확장으로 보았기 때문이다. 그러나 맥루언은 프로이트와는 달리 이러한 인간의 확장에 대해 부정적 견해를 가지지 않았다. 맥루언은 기술 또는 매체의 발전으로 인한 감각의 확장을 '인간 감각의 확장' 그 자체로 보았다. 즉 그는 모든 매체가 인간 감각의 확장이며, 바로 이 감각이 개개인의 인식과 경험을 형성한다고 주장하는 것이다.[59] 그러므로 맥루언 이론에서 매체의 확장은 부족한 인간 감각을 보충하고 확대한다는 측면에서 매우 긍정적인 현상이 된다.

이렇듯 매체 발전을 인간의 확장으로 이해한 맥루언은 당연히 매체와 감각 간의 관계를 고찰할 수밖에 없었다. 이 관계에서 특히 맥루언이 주목한 것은 하나의 특정 매체에 의해 하나의 감각이 확장되고, 그럼으로써 다른 감각들이 제 역할을 발휘하지 못하는 상황이다. 구텐베르크 문화가 바로 그러한 상황을 잘 보여 준다. 그는 인간이 다양한 기술과 매체들을 발전시키는 과정에서 인간이 가지고 있는 오감 중 어떤 하나의 감각만을 확장함으로써, 그 외에 다른 감각이나 기능을 억압해 왔다는 사실에 주목한다.[60] 이에 대해 그는 다음과 같이 서술한다.

…… 특별한 기술적인 도구에 대해 우리가 지불하는 대가는, 이들 '감각의 거대한 확장'이 폐쇄적인 체계를 만든다는 사실이다. 사적인 한 개

---

59) 맥루언, 『미디어의 이해』, 45쪽.
60) 맥루언, 『구텐베르크 은하계』, 18~19쪽.

인으로서 우리의 감각은 폐쇄적이지 않으며, 그들은 우리가 공유 의식 Consciousness이라고 부르는 경험 속에서 이 감각 내용을 저 감각 내용으로 끝없이 서로 번역한다. 그런데 우리의 확장된 감각, 도구, 기술은 오랜 세월을 거치면서 우리의 다섯 개 감각의 상호작용 속에서 혹은 집합적으로 인지하는 것이 불가능한 체계로 폐쇄되었다. 이제 전기 시대가 되어 우리의 기술적 도구 속에 함축되어 있는 공존의 즉시성은 인류 역사에 있어서 진정 새로운 전환점을 낳았다.[61]

이렇게 하나의 감각만이 확장되거나 구체화된다면, 결국 이는 인간이 지니고 있는 감각 능력에 문제를 야기하리라는 것이 바로 맥루언의 주장이다.[62] 이러한 문제의식에서 그는 전기 시대의 다양한 기술적 발전과 매체들에 주목한다. 폐쇄적이거나 배타적인 것이 아니라, 개방적인 매체와 감각이 가능한 시대가 비로소 다시 열렸다고 보았기 때문이다. 왜 '다시' 열렸다고 보았는가? 그것은 맥루언이 이러한 개방적인 매체의 모습을 전기 시대가 아닌, 구술문화 시대의 언어라는 매체에서 이미 보았기 때문이다. 그는 음성언어라는 매체가 지배적인 역할을 했던 구술문화의 시기에는 청각이 지배적인 감각기관이었다고 한다. 그러나 이러한 청각 중심의 문화는 활자가 등장하면서 그 지배적인 역할을 상실하고, 청각 대신 시각이 그 역할을 하게 된다. 맥루언은 전기 시대에 들어서면서, 다시 청각이 주된 감각으로 등장할 것이라고 보았다.[63] 그렇다면 맥루언에게 청각은 시각

---

61) 맥루언, 『구텐베르크 은하계』, 21쪽.
62) 같은 책, 52쪽.
63) 같은 책, 59쪽.

과 달리 완전한 감각인가? 또 맥루언은 왜 이렇게 청각에 집착하는가? 정말 다른 감각과 달리 청각이 마법적이며 개방적인가? 또 전기 시대에 와서 청각 중심의 문화로 회복된 것이 그렇게 긍정적인 효과인가?

사실 맥루언은 자신의 여러 편의 글에서 청각에 대한 명확한 분석을 하지 않는다. 다만 그가 시각 중심 문화라고 비판한 인쇄문화에 대한 설명과 전기 시대에 다시 복원된 청각 중심 문화에 대한 긍정적인 평가들 속에서, 그가 청각문화에 대해 시각문화와는 달리 매우 우호적이었음을 알 수 있다. 그렇다고 해서 그를 단순한 청각 중심주의자로 평가해서는 결코 안 된다. 그렇다면 그가 비판한 시각 중심주의자들과 다를 바가 없게 되기 때문이다. 즉 단일 감각이 지배적인 문화를 옹호하는 입장 말이다. 이렇게 그를 평가한다면, 그의 이론은 결국 청각에서 시각을 거쳐 다시 청각으로 지배적인 감각이 순환적으로 바뀌는 것을 강조한 것에 그치게 된다. 그렇다면 맥루언이 강조하고 싶었던 것은 무엇일까? 그것은 하나의 감각이 지배적인 체계가 되는 폐쇄적인 감각 체계가 아니라, 다섯 개의 감각이 서로 공감각적으로 상호작용하는 열린 감각 체계였다.[64] 즉 문화가 하나의 감각 중심으로 편향적인 문화가 되는 것을 비판했던 것이다.[65]

맥루언에게 지각은 다양한 감각들의 상호작용을 의미한다.[66] 이러한 감각들의 상호작용은 바로 '촉각'으로 나타난다. 그에게 촉각은 다섯 개의 감각 중 하나가 아니라, "감각들의 역동적인 통일"이라는 의미에서의 촉각이다.[67] 즉 일종의 공감각인 것이다. 공감각이란 하나의 감각이 그 감각에

---

64) 같은 책, 63쪽.
65) 같은 책, 68쪽.
66) Kloock und Spahr, *Medientheorien Eine Einführung*, S. 49 und S. 54.
67) ibid., S. 54.

만 호소하는 것이 아니라, 다른 감각 작용을 불러일으키는 것을 의미한다. 예를 들면, 어떤 것을 보거나 들을 때, 단순히 시각적·청각적 감각에 머무르는 것이 아니라 이를 느끼는 것을 의미한다. 소름이 돋을 정도로 아름다운 선율 또는 음악을 들을 때 갑자기 떠오르는 색에 대한 느낌, 또는 그 반대로 어떤 그림을 볼 때 떠오르는 선율 등이 바로 공감각이다.[68] 한마디로 말해서 공감각이란 "함께 지각하기"이다.[69] 이러한 공감각은 매체미학 내에서 매우 중요한 개념이다. 최근 매체의 상호작용으로 인하여 이러한 공감각이 그 어느 때보다도 두드러지게 나타나고 있기 때문이다.

맥루언은 매체로 인한 감각의 확장과 더불어 이러한 감각들의 상호작용과 매체들의 상호작용을 강조했다. 이 때문에 그의 이론은 공감각을 중시하는 매체미학적 관점에서 매우 중요하다. 물론 디지털 매체 예술에서 두드러진 특징으로 나타나는 상호작용성은 단지 감각들의 상호작용과 매체들의 상호작용만을 의미하지는 않는다.[70] 작가와 작품 그리고 수용자 간의 상호작용성도 중요한 특징이며, 이 상호작용성이 낳은 결과, 즉 예술의 개념 변화 등이 더 중요할 수도 있다. 앞서 보았듯, 감각들 간의 상호작용을 중시하는 디지털 매체 예술작품과 담론인 매체미학이 등장하기 이전에 이 문제를 다룬 사람은 바로 맥루언이다. 매체와 관련해서 인간의 감각 자체가 본격적으로 논의되고 있는 지금, 매체와 감각 간의 관계에 대한 그의 논

---

68) Gernot Böhme, *Aisthetik: Vorlesungen über Ästhetik als allgemeine Wahrnehmungslehre*, München: Fink, 2001, S. 91.
69) Christian Filk und Michael Lommel, "Media Synäesthetics: Eine Einleitung", Hrsg. Christian Filk und Michael Lommel, *Media Synaesthetics: Konturen einer physiologischen Medienästhetik*, Köln: Halem, 2004, S. 9.
70) 디지털 매체 예술에서의 상호작용성에 관한 논의는 다음의 글을 참조하길 바란다. 심혜련, 『사이버스페이스 시대의 미학』, 살림, 2006, 131~142쪽.

의는 여전히 유효한 분석의 틀로 작용할 수 있다. 따라서 맥루언의 매체이론을 단지 낡은 이론 또는 체계가 없는 이론으로 평가절하해서는 안 된다. 그의 이론은 감각 이론을 중심으로 재평가될 필요가 충분히 있다.

## 6. 나가며

기술 발전으로 인하여 다양한 매체들이 등장했고, 또 계속 등장하고 있다. 사실 매체를 어떻게 규정하느냐에 달려 있는 문제기도 하지만, 넓은 의미에서 보면 모든 것들은 매체가 될 수 있다. 우리가 일반적으로 매체라고 규정하고 있는 것 외에도 말이다. 내가 만약 다른 사람에게 들은 이야기를 또 다른 누군가에게 전달한다면, 내가 곧 매체다. 또 내가 누군가의 집에 들어가기 전에 내 존재를 문 앞에서 알리기 위해 벨을 누른다면, 벨이 바로 매체가 된다. 이렇듯 모든 것들은 일정 정도의 정보를 다른 사람에게 알리는 정보 전달체, 즉 매체가 될 수 있는 것이다. 기술 발전으로 인한 새로운 매체의 등장은 우리의 지각체계에 직접 영향을 미친다. 다시 말해서 매체는 우리가 살고 있는 공간과 시간에 대한 지각방식에 늘 영향을 주고, 이 지각방식을 확장하기도 하며, 때로는 하나의 지각방식으로 축소하기도 한다. 맥루언이 매체와 감각을 연결시키고, 더 나아가 이를 인간의 확장이라는 문제에까지 연결시켰다는 점은 매우 중요하다. 특히 사이보그Cyborg를 중심으로 인간과 기계의 결합이 구체적으로 논의되며 실현되고 있는 지금, 매체 또는 기계를 통한 인간의 확장과 인간 감각의 확장 문제는 중요하다.

  잘 알려진 것처럼 사이보그는 인간과 기계의 유기체적 결합이 가져온 새로운 인간형이다. 인간이 기계와의 결합을 통하여 자신의 능력을 좀더 확장한 것이다. 이러한 사이보그는 단지 공상과학소설이나 또는 영화에서만 등장하는 것이 아니다. 우리는 이제 도처에서 사이보그를 만날 수 있다. 병 또는 미용 때문에 자신의 몸에 보철물들을 삽입한 많은 사람들도 사이보그이기 때문이다. 이제 인간과 기계의 결합은 SF에나 등장하는 먼 미래의 이야기가 아니라, 구체적인 일상에서 체험할 수 있는 것이 되었다. 물론 우리가 일상에서 만날 수 있는 사이보그들은 자신의 능력을 확장해서 마치「600만 불의 사나이」처럼 되려고 하는 경우는 아니다. 어쨌든 다양한 모습으로 등장하는 사이보그에서 주목해야 할 점은 그러한 결합을 통하여 인간의 능력을 보충하거나 확장하려 한다는 사실이다.

중요한 것은 인간과 기계의 만남이 다른 곳에서 이루어지는 것이 아니라, 바로 인간 자체가 그 만남의 장소가 되었다는 사실이다. 사회가 발전할수록 인간은 점점 더 기계 의존적인 삶을 살 수밖에 없다. 삶의 양식뿐만 아니라, 인간의 존재방식과 사유방식도 기계적인 것 또는 기술적인 것과 아주 밀접한 관계를 맺고 있다. 이러한 긴밀한 관계에서 인간은 익숙함과 편안함을 느끼는 동시에 무엇인지 모를 두려움도 갖는다. 그럼에도 불구하고 인간과 기계의 만남을 좀더 용이하게 만들고자 하는 시도들이 끊임없이 계속되고 있다. 즉 인간과 기계의 인터페이스 문제는 이제 매우 중요한 문제가 되었다. 이런 측면에서 보았을 때, 맥루언의 이론은 디지털 매체 시대에서도 충분한 의미를 갖고 있다. 폴 레빈슨Paul Levinson이 정확히 지적했듯이 현재 디지털 매체를 적극적으로 받아들이고, 이를 긍정적인 관점에서 고찰하는 많은 이론들은 맥루언의 직접적인 영향 아래 있다고 볼 수 있다.[71] 뿐만 아니라, 맥루언이 아날로그 매체들을 분석하면서 제시한 많

---

71) Paul Levinson, *Digital McLuhan: A Guide to the Information Millennium*, London: Routledge, 1999, pp. 1~17 참조.

은 전망들은 디지털 매체 시대에 들어 구체화되고 있다. 그렇기 때문에 그의 전망들은 지금의 디지털 매체를 읽는 데 여전히 유효한 지표로 작용한다고 볼 수 있다. 그렇다면 과연 디지털 매체로 인하여 인간의 능력과 지각은 어디까지 확장될 수 있을까? 그러나 우리는 여기서 다시 프로이트의 물음을 생각해 볼 수 있다. 과연 그래서 행복할까라는 물음 말이다.

# 6 | 기록매체와 정신분석
### 프리드리히 키틀러

## 1. 들어가며

무엇인가를 온전히 기억한다는 것은 매우 어려운 일이다. 기억 능력에 한계가 있기 때문에, 두뇌는 기억할 수 있는 정보량만 머리에 담아 둔다. 그뿐만 아니라, 기억하고 싶지 않은 것들은 의도적으로 기억하지 않기도 한다. 그러나 문제는 그렇다고 해서 기억되지 않는 내용들이 아무런 흔적도 없이 사라지는 것은 아니라는 점이다. 머릿속 어딘가에 저장되어 있다가, 어떤 계기가 제공되었을 때 갑자기 그 기억의 내용들이 드러나기도 한다. 사실 매체는 기억 능력과 직접 연관된다고 볼 수 있다. 문자라는 새로운 매체가 등장했을 때, 플라톤이 이 새로운 매체에 대하여 우려했던 가장 큰 이유도 바로 기억과 관계가 있다. 즉 문자의 발명 이후, 사람들은 머릿속에 '기억'하려고 노력하지 않고 문자로 '기록'하려고 할 것이며, 그 결과 사람들의 기억 능력은 퇴화할 것이 너무도 뻔하다고 걱정했던 것이다. 그렇다. 기억과 기록은 이렇게 서로 대치할 수밖에 없는 관계에 있다. 기록은 기억의 능력을 잠식하고, 그 자리를 대체할 것이다. 이러한 기록의 과정에서 중요한 역할을 담당하는 것은 과연 무엇인가? 그것은 바로 매체다. 매체가 가진 기본적인 특성은 무엇인가를 기록하고 이를 전달하는 것이기 때문이다. 인간의 두뇌에 저장되던 기억은 이제, 매체에 의해서 다양한 저장 방식으로 기록된다.

기록된 것들은 분실되거나 손상되지 않는 한, 사라지지 않는다. 또 기억하지는 못하나 두뇌 속에 저장되어 있다가 어느 날 문득 특정 계기에 반응해서 기억 작용이 발생하는 '무의식적 기억'은 이 기록된 저장고에는 없다. 그저 의식적으로 저장고에 기록된 내용들을 다시 불러올 수 있는 것이다. 그렇게 되면, 원칙적으로 정신분석학에서 핵심 문제가 되는 '무의식'이란 존재하지 않게 될 것이다. 그러나 과연 매체의 기록에는 의식적 기록만이 있을까? 우리는 그렇지 않다는 것을 너무도 잘 알고 있다. 즉 자의적으로 편집된 기록을 부정할 수 없기 때문이다. 하다 못해 아주 내밀한 속내를 드러내는 일기 또한 때로는 있지도 않은 독자를 가정하고, 의도적으로 숨기기와 드러내기를 통해 쓰기도 한다. 그러므로 기록의 객관성은 늘 의심 받을 수밖에 없다. 뿐만 아니라, 의도적으로 편집된 기록 외에도, 기록하지 않고자 했는데 우연히 기록물에 무의식적 기억의 흔적을 남길 수도 있다. 그렇기 때문에 우리는 창작 주체가 자신의 작품에 남겨 놓은 무의식적 흔적을 읽기 위해, 문학과 이미지들 그리고 영화 등을 정신분석학적 방법론을 통해 분석하기도 하는 것이다.

어쨌든 기억과 기록은 서로 불가분의 관계를 맺고 있다. 게다가 기억이나 기록 둘 다 시간적인 불가역성을 전제로 한다. 다시 말해서 둘 다 과거와 관계를 맺는다. 우리는 과거를 망각하지 않기 위해서 기억하고 기록한다. 기록이 기억을 대신하고, 또 기록을 위해 매체가 사용되는 한, 매체와 기억은 매우 긴밀한 관계를 맺게 된다. 기록(기록매체)과 기억, 그리고 의식적 기록과 그 뒷면에 존재하는 무의식적 기록(무의식)의 상관관계, 바로 이것이 프리드리히 키틀러Friedrich Kittler, 1943~2011가 특히 주목하는 매체철학적 주제다. 그러나 그의 관심사는 기술에 의해 서술된 내용이 아니라, 바로 서술하는 기술 자체다.[1] 그는 기록이 어떻게 기록매체에 의해 달라지며, 또 의식적 기억과 무의식적 기억을 대체하는지를 아날로그 매체를 중심으로 분석한다. 그가 주로 분석하는 매체는 축음기, 영화 그리고 타자기다. 이 세 개의 아날로그 매체들은 각기 기록하는 내용과 지각방식이 다르다. 축음기는 청각적 지각 내용을, 영화는 시각적 지각 내용을, 그리고 마지막으로 타자기는 사유의 내용을 기록한다. 그는 이 세 개의 기록매체들이 인간의 두뇌 대신 기억들을 저장하는 방식에 주목해서 분석한다. 뿐만 아니라, 여기서 더 나아가 이러한 기록매체들이 소리, 이미지 그리고 사유 내용을 기록함으로써 기록 내용 그 자체에도 변화를 초래한다는 점에도 주목한다. 이 모든 것들이 기록매체에서 시작되는 것이다.

나는 이 책에서 키틀러를 아날로그 매체의 마지막 장에서 다루지만, 그를 아날로그 매체만을 주로 분석한 매체철학자로 볼 수는 없다. 그는 일종의 매체고고학을 펼치고 있기 때문이다. 먼저 그는 음성언어와 문자언어를 중심으로 1800년경과 1900년경의 기록체계를 분석했으며, 그다음 아날로그 매체 시대의 기록매체에 대해 다루었다. 게다가 그는 각기 다른 기록매체들이 소리와 이미지 그리고 사유를 개별적으로 기록하는 아날로그 매체 시대의 방식들이 디지털 매체 시대에 와서는 큰 변화를 겪게 됨을 보

---

[1] 이런 측면에서 그는 '기술 결정주의'(Technodeterminismus)에 속한다고 볼 수도 있다. Geoffrey Winthrop-Young, *Friedrich Kittler zur Einführung*, Hamburg: Junius, 2006, S. 17 참조.

았고, 또 이를 분석했다. 예컨대 디지털 매체 시대의 대표적 기록매체인 컴퓨터는 축음기처럼 소리를, 영화처럼 이미지를, 그리고 타자기처럼 사유의 내용을 기록한다. 컴퓨터를 중심으로 이루어지는 이러한 매체융합이 바로 그의 매체이론의 핵심이다. 그는 이 핵심에 도달하기 위해서 음성언어에서 문자언어, 그리고 아날로그 매체들에 이르기까지 차례로 분석하고 있는 것이다. 그러나 이 글에서는 이 모든 것들을 다루기보다는 디지털 매체 등장 이전의 지배적인 기록매체들인 문자와 아날로그 매체를 중심으로 한 그의 논의를 살펴볼 것이다. 특히 그가 어떻게 기록매체와 기억을 분석했으며, 또 어떻게 무의식을 대상으로 하는 정신분석학적 담론을 기록매체와 연결시키고 있는지 살펴볼 것이다.

## 2. 1800년경의 기록체계: 문자를 중심으로

키틀러가 매체를 분석하는 데 중심이 되는 것은 기록 양식이다. 매체들이야말로 그 시대의 기록체계를 규정하기 때문이다.[2] 따라서 그는 축음기, 영화 그리고 타자기를 대표적인 1900년경의 기록매체로 보고, 이러한 기록매체들이 어떻게 기존의 기록체계를 해체시키는가를 분석한다. 그가 해체되는 기록체계들로 설정한 것은 바로 1800년경의 기록체계인데, 이 시대의 지배적인 기록매체는 바로 문자다. 따라서 1900년경의 기록매체들과 그것을 중심으로 한 기록체계들을 분석하기에 앞서, 그가 분석한 1800년경의 기록체계에 대해 살펴볼 필요가 있다. 그는 『기록체계들 1800·1900』 *Aufschreibesysteme 1800·1900*에서 1800년경의 기록체계들과 1900년경의 기록

---

2) Friedrich Kittler, *Grammophon, Film, Typewriter*, Berlin: Brinkmann & Bose, 1986, S. 3.

체계들을 분류해서 분석하고 있다. 그가 분석하는 구체적인 기록체계들을 살펴보기 이전에 먼저 주목해야 하는 것은 바로 '기록한다'는 것의 의미다. 그가 독일에서 대표적이면서 동시에 매우 논쟁적인 매체철학자가 될 수 있었던 이유 중의 하나가 바로 기록에 대한 그의 관점 때문이다.[3] 그에게 중요한 것은 문자$^{Schrift}$가 아니라, 바로 기록$^{Aufschreibe}$이다. 이는 마치 맥루언이 자신의 매체이론을 전개할 때, 매체 내용이 아니라 매체 형식을 중심으로 분석해야 한다고 주장하면서 매체 연구의 패러다임을 전환한 것과 유사하다고 볼 수 있다. 맥루언이 매체 내용이 아니라 매체 형식을 강조했다면, 키틀러는 문자가 아니라 기록, 즉 기록된 내용이 아니라 기록 방식과 기록매체들에 대해 주목하면서, 자신의 매체이론을 전개한다.

키틀러에게 중요한 것은 텍스트가 아니라, 바로 '텍스트의 기술성'$^{die}$ Technizität des Textes이다.[4] 이는 텍스트의 내용이나 형식이 아니라, 그것을 기록하는 기술 그 자체를 의미한다. 매체이론가이자 문학이론가이기도 한 그는 바로 이러한 텍스트의 기술성을 중심으로 문학을 매체이론적 관점에서 분석한다. 이러한 그의 분석 방법은 문학이론에서 매우 낯선 접근방식이다.[5] 이제 그는 문학이 아니라 텍스트 그 자체를, 그리고 텍스트의 내용이 아니라 이를 기록하는 기록매체의 양식들을 중심으로 문학이론이 아닌, 매체이론을 전개하고 있는 것이다.[6] 그에게 문학적 텍스트는 정보들을

---

3) 디터 메르시, 『매체이론』, 문화학연구회 옮김, 연세대학교 출판부, 2007, 202쪽.
4) Daniela Kloock und Angela Spahr, Medientheorien Eine Einführung, München: Fink, 2000, S. 165.
5) ibid., S. 165.
6) 이러한 그의 작업을 디터 메르시는 일종의 정신의 추방인 엑소시즘으로 정리하고 있다. 즉 메르시에 따르면 키틀러는 텍스트의 내용이 아니라, 기록체계들의 분석을 통해서 고전적인 휴머니즘에서 이야기하는 정신과 합리성을 추방하려고 했다는 것이다. 메르시는 더 나아가 이러한 키틀러의 시도가 "맑스주의적 유물론을 물질주의적 매체론으로 전환시키는 것이며, 상부구조

모아 둔 것을 의미한다.[7] 그는 문학을 구현하는 정신Geist이 아니라, 기록하는 매체를 중심으로 한 매체이론을 전개함으로써 정신과 작별한다.[8] 그러나 키틀러가 단지 기록매체들만을 분석하려 했다고 생각하면 이는 오해다. 그가 정신을 포함한 모든 것을 배제한 채 단지 기록매체들만 분석하려고 한 것은 아니다. 오히려 그는 모든 것이 기록매체들에 달려 있기 때문에, 이를 분석하면 된다고 본 것이다. 이런 의미에서 그는 일종의 '매체 유물론자'임이 확실하다. 그에게 기록매체들은 그 시대의 지배적인 기록매체들로서의 의미를 넘어선다. 기록매체들은 그 시대의 지배적인 '기록체계'들을 구성한다. 이 기록체계들이란 단순히 기록체계만을 의미하는 것이 아니라, 그 시대의 담론 또한 구성한다.[9] 즉 제도, 가족, 대학 또는 학문이 기록체계와 연결되어 있다는 것이다.[10]

키틀러는 이렇게 포괄적인 의미에서 기록체계의 의미를 규정한 후,

---

를 경제학적으로 설명하는 대신에 기술적 연산자들로부터 이끌어 낸다. 그에 따라 문화는 수학적이고 과학적으로 해석"된다고 주장한다. 이에 관해서는 다음을 참조하길 바란다. 메르시, 『매체이론』, 202~205쪽.
7) Kloock und Spahr, *Medientheorien Eine Einführung*, S. 168.
8) Winthrop-Young, *Friedrich Kittler zur Einführung*, S. 9.
9) 박영욱, 『매체, 매체예술 그리고 철학』, 향연, 2008, 150~151쪽 참조. 이 글에서 박영욱은 키틀러의 기록체계들이 의미하는 것이 단순히 기록매체들의 총합이 아니라, 푸코식의 담론 개념과 매우 흡사하다고 지적하고 있다. 그러나 그는 키틀러의 영문 번역자인 데이비드 웰베리(David Wellbery)가 *Aufschreibesysteme 1800 · 1900*를 'Discourse Networks 1800 · 1900'로 번역한 것은 문제가 있다고 지적한다. 즉 푸코적 의미의 담론 개념과 흡사한 점은 있지만, 기록체계를 단순히 담론으로 번역하는 것은 키틀러가 말하고자 하는 '기록'이라는 의미를 희석시킬 수 있다는 것이다(박영욱, 「문자학에 대한 매체철학적 고찰: 데리다의 음성중심주의 비판과 키틀러의 매체 분석을 중심으로」, 『범한 철학』 제54집, 범한철학회, 2009, 380쪽 참조). 나 또한 키틀러의 기록체계를 담론체계라고 일방적으로 번역하는 것에는 문제가 있다고 생각한다. 그에게 무엇보다도 중요한 것은 '기록'에 바탕을 둔 '담론'이기 때문이다. 담론체계로 번역될 경우, 담론이라는 거대 개념 아래에 '기록'이라는 텍스트의 기술성과 매체성이 간과될 위험이 있을 수 있다.
10) Kloock und Spahr, *Medientheorien Eine Einführung*, S. 169.

1800년경의 기록체계들에 대한 분석을 시작한다. 잘 알려진 것처럼 1800년경은 한마디로 말해서 문학의 황금기라고 할 수 있는 시대다. 따라서 이 시대의 대표적인 기록체계들을 분석하기 위해서는 당연히 문자를 중심으로 시작해야 할 것이다. 그러나 이러한 일반적인 예상과는 달리 1800년경의 기록체계들에 대한 키틀러의 분석은 어머니, 즉 여성에서 출발한다. 그런데 이때 키틀러가 언급하는 여성이 매우 모호하다. 부정관사가 붙은 불특정한 여성이 아니라, 대문자 정관사가 붙어 있는 여성이다. 게다가 이 대문자 여성은 정관사가 붙어 있기는 하지만, 그 정관사 가운데 빗금$^{Die\ Frau}$이 쳐 있다. 그는 이러한 여성을 1800년경 기록체계의 핵심이라고 주장하면서, 다음과 같이 말한다. "1800년경 기록체계의 본성은 여성이다."[11]

일상적으로 정관사를 대문자로 표시하는 경우는 극히 예외다. 하나의 지배적인 개념과 그것을 의미하는 상징체계가 있을 때, 보통 이러한 방식을 사용한다. 신$^{God}$, 예술$^{Art}$ 등의 경우가 바로 그렇다. 이러한 이상한 여성 표기는 그의 독창적인 시도는 아니다. 정관사 가운데 빗금이 쳐 있는 여성이란 개념은 그가 밝혔듯이 라캉의 이론에서 가지고 온 것이다.[12] 라캉에 따르면, 대문자 정관사가 붙은 '그 여성'이 쓰일 수 있는 경우는 반드시

---

11) Friedrich Kittler, *Aufschreibesysteme 1800 · 1900*, München: Fink, 1995, S. 35.
12) 키틀러는 자신의 매체이론의 방법론으로서 라캉, 푸코, 맑스 유물론 그리고 하이데거 등의 여러 이론들을 사용한다. 특히 그는 라캉의 개념들을 1800년경 여성의 역할을 설명하는 부분이나, 1900년경 기록매체들을 설명하는 가운데 축음기를 실재계, 영화를 상상계 그리고 문자를 상징계로 설명하는 부분에서 사용한다. 그러나 라캉의 이론들을 자신의 글 속에서 정확히 분석하지는 않는다. 그 외에 다른 이론들도 마찬가지다. 그러므로 바로 이러한 부분들 때문에, 즉 그가 임의적으로 구성한 방법론이 과연 타당한가라는 문제와 관련해서 비판을 받기도 한다. 이와 관련해서는 다음의 문헌들을 참조하길 바란다. 메르시, 『매체이론』, 207~209쪽; Winthrop-Young, *Friedrich Kittler zur Einführung*, S. 13~15; 박영욱, 『매체, 매체예술 그리고 철학』, 163쪽.

'그'에 빗금이 쳐진 상태일 때다. 왜냐하면 대문자 정관사가 의미하는 것은 보편성인데 여성은 이러한 보편성을 결여한 존재이기 때문이다.[13] 따라서 '그 여성'이 의미하는 바는 보편성을 가진 단일한 존재로 존재하지 못하며, 분열된 복수로 존재하는 여성이다. 뿐만 아니라, 여성은 남성과 비교했을 때, 결여된 존재다. 여성은 남근을 가지고 있지 않기 때문에, 남근을 가진 남성, 즉 완전한 존재자인 남성들이 정신의 영역에서 수행하는 쓰기를 수행할 수 없는 것이다.[14]

키틀러가 주목하는 것은 라캉적 의미에서의 여성 존재 자체와 그 여성의 욕망이 아니라, 그 여성이 '쓰기 영역'에서 수행하는 기능이다. 즉 그가 주목한 것은 쓰기를 할 수 없는 여성이 쓰기의 주체가 되는 남성의 교육을 담당한다는 사실이다. 교육을 담당하는 어머니는 흥미롭게도 문학의 황금기라고 할 수 있는 1800년경에 본격적으로 등장한다.[15] 이 어머니로서의 여성은 당시 쓰기 기능을 담당할 수 없었다. 이 여성은 단지 '어머니의 입'을 통해 가정에서 교육의 기능을 담당함으로써 간접적으로 쓰기에 관여할 뿐이었다.[16] 왜 어머니의 입일까? 잘 알려진 것처럼, 1800년경은 문학이 중심이 된 시대였다. 문학에서는 근본적으로 문자가 핵심적인 기록매체로 작용한다. 그런데 왜 키틀러는 문자가 아니라, 구어, 특히 어머니의 입에서 출발했을까?

앞에서도 이야기했듯이 키틀러가 관심을 갖는 것은 문자로 기록된 내

---

13) 자크 라캉, 「신, 그리고 그 여성의 희열」, 권택영 엮음, 『자크 라캉: 욕망 이론』, 민승기·이미선·권택영 옮김, 문예출판사, 1994, 282쪽 참조(Jacques Lacan, "God and the Jouissance of The Woman", 1973).
14) Kittler, *Aufschreibesysteme 1800 · 1900*, S. 35.
15) ibid., S. 36.
16) ibid., S. 35.

용이 아니다. 오히려 그의 관심사는 어떻게 문자로 기록되고 어떻게 문자 체계가 성립되었는가이다. 즉 문자의 기록체계의 근원을 추구하는 것이다. 따라서 그는 문자 이전의 '구어성'이 어떻게 문자라는 기록체계로 정착했는지, 그 과정에 관심을 갖는다. 이 과정에서 그는 1800년경의 가정에서 교육을 담당하던 어머니의 역할에 관심을 갖게 된다. 1800년경 대부분의 가정교육은 어머니의 입을 통해 수행되었다. 그러므로 그 당시 교육용 책도 대부분 어린아이가 직접 책을 읽기보다는 어머니가 읽어 주는 교육 방식에 초점을 둔 것들이었다.[17] 어머니는 아이들이 책을 읽기 전에 구어로 책의 내용을 전달한다. 어머니의 입이 매체가 되어서 기록체계들의 내용을 전달하는 것이다. 따라서 어머니의 입을 통해 교육을 받고 책을 읽은 독자들은 그저 텍스트를 읽는 것은 아니다. 어머니의 입, 즉 텍스트 뒤에 숨겨진 어머니의 목소리를 들었던 것이다.[18] 그렇기 때문에 키틀러는 결국 어머니의 입, 즉 구어적인 전달 방식이 유럽의 문자혁명을 일으켰다고 본다.[19]

그러나 여기서 또 다른 중요한 점은 어머니는 단지 책을 읽어 주는 존재이지 책의 저자는 아니라는 것이다. 그 당시 여성들은 책의 저자가 될 수 없었다. 보편성을 결여한 여성이 '쓰기'를 통해 보편적 정신을 구현할 수는 없었기 때문이다. 따라서 책을 쓰는 주체는 남성일 뿐이다. 책을 읽어 주는 여성과 책을 쓰고 교육을 받은 남성들이 분리되어 존재했다.[20] 즉, 남성은 공적인 영역에서 책을 쓰는 주체가 될 수 있었던 반면, 여성은 사적 영

---

17) 이에 대한 자세한 언급은 다음을 참조하길 바란다. Kittler, *Aufschreibesysteme 1800 · 1900*, S. 37~42.
18) Kloock und Spahr, *Medientheorien Eine Einführung*, S. 174.
19) Kittler, *Aufschreibesysteme 1800 · 1900*, S. 43.
20) Winthrop-Young, *Friedrich Kittler zur Einführung*, S. 51.

역에서 단지 책을 읽어 주는 어머니로서 존재할 수밖에 없었다. 그러나 어머니의 역할은 책을 읽어 주는 데서 그치지 않는다. 책을 읽어 주던 어머니는 그것을 듣던 남자 아이들에게 일종의 정신적 뮤즈가 된다. 또 그 남자 아이들은 어머니 대신 나중에 기록을 남긴다. 그래서 키틀러는 1800년경 모든 기록체계의 핵심은 '어머니', 특히 어머니의 입이라고 주장함과 동시에, "어머니는 자연$^{Natur}$과 이상$^{Ideal}$으로서 1800년경의 기록체계를 이끈다"고 주장한다.[21] 어머니, 즉 여성은 기록체계에서 스스로 기록하는 주체가 될 수는 없었지만, 거기서 결정적인 역할을 한다. 여성의 입을 통해 교육을 받은 자들이 노래하는 자연과 사랑은 결국 여성적 근원을 갖는다. 그렇기 때문에 키틀러는 "1800년경 기록체계에서 자연, 사랑 그리고 여성은 동의어"이며, "이들은 담론의 근원을 생산한다"고 보았다.[22] 그래서 그는 문자 정신의 대명사이자, 1800년경의 기록체계에서 대표자라고 할 수 있는 괴테의 『파우스트』에서 구원자인 그레첸이 여성이라는 사실에 주목했다. 그리고 『파우스트』에서 구현하고자 하는 정신을 '모성적인 정신' 그 자체인 것으로 보았다.[23] 어머니, 즉 여성의 입은 이렇게 1800년경의 기록체계의 출발이며, 정신으로서의 완성이 된다.[24]

    이렇게 완성된 1800년경의 기록체계는 1900년경이 되면서 붕괴하기 시작한다. 붕괴에 결정적으로 작용하는 것은 바로 기술매체들의 등장이다. 이 기술매체들의 등장을 기점으로 해서 1800년경에 지배적인 역할을 담

---

21) Kittler, *Aufschreibesysteme 1800 · 1900*, S. 68.
22) ibid., S. 93.
23) ibid., S. 36.
24) ibid., S. 68~74 참조. 여기서 키틀러는 이러한 어머니의 입을 통한 교육이 단지 가정 내의 사적 교육에만 머무르지 않고, 결국 공적 사회와 직접적으로 연결되고 있음을 밝히고 있다.

당했던 텍스트, 그리고 그 텍스트의 세계를 구성했던 정신과 영혼은 추방된다. 이 기술매체들의 시대인 1900년경을 의미하는 상징적 인물은 바로 니체다. 키틀러는 1800년경의 기록체계의 정신, 즉 낭만주의와 고전주의가 니체에 이르러 비로소 청산되었다고 보았다.[25] 이 니체적 청산은 바로 1900년경의 기록체계와 연결된다. 잘 알려진 것처럼, 니체는 타자기가 등장한 후 타자기로 글을 썼으며, 또 타자기로 글을 쓴다는 것에 대해 고민했다. 타자기로 글을 쓸 때 이 기록매체가 자신의 사고에 개입하고 있음을 일찍이 알아차렸던 것이다. 그러나 단지 글을 쓸 때 타자기를 사용했기 때문에 그가 1900년경 기록체계의 상징적 인물이 된 것만은 아니다. 이와 더불어 새로운 형태의 글쓰기를 시도했기 때문에 니체는 바로 이 시대의 상징적 인물이 될 수 있었다.

이와 관련해서 키틀러는 니체의 글쓰기 방식과 초현실주의자인 스테판 말라르메Stephane Mallarmé의 글쓰기 방식에 주목한다. 키틀러에 따르면, 말라르메는 시인의 방식이 아니라 낱말을 조합하는 자의 입장에서, 시가 아니라 일종의 '단어-예술'Wort-Kunst을 구상했다.[26] 시인과 시는 1800년경을 대표하는 문학체계다. 그런데 이러한 문학이 1900년경에 들어 붕괴되기 시작했다. 시가 정신의 구현이 아니라, 단어들의 조합에 불과한 것으로 간주되면서 말이다. 키틀러는 니체의 글쓰기 방식과 텍스트들도 말라르메의 그것과 매우 유사하다고 보았다. 니체의 텍스트는 기존의 철학적 텍스트처럼 완전한 체계를 이루면서 서술되는 것이 아니라 일종의 잠언록 같은 형식으로 하나의 파편적 글쓰기라는 방식을 따르고 있기 때문이다. 이

---

25) Kittler, *Aufschreibesysteme 1800 · 1900*, S. 224.
26) ibid., S. 232~233.

러한 파편적 글쓰기에서는 온전한 하나의 텍스트를 구성하고 서술하는 개인적 주체 또한 영향력이 현격하게 줄어든다.[27] 바로 이 지점에서 키틀러는 저자로서의 개인 또한 소멸되기 시작했다고 보았다.[28] 더 나아가 그는 저자가 소멸된 그 자리에 대신 들어선 것은 저자가 강조된, 즉 개인이 강조된 글쓰기가 아니라, 일종의 '자동적 글쓰기'라고 한다.[29] 이러한 글쓰기는 기록매체, 즉 타자기의 등장 이후 시작된 것이다. 니체가 청산한 1800년경의 기록체계는 1900년경의 기록체계의 분석을 통해서 좀더 명확해질 것이다.[30] 그런데 키틀러는 1900년경의 기록체계들을 분석할 때, 단지 니체를 중심으로 타자기라는 기록매체와 글쓰기만을 분석하지는 않는다. 오히려 축음기와 영화도 타자기만큼 중요한 기록매체로 분석한다. 그 이유는 1900년경의 기록체계는 단지 문자체계의 청산이 아니라, 다른 기록체계와도 긴밀하게 관련을 맺기 때문이다. 문자 때문에 기록매체로서 자리를 잃은 소리와 이미지도 새로운 기록매체의 등장으로 인하여 다르게 평가될 가능성이 열린 것이다. 따라서 1800년경의 기록체계의 청산은 1900년경의 기록체계들, 즉 축음기, 영화 그리고 타자기와 더불어 시작된다.

## 3. 1900년경의 기록체계 1: 축음기와 실재계

키틀러는 기록매체들과 기록체계들을 중심으로 1800년경의 문학과 문학을 이루는 정신세계를 분석했다. 이때 핵심은 앞서 강조했듯이, 기록이다.

---

27) ibid., S. 228.
28) ibid., S. 229.
29) ibid., S. 230.
30) 이와 관련된 논의는 이 글의 마지막 절인 '타자기와 상징계'에서 좀더 분석할 것이다.

이러한 그의 관점은 1900년경 아날로그 매체들을 분석할 때도 여전히 유지된다. 1900년경의 기록매체들에 대한 키틀러의 다양한 분석은 그의 저서 『축음기, 영화, 타자기』*Grammophon, Film, Typewriter*에서 진행된다. 그의 이전 저서인 『기록체계들 1800·1900』에서는 주로 글쓰기를 중심으로 기록매체들과 체계들을 분석했다면, 『축음기, 영화, 타자기』에서는 제목 그대로 1900년경의 다양한 아날로그 매체들을 중심으로 기록매체들이 어떻게 작용하고, 또 그 매체들을 중심으로 어떻게 기록체계가 형성되며, 각각의 아날로그 매체들이 기록하는 것이 무엇인가에 대해 본격적으로 논의하고 있다. 이 책에서 그는 가장 먼저 축음기를 분석하고 그다음 영화와 타자기에 대해 분석하는데, 이것이 의미하는 바는 명확하다. 타자기뿐 아니라 소리와 이미지를 기록하는 매체들의 등장이 1800년경의 문자를 중심으로 한 기록체계를 해체시켰기 때문이다. 이렇게 보았을 때, 소리와 이미지가 문자와 비교하여 결코 이차적인 것으로 취급될 수 없다. 즉 문자가 가지고 있는 독점적인 기록체계의 붕괴가 1900년경에 발생한 것이다.[31] 이제 기록하는 것은 문자만이 아니다.

그렇다면 축음기란 무엇인가? 한마디로 말해서, 소리를 저장·기록하고 재생하는 기록매체다. 소리를 저장한다는 것은 과연 무엇을 의미하는가? 소리가 저장됨으로써 어떤 일들이 발생하는가? 바로 이것이 키틀러의 축음기에 대한 분석의 전제다. 축음기가 기록하는 것은 소리다. 그런데 이 소리란 기본적으로 사라지는 것이다.[32] 우리가 축음기 하면, 가장 먼저 떠올리는 기능은 바로 음악을 기록하고 재생한다는 것이다. 그러나 축음기는 음악뿐만 아니라, 소리 전반을 기록하고 재생한다. 기본적으로 '기록'이

---

31) Kittler, *Grammophon, Film, Typewriter*, S. 29.

라는 특징을 갖고 있다. 에디슨이 축음기를 발명하고 그 사용법을 설명한 내용을 보더라도, 음악을 기록하고 재생하는 기능은 오히려 축음기가 가진 일부 기능이었을 뿐이다. 그 또한 축음기 사용법에서 오히려 쓰기와 기록 수단으로서의 축음기의 기능을 강조하고 있다.[33] 축음기가 갖는 핵심적인 기능은 음악이 아니라 소리의 기록과 재생이다. 이는 키틀러가 『축음기, 영화, 타자기』에서 소개하고 있는 마리 장 귀요 Marie Jean Guyau의 글 「기억과 축음기」 Gedächtnis und Phonograph에서도 잘 드러난다. 이 글에서 귀요는 축음기와 인간 뇌의 기능을 비교하면서, 이 둘이 갖는 유사성, 즉 무엇인가를 기록하고 이를 저장하는 기능에 대해 언급한다. 특히 귀요가 주목하는 것은 이 기능이 작동하는 방식이다. 그가 볼 때, 뇌나 축음기는 기록하기 위해 홈을 파며, 또 기록된 것을 재생할 때도 이 홈에 파인 흔적을 자극하면 이에 반응해서 기록된 것들을 불러내는 것이다.[34] 따라서 그에게 축음기가 가지고 있는 놀라운 능력은 바로 기억을 대체할 수 있는 기록을 남긴다는 것이다.[35] 뇌에 저장된 기억과 축음기에 저장된 기록은 동일한 구조를 갖는다고 볼 수 있다. 그렇다면 소리를 기록함으로써 기억매체로 작용하는 축음기의 등장은 과연 무엇을 의미하는가?

키틀러는 이를 라캉의 정신분석학적 개념들을 가지고 와서 설명한다. 그는 라캉이 실재계, 상상계 그리고 상징계를 구분한 틀을 가지고 아날로그 매체들을 분석하는데, 이러한 방법론적 구별이 매체적 구별에도 유

---

32) 요시미 순야, 『소리의 자본주의: 전화, 라디오, 축음기의 사회사』, 송태욱 옮김, 이매진, 2005, 27쪽.
33) 같은 책, 104~105쪽.
34) Kittler, *Grammophon, Film, Typewriter*, S. 50.
35) ibid., S. 51.

용하게 쓰일 수 있다고 주장한다.[36] 이러한 이론적 전제 아래 그는 축음기가 소리를 기록한다는 것의 의미를 무의식과 연결해서 설명한다. 먼저 그는 축음기와 라캉의 실재계를 연결한다. 라캉에게 실재$^{le\ réel}$란, 상상계의 거울이 보여 주지 못하고, 또 상징계의 틀이 이를 잡아낼 수 없는 나머지 나 찌꺼기다.[37] 즉, "사유의 그물에 잡히지는 않지만 의식 외부에 실제적으로 존재하는, 결코 부정될 수 없는 존재의 질서"다.[38] 그리고 라캉에 따르면, 우리는 이 의식 외부에 존재하지만 파악될 수 없는 것과 어떤 식으로든 만나게 되어 있다. 상상계와 상징계의 세계, 즉 기호들의 세계가 인간이 가지고 있는 쾌락원칙 아래 놓여 있다면, 실재계는 그 아래가 아니라 바로 그 너머에 존재하는 세계인 것이다.[39] 키틀러는 이러한 라캉의 실재계를 바로 축음기와 연결해 설명한다.

잘 알려진 것처럼, 정신분석학은 인간의 의식뿐만 아니라, 무의식의 존재를 인정하는 것에서 출발한다. 프로이트 이전에 그 존재를 인정받을 수 없었던 무의식이 정신분석학에 의해서 비로소 존재의 자리를 찾은 것이다. 그렇다면 과연 무의식이란 무엇인가? 무의식은 의식의 그늘에서 벗어나 저 너머에 존재하는 것을 의미한다. 이렇게 존재하지만 존재하지 않는 듯하게 있는 무의식은 갑자기 그 모습을 드러낸다. 전혀 예기치 않은 시간과 장소에서, 또 전혀 상관이 없다고 생각되는 계기들에 의해서 말이다. 이것이 바로 프로이트식으로 이야기하면 '무의식과의 만남'이며, 라캉식

---

36) Kittler, *Grammophon, Film, Typewriter*, S. 28.
37) ibid., S. 28.
38) 홍준기, 『라캉과 현대 철학』, 문학과지성사, 2002, 208쪽.
39) 자크 라캉, 『세미나 11, 정신분석의 네 가지 근본 개념』, 맹정현·이수련 옮김, 새물결, 2008, 88쪽(Jacques Lacan, *Le Séminaire, Les quatre concepts fondamentaux de la psychanalyse*, Paris: Editions du Seuil, 1973).

으로 이야기하면 억압된 '실재와의 만남'인 것이다. 그러나 정신분석학은 이미 이러한 무의식의 존재를 인정했기 때문에 때로는 의도적으로 이 무의식이 지배하는 실재계를 불러내기도 한다. 저 너머에 존재하는 무의식을 대화를 통해 불러내는 것이다. 환자가 정신분석의를 찾아와 아무런 맥락 없이 이런 저런 이야기를 스스로 하게 만들며, 이 이야기 속에서 환자는 자신의 무의식과 만나게 된다.

여기서 키틀러가 주목하는 것은 바로 '존재하지만, 존재하지 않는 듯 존재하는 것으로서의 실재'와의 '우연한 만남'이다. 키틀러는 라캉이 이야기하는 이러한 실재를 소리와 소음에 비유한다. 우선 소리는 존재감이 뚜렷하다. 그리고 소리는 마치 의식처럼 존재 세계에서 그 모습을 당당하게 드러낸다. 존재 세계에는 소리와 마찬가지로 소음도 존재한다. 그런데 소음은 소리와 달리 그 존재를 부정당함으로써 존재한다. 소음이라는 말이 내포하는 의미 자체가 그렇다. 소리 이외의 것들은 잡음과 소음에 불과하다. 마치 잡초들이 각각의 다른 이름을 가지고 존재함에도 불구하고 잡초라는 대명사로 불리는 것과 같다고 할 수 있다. 어쨌든 이러한 소음의 세계는 축음기가 등장하고 난 후 그 존재감을 드러내게 된다. 정신분석학이 등장하고 난 후 무의식을 중심으로 한 실재계가 그 존재감을 드러낸 것처럼 말이다.

모든 존재는 일회적이다. 또 일회적인 존재가 체험한 경험의 내용 또한 일회적이다. 사진은 이 일회적인 순간과 찰나들을 고정하려 했다. 이미지는 사진 이전에도 그림이라는 형태로 보존되어 왔다. 그렇다면 사라지는 소리는 그동안 어떻게 보존되어 왔고, 또 어떻게 보존하려고 했을까? 단지 구전으로? 그렇지 않다. 이 사라지는 소리를 기록하기 위한 노력은 축음기라는 기록매체 이전에도 있었다. 대표적인 것이 바로 악보체계다. 그런데 악보는 말 그대로 음을 종이 위에 기입한 것이다. 그렇기 때문에 이 악보라는 방식은 일종의 소리를 문자로 기록하는 방식이었다고 볼 수 있다.[40] '악보를 읽는다'라는 말은 바로 문자적 수용방식에서 나온 표현인 것이다. 또 이때 악보로 기록되는 것은 선별된 소리다. 소음을 악보로 기록하지는 않는다. 이렇듯 소리는 악보로 기록됨으로써 의식세계의 차원으로 들어갈 수 있지만, 소음은 기록되지 않은 채, 매번 사라짐을 반복한다. 선별된 소리를 문자적 형태로 기록하는 방식은 1800년경의 기록체계의 특성을 보여 준다.

그러나 축음기는 다르다. 축음기는 기본적으로 소리와 소음을 구별하지 않는다. 아니 구별하지 못한다. 축음기에게는 음이나 소리나, 둘 다 물리적 파동을 의미하는 주파수인 것이다. 소리를 기록하는 축음기는 소리와 소음을 동등하게 취급하면서, 이를 같은 방식으로 홈을 파서 기록한다. 이 홈은 소리 이전의 소리, 즉 소음까지 기록함으로써 실재의 흔적으로 작용한다. 정신분석학에서 이야기하는 무의식은 이렇게 축음기에 의해 기록되고, 또 재생될 수 있게 되었다. 이렇게 되면, 정신분석의가 환자와의 대화, 또는 환자 스스로 말하기라는 방식을 통해 무의식을 드러내게 하는 방법은 축음기로 대체될 수 있는 것이다. 결국 정신분석학에서 이야기하는 실재계는 축음기에 연결시킬 수 있다.[41] 이는 마치 1800년경의 문자체계들이 타자기의 등장 이후 체계 변화를 겪는 것과 같다. 무의식이라는 정신의 또 다른 측면 또한 축음기라는 기록매체들에 의해 대체될 수 있음으로써 또 다른 의미에서의 정신의 추방이 일어난다.

---

40) Kittler, *Grammophon, Film, Typewriter*, S. 40~46 참조.
41) ibid., S. 29.

## 4. 1900년경의 기록체계 2: 영화와 상상계

축음기가 소리와 소음을 구별하지 않은 채, 이 둘 모두를 기록하고 재생함으로써 실재계의 영역에 들어섰다면, 영화는 라캉이 이야기하는 상상계와 깊은 관련을 맺는다. 영화와 상상계, 이는 둘 다 이미지를 전제로 한다. 키틀러는 라캉이 상상계를 설명한 부분을 인용하면서, 영화와 상상계를 연결한다.[42] 라캉은 상상계를 어린아이가 거울을 보면서, 거울에 비추어진 자신의 이미지와 자신을 동일시하는 단계라고 설명한다.[43] 여기서 핵심은 거울과 거울에 비추어진 이미지다. 거울은 대상, 즉 어린아이를 이미지로 투사한다. 그리고 그 어린아이는 주체로서 거울에 투사된 이미지를 본다. 거울이미지가 의미하는 것은 바로 주체가 시각세계로 들어섰다는 것이다. 그런데 라캉에 따르면, 이 거울이미지 단계에서 거울이미지와 자신을 동일시하는 것은 일종의 환상이다.[44] 거울이미지는 이미지일 뿐이지, 대상 그 자체가 아니기 때문이다. 그러나 유아기 단계에 있는 어린아이는 이러한 구분을 하지 못한다. 거울이미지와 자기 자신, 더 나아가 환상 또는 이미지와 현실을 구별하지 못하는 것이다. 라캉은 바로 여기서 주체의 정신세계와 주변세계의 관계를 보았다. 그는 거울이미지 단계에서 이미지가 기능하는 바에 주목했다. 이 이미지는 주체의 정신세계와 주변세계 간에 존재하는 일종의 관계다.[45] 그런데 주체의 정신세계와 현실인 주변세계 사이

---

42) ibid., S. 29.
43) ibid., S. 28.
44) 자크 라캉, 「정신분석 경험에서 드러난 주체 기능 형성 모형으로서의 거울 단계」, 권택영 엮음, 『자크 라캉: 욕망 이론』, 민승기·이미선·권택영 옮김, 문예출판사, 1994, 40~44쪽 참조 (Jacques Lacan, "Le stade du miroir comme formateur de la fonction du Je telle qu'elle nous est révélée dans l'expérience psychanalytique", 1966).

에는 일종의 틈이 존재한다. 그런데 이 틈을 중개할 수 있는 주체가 상상계에서는 존재하지 않는다. 그렇기 때문에 라캉은 상상계에서의 주체가 파편화된 신체로서 분열된 자아로 존재한다고 말하는 것이다.

키틀러는 바로 이러한 상상계의 메커니즘이 영화에 그대로 적용된다고 보았다.[46] 사실 축음기도 영화도 둘 다 기술적인 기록매체다. 그런데 왜 축음기는 실재와 연결되고, 영화는 실재가 아니라 상상계와 연결되는가? 키틀러는 이를 초기 영화가 갖는 기술적 한계와 영화의 근본적인 특징에서 찾았다. 영화는 물리적인 파동 그 자체를 기록하기보다는 오히려 화학적인 효과를 통해 이미지를 네거티브 필름 위에 저장하는 방식으로 기록한다. 이러한 방법으로는 실시간 발생하는 시각신호 과정을 온전히 기록할 수 없다.[47] 에드워드 머이브리지Edward Muybridge의 시리즈 사진에서 잘 드러나는 것처럼, 실시간의 운동은 분절된 채 하나의 장면 장면이 기록될 수밖에 없었다.[48] 이러한 순간의 운동을 포착하는 사진들은 축음기처럼 실재를 그대로 기록하는 것이 아니라, 실시간을 분절하는 방식으로 기록한다.[49] 여기서 더 나아가 영화는 이러한 사진보다 더 섬세하게 현실을 분절한다. 즉 1초당 24개의 장면으로 분절하여 현실세계를 기록한다. 아무리 섬세하게 분절해서 분절되었다는 사실을 느낄 수 없다 하더라도, 이 분절의 과정에서는 필연적으로 틈이 존재할 수밖에 없다. 뿐만 아니라, 영화

---

45) 라캉, 「정신분석 경험에서 드러난 주체 기능 형성 모형으로서의 거울 단계」, 43쪽.
46) 키틀러가 상상계와 관련해서 분석하는 영화는 영화 전반이 아니라, 초기 무성영화다. 그 후 영화에 대한 분석은 그가 시각매체를 본격적으로 다룬 다음의 저서에서 계속된다. Kittler, *Optische Medien: Berliner Vorlesung 1999*, Berlin: Merve, 2002 참조.
47) Kittler, *Grammophon, Film, Typewriter*, S. 182.
48) ibid., S. 178~179; Kittler, *Optische Medien: Berliner Vorlesung 1990*, S. 210~218 참조.
49) Kittler, *Grammophon, Film, Typewriter*, S. 194.

는 기본적으로 편집을 전제로 한다.[50] 영화는 편집과정에서 자르기와 붙이기를 통해 완성된다.[51] 즉 영화에서 실재는 분쇄되고 절단된다. 이렇게 분쇄되고 절단된 실재는 상상계로 흘러 들어가 융해된다.[52] 그리고 몽타주와 고속도 및 저속도 촬영 등을 통해 영화는 관객에게 환영을 주기도 한다.[53] 키틀러는 바로 영화가 가지는 이러한 특징 때문에 축음기와는 달리 실재와 연결되지 못한다고 보았다.

상상계와 영화는 둘 다 이미지와 관계한다는 특징을 갖는다. 상상계는 거울이미지로 투사된 현실과 연결되며, 영화는 스크린 위에 투사된 이미지로 현실을 드러낸다. 상상계에서 주체는 거울이미지와 자신을 동일시한다. 영화 관객은 스크린에서 펼쳐지는 이야기의 주인공과 자신을 종종 동일시하며, 영화 속의 이야기를 실제 현실처럼 받아들이기도 한다. 이 동일화 과정의 특징은 동일화될 수 없는 것들을 동일화한다는 데 있다. 거울 속의 이미지는 이미지일 뿐이며, 영화는 영화일 뿐이다. 즉 주체와 현실 사이에는 어쩔 수 없는 간극이 존재함에도 불구하고 이 틈을 인식하지 못한다. 이러한 현상은 자아의 존재 양상에도 영향을 끼친다. 즉 동일화 과정에서 이러한 틈이 존재하기 때문에 주체는 분열된 자아 또는 파편화된 신체로 자신을 드러내는 것이다. 영화는 바로 이러한 분열된 자아와 파편화된 신체를 매우 잘 보여 준다.

키틀러는 영화와 상상계의 이러한 관계를 영화와 전쟁의 관계에 비유함으로써, 그리고 초기 영화에 주로 등장하는 도플갱어에 대한 이야기를

---

50) ibid., S. 80.
51) ibid., S. 81.
52) ibid., S. 187.
53) ibid., S. 182.

분석함으로써 연결시킨다. 우선 키틀러가 영화를 전쟁과 연결시키는 방식은 비릴리오의 방식과 매우 유사하다.[54] 그는 비릴리오처럼 카메라의 발전과 전쟁기술의 발전이 서로 불가분의 관계를 맺고 있다는 점에 주목한다.[55] 특히 카메라의 역사가 그렇다고 보았다.[56] 키틀러는 필름카메라의 역사를 자동무기의 역사와 같은 것으로 취급한다.[57] 영화는 1초당 24개의 프레임으로 이미지를 보여 주는데, 이는 탄창에서 총알이 연속적으로 나오는 것과 같은 구조다. 뿐만 아니라, 총이든 필름카메라이든 간에 이들은 공간에서 움직이는 대상들, 즉 사람들을 이미지로 포착하며, 또 이 이미지를 고정시킨다.[58] 카메라 앞에서 고정된 이미지로 표현되는 배우나, 총의 가늠쇠를 통해 표적으로 이미지화된 사람이나 결국 이미지다. 필름카메라나 자동소총이나 그 목적은 다르지만, 대상의 이미지를 분절화시켜 기록한다는 점에서는 동일하다. 중요하게 언급되는 또 다른 문제는 필름으로 기록되는 전쟁이다. 이 전쟁은 실재를 드러내지 않는다. 필름 속에 기록된 전쟁의 이미지는 일종의 거울이미지다. 동일화시키는 것은 착각일 뿐이다. 이렇게 영화는 현실과 환상 사이에서 존재한다. 그리고 그 환상을 파편화된 이미지로 보여 준다. 그렇기 때문에 영화는 상상계와 관계를 맺는다.

---

54) 메르시, 『매체이론』, 219쪽.
55) 비릴리오는 '지각의 병참학'이라는 새로운 관점을 제시하고, 이러한 관점에서 전쟁과 영화가 태생이 같은 이란성 쌍둥이와 같은 존재라고 보고, 이 둘의 유사성을 주장한다. 이러한 그의 주장은 다음의 글에 자세히 나와 있다. 폴 비릴리오, 「영화, 그것은 '나는 본다'가 아니라 '나는 난다'이다.」, 『전쟁과 영화: 지각의 병참학』, 권혜원 옮김, 한나래, 2004, 44~105쪽.
56) 디터 메르시는 바로 이러한 키틀러의 주장이 현재 가장 큰 논쟁을 불러일으키고 있다고 보았다. 즉 매체사와 기술사, 특히 전쟁무기의 기술사를 동일화하는 키틀러의 논의는 문제가 있다는 것이다. 이와 관련해서는 다음의 글을 참조하길 바란다. 메르시, 『매체이론』, 219쪽.
57) Kittler, *Grammophon, Film, Typewriter*, S. 190 참조.
58) ibid., S. 190.

영화가 상상계와 연결된다는 또 하나의 논거를 키틀러는 초기 영화에 자주 등장하는 도플갱어에서 찾는다. 도플갱어란 한마디로 말해서 자신의 또 다른 자아, 즉 분신이다. 이러한 도플갱어에 대한 이야기는 영화의 등장 이후 갑자기 나타난 소재는 아니다. 이미 낭만주의 시대에도 도플갱어를 다룬 소설들이 유행했었다. 그러나 낭만주의 시대에 글을 쓰는 작가들은 완전한 주체를 의미했으며, 그렇기 때문에 분신 또한 완전한 주체의 다른 모습이었다. 따라서 낭만주의 시대에서의 도플갱어는 긍정적인 의미를 가지고 있었다. 그런데 이러한 긍정적인 의미에서의 도플갱어는 초기 무성영화에서는 전혀 다른 모습으로 그려진다. 영화에서 도플갱어의 모습은 매우 기괴하고, 또 공포스럽다. 또 다른 자아인 도플갱어를 만나는 것은 결코 반가운 일이 아니라, 친숙하지만 매우 두렵고 낯선 경험이다. 즉 언캐니 uncanny한 경험 그 자체인 것이다. 언캐니한 감정은 친숙함과 낯섦이 묘하게 결합된 감정이다. 즉 아주 낯선 것이 공포감을 준다기보다는, 친숙했던 것이 기억 저편에 있다가 우연한 계기에 의해서 전면적으로 드러날 때, 우리는 언캐니한 공포함을 느낀다.[59] 이것이 바로 도플갱어가 등장했을 때 느끼는 감정의 정체다.

뿐만 아니라 영화에서 도플갱어가 등장할 때, 이 장면이 현실인지 꿈인지 매우 모호하다. 또한 이렇게 모호한 상태에서 모습을 드러내는 도플갱어는 매우 히스테릭하다. 따라서 키틀러는 영화 이미지의 표현 방식이 결국 꿈을 보여 주는 것이며, 이 꿈을 통해 우리의 내적 이미지를 보여 준다고 본 것이다.[60] 그런데 이 내적 이미지는 결코 긍정적인 것이 아니라, 언

---

59) 지그문트 프로이트, 「두려운 낯섦」, 『예술, 문학, 정신분석』, 정장진 옮김, 열린책들, 2004, 403~407쪽 참조(Sigmund Freud, "Das Unheimlich", 1919).

캐니한 이미지다. 도플갱어를 다룬 영화들은 그것을 거울이미지처럼 보여 준다.[61] 거울이미지에서처럼, 도플갱어에 등장하는 주인공들은 도플갱어와 자신을 동일시한다. 그러나 이 동일화의 과정은 매우 고통스러운 것이다. 그 이유는 자신이 무의식적으로 감추고 싶은 또는 결코 드러내고 싶지 않은 모습들을 적나라하게 보여 주기 때문이다. 영화는 정신분석학은 아니다. 그러나 영화는 언캐니를 드러냄으로써 결국 정신분석학적 기제처럼 작용한다.[62] 축음기가 소리와 소음을 구별하지 않은 채 기록함으로써 실재를 드러냈다면, 영화는 자신이 내부에 가지고 있는 내적인 이미지, 즉 무의식의 이미지를 환영의 형태로 온전히 스크린에 드러낸다. 이로써 영화는 상상계과 관련을 맺게 된다.

### 5. 1900년경의 기록체계 3: 타자기와 상징계

키틀러는 축음기는 실재계의 패러다임을, 영화는 상상계의 패러다임을, 그리고 마지막으로 타자기는 상징계의 패러다임을 보여 준다고 보았다.[63] 그는 타자기가 19세기에서 20세기로의 전환기에 문자문화가 지배하던 영역인 상징계를 해체한다고 보았다. 라캉의 상징계란, "언어, 개념체계, 그리고 이것들 속에 용해되어 있는 문화적 규율"을 의미한다.[64] 상징계와는 달리 실재계와 상상계에서는 주체 이외의 타자나 문화 등이 본격적으로 등

---

60) Kittler, *Grammophon, Film, Typewriter*, S. 214.
61) ibid., S. 232.
62) ibid., S. 237.
63) ibid., S. 11.
64) 홍준기, 『라캉과 현대 철학』, 204쪽.

장하지 않는다. 상징계가 지배적인 문화와 의식의 세계라면, 실재계와 상상계는 상징계에 편입하지 못한 나머지 세계다. 앞서 이야기한 것처럼, 실재계와 상상계는 의식이 아니라, 무의식과 관계한다. 실재계는 상징계에 편입하지 못했지만, 잔여물로 존재하는 그러한 세계다. 반면 상상계는 무의식이긴 하지만, 꿈과 내적인 이미지라는 형태로 분열한다. 상상계에서는 분열된 자아가 등장하며, 이 분열된 자아는 대상 이미지와 자기 동일시하는 과정에서 환영을 갖게 된다. 이 두 단계에서는 타자가 본격적으로 등장하지 않는다. 이 두 단계에서 중요한 것은 주체다.

상징계는 언어와 개념체계를 기본으로 형성된다. 언어와 개념체계가 의미하는 것은 타자와의 소통이다. 우리가 어떤 사물을 책상이라 칭하기로 약속했다면, 그리고 우리가 이런 약속이 통용되는 사회에 태어났다면, 책상을 책상이라고 불러야 한다. 이러한 상징계는 기본적으로 체계와 질서들에 존재하는 차이에 근거한다.[65] 우리가 무엇을 A라고 칭한다면, 그것은 분명 B라고 하는 것과 차이가 있기 때문일 것이다. 언어 영역에서 개념은 바로 이러한 차이의 작업을 통해 규정된 것이다. 책상은 의자와 다른 것이며, 그렇기 때문에 동일화될 수 없다. 의자와 책상을 구별해서 책상을 책상이라고 부르기로 타인과 약속한 것이다. 그런데 우리 스스로가 약속하지 않아도, 이미 그러한 약속이 성립된 사회에 태어났다면, 이미 그 사회의 언어적 질서 체계에 편입된 것으로 보아야 한다. 따라서 우리는 그 문화적 규율 안에서 살 수밖에 없다.

언어와 개념체계인 상징계는 기록매체들이 등장하기 이전 낭만주의, 즉 1800년경 문화의 특징이다. 글을 쓰는 주체와 정신이 지배하던 글쓰기

---

65) 같은 책, 210쪽.

시대는 바로 이러한 상징계를 의미한다. 그런데 이러한 상징계도 타자기의 등장 이후 타자기로 대체된다.[66] 타자기란 한마디로 말해서 글 쓰는 기계다. 깃대가 높은 펜으로 종이 위에 잉크로 꾹꾹 눌러 가며 글을 쓰던 행위는 이제, 타자기라는 기계 앞에서 자음과 모음을 치며 글자를 조합하는 행위로 바뀌었다. 글을 쓰는 매체가 바뀌면, 글의 내용과 이를 구상하는 사유의 형식도 바뀐다. 이는 결코 매체 결정론자들의 단순한 주장인 것만은 아니다. 우리는 이미 글 쓰는 도구에 의해서 달라진 글쓰기 방식과 내용 그리고 구상 형식에 대한 변화를 체험했다. 원고지에 글을 쓸 때와 타자기로 글을 쓸 때, 그리고 컴퓨터 앞에서 모니터를 보며 키보드를 사용해서 글을 쓸 때, 글 쓰는 주체의 사유방식은 변화한다. 이에 따라 글쓰기 방식도 변화한다. 예를 들어 원고지에 글을 쓸 때와 컴퓨터로 글을 쓸 때, 글쓰기 방식은 아주 다르다. 원고지에 글을 쓸 때는 수정이 어렵기 때문에, 글을 쓰기 전에 기승전결에 대한 구상을 치밀하게 한다. 반면 컴퓨터로 글을 쓸 때는, 수정이 쉽기 때문에 씀과 동시에 구상도 하며, 또 오리기와 붙이기 등을 통해 일종의 콜라주적 글쓰기를 한다고 볼 수 있다. 키틀러가 기계적인 글쓰기의 등장에서 주목해서 본 것도 바로 글 쓰는 주체와 사유의 변화이다. 그는 기계적 글쓰기의 등장을 낭만주의적 글 쓰는 주체의 해체로 보았다. 이와 동시에 남성 중심의 글 쓰는 주체도 해체되고 있음을 보았다. 이와 관련해서 그는 재미있게도 타자기를 여성과 관련시켜 분석한다. 타자기의 등장이 글을 쓰는 주체와 정신의 해체를 의미함과 동시에 글쓰기에서 배제된 여성의 등장을 의미한다고 보았던 것이다. 문자 독점 시대는 사실 한마디로 말해서 남성인 글쓰기 주체가 중심이 되는 시대였다. 결과적으로 여

---

66) Kittler, *Grammophon, Film, Typewriter*, S. 28.

성을 철저히 배제시킨 문화였던 것이다.[67]

　남성인 글쓰기 주체의 해체는 두 가지 의미를 갖는다. 한편으로는 말 그대로 글쓰기의 주체와 정신이 해체되는 것을 의미하며, 또 다른 한편으로는 이 주체와 정신인 남성 중심의 글쓰기의 해체를 의미한다. 이미 앞에서 살펴보았듯이, 1800년경의 대표적인 기록매체는 문자였다. 그런데 이 문자를 기록하는 자는 남성이다. 키틀러에 따르면, 이 문자의 근원이 결국은 음성, 특히 여성과 어머니의 음성에서 비롯되었음에도 불구하고, 문자 문화는 남성 중심의 문화였다. 왜냐하면 이 과정에서 여성은 단지 문자를 기록하는 남성들에게 구어로 교육하는 역할만 했기 때문이다. 어머니의 입이 상징하는 것이 바로 그것이다. 여성은 문자를 기록하는 자가 될 수 없었다. 그런데 타자기의 등장은 문자를 기록하는 과정에서 배제되었던 여성을 불러온다. 여성은 입으로 전달하는 자에서 그치는 것이 아니라, 타자기라는 기계 앞에서 문자를 기록하는 자가 된 것이다.[68] 타자기가 등장하기 이전에는 글을 구성하는 주체가 바로 종이에 글을 쓰는 주체와 동일했다. 남성은 글을 구성하는 동시에 기록하는 자였다. 그런데 타자기가 등장한 이후, 이 둘은 분리된다. 글을 구성하는 남성과 글을 타자기로 기록하는 여성으로 분리된 것이다. 이러한 여성 타자수의 등장은 여성이 단지 기록을 담당하게 되었다는 사실만을 의미하는 것은 아니다. 낭만주의 시대에 교육을 담당하고, 또 글을 쓰는 남성들에게 정신적 뮤즈로만 작용하던 여성들이 이제 이전과는 다른 방식으로 문자와 관계를 맺을 수 있게 되었음을 의미한다. 이로써 빗금 쳐진 여성으로 존재할 수밖에 없었던 여성이 '빗

---

67) ibid., S. 275.
68) Kittler, *Aufschreibesysteme 1800 · 1900*, S. 446.

금 쳐진'이 의미하는 보편적 여성에 대한 부정으로부터 벗어나게 된 것이다. 이로써 남성 중심의 문화, 그리고 남성의 권력과 권위는 위기에 직면하게 된다.[69] 결국 기계를 가지고 문자를 기록하는 방식은 문자를 중심으로 분리되었던 남성과 여성의 역할을 부정하고, 더 나아가 글쓰기의 과정을 하나의 워드 프로세싱Word Processing으로 변화시킨다.[70]

결국 기계로 글을 쓰는 행위가 갖는 의미는 다음과 같다. 그것은 무엇보다도 1800년경 글쓰기를 지배했던 주체와 정신이 해체되고, 글 쓰는 개인이 더 이상 존재하지 않는다는 것을 의미한다. 기계로 글을 씀으로써, 이제 텍스트에는 글의 구상과 쓰기를 동시에 담당했던 개인의 정신적 흔적뿐만 아니라, 기계적 노동을 통한 신체의 흔적 또한 남아 있게 되었다.[71] 여기서 알 수 있는 사실은 타자기가 단순히 글을 쓰는 도구가 아니라는 것이다. 또 우리가 글을 쓸 때, 어떤 도구를 사용하는가에 따라서 글의 내용, 더 나아가 그 글의 내용을 구상하는 주체의 사유방식이 변화할 수 있다는 점이 중요하다. 키틀러 또한 이 점을 매우 강조한다. 이를 강조하기 위해 키틀러가 자주 언급하는 철학자는 니체와 하이데거이다. 일찍이 니체는 "글을 쓰는 도구가 우리의 사유에 영향을 주고 있다"고 하면서, 글 쓰는 도구가 사유방식에 미치는 영향에 대해 정확히 지적했다.[72] 그는 손으로 글을 쓰다가 타자기로 글을 썼다. 타자기를 가지고 철학적 저서를 서술한 니체는

---

69) 키틀러는 이와 관련해서 문자를 기록하는 이전의 방식, 즉 연필과 펜 등도 정신분석학적 관점에서 보았을 때, 남성의 성기를 상징하는 메타포라고 보고 있다. 뾰족한 연필, 높이 솟은 펜대 모두 남근을 상징적으로 보여 줌으로써, 그것을 사용하여 글을 쓰는 주체는 남성이라는 것을 극명하게 보여 준다는 것이다. Kittler, *Grammophon, Film, Typewriter*, S. 276 참조.
70) ibid., S. 277~278.
71) ibid., S. 29.
72) ibid., S. 293.

다른 철학자들과는 구별되는 글쓰기 방식을 보여 준다. 즉 전체적으로 통일된 완전한 체계를 가진 저서를 쓰기보다는 짧은 파편들과 같은 잠언 방식과 언어 놀이들을 적극 사용한다.[73] 하이데거도 손으로 글을 쓰는 행위와 기계로 글을 쓰는 행위에 대해 언급하고 있는데,[74] 그 또한 니체처럼 기계로 글을 쓰는 행위가 단순히 도구의 변화와 발전만을 의미하지는 않는다고 강조한다. 결국 타자기라는 도구는 단순히 글을 쓰는 도구만을 의미하는 것이 아니라, 하나의 사유 도구임을 알 수 있다.

## 6. 나가며

키틀러가 아날로그 시대의 대표적인 매체로 분류한 축음기, 영화 그리고 타자기는 모두 기록매체들이다. 그는 이러한 기록매체들이 무엇을 기록하는가와 더불어, 기록매체에 의해 기록되면 그 내용들이 어떻게 변화하며, 이 변화가 무엇을 의미하는지를 설명하고자 했다. 축음기는 소리를, 영화는 이미지를, 그리고 타자기는 사유를 기록함으로써 기록체계와 우리의 사유방식에 변화를 일으켰다. 그렇다면 디지털 매체 시대에는 기록매체와 기록체계들이 어떻게 변화했는가? 컴퓨터로 대표되는 디지털 매체 시대는 아날로그 매체 시대와는 다른 기록체계를 보인다. 키틀러가 이미 말했듯이, 소리, 이미지 그리고 사유가 분리되는 것이 아니라, 하나의 매체에 의해 통합적으로 기록된다.[75] 기록뿐만 아니라 전송도 가능하며, 이 둘이 분

---

73) ibid., S. 296.
74) ibid., S. 290~294 참조.
75) ibid., S. 8.

리된 것이 아니라 하나의 매체 안에서 함께 작용한다. 더 나아가 어떤 전송 방식을 택하는지에 따라 기록 방식과 기록 내용도 달라진다. 휴대전화로 문자를 보낼 때를 생각해 보면 쉽게 알 수 있다. 이메일도 마찬가지다. 휴대전화의 문자는 문어와 구어 그리고 이모티콘이라는 이미지와 문자 사이에 놓여 있는 특이한 기호(?)들을 적절히 섞어 사용한다. 그 외에도 이미지를 연상시키는 간단한 기호들을 통해 자신의 현재 상태를 아주 간략하게 그리고 명확하게 전달할 수 있다. 이메일도 마찬가지다. 편지를 보낼 때와는 문장이 달라진다. 기록매체뿐만 아니라, 전송매체에 의해서도 전송되는 내용과 그 표현이 달라지기도 한다. 여기서 더 나아가 이제 소리, 이미지 그리고 사유가 통합된 내용들을 전송하며, 또 전송된 내용을 다시 기록하기도 한다. 전송된 내용은 지울 수 없는 흔적을 남기게 된 것이다. 전송한 주체가 전송된 내용과 기록을 삭제한다고 해서 삭제되는 것도 아니다. 기록매체만 통합된 것이 아니라, 전송매체도 통합된 것이다.

　다양한 기록매체가 컴퓨터라는 복합매체에 의해 통합된 지금, 과연 기억과 무의식의 문제는 어떻게 될 것인가. 디지털 매체 시대에서는 무의식이 아니라 의식과 관계된 기억이 문제인데, 기억 능력이 위험한 상황에 놓였기 때문이다. 디지털 매체 시대에 기억과 관련해서 가장 많이 논의되는 새로운 증상 중 하나가 바로 '디지털 치매'다. 말 그대로 디지털 매체 시대에 다양한 매체들로 인하여 인간에게 새롭게 나타난 기억능력의 쇠퇴이다. 플라톤이 일찍이 문자의 등장과 더불어 우려했던 인간의 기억능력의 쇠퇴와 기억하고자 하는 의지의 소멸 등이 진짜 문제가 되고 있는 것이다. 디지털 매체는 일인매체 시대를 열었다. 내 손에 있는 조그만 휴대전화가 최신형의 스마트폰이 아니더라도, 사람들은 이 기기를 전화로 사용하는 것뿐만 아니라, 개인용 기록매체로 사용한다. 많은 전화번호들, 약속들, 주요 일정 등등을 거의 모두 여기에 기록한다. 내 머릿속에 담아 두는 경우는 거의 없다. 심한 경우 내 전화번호도 기억하지 못한다. 여기서 더 나아가 스마트폰으로 정보를 찾는 행위도 기억과 무관하다. 늘 손쉽게 그리고 빠르게 정보를 찾을 수 있기 때문에, 찾은 정보에 대해 가치를 두지 않는다. 다시 말해서 굳이 기억하려고 하지 않는다. 왜? 다시 찾으면 되기 때문이다. 정보를 찾는 능력이 점차 기억의 능력을 대신하고 있다. 이제 빨리 기억하는 능력보다 더 중요한 능력은 빨리 찾아내는 능력이다. '기억' 대신 '자료 찾기', 그리고 '사유' 대신 '자료를 내려받기'가 더 중요한 능력이 되었다. 그렇기 때문에 디지털 매체 시대의 사유방식도 이제는 다른 패러다임으로 볼 때가 온 것이다.

# 2부

## 디지털 매체, 새로운 존재방식을 열다

# 1 | 들어가는 말

> 왜 우리는 도대체 이 종합적인 그림들, 소리들, 그리고 홀로그램들을 불신하는가? 왜 우리는 '가상'이란 단어로 이들을 욕하는가? 왜 이들은 우리에게 실재적이지 않은가? ─ 빌렘 플루서, 「디지털 가상」

20세기 후반에 디지털 매체가 등장했을 때, 이 매체가 가져온 변화에 거의 모든 사람들이 매우 놀랐다. 이 새로운 매체가 우리의 지식체계와 일상생활뿐만 아니라, 우리의 존재방식과 사유방식에 본질적인 변화를 가져왔기 때문이다. 21세기에 들어온 지 10년이 지난 지금, 디지털 매체는 우리가 생각했던 것보다 훨씬 더 빠르게 그리고 급격하게 이 모든 것들을 변화시키고 있다. 스마트폰, 태블릿PC 등등 '이동성'을 기반으로 한 새로운 형태의 디지털 매체들은 또 다른 매체 시대를 열고 있다 해도 과언이 아니다. 이렇듯 매체가 변화할 때마다 새로운 매체에 대한 물음이 제기되곤 한다. 일차적으로 제기되는 문제는 바로 '새로움'에 있다. 과연 지금의 매체가 완전히 새로운 매체로서 과거의 매체와 '단절'하고 있는지, 또는 새롭지만 과거의 매체들과의 연속 속에서 이를 재편한 것인지에 대한 논의가 바로 그것이다. 이미 사진기를 출발로 해서 아날로그 매체가 등장한 지 200년이 지난 지금, '매체고고학'이라는 이름으로 매체에 대한 연구가 많이 진행되고 있지만, 그럼에도 불구하고 늘 이 새로움이 문제다. 어쨌든 디지털 매체에 대한 담론은 크게 두 가지 입장으로 나누어 볼 수 있다. 하나는 디지털 매체가 아날로그 매체를 재매개하면서 발전되었다는 점에 주목해서 이를 아날로그 매체의 발전 단계 안에 포섭시켜서 보는 입장이다. 다른 하나는 디지털 매체가 갖는 새로움에 주목해서 디지털 매체를 아날로그 매체와 전혀 다른 매체로 바라보는 입장이다. 이 두 입장은 결국 디지털 매체의 특징을 어떻게 보는가에 따라 달라진다. 하지만 결국 어떤 입장을 택하든지 간에 디지털 매체가 가지는 특징에서 논의를 출발한다는 공통점을 지닌다.

아날로그 매체 부분의 마지막 장에서 다루었던 키틀러는 아날로그 매체 시대의 기록매체들에 대해 각각 분석하였다. 그는 축음기를 통해서 소리가, 영화를 통해서 이미지가, 그리고 마지막으로 타자기를 통해서 문자가 기록되는 방식과 이 기록되는 방식에 따른 사유체계의 변화에 대해 서술하였다. 그는 이 각각의 아날로그 기록매체들을 분석한 다음, 현재 디지털 매체의 특징에 대해서 아주 분명히 서술하고 있다. 즉 이 각각의 방식으로 기록되던 것들이 디지털 매체 시대에서는 하나의 매체 안에서 기록되고 있음을 말이다. 즉 디지털 매체는 축음기처럼 소리를 기록하고, 영화처럼 이미지를 기록하며, 또 타자기처럼 문자를 기록한다. 뿐만 아니라, 이를 전송하고 타인과 의사소통을 함으로써 이러한 기록 내용들을 공유하기도 한다. 그러나 이것만으로 디지털 매체가 갖는 특징을 정리하기는 부족하다. 뭔가 다른 것이 확실히 있어야 한다. 그것은 바로 디지털 매체가 앞서 이야기한 것처럼 기록과 전송을 하나의 통합적 방식으로 하는 것뿐만 아니라, 하나의 매체 안에서 그것을 가능하게 했다는 것이다. 이것이 바로 디지털 매체가 갖는 '디지털 융합'digital convergence이라는 특징이다.

현대사회는 한마디로 말해서 지식정보화사회다. 그 어느 때보다도 지식정보의 축적 수준과 또 지식정보의 순환이 빠른 사회다. 그렇기 때문에 어떤 경우에는 지식을 소화해서 내 것으로 만들기보다는 빨리 검색해서

'내려받기'를 통한 지식 축적이 힘을 발휘하기도 한다. 이러한 지식정보화 사회를 가능하게 하는 전제조건은 바로 '디지털 매체'다. 이 디지털 매체는 앞서 말했듯이 융합과 교류를 통해 모든 것들을 하이브리드$^{hybrid}$하게 만든다. 이러한 과정은 문화예술 영역에서도 여지없이 관철되고 있다. 디지털 매체를 매개로 해서 모든 예술 영역들은 장르 구별의 해체를 경험하고 있다. 즉 미술, 음악, 텍스트, 영화, 애니메이션 그리고 게임 등은 이제 하나의 장르로서 존재하는 것이 아니라, 일종의 '디지털 총체예술작품'으로 그 모습을 드러낸다. 이 모든 것들이 디지트$^{digit}$라는 형식으로 저장되고, 전송되고 또 수용된다. 즉 현상은 다르지만 본질은 같기 때문에, 이들은 서로 융합하기가 매우 수월하다. 아날로그 매체처럼 텍스트, 이미지, 소리를 따로 기록하고 이를 더하는 방식이 아니라, 하나의 동일한 매체로 이 모든 것들을 수행한다. 따라서 오리기, 붙이기 등이 매우 수월하게 진행될 수 있다. 이러한 작업은 수월하기 때문에, 이 분야의 전문가가 아니더라도 약간의 기술만 습득하면 쉽게 이 과정을 진행할 수 있다. 그 결과 생산자와 수용자 간의 오래된 경계마저도 해체되고 있다. 즉 문자와 이미지 그리고 소리는 하나의 매체 안에서 통합되며, 이 과정에서 생산자와 수용자의 경계도 해체된다. 더 나아가 디지털 매체 예술에서는 작가와 관객 그리고 작품과 관객의 경계마저도 해체된다. 이로써 디지털 매체는 융합의 길을 그 어느 때보다 확장시켰다고 볼 수 있다.

    디지털 매체를 논의할 때 가장 많이 논의되는 주제 중 하나가 바로 '디지털 이미지'에 관한 것이다. 이 논의는 두 개의 전제를 가지고 있다. 하나는 바로 디지털 매체가 지배적인 매체라는 것, 또 다른 하나는 이제 누가 뭐라 해도 이미지가 현대사회에서 중요한 의사소통 수단이 되었다는 것이다. 앞서 아날로그 매체를 분석할 때도 이러한 논의는 있었다. 문자 중심의 사회에서 이미지 중심의 사회로 넘어가는 현상들에 대한 분석 말이다. 그러나 디지털 매체 시대에 와서는 단순히 '문자에서 이미지로의 이행' 문제를 다루는 것이 아니라, '이미지의 지배'를 인정하고 그 이미지가 갖는 힘을 분석한다. 이미지는 비언어적 의사소통 수단으로서 현대사회에서 매우 중요한 역할을 수행하고 있는데, 이와 더불어 이미지의 위상에 대한 논의도 활발하게 진행되고 있다. 즉 이미지와 가상에 대한 전통적인 견해에 반론을 제기하고 적극적으로 이미지를 재평가하고자 하는 것이다. 이러한 논의들 속에서 이미지는 단지 하나의 현상이 아니라 하나의 본질이며, 또 다른 실재라는 논의가 등장하고 있다. 이제 이미지가 하나의 본질로서 인간의 감성 및 모든 감성적 행위를 규정하게 되었다는 점을 인정하는 것이다. 이제 사회문화적 현상들에서 이미지가 모든 것들을 지배하고 있다 해도 과언이 아닌 상황이 되었는데, 즉 '이미지의 사회'가 등장한 것이다. 따라서 디지털 매체에 대한 논의와 더불어 디지털 이미지에 대한 논의는 앞으로도 더욱 활발해질 것이다.

    디지털 매체와 이미지가 결합하면서 디지털 매체가 가진 위력과 이미지가 가진 위력이 더욱 증폭되었다. 이 둘은 결합함과 동시에 서로 상승 작용을 하며, 사회문화적으로 폭발적인 영향력을 행사하고 있다. 이제 디지털은 그 영향력을 미치지 않는 곳이 없다. 뿐만 아니라, 이제 누구나 쉽게 디지털 이미지를 접할 수 있을 뿐만 아니라, 이것의 생산자이며 동시에 사용자가 되었다. 여기서 바로 디지털 이미지가 가진 힘이 생긴다. 이렇게 형성된 디지털 이미지는 실재세계$^{reale\ Welt}$를 변화시킬 뿐만 아니라, 현실보다 더 현실 같은 가상현실을 형성한다. 이 가상현실은 기본적으로 이미지를 토대로 형성되지만, 그 수용 과정에서 시각에만 작용하는 것이 아니라, 모든 지각에 복합적으로 영향을 미친다. 디지털 매체가 기본적으로 복합매체이듯이, 이 이미지도 복합지각적으로 작용하는 것이다. 디지털 매체는 시각과 청각은 물론이고 운동감각과 촉각을 실감나게 구현하는데, 이로써 가상현실은 우리가 지각을 통해 체험하는 실제의 현실을 지배하게 되었다. 여기서 중요한 사실은 가상현실이 우리에게 멀리 있는 것이 아니라, 아주 가까이 그리고 도처에 있다는 것이다. 우리가 자주 접하는 많은 시각적 이미지들은 거의 모두 가상적인 특징을 가지고 있으며, 일종의 가상현실의 일부라고 볼 수 있다. 광고와 영화에서의 디지털 효과, 애니메이션, 컴퓨터 게임, 그리고 UCC와 그 밖의 디지털 매체 예술 등은 이제 디지털 처리를 통해 자유롭게 이미지를 변형하고, 이를 자신의 영역에서 활용한다. 그렇기 때문에 이제 문화예술에 대한 현재적 담론은 필연적으로 디지털 매체에 대한 담론을 포함할 수밖에 없게 되었다.

이러한 문화예술적 현상에서 더 나아가 디지털 이미지는 본질과 가상, 원본과 복제 그리고 기록과 허구 사이를 구분 짓는 본질적인 차이를 없애고 이들의 존재적 변화를 가져왔다. 그리고 가상, 복제 그리고 허구를 중심으로 본질, 원본 그리고 기록에 대해 역으로 존재론적인 의문을 제시한다. 이는 존재론적이고 인식론적인 측면에서 일대 변혁이라고 할 수 있다. 디지털 이미지는 원본과 복제의 문제를 '보이는 것'과 '보이지 않는 것'에 관한 문제로 바꾸어 놓는다. 중요한 것은 '존재하는 것'이 아니라, '보이는 것'이 되었다. 또 실제 존재하지 않는데 보이는 것으로 드러남으로써, 현실보다 더 현실 같은 특징을 갖기도 한다. 이러한 디지털 이미지가 갖는 특징과 영향력에 대해서 많은 디지털 매체 철학자들은 자신의 이론을 토대로 분석한다. 이 책에서 다루는 보드리야르, 플루서, 비릴리오, 볼츠 그리고 그로스클라우스도 마찬가지다. 물론 이들이 갖는 디지털 매체에 대한 전망과 중점적으로 분석하는 것은 각기 다르다. 보드리야르처럼 이미지와 실재가 핵심일 수도 있으며, 플루서처럼 이미지 그 자체가 핵심일 수도 있다. 또 비릴리오와 그로스클라우스처럼 속도와 매체를 중심으로 시공간의 문제와 이미지의 문제를 다룰 수도 있다. 그리고 볼츠처럼 이를 예술 문제와 연결시켜 파악할 수도 있다. 따라서 이들이 이러한 문제들을 과연 어떻게 파악하고 있는지를 살펴보는 것이 일차적으로 필요하다. 전망은 그다음 작업이라고 생각한다.

# 2 | 시뮬라크르, 하이퍼리얼 그리고 실재

장 보드리야르

## 1. 들어가며

복제는 원본과 똑같이 만드는 것이다. 따라서 원본 없는 복제는 없으며, 그렇기에 복제와 원본 사이에는 분명한 위계질서가 존재했다. 그러나 이미지 생산 영역에 기술적 이미지들이 등장함으로써 이 위계질서에 변화가 온다. 이 변화의 중심축은 원본성을 묻지 않아도 되는, 또는 복제되는 대상과의 유사성이나 일대일 대응을 묻지 않아도 되는 이미지의 등장이다. 이러한 이미지의 등장으로 인하여 생산과 분배 그리고 수용 전반에 거쳐 급격한 변화가 일어난 것이다. 재현과 모사의 영역에서 기술적 이미지의 등장은 이미지 전반에 걸쳐 민주화라는 현상을 초래했다. 왜냐하면 특별한 모사 능력이 없어도 이미지를 생산할 수 있게 되었고, 또 비록 복제라는 형태이지만 이미지에 접근할 수 있는 가능성이 확대되었기 때문이다. 벤야민 이론에서 보았듯이, 특히 수용이라는 측면에서 원본성을 묻지 않아도 되는 사진과 영화의 등장은 획기적 변화를 초래했다. 이렇듯 기술과 매체는 원본과 이미지의 관계 그리고 원본 그 자체와 이미지 그 자체에 본질적인 변화를 가져왔다. 원본은 숭배의 대상에서 즐김 또는 학문적 비평의 대상으로 전환될 수 있는 계기를 가지게 되었고, 이미지는 원본과의 관계에서 벗어날 수 있는 계기를 마련했다고 볼 수 있다.

그렇다면 디지털 매체 시대라고 하는 현재적 상황에서 이미지는 어떤 변화를 겪고 있는가? 디지털 매체가 새로운 매체라면, 원본과 이미지의 관계에도 새로운 변화를 가져오지 않았을까? 가져왔다면, 그것은 과연 무엇인가? 이는 한마디로 말해서 대상을 모방하고 재현하는 미메시스Mimesis에서, 대상과 무관하게 이미지를 생산하고 또 이미지가 실제 대상보다 더 강력한 힘을 발휘하는 시뮬라시옹Simulation으로의 전환이라고 할 수 있다. 그렇다면 또 다른 질문이 생긴다. 과연 미메시스에서 시뮬라시옹으로의 전환이 의미하는 바는 무엇인가라는 물음 말이다. 재현과 모사를 기본 범주로 하는 전통적 이미지 생산 영역 또는 예술 영역에서 가장 중요한 것은, 그 누가 뭐라 해도 원본과 그것을 창조하는 예술가였다. 재현대상과 얼마나 닮았는지, 그리고 또 누가 얼마나 재현대상과 똑같이 그리거나 만드는지가 평가의 핵심축이었다. 그러나 재현과 모사를 벗어난 시뮬라시옹 시대에는 원본 또는 작품과 예술가에 대한 신화가 예전처럼 유지될 수 없다. 기술적인 매체에 의해 생겨난 예술의 담론 형식, 특히 움직이는 이미지의 예술은 전통적인 체계의 미학 범주에 저항한다. 기술적인 매체를 통한 예술의 변형은 바로 원본, 작품, 작가, 창조자, 진리, 사물, 보편적인 존재 등 전통적인 미학들의 중심 개념을 비판하는 데서 출발한다. 결국 이러한 개념들은 기술적 매체 예술에서 지양 혹은 무시되고 새로운 다른 개념과 범주들로 대체된다. 즉 역동적인 것이 정적인 것을 대신하고, 기술 재생산과 시뮬라시옹으로 등장한 복제와 가상이 원본을 대신하고, 집단·기계·텍스트가 작가를 대신하며, 가상성이 진리를, 매체가 사물을, 비물질성이 물질을 그리고 허구가 현실을 대신한다. 실재와 현실 대신에 기호와 허구와 시뮬라시옹에 대한 논의가 중심이 된다.

　이러한 현상은 물론 디지털 매체 시대에 갑자기 등장한 완전히 새로운 현상은 아니다. 그러나 분명한 것은 이러한 현상을 디지털 매체 시대의 특징으로 이야기할 수 있을 정도로 이 시대에 와서 이런 현상이 더욱 두드러지게 나타난다는 사실이다. 왜냐하면 아날로그적 복제만 하더라도 여전히 원본이 존재하기 때문에 복제되거나 합성된 이미지는 원본의 자리를 넘볼 수 없기 때문이다. 뿐만 아니라, 이미지 변형 또한 쉽지 않았다. 직접 대상을 재현하지 않더라도 말이다. 이러한 상황은 디지털 매체 시대에 와서 급격하게 변화한다. 누구나 쉽게 이미지에 접근할 수 있다는 건 문제가 아니다. 중요한 것은 누구나 쉽게 이러한 이미지를 제작할 수 있게 되었다는 사실과 이러한 이미지가 정말 말 그대로 도처에 존재하고 있다는 사실이다. 원본과 대상 없는 이미지들이 디지털 매체 시대 이미지의 특징으로 등장한 것이다. 결국 이러한 디지털 이미지는 전통적인 예술에서의 이미지의 존재론과 그 특징을 무화시킨다. 생산에서 전달 그리고 수용에 이르기까지 이미지는 존재 자체가 흔들리는 존재론적 변혁을 체험하게 되었다. 이 존재론적 변혁은 복제와 원본 사이의 위계질서 변화에서 찾을 수 있다. 아니 위계질서를 물을 수 없을 정도로 서로 무관한 이미지들이 생성되고 있다. 나아가 복제가 원본을 앞지르는 현상이 일어나 복제 또는 가짜가 진짜보다 더 진짜 같아졌다. 이제 진짜와 가짜 또는 원본과 복제 등이 이미지를 평가하는 데 중요한 범주로 더 이상 작용하지 않는다. 내가 보는 이미지 또는 내가 체험하는 이미지 그 자체가 중요해졌다.

　그렇다면 이미지의 원본성을 물을 수 없는 이미지, 다시 말해서 원본 없는 이미지들의 등장이 의미하는 것은 무엇인가? 이미지가 모방하는 대상을 얼마만큼 닮았는가가 문제되는 것이 아니라, 모방하는 대상이 없는 이미지가 가능해졌다는 것이 문제다. 이미지의 지시대상이 없어졌다. 따라서 예술의 기본 문제였던 본질과 재현의 문제는 이제 부차적인 문제가 되었다. 그 결과 전통적인 존재론의 문제였던 본질과 현상의 문제가 여기서는 다르게 진행된다. 전통적인 관점에서 보면 이미지는 현상現象이다. 현상인 이미지는 본질인 실재 또는 대상과 관계 맺고 있다. 그렇기 때문에 본질이 전제된 이미지는 늘 이차적인 것, 또는 본질에 기생하는 어떤 것으로 취급되었다. 보여지는 이미지 저편에 존재하는 본질과 실재를 계속 추구할 수밖에 없었으며, 또 이미지가 자신의 뒤에 감추고 있는 본질과 얼마나 참된 관계를 맺고 있는가에 대한 의문이 계속되었다. 이러한 추구와 의문이 보여 주고 있는 사실은 명확하다. 즉 이미지는 이미지일 뿐 본질이 될 수 없다는 것이다.

그러나 디지털 매체 시대의 이미지는 전통적 이미지들과 다르게 자신을 드러낸다. 이들은 가상과 진리, 가상과 본질 사이의 경계를 무의미하게 만든다. 그러므로 이미지와 실재 간에 존재하는 위계적인 질서 체계는 변화를 경험할 수밖에 없다. 뿐만 아니라, 실재와 무관하게 매번 변하는 이미지는 매번 본질이 되기도 한다. 이런 상황을 장 보드리야르Jean Baudrillard, 1929~2007는 시뮬라크르가 지배하는 시대라고 규정한다. 실재에 비해 언제나 이차적 자리를 점유했던 이미지들이 이제 실재를 감추거나 변질시키고, 실재와 무관한 이미지들을 만들어 내기도 하며, 이러한 사실을 감추기도 한다. 또 때로는 실재보다 더 실재처럼 자신을 드러내기도 한다. 이것이 바로 그가 말하는 '시뮬라시옹'이다. 이제 더 이상 실재와 이미지, 진짜와 가짜의 구분이 중요하지 않다. 중요한 것은 어쩌면 보이는 것과 보이지 않는 것의 차이일 것이다. 보드리야르의 논의는 바로 여기서 시작된다.

## 2. 시뮬라크르의 세계

영화 「매트릭스」에서도 보드리야르의 저서가 직접 등장한 것처럼, 「매트릭스」는 영화로 재편집된 시뮬라시옹 이론이라고 해도 과언이 아니다. 보드리야르가 자신의 저서에서 시뮬라시옹과 실재를 문제 삼았던 것처럼, 영화 「매트릭스」에서 모피어스는 네오에게 묻는다. 무엇이 현실이냐고. 그리고 그는 답한다. 우리가 현실이라고 생각하는 것은 단지 지각된 것일 뿐이라고 말이다. 「매트릭스」는 보드리야르의 시뮬라크르의 세계뿐만 아니라, 플라톤의 동굴의 비유를 그대로 보여 주고 있는 영화다. 이 영화는 바로 이 두 철학적 전제 아래에서 출발한다. 잘 알려진 것처럼, 플라톤은 동굴의 비유를 통해 인간이 살고 있는 세상과 그 세상에서 보고 느끼고 듣는 모든 것은 참된 실재가 아니라고 주장했다. 우리가 동굴 안에서 보는 것은 단지 실재의 모방에 불과한 것이라고 말이다. 이를 보드리야르식으로 말하면, 동굴 안의 세계는 시뮬라크르$^{Simulacre}$가 지배하는 세상인 것이다. 즉 우리는 시뮬라시옹에 의해서 만들어진 시뮬라크르의 세계에 살고 있는 것이다. 그런데 문제는 플라톤이 이야기하는 동굴과 보드리야르가 이야기하는 시뮬라크르의 세계가 존재론적으로 완전히 다른 세계를 전제하고 있다는 것이다. 플라톤이 말한 동굴의 세계는 분명 재현된, 즉 모방된 세계다. 더 나아가 예술은 이 모사된 세계를 미메시스를 통해서 다시 모방한다. 모방된 세계를 모방하는 것, 이것은 진리로부터 더욱더 멀어지고 있음을 의미한다. 그렇기 때문에 이러한 세계를 만들어 내는 예술가는 추방당해야 마땅한 것이다. 결국 모방의 세계 그리고 모방을 모방한 세계는 참된 인식의 세계와 무관한 가상의 세계일 뿐이다. 이러한 세계에서는 진리를 추구할 수 없다.[1] 진리는 이러한 세계 밖에 존재한다. 그렇기 때문에 우리는 여기서 플라톤의 논의에 따라서 재현된 세계가 재현하고 있는 원본의 세계, 즉 이데아의 세계를 추구해야 한다.

그러나 보드리야르가 이야기하는 시뮬라크르의 세계에서는 추구해야 할 원본, 즉 이데아의 세계가 본질적으로 없다. 시뮬라크르의 구체적 지시대상이 사실 없기 때문이다. 하지만 처음부터 시뮬라크르가 이렇게 구체적 지시대상 없이 출현한 것은 아니었고, 여러 단계를 지나서 지금의 시뮬라크르가 되었다. 보드리야르는 시뮬라크르의 여러 단계를 다음과 같이 설명한다. 첫번째 단계는 일반적으로 우리가 이미지, 원본 그리고 재현을 이해하는 방식이다. 즉 시뮬라크르가 실재를 반영하고 있는 단계다.[2] 이 단계에서 시뮬라크르는 최대한 원본과 닮으려고 하기 때문에, 원본의 특징을 잘 재현하려고 한다. 따라서 이때 핵심은 바로 '반영'이다. 또 최대한 실재를 반영하려고 하기 때문에 시뮬라크르는 나름 긍정적으로 평가된다.[3] 물론 긍정적으로 평가되는 시뮬라크르는 '사진 같은 그림'처럼 실재와 매우 유사해야만 한다. 두번째 단계에서 시뮬라크르는 단순한 반영에서 벗어나 실재를 감추고 변질시킨다.[4] 실재를 그대로 재현하는 것에서 벗어나, 실재를 왜곡하고 변형시키기에 이르는 것이다. 아마도 플라톤이 말한 동굴 안에서 인간들이 볼 수밖에 없는 가상 또는 이미지가 바로 이러한 성격을 가진 것들이었을 것이다. 실재가 왜곡·변형되었기 때문에, 시뮬라크르를 통해서는 왜곡되기 전 또는 변형되기 전의 실재를 잘 알 수가 없다.

---

1) Werner Jung, *Von der Mimesis zur Simulation: Eine Einführung in die Geschichte der Ästhetik*, Hamburg: Junius, 1995, S. 14~16 참조.
2) 장 보드리야르, 『시뮬라시옹』, 하태환 옮김, 민음사, 1996, 27쪽(Jean Baudrillard, *Simulacres et Simulation*, Paris: Galilée, 1981).
3) 같은 책, 27쪽.
4) 같은 책, 27쪽.

시뮬라크르는 실재와 점점 더 멀어지며, 너무 변형되어서 그것에서 실재의 흔적을 찾기는 매우 어렵다. 세번째 단계에서 시뮬라크르는 실재의 부재를 감춘다.[5] 자신이 가지고 있는 가상성을 좀더 확실히 드러내면서, 자신이 사실 실재와 별 관련이 없다는 사실을 애써 감추는 단계다. 시뮬라크르의 책략이 본격적으로 시작되는 것이며, 이때 중요한 것은 실재의 가상성이 아니라, 바로 가상성 그 자체다. 실재는 은폐된다. 마지막 단계에서는 시뮬라크르와 실재 사이에 대반전이 일어난다. 이 단계에서는 어떠한 실재와도 무관한 순수한 시뮬라크르가 등장하기 때문이다.[6] 이 순수한 시뮬라크르는 실재를 재현 또는 변형 또는 은폐할 필요가 없다. 왜냐하면 이미 이 시뮬라크르는 독립된 하나의 존재로 존재할 수 있으며, 또 존재하기 때문이다.

보드리야르가 본격적으로 지적하는 시뮬라크르의 단계가 바로 마지막 단계다. 이 단계에서 일어나는 "시뮬라시옹은 더 이상 영토 그리고 이미지나 기호가 지시하는 대상 또는 어떤 실체의 시뮬라시옹"이 아니다.[7] 지시하는 대상 또는 실체가 없는 시뮬라시옹은 시뮬라크르가 대상과 실체로부터 독립한 채, 그 자체가 스스로 자립적인 생명력을 갖게 되었음을 의미한다. 이로써 이미지와 실재 간의 오래된 문제는 새로운 국면에 접어든다. 비로소 진정한 의미에서 이들 간의 갈등과 싸움이 시작되는 것이다. 갈등과 싸움은 두 쌍이 팽팽히 맞설 때 성립하는 것이라 할 때, 그동안 진행된 싸움은 엄밀히 말해서 싸움이 아니었다. 시뮬라크르가 독자적인 영역

---

5) 보드리야르, 『시뮬라시옹』, 27쪽.
6) 같은 책, 27쪽.
7) 같은 책, 12쪽.

을 확보함으로써, 이제 본격적으로 시뮬라크르와 실재, 또는 이미지와 대상 간의 갈등이 시작되었다. '원본 없는 이미지의 등장'은 한마디로 말해서 일종의 존재론적 혁명이다. 시뮬라크르는 더 이상 실재 혹은 원본이 되는 대상과 바로 교환되지 않으며, 또 애초에 그런 것들이 없기 때문에 교환 자체를 운운할 수 없는 상황에 이른 것이다.[8] 그런데 시뮬라크르와 실재와의 본격적인 갈등에서 너무도 쉽게 시뮬라크르가 우위를 선점하고, 자기 자신을 중심으로 실재와의 갈등을 풀어 간다. 시뮬라크르의 세상이 열리게 된 것이다. 보드리야르가 문제 삼고 있는 것도 바로 이것이다. 시뮬라크르 세상이 도래했으며, 이 세상에서 기존의 질서와 존재들이 사라져 가고 있는 현상을 그는 이야기한다.

그렇다면 모든 것들을 시뮬라크르로 만드는 시뮬라시옹 세계에서는 어떤 현상들이 일어나고 있을까? 보드리야르는 이러한 현상들의 특징을 '소멸'로 설명하고 있다. 마치 비릴리오가 기술매체의 등장으로 인해 물리적 거리감이 사라지면서 야기되는 실제 공간의 소멸을 이야기하듯이, 보드리야르는 시뮬라크르의 등장으로 인한 '실재의 소멸'을 본 것이다.[9] 그는 시뮬라크르가 지배하는 세상의 끝은 실재도 아니면서 더 실재 같은 '하이퍼리얼'hyperreal이 지배하는 세계이며, 그 세계는 실재의 파멸과 실재 그 자체가 폐허가 되는 세상을 의미한다고 보았다.[10] 즉 실제의 쥐보다는 미키마우스가 훨씬 더 강력한 힘을 발휘하고, 실제의 북극곰보다는 북극곰 인형과 광고 속에서 음료를 마시는 착하고 순한 흰곰이 우리에게 더욱 익

---

8) 같은 책, 25쪽.
9) 같은 책, 17쪽.
10) 같은 책, 13쪽.

숙한 세상이 온 것이다. 미키마우스와 광고 속의 흰곰은 분명 이미지이다. 그러나 이 이미지가 결국 실재를 넘어선 것이다. 이미지가 또는 하이퍼리얼이 실재를 넘어서는 경우는 수없이 많다. 인간 자체도 마찬가지다. 언제부터인가 그 사람의 본성보다는 그의 이미지가 훨씬 더 중요해졌다.

그러나 시뮬라시옹 시대에 사라지는 것은 단지 실재만이 아니다. 시뮬라크르와 실재의 관계가 역전되면서 실재와 가상을 둘러싼 형이상학적 담론 또한 사라진다. 보드리야르는 "사라지는 것은 모든 형이상학이다. 더 이상 존재와 그 외양을 나누던, 실재와 그 개념을 나누던 거울"이 없어졌다고 말한다.[11] 실재와 지시대상 그리고 실재와 가상을 구별하는 형이상학이 사라진 시뮬라시옹의 시대에 남은 것은 무엇인가? 또 사라진 실재는 완전한 파멸로 끝나는 것인가? 만약 실재가 이렇게 단순하게 파멸로 끝났다면, 문제는 간단했을 것이다. 단순히 말해서, 이제 실재가 아니라, 시뮬라크르가 지배하는 세상이 왔다고 선언하면 되는 것이다. 그러나 문제는 그렇게 간단하지 않다. 그래서 보드리야르는 파멸된 실재 이후의 실재가 다시 부활하는 과정에 주목한다. 사라진 실재는 다른 외양을 하고 시뮬라크르가 지배하는 세상에 다시 돌아왔다. 즉 실재는 자신의 기호로 자신을 대체함으로써 인위적으로 부활한 것이다.[12] 마치 진열된 상품들이 자신의 사용가치를 알리기 위해 진열대에 있는 것이 아니라, 자신이 가지고 있는 기호의 상품성을 전시하기 위해서 그 자리에 있듯이 말이다.[13] 상품과 기호 그리고

---

11) 보드리야르, 『시뮬라시옹』, 16쪽.
12) 같은 책, 18쪽.
13) 장 보드리야르, 『소비의 사회: 그 신화와 구조』, 이상률 옮김, 문예출판사, 2000, 16~23쪽 참조 (Jean Baudrillard, *La société de consommation: ses mythes, ses structures*, Paris: Gallimard, 1970). 여기서 보드리야르는 드럭스토어에 진열된 것은 상품이 아니라, 상품이 가지고 있는 '기호들의 혼합'이라고 주장한다. 그에게 소비 과정에서 중요한 것은 이제 상품의 사용가치

이미지와 실재의 뒤엉킨 관계들이 본격적으로 등장한다.[14] 그렇다면 과연 이렇게 인위적으로 기호로서 부활한 실재는 미흡하지만, 실재의 권위를 다시 확인해 줄 수 있는가? 보드리야르는 결코 그렇지 않다고 보았다. 기호 체계로 부활한 실재는 실재를 재인식시켜 주는 것이 아니라, 반대로 시뮬라시옹을 더욱 강화시킨다는 것이다.[15]

## 3. 하이퍼리얼과 실재의 가상성

시뮬라크르의 등장과 실재보다 더 실재 같은 하이퍼리얼에 관한 보드리야르의 주장은 어느 측면에서는 안더스 및 비릴리오의 이론과 유사성을 갖는다. 아날로그 매체 시대의 대표적 매체인 텔레비전의 등장으로 생겨난 새로운 형태의 이미지를 안더스는 이미 팬텀이라고 규정했다. 실체가 없는 유령, 그러나 완전히 허구라고 볼 수만은 없는 유령 같은 존재가 바로 이 이미지의 특징이었다. 보드리야르의 시뮬라크르와 안더스의 팬텀은 유사한 개념이라고 볼 수 있다. 시뮬라크르나 팬텀이나 실체와 본질을 가지고 있지 않은 가상과 이미지를 의미하기 때문이다. 그러나 이미지가 세계

---

도 교환가치도 아니다. 오히려 중요한 것은 재현가치, 기호 또는 상품의 시뮬라크르이다. 보드리야르가 상품을 분석하는 기본적인 틀도 결국 실재와 시뮬라크르를 분석하는 틀과 같다.
14) Peter Weibel, "Votum für eine transästhetische Vision", Peter Gente, Barbara Könches, Hrsg. Peter Weibel, *Philosophie und Kunst: Eine Hommage zu seinem 75. Geburtstag*, Berlin: Merve, 2005, S. 27~28 참조. 이 글에서 페터 바이벨은 보드리야르의 철학이 복잡한데, 그 대표적인 이유를 주체와 객체, 대상과 이미지 그리고 상품과 기호 등등이 서로 복잡하게 작용하고 있는 데서 찾는다. 그리고 그는 실재와 시뮬라크르에 대한 분석의 시작이 보드리야르의 첫번째 저서인 『사물의 체계』(*Das System der Dinge*, 1968)에서 이미 시작되었다고 보고 있다.
15) 보드리야르, 『시뮬라시옹』, 18쪽.

를 지배한다고 판단한 상황 인식은 보드리야르와 안더스가 같지만, 그 이후의 판단에서는 결정적인 차이를 보인다. 안더스는 텔레비전 시대의 매체를 매트릭스로, 그리고 그 매트릭스가 만들어 낸 세상을 팬텀으로 보고, 팬텀이 지배하는 세상을 경고했다. 그가 지극히 비판적으로 보았던 것은 실제 세계의 팬텀화, 즉 팬텀 속으로 현실세계가 사라지는 것이었다. 비릴리오도 마찬가지다. 그는 속도에 대한 욕망이 결국 우리가 살고 있는 현실에서의 거리와 공간을 폐허로 만들었다며, 이를 비판했다. 비릴리오에게는 이미지 또는 가상세계의 등장으로 인하여 현실이 소멸되는 것이 무엇보다도 가장 큰 문제였던 것이다. 결국 이러한 현실의 소멸은 이 속에서 사는 인간의 신체성의 소멸을 의미하기 때문이다. 어떤 측면에서 보면, 보드리야르도 이들과 마찬가지의 입장, 즉 가상이 지배하고 가상에 지배되는 세상에서 실재가 소멸되는 것을 비관적으로 보았다고 할 수 있다. 그 또한 실재와 가상을 나누던 전통적인 기준이 소멸됨으로써 결국 형이상학 전반이 소멸되고 있다고 보았기 때문이다.

이렇게 보드리야르의 시뮬라크르와 실재에 대한 분석을 잘못 해석하면, 그가 단순하게 실재의 소멸에 대해 한탄하고, 또 시뮬라크르의 등장에 대해 비판적인 시각을 가지고 있다고 볼 수 있는데, 그러한 해석이 전적으로 틀린 것은 아니다. 그러나 시뮬라크르 비판을 통해 그가 보여 주려고 했던 것이 단지 시뮬라크르가 대세가 되었다는 것만은 아니다. 어쩌면 그는 시뮬라크르의 등장으로 사라졌다고 하는 실재와 시뮬라크르 간의 구분을 중심으로 한 실재와 가상의 형이상학을 다시 시도한다고 볼 수 있다. 즉 시뮬라크르라고 구별되는 또는 실재보다 더 실재처럼 작용하는 가장 강력한 시뮬라크르인 하이퍼리얼을 통해, 우리가 실재 또는 현실이라고 믿었고, 또 믿고 있는 것들이 지니고 있는 가상성에 대해 이야기하고자 한 것이다.

요컨대 모든 세상이 환상에 불과하다는 것을 보여 주고자 한 것이며, 우리가 진짜라고 믿는 것이 가지고 있는 허구성을 폭로하고자 했던 것이다. 결국 그는 이미지의 가상성뿐만 아니라, 실재가 가지고 있는 조작 가능성과 비결정성에 대해 이야기하고자 한 것이라고 볼 수 있다.[16] 「매트릭스」에서 모피어스가 현실이 조작된 것임을 이야기한 것처럼 말이다. 시뮬라크르의 등장이 이미지와 실재 사이에 하나의 반전을 일으켰듯이, 그의 시뮬라크르 이론 또한 또 다른 반전을 일으키고 있는 것이다. 진짜 문제는 우리가 실재라고 믿고 있는 것들이라고 말이다.

보드리야르가 궁극적으로 이야기하고자 한 핵심은 우리가 실재 또는 현실이라고 믿는 것이, 실재와 현실이 아니라, 본래 시뮬라크르라는 데 있다. 이 얼마나 무서운 또는 섬뜩한 반전인가? 지금까지의 논의는 시뮬라크르가 진짜인 것처럼 하는 데 집중되었다. 가짜임에도 불구하고 진짜인 체 하기를 넘어서서 진짜 '진짜처럼 된 것'이 문제라고 믿었던 것이다. 그런데 보드리야르는 가짜가 진짜인 것처럼 행세하는 그 진짜가 사실 진짜가 아니라고 한다. 우리가 진짜라고 믿고 있는 실재가 사실 가상이기 때문에, 그 가상성을 은폐하기 위해서 진짜보다 더 진짜처럼 보이는 하이퍼리얼이 사용된다는 것이다. 도처에 하이퍼리얼적인 것들을 보면서 또 그러한 공간에 잠시 머무르면서, 우리는 이 하이퍼리얼적인 것들과는 다른 진짜 리얼한 실재적인 공간이 있다고, 여기를 벗어나면 실제 공간으로 갈 수 있다고 생각한다. 그러나 보드리야르는 그것이 바로 허구임을 폭로한다. 실제로 있다고 믿는 이 실제 공간이야말로 지극히 허구적 공간이라고 말이다. 그는 이러한 폭로를 통해 우리가 가지고 있는 실재에 대한 믿음 그 자체를 비

---

16) 디터 메르시, 『매체이론』, 문화학연구회 옮김, 연세대학교출판부, 2006, 178쪽.

판한다.[17] 한마디로 말해서 그가 단지 이러한 전도된 관계를 마치 자포자기하듯이 서술한 것만은 아니라는 것이다.[18] 결국 하이퍼리얼은 실재의 가상성을 은폐하기 위한 일종의 전략인 것이다. 이러한 하이퍼리얼과 실재 간의 관계를 그는 여러 측면에서 분석해 들어간다. 보드리야르는 이를 종교와 관련해서는 성상파괴 운동과, 그리고 일상과 관련해서는 디즈니랜드와, 그리고 정치권력과 관련해서는 워터게이트 사건과 연결해서 설명한다.

먼저 성상파괴 운동과 관련해서 살펴보자. 성상파괴주의자들은 신과 관련된 그 어떤 이미지도 형상화하는 것을 금했다. 우상을 섬겨서는 안 된다는 논리를 통해서 말이다. 그런데 그들은 왜 이미지로 형상화하는 것을 금했을까? 이미지는 이차적인 것이라, 경멸받아도 마땅하기 때문일까? 아니다. 그들은 이미지의 힘을 정확히 인식하고 있었고, 그 거대한 힘에 엄청난 공포를 느꼈기 때문이다. 보드리야르 또한 이 점을 정확히 지적하고 있다. 성상파괴주의자들이야말로 "이미지에다가 그 정확한 가치를 부여한 자"들이라고 말이다.[19] 즉 성상파괴주의자들이 두려워했던 것은 본질적으로 신이란 존재하지 않으며, 신 자체가 이미 시뮬라크르라는 것이 발각되

---

17) 이러한 보드리야르의 이론에 대해 몇몇 이론가들은 그의 이론이 비판적이거나 또는 결코 계몽적인 의미를 가지고 있지 않다고 한다(Christoph Wulf, "Vom Subjekt des Begehrens zum Objekt der Verführung: Bild - Imagination - Imaginäres", Hrsg. Peter Gente, Barbara Könches, Peter Weibel, *Philosophie und Kunst: Eine Hommage zu seinem 75. Geburtstag*, S. 194 참조; 메르시, 『매체이론』, 172쪽). 그러나 나는 어떤 의미에서 보드리야르의 이러한 폭로도 일종의 비판이라고 생각한다. 우리가 실재라고 믿는 것이 사실 실재가 아니라는 주장은 세계 그 자체에 대한 부정이 될 수 있음과 동시에 우리가 지니고 있는 실재에 대한 소박한 믿음이 잘못되었다는 것을 보여 줄 수 있다고 보기 때문이다.
18) 존 스토리, 『문화연구와 문화이론』, 박모 옮김, 현실문화연구, 1995, 240쪽(John Storey, *An Introductory Guide to Cultural Theory and Popular Culture*, London: Harvester/Wheatsheaf, 1993). 여기서 존 스토리는 보드리야르의 작업을 일종의 '자포자기적 찬양'으로 보고 있다. 한편으로는 스토리의 이러한 평가가 근거가 있지만, 단지 그렇게 볼 수만은 없다.
19) 보드리야르, 『시뮬라시옹』, 24쪽.

는 것이었다.[20] 성상파괴주의자들은 결코 이미지를 경멸하고 부정한 것이 아니라, 이미지의 파괴력을 두려워했을 뿐인 것이다.[21] 결국 여기에서도 하이퍼리얼이 감추고 있는 것은 이미 현실이 시뮬라크르라는 사실이다.

보드리야르는 이러한 전도된 현상을 현대사회에서 디즈니랜드와 워터게이트 사건을 통해 다시 한 번 강조한다. 그는 "디즈니랜드는 모든 종류의 얽히고설킨 시뮬라크르들의 완벽한 모델"이라고 강조한다.[22] 시뮬라크르의 완벽한 모델인 디즈니랜드는 바로 하이퍼리얼의 모델이다. 하이퍼리얼인 디즈니랜드가 존재하는 이유는 마치 성상들과 신의 관계에서처럼, 실제의 미국이 바로 디즈니랜드라는 사실을 감추기 위해서이다.[23] 디즈니랜드는 어린아이나 어른 그리고 세계 각국의 사람들에게 대표적인 꿈의 놀이동산으로 인식된다. 디즈니랜드에 입장해서 그곳에서 즐기는 사람들은 디즈니랜드가 제공하는 꿈과 환상이 인위적으로 만들어진 것에 불과하다는 사실을 잘 알고 있다. 그런데 디즈니랜드가 실제로 있는 미국이라는 나라도 실상은 디즈니랜드에 불과하다. "디즈니랜드가 존재하는 이유는 실제 미국이 바로 디즈니랜드 그 자체라는 것을 숨기기 위해서이다."[24] 미국 그 자체가 하나의 하이퍼리얼처럼 작용하고 있기 때문이다. 이러한 미국에 대한 분석은 워터게이트 사건 분석에도 그대로 적용된다. 보드리야르는 워터게이트 사건을 그 사건이 하나의 스캔들이었다는 생각을 주입하는 데 성공한 사례로 보고 있다. 다시 말하자면, 본래 정치는 깨끗한 것이라

---

20) 같은 책, 24쪽.
21) 같은 책, 24쪽.
22) 같은 책, 39쪽.
23) 같은 책, 40쪽.
24) Wulf, "Vom Subjekt des Begehrens zum Objekt der Verführung: Bild-Imagination-Imaginäres", S. 195.

는 믿음을 주입시키기 위해, 워터게이트를 하나의 추악한 정치적 스캔들로 만들어 갔다는 것이다. 그러나 그는 디즈니랜드가 본래 미국이 만들어진 하이퍼리얼적 환상 공간이라는 것을 감추었던 것처럼, 워터게이트 사건도 정치 그 자체가 바로 스캔들이라는 것을 감추는 기능을 했다고 보았다.[25] 그렇기 때문에 워터게이트 사건에 대해 그렇게 호들갑을 떨 필요가 없는 것이다. 워터게이트는 단지 스캔들에 그치는 것이 아니라, 이를 스캔들로 몰아가는 정치적 현실과 기능들이 바로 하이퍼리얼이라는 사실을 우리에게 보여 준다.[26]

결국 시뮬라크르들이 대거 등장함과 동시에 실재의 현실성도 시뮬라크르가 된 것이다. 이제 시뮬라크르와 실재는 서로 분리될 수 없는 상황에 이르렀고, 그로 인해 실재는 자신이 실재라는 것을 증명하기 어려워졌다.[27] 안더스나 비릴리오와는 다르게, 보드리야르의 이론에서는 '소멸되고 있으며, 따라서 회복되어야 하는 실재'가 부재한다. 그렇기에 그는 시뮬라크르가 지배하는 상황에서 실재 또는 진실의 복권은 결국 거짓이 되고 만다고 한다.[28] 그는 더 나아가 이러한 관계에서도 결국 힘을 가지는 것은 실재가 아니라, 시뮬라크르라고 단언한다.[29] 그에 따르면, 결국 우리에게 남는 것은 시뮬라크르의 세상뿐이다. "세계의 등가물은 없다. 이것은 세계에 대한 정의이거나 세계에 대해 정의할 수 없음이다. 이제 등가물도 복제도 재현도 거울도 없다. 어떤 거울이건 여전히 세계의 일부를 이룰 것이다. 동

---

25) 보드리야르, 『시뮬라시옹』, 43쪽.
26) 같은 책, 45쪽.
27) 같은 책, 56쪽.
28) 같은 책, 65쪽.
29) 같은 책, 111쪽.

시에 세계를 위한 자리도, 세계를 복제하기 위한 자리도 없다. 따라서 세계에 대해 확인 가능한 것도 없다——그러므로 현실은 속임수이다. 확인 가능한 것이 없다면, 세계는 근본적인 환상이다."[30] 마침내 이러한 진단에서 그는 자신이 '허무주의자'임을 선언하기에 이른다.[31] 그는 시뮬라시옹과 하이퍼리얼 그리고 실재 간의 갈등 관계에서 허무주의가 완전히 실현되었다고 본다.[32] 이러한 허무주의에서는 회복되어야 하는 그 무엇도 없다.

## 4. 보드리야르 이후 실재와 가상에 대한 논의들

보드리야르의 시뮬라크르와 실재에 대한 새로운 인식은 디지털 매체 시대에서 실재와 가상을 둘러싼 철학적 논쟁에 중요한 축으로 작용한다. 그가 하이퍼리얼을 통해 이야기하고자 했던 실재의 가상성과 조형 가능성에 대한 문제는 가상현실에 대한 논의와 맞물리면서 가상현실의 존재론적 연구를 할 수 있는 이론적 근거를 제공해 주었다.[33] 즉 그는 실재와 가상을 구분하는 전통 형이상학이 종말했다고 지적하면서, 실재의 가상성을 이야기했는데, 이는 또 다른 측면에서 보면 실재와 가상에 대한 형이상학의 부활인

---

30) 장 보드리야르, 『불가능한 교환』, 배영달 옮김, 울력, 2001, 7쪽(Jean Baudrillard, *L'échange impossible*, Paris: Galilée, 1999).
31) 보드리야르, 『시뮬라시옹』, 247쪽.
32) 같은 책, 246쪽.
33) Nida-Rümelin und Betzler Hrsg., *Ästhetik und Kunstphilosophie von der Antike bis zur Gegenwart*, Stuttgart: Kröner, 1998, S. 71 참조. 보드리야르 이론이 미친 영향에 대해서는 논의가 극단적이다. 보드리야르 논의가 가지고 있는 중요성을 인정함에도 불구하고, 그의 논의가 체계적이며 이론적으로 전개되기보다는 일종의 에세이와 같은 방식으로 전개되었기 때문에 더 이상 깊은 논의가 불가능하다는 입장들도 있다. 그러나 그의 시뮬라시옹 이론과 초미학(Transästhetik) 이론 등이 분명 디지털 매체 시대에서의 실재 문제와 예술 문제에 많은 시사점을 준 것은 분명하다.

것이다. 우리가 지금까지 실재, 존재 그리고 현실이라고 믿었던 것에 대한 근원적인 물음을 제기했기 때문이다. 현재 디지털 매체가 만들어 내는 이미지와 가상현실에 대한 논의를 할 때, 보드리야르의 논의는 빠지지 않고 등장한다. 그가 이야기하는 시뮬라크르 그 자체가 가상현실과 동일시되면서 말이다. 그러나 이러한 논의방식은 그가 원하는 것은 아니었을 것이다.

디지털 매체 시대에서는 현실과 실재에 대한 이해 그리고 가상에 대한 이해도 변화한다. 이제 무엇이 실재이고 가상인지 분명히 선을 긋는 것 자체가 무의미해지기까지 했다. 존재했으나 보이지 않았던 것들을 가시화시키는 단계를 넘어, 이제 아예 존재하지 않았던 것들이 가시화되고 있으며, 현실 또한 가상으로 구현되기에 이르렀다. 그렇기 때문에 보드리야르뿐만 아니라, 많은 철학자들이 전통적인 관점에 따른 실재와 가상의 존재론적 구분을 이제 폐기하고, 실재와 가상에 대한 새로운 접근과 이해가 필요하다고 강조한다. 대표적인 이론가는 바로 플루서이다. 플루서 또한 보드리야르와 마찬가지로 가상, 특히 디지털 가상을 문제 삼으면서, 실재의 가상성에 대해 언급한다. 그러나 이 둘의 관점은 거의 양극단에 서 있다고 할 수 있을 정도로 다르다. 한마디로 말해서, 플루서는 실재도 가상성을 가지고 있다고 인정하면서, 여기서 더 나아가 왜 가상이면 실재보다 못한 것으로 취급받아야 하는지를 문제 삼는다. 즉 그는 보드리야르가 모든 것들이 시뮬라크르라고 선언함과 동시에 허무주의로 남고자 한 바로 그 지점에서, 새로운 가능성을 언급한다. 가상을 구원하고자 맘먹은 것이다.

디지털 매체 시대에 실재와 가상의 문제를 고찰하는 대다수의 연구자들은 보드리야르보다는 플루서의 관점에서 이 문제에 접근하고 있다고 볼 수 있다. 또 실재와 가상을 둘러싼 논의들이 이제는 다른 관점에서 접근되어야 한다고 강조하기도 한다. 예를 들어 볼프강 벨시Wolfgang Welsch 같은 경우는 반성Reflexion 개념을 중심으로 해서 실재와 가상, 또는 자연물과 인공물을 파악해야 한다고 강조한다. 그는 자연적이라고 이야기할 때, 또는 인공적이라고 이야기할 때, 이 둘을 구분할 수 있는 절대적 기준이 존재하지 않는다고 한다. 즉 상황에 따라서 어떤 경우에 자연적이라고 평가받던 것이, 또 다른 경우에서는 인공적이라고 평가받을 수도 있다는 것이다. 공원에 잘 조성된 나무숲은, 숲이라는 측면에서는 자연적이지만, 조성되었다는 점에서는 인공적인 것이다. 따라서 자연적 또는 인공적이라는 개념은 절대적 기준이 아니라, 상대적 기준이 된다. 이렇게 자연적 또는 인공적이라는 개념이 상대적인 것이라면, 이를 토대로 우리가 세계 또는 현실이라고 부르는 것도 다르게 해석될 수 있다. 인공숲의 경우처럼, 현실 또한 어느 경우에는 실제 현실이 될 수 있으며, 또 다른 경우에는 가상현실이 될 수 있는 것이다. 그렇기 때문에 벨시는 세계를 '실재론'Realismus으로 파악하는 관점을 폐기하고 '해석론'Interpretation이라는 관점에서 파악할 것을 제안한다. 해석론적 관점에서 보면, 세계는 실재하는 그 무엇이 아니라, 하나의 '해석복합체'인 것이다.[34]

물론 해석복합체로서 세계를 이해한다고 해도, 세계의 가상화 문제가 단번에 해결되는 것은 아니다. 세계의 가상화 문제는 전자 매체 시대를 거쳐 디지털 매체 시대에 와서 더욱 눈에 띄는 현상이 되었다. 벨시는 이러한 가상화가 진행되면 될수록 "비전자적 세계 경험에 대한 재확인"이 요청된다고 한다.[35] 그는 전자적 세계의 가상화를 체험하는 이들이 결코 시뮬라크르와 실재의 차이를 모르지 않는다고 한다. 오히려 그 차이를 잘 알기 때

---

34) 볼프강 벨시, 『미학의 경계를 넘어』, 심혜련 옮김, 향연, 2005, 300~306쪽 참조(Wolfgang Welsch, *Grenzgänge der Ästhetik*, Stuttgart: P. Reclam, 1996).

문에, 가상화의 세계에 몰입하다가도 다시 실재에 대한 재확인을 한다는 것이다. 이를 통해 가상화의 경험은 더욱 극대화되고, 실재에 대한 경험 또한 그렇다는 것이다.[36] 벨시는 이 두 차원의 세계를 동시에 바라봐야 하고, 또 인간은 그럴 수밖에 없다고 주장한다.[37] 결국 그는 보드리야르처럼 실재의 가상화와 가상의 실재화, 그리고 이 실재와 가상의 상호작용을 모두 인정했지만, 보드리야르와는 달리 실재와 가상이라는 이원론적 관점을 유지하고 있으며, 또 실재의 소멸이 아니라, 실재의 재확인을 강조한 것이다.

벨시뿐만 아니라, 그 외에도 많은 이론가들이 이와 유사한 주장들을 한다.[38] 마이클 하임Michael Heim이 이야기한 것처럼, 이제는 존재론에서 하나의 전환, 즉 실재성을 중심으로 한 전환 문제가 발생했고, 또 그렇기 때문에 실재와 가상을 둘러싼 새로운 존재론이 필요하기 때문이다.[39] 그로스클라우스Götz Großklaus의 주장도 이와 같다. 그 또한 가상적인 것이 실재가 되고, 실재가 가상적인 것이 되는 현 상황에서 전통적인 관점이 아닌, 다른 관점에서 이 문제에 접근해야 한다고 한다. 다른 접근방식이 필요하다는 것이다.[40] 빌헬름 베르거Wilhelm Berger는 기술문명 시대에서는 현실을 사건Ereignis으로, 내재성Immanenz으로, 그리고 과정성Prozessualität으로 이해해야

---

35) 벨시, 『미학의 경계를 넘어』, 315쪽.
36) 같은 책, 320쪽.
37) 같은 책, 330쪽.
38) 이 절의 이 단락부터 이 절의 끝부분까지는 다음의 글 중 일부를 재편집한 것임을 밝힌다. 심혜련, 「첨단과학기술 시대에 기술 미학의 근본 문제에 관하여」, 『미학』 제51집, 한국미학회, 2007, 174~185쪽.
39) 마이클 하임, 『가상 현실의 철학적 의미』, 여명숙 옮김, 책세상, 2001, 18쪽(Michael Heim, *The Metaphysics of Virtual Reality*, New York: Oxford University Press, 1993).
40) Götz Großkraus, *Medien-Zeit, Medien-Raum: Zum Wandel der raumzeitlichen Wahrnehmung in der Moderne*, Frankfurt am Main: Suhrkamp, 1995, S. 74.

한다고 주장한다.[41] 즉 주어진 것으로 파악하는 것이 아니라, 조형 가능한 과정으로 이해해야 하는 것이다. 이들 주장의 공통점은 실재가 가지고 있는 가상성을 인정하고, 가상이 실재가 되는 현상 또한 인정해서, 실재와 가상을 둘러싼 논의를 새롭게 해야 한다는 것이다. 그렇다면 이들이 디지털 매체 시대에 특히 이러한 주장을 하는 근거는 무엇인가? 그것은 바로 디지털 매체와 그로 인한 사이버스페이스의 등장 때문이다.

현대사회에서는 디지털 매체로 인하여 이제 특정한 장소에서만 가상세계를 체험하고, 실재세계로 회귀해서 실재를 재확인하지 않는다. 지금은 언제 어디서나 실재세계에서 가상세계로, 또 가상세계에서 실재세계로 왔다갔다 할 수 있는 시대, 즉 유비쿼터스 시대다. 이 두 세계를 왕복할 때 장소성과 시간성의 제약은 문제가 안 된다. 이것이 바로 우리가 현재 마주하고 있는 디지털 매체가 만들어 낸 새로운 물리적 현실이다. 그럼에도 불구하고 이러한 상황 인식은 쉽게 받아들여지기가 어렵다. 왜냐하면 우리는 이미 가상에 대한 오래된 불신을 가지고 있었기 때문이다. 실재하는 것만이 참이고, 그것의 가상 또는 이미지는 불완전한 것으로 여겨 왔다. 그러나 사실 디지털 매체 시대에는 언제 어디서나 실재세계와 가상세계가 호환 가능해졌으며, 실재보다 가상에서의 삶이 훨씬 더 중요하게 작용하는 경우도 허다하다. 그럼에도 불구하고 일차적으로 공격받는 것은 실재가 아니라 여전히 가상이다. 단지 가상이라는 이유만으로 말이다. 실재세계에서는 이렇게 가상을 공격하면서도 다른 한편에서는 이 호환 가능성을 좀더 용이하게 하기 위해 많은 첨단과학 장치들이 등장하며, 또 이 장치들은 점점 작아지고, 빨라지고, 가격도 싸지고 있다. 장치의 편리함은 가상이 가상

---

41) Wilhelm Berger, *Philosophie der technologischen Zivilisation*, München: Fink, 2006, S. 12.

임을 감출 수 있는 좋은 계기로 작용한다. 장치성이 덜 드러나면 드러날수록, 아니, 장치를 장치로서 인식하지 못하면 못할수록 가상세계는 더 실재세계처럼 작용한다. 이러한 과학기술적 발전과 가상성을 은폐하려는 시도들로 인하여, 이 두 세계를 연결해 주는 연결고리는 점점 희미해진다. 이와 더불어 아이러니하게도 가상에 대한 불신은 더욱 커진다.

이렇듯 가상은 단지 만들어졌다는 이유만으로, 비실재적인 것으로 취급받으며, 무시당해 왔다 해도 과언이 아니다. 그러나 앞서 언급했듯이, 이제 가상을 더 이상 만들어졌다는 이유만으로 경멸할 수는 없게 되었다. 그 영향력이 너무 커지고, 그것이 미치는 범위도 광범위해졌을 뿐 아니라, 가상세계가 우리의 실재세계에 대한 인식마저도 바꾸어 놓았기 때문이다. 전자 매체와 디지털 매체가 우리의 일상생활에 깊숙이 개입하게 된 이래로 우리가 가지고 있는 실재와 가상에 대한 개념에 변화가 일어났고, 이를 토대로 가상과 실재에 대한 재해석이 요구되고 있다.[42] 기본적으로 우리가 실재를 이야기할 때 기본이 되는 존재$^{Sein}$와 가상$^{Schein}$의 명확한 경계가 점점 희미해지고, 더 나아가 가상은 현실에 흡수되고, 현실은 가상 속에서 용해되고 있다.[43] 그렇다면 가상이 과연 실재와 동일한 것인지를 묻는 것은 거의 의미가 없다. 중요한 것은 가상이 실재와 마찬가지라는 것이며, 이러한 의미에서 가상은 또 다른 종류의 실재인 것이다.[44] 다시 말해서 문제는 가상이 실재와 현실 못지않게 구체적으로 영향력을 행사하고 있다는 점이다. 지금의 가상의 세계를 실재와 독립시켜 파악하려 한다는 것은 가상을 실재의 재현 과정으로 파악하려는 것에 지나지 않는다. 컴퓨터에 의해서

---

42) Norbert Bolz, *Eine kurze Geschichte des Scheins*, München: Fink, 1991, S. 7.
43) ibid., S. 104.

만들어진 가상세계는 하나의 가능성으로 주어지며, 이렇게 형성된 이미지들은 언제나 변화 가능하다.[45] 그렇다면 하나의 가능성으로 주어지며, 언제나 변화 가능한 게 가상현실뿐인가? 페터 바이벨Peter Weibel에 따르면 디지털이 만든 가상세계는 하나의 체계System이다. 그리고 실재세계는 하나의 환경Umwelt이다. 그런데 문제는 이 체계와 환경 또한 변화 가능하며, 유동적이라는 데 있다고 바이벨은 지적한다.[46] 명확하게 구별하기 어려운 체계와 실제 환경과의 경계 및 이 둘의 상호작용을 통해 이 둘은 서로 각자의 장에서 경계 이탈을 한다. 결국 실재는 가상화되며, 가상은 실재화된다.

실재가 가상화되고, 가상이 실재화되는 이러한 혼종화가 이루어지고 있는 가운데 예술은 과연 어떠한 변화에 자신을 노출시키고 있는가? 앞서 이야기했듯이, 애초에 예술은 가상이었다. 가상인 예술은 끊임없이 실재를 반영하며, 가상임에도 불구하고 우리는 예술을 통해 실재의 흔적을 보고자 한다. 이것이 바로 예술이 가지고 있는 딜레마이다. 가상은 가상이되 실재를 담보하고 있는 가상, 또는 가상이지만 진리의 계기 또한 가지고 있어야 하는 예술은 실재와 가상, 그리고 진리 사이에서 끊임없이 방황한다. 이 방황의 과정 속에서 예술은 또한 무엇인가를 끊임없이 혼종화한다. 예술이라는 혼종화를 통해 수많은 것들은 다시 태어난다. 이러한 예술의 혼종화 작업은 디지털 매체 시대에 와서 더욱 두드러지게 나타난다. 혼종화 작업은 예술이 실재를 가상화한 자신을 다시 한 번 가상화함으로써 스스

---

44) 고든 그레이엄, 『인터넷 철학』, 이영주 옮김, 동문선, 2003, 198~206쪽 참조(Gordon Graham, *The Internet: A Philosophical Inquiry*, New York: Routledge, 1999).
45) Peter Weibel, *Time Slot: Geschichte und Zukunft der apparativen Wahrnehmung vom Phenakistiskop bis zum Quantenkino*, Köln: Buchhandlung Walther König, 2006, S. 5.
46) ibid., S. 22.

로를 변모시킨다. 가상현실은 바로 이러한 예술적 작업의 토대이자 가능성 그리고 완성태이기도 하다. 그래서 마이클 하임 또한 가상현실의 본질이 궁극적으로는 기술 분야가 아니라 예술의 영역에 자리 잡을 것이라고 진단한다.[47] 가상현실은 실재를 변형시키는 예술의 힘을 한층 더 향상시킬 것이기 때문이며, 그렇기에 전통적인 예술과는 다른 형태의 예술이 요구될 수밖에 없다고 그는 주장한다.[48]

하임뿐만 아니라 피에르 레비Pierre Lévy 또한 가상현실과 예술의 관계를 매우 중시한다. 레비는 현 매체적 단계에서 가상화되지 않는 것은 없다고 진단하면서, 이러한 수많은 가상화들 가운데 예술을 정점에 둔다. 예술은 바로 '가상화의 가상화'이기 때문이다.[49] 또 그는 예술이야말로 "가상화의 행위를 가장 깊이 있게 이용하기 때문에 매력"적이라고 한다.[50] 지금 이 시대에 가상화의 가상화인 예술은 또 다시 많은 것들과 상호작용한다. 놀이와 기술, 그리고 가상세계와 상호작용하면서 우리의 인식과 지각을 가상화하기도 한다. 그 중 무엇보다도 예술이 행위자가 되어서 실재와 가상을 상호작용하게끔 만들고 있다는 사실은 주목할 만하다.[51] 또 이제 이러한 작업들을 통해 예술의 개념은 확장되고, 특정한 장소에서뿐만이 아니라, 도처에서 이러한 예술 세계에 접근할 수 있는 길이 열리게 되었다.

이러한 상황 속에서 프랑크 하르트만Frank Hartmann은 새로운 매체, 즉

---

47) 마이클 하임, 『가상현실의 철학적 의미』, 201쪽(Michael Heim, *The Metaphysics of Virtual Reality*, New York: Oxford University Press, 1993).
48) 같은 책, 206쪽.
49) 피에르 레비, 『디지털 시대의 가상현실』, 전재연 옮김, 궁리, 2002, 116쪽(Pierre Lévy, *Qu'est-ce que le virtuel?*, Paris: La Découverte, 1995).
50) 같은 책, 117쪽.
51) 심혜련, 『사이버스페이스 시대의 미학』, 살림, 2006, 131~142쪽 참조.

디지털 매체가 실재의 가상화와 가상의 실재화를 가져오면서, 다음과 같은 새로운 기준들을 요구한다고 말했다. 먼저 그는 디지털 매체 시대의 이러한 혼종화된 세계를 수용하는 방식에 변화가 왔다고 지적한다. 즉 디지털 매체 시대에서는 이전의 문자처럼 읽고 해독하는 수용방식 대신에 몰입하는 방식이 요구된다는 것이다. 또 해석뿐만 아니라, 서술에서도 마찬가지다. 서술 형식과 관련해서 이전의 선형적이며 합리적인 서술 형식 대신에 은유적이며 아이콘적인 형식이 요구된다고 한다. 기승전결이 분명한 논리적인 글쓰기 대신, 함축적이며 은유적인 글쓰기가 등장한 것이다. 시각 미술을 다루는 미학에서도 변화가 일어나고 있다. 이전의 시각 예술을 수용하는 방식은 분명 거리두기를 통한 관조적 방식이 주를 이루었다. 그러나 디지털 매체를 기반으로 한 매체예술을 수용하는 방식은 이와는 다르게 이미지와 거리를 두기보다는 이미지 안으로 들어가 이미지를 몸으로 느끼며, 이미지를 직접 작동할 것을 요구한다. 이미지를 시각적으로 보는 방식에서 몸으로 이미지를 느끼는 단계가 온 것이다. 하르트만은 이러한 변화들 속에서 결국 우리가 세계에 대해서 갖는 세계상도 변화되며, 그렇기에 이를 다루는 인식론 또한 변화되어야 한다고 강조한다. 즉 세계상은 선형적인 세계상 대신에 사이버네틱적이고 구성주의적인 것으로 변화하며, 이에 따라 인식론 역시 모노적인 관점 대신에 멀티적인 관점을 가져야 한다고 말이다.[52] 이러한 변화된 기준들을 가지고 우리는 변화된 매체적 상황과 현실적 상황 그리고 예술적 상황을 탐구해 들어가야 할 것이다.

---

52) Frank Hartmann, *Mediologie: Ansätze einer Medientheorie der Kulturwissenschaften*, Wien: WUV, 2003, S. 146.

## 5. 나가며

앞에서 살펴보았듯이 보드리야르 이후 많은 디지털 매체 이론가들은 실재와 가상의 문제 그리고 이들의 혼종화 현상에 대해 이야기했다. 그러나 그 어느 누구도 보드리야르처럼 허무주의에 도달하지는 않는다. 그들은 보드리야르와는 달리 실재의 가상성과 조형 가능성에 대해 부정적으로 파악하지 않기 때문이다. 이들 역시 보드리야르처럼 실재를 우리가 소박하게 생각하듯이 본래 주어진 어떤 것으로 파악하지는 않으며, 또 가상의 힘을 인정함과 동시에 그 힘이 강해질수록 오히려 실재에 대한 진짜 경험도 중요해지고 있다고 강조한다. 그러나 보드리야르의 문제는 시뮬라크르에 있는 것이 아니라, 시뮬라크르가 은폐하고 있는 실재가 바로 하이퍼리얼이라는 데 있다. 재확인하거나 돌아갈 실재, 또는 가상과 대칭점에 있는 실재가 사실 아주 치밀하게 기획된 시뮬라크르라는 것이다. 그래도 돌아갈 곳이 있겠지라고 생각하는 가상세계의 거주민들이 갖는 희망은 헛된 희망이 된다. 돌아갈 곳이 있더라도 그곳 또한 가상이다. 결국 우리는 시뮬라크르에 둘러싸여 살 수밖에 없다.

아주 오래전에 들었던 무서운 이야기가 있다. 그 이야기 내용은 다음과 같다. 어떤 여고생이 학교에서 밤늦게까지 공부를 하다가 집으로 돌아올 때, 종종 귀신을 만났다고 한다. 공포감이 극에 달한 이 여고생은 엄마에게 자신이 집에 돌아올 때, 아파트 현관 앞에 나와 있어 달라고 부탁한다. 어느 날 역시 밤늦게 집으로 가던 길에 이 여고생은 또 귀신을 만났다. 너무 무서워서 엄마가 기다리고 있던 아파트 현관으로 뛰어가 엄마를 만나고 나서야 안심한다. 엄마와 함께 엘리베이터에 탄 이 여고생은 너무 무서웠는데, 엄마와 만나서 다행이라고 말하면서 기뻐한다. 그런데 폐쇄된 엘리베이터 안에서 갑자기 엄마가 그 여고생을 보면서 이렇게 말했다. "내가 니 엄마로 보이니?" 이 얼마나 섬뜩한 이야기인가? 팬텀과 시뮬라크르 속에서 유일하게 실재라고 믿었던 존재, 그것도 다른 존재가 아니라, 엄마라는 존재가 실제 엄마가 아니라 바로 귀신이라니? 이 이야기의 핵심은 그 이전에 귀신들이 등장했다라는 사실이 아니라, 바로 엄마가 귀신으로 등장했다는 데 있다. 실재의 가상성이 다른 방식으로 폭로된 것이다.

이 이야기는 보드리야르의 논의와 겹쳐진다. 우리가 이건 시뮬라크르이고, 이건 실재야라고 믿고 있는 그 순간, 또는 이게 시뮬라크르이긴 하지만 실재가 있으니깐 괜찮아라고 믿는 순간, 그는 우리에게 이렇게 이야기하고 있다. "이게 실재로 보이니?"라고 말이다. 결국 보드리야르가 우리에게 던지고 싶은 근본적인 물음은 바로 실재가 과연 실재인가라는 것이다. 즉 디즈니랜드가 있는 미국이라는 나라가 디즈니랜드보다 더 시뮬라크르적인, 시뮬라크르 그 자체는 아닌지를 묻고 있는 것이며, 결국 우리가 믿고 있는 실재와 시뮬라크르 모두가 하이퍼리얼일 수 있다는 것이다. 또 그는 이와 더불어 왜 현대사회에서 자꾸 하이퍼리얼들을 만들어 내는가를 문제 삼는다. 그것은 바로 감추고 싶은 진실이 있기 때문이다. 그 진실은 바로 우리가 실재라고 믿고 있었던 그 '실재의 가상성'이다. 대책이 없든 그저 허무주의자의 한탄이든 간에 어쨌든 그는 우리가 가지고 있는 실재에 대한 믿음에 근원적인 질문을 제기한 것만은 틀림없다. 소멸되고 있는 실재가 사실 실재가 아니라고 말이다.

## 3 | 탈역사 시대의 기술적 이미지
빌렘 플루서

**1. 들어가며**

아날로그 매체든 디지털 매체든 간에 매체가 발전하면 할수록 이와 더불어 가장 많이 논의되는 주제는 바로 이미지에 관한 것이다. 매체와 이미지, 이 둘은 태생적으로 떼려야 뗄 수 없는 관계를 맺고 있다. 그렇기 때문에, 앞에서 다루었던 많은 매체이론가들의 논의에서 볼 수 있는 것처럼, 새로운 매체가 등장하면 그 매체가 만들어 내는 이미지의 특징과 그 이미지가 미치는 효과에 대해서 상반된 논쟁들이 진행되곤 했다. 이는 결코 우연이 아니라, 그 시대의 매체적 상황에 관심을 갖는 이론가들이 맞이할 수밖에 없는 이론적 필연이다. 아날로그 매체 시대에 기술적 이미지가 본격적으로 등장한 이후 이미지의 생산방식과 수용방식에 대한 논의는 매우 활발하게 진행되었다. 디지털 매체 시대에서도 상황은 다르지 않다. 아니, 오히려 디지털 매체가 등장한 후 이미지에 대한 논의가 더욱 심화되고 활성화되고 있다.[1] 이제 이미지에 대한 논의는 단지 이미지의 생산과 수용 그리고 이미지의 재생산과 복제에 대한 논의로 끝나는 것이 아니라, 이미지와 실재의 관계 문제를 본격적으로 다루기 시작했다. 뿐만 아니라, 여기서 더 나아가 궁극적으로는 우리가 지금까지 당연하게 실재 또는 현실이라고 여겼던 것들 중 과연 무엇이 실재이고 현실인지에 대한 근본적인 물음들을 던지고 있다. 결국 가상, 이미지 그리고 가상현실에 대한 논의는 역으로 실재, 본질 그리고 현실에 대한 근본적인 물음으로 전환될 수밖에 없다.

    디지털 매체 시대의 이러한 이미지를 둘러싼 다양한 논의들은 전통적으로 존재와 본질의 문제를 다루던 철학 영역에서뿐만 아니라, 현재 다양한 학문 영역에서 진행되고 있다. 그렇기 때문에 일부에서는 이렇게 다양한 분야에서 논의되는 이미지에 대한 논의를 하나의 융합적인 학문, 즉 이미지학Bildwissenschaft으로 통합해서 다룰 것을 제안하기도 한다.[2] 어쨌든 기존에 있는 이미지에 대한 이론이든 또는 새롭게 등장하는 이론이든 간에 이미지에 관심을 가지고 있는 이론들의 문제의식은 이미지가 현대사회에서 중요한 의사소통 수단이라는 사실에서 출발한다. 음성언어와 문자언어 그리고 이미지는 중요한 의사소통 수단이다. 음성언어와 문자언어가 기본적으로 언어를 기반으로 한 의사소통 수단이라면, 이미지는 비언어적 의사소통 수단이라고 할 수 있다. 비언어적 특징을 가지고 있는 이미지는 과거에도 그러했듯이, 지금도 매우 중요한 역할을 수행하고 있다. 중요한 것은 이미지가 아니라고 아무리 강조해도, 결국 이미지가 결정적인 역할을 하고 있다는 사실을 우리는 절대 부인할 수 없다.

---

1) Klaus Sachs-Hombach, *Das Bild als Kommunikatives Medium: Elemente einer allgemeinen Bildwissenschaft*, Köln: Von Halem, 2006, S. 9.
2) Klaus Sachs-Hombach, "Konzeptionelle Rahmenüberlegungen zur interdisziplinären Bildwissenschaft", Hrsg. Klaus Sachs-Hombach, *Bildwissenschaft: Disziplinen, Themen, Methoden*, Frankfurt am Main: Suhrkamp, 2005, S. 11~19.

앞에서 이야기했듯이, 이미지는 하나의 의사소통 수단이나, 단지 가상이나 현상에 그치는 것이 아니라 인간의 감성과 감성적 행위를 규정하기에 이르렀다. 존재론적으로 보았을 때, 이제 이미지는 존재하는 사물의 가상과 현상이 아니라, 본질이 되었다고 볼 수 있다. 이러한 이미지에 대한 논의는 이미 플라톤 때부터 있어 왔다. 다시 말해서 디지털 매체, 아니 아날로그 매체 때문에 새롭게 등장한 문제가 아니라는 것이다. 그런데 문제는 이전에 논의가 있었는가, 새롭게 등장했는가에 있는 것이 아니다. 더 중요한 문제는 이미지 위상과 이미지에 대한 평가가 변했다는 데 있다. 문화·사회적인 현상들에서 이미지가 모든 것을 지배하고 있다면, 이는 틀린 말일까? 이미지가 모든 것을 지배하지 않기를 바랄 수는 있지만, 그것이 모든 것을 지배하지 않을 것이라고는 말할 수는 없을 것이다. 그렇다면 이미지가 이렇게 중요하게 부각되는 것을 탐탁지 않게 바라보는 이유는 무엇일까? 정말 이미지는 한갓 실체 없는 가상, 아니면 실체를 약간만 가지고 있는 거짓된 현실일까?

기술적 이미지를 중심으로 한 디지털 가상과 피상성에 대한 빌렘 플루서Vilém Flusser, 1920~1991의 문제의식은 바로 여기서 출발한다. 즉 이미지에 대해 재평가함과 동시에 디지털 매체와 결합된 디지털 이미지, 또는 디지털 가상에 대한 불신에 대해 반박하고자 하는 것이다. 그의 이러한 문제의식은 단지 디지털 가상에 대한 논의에 그치는 것이 아니다. 오히려 그는 의사소통 전반의 문제를 코무니콜로기Kommunikologie라는 새로운 철학으로 제시한다.[3] 코무니콜로기란 일종의 '소통-학'으로서 이 사회에서 발생하는 모든 커뮤니케이션에 대한 새로운 융복합학적 시도라고 볼 수 있다. 이

---

3) 디터 메르시, 『매체이론』, 문화학연구회 옮김, 연세대학교 출판부, 2007, 150쪽.

새로운 학문을 토대로 해서 그는 새로운 매체에 의해 변화된 사회를 '텔레마틱'Telematik 사회라고 규정하고,[4] 이를 탐구하고자 시도한다. 특히 그는 주된 의사소통 수단이 문자에서 이미지로 변화하는 과정과 그 과정이 갖는 의의에 대해 설명하고, 매체 또는 장치로 인하여 만들어진 이미지의 의미를 재탐색한다.[5]

## 2. 매체로서의 문자와 이미지에 따른 시대 구분[6]

매체는 그 시대의 지배적인 커뮤니케이션 양식을 규정하기 때문에, 시대 구분을 할 때 중요한 잣대가 되는 시대정신과도 같은 역할을 수행한다. 따라서 플루서는 단편적으로 매체를 분석하는 것이 아니라, 전체적인 커뮤니케이션 체계 안에서 매체와 사유방식 그리고 이로 인해 규정될 수 있는 사회체계 전반을 고찰한다. 이러한 문제들을 다루는 방법론도 매우 다양하다. 즉 그는 역사, 철학, 매체이론, 예술이론 그리고 미학 등을 방법론으로 사용한다. 이를 플루서는 '코무니콜로기'라는 학문으로 정립한다. 코무니콜로기는 일종의 융복합학이다. 플루서는 각 학문분과에서 지엽적으로 연구되고 있는 커뮤니케이션에 대한 연구들을 코무니콜로기라는 하나의

---

4) 빌렘 플루서, 『피상성 예찬: 매체 현상학을 위하여』, 김성재 옮김, 커뮤니케이션북스, 2004, 233쪽.
5) W. J. T. 미첼, 『그림은 무엇을 원하는가: 이미지의 삶과 사랑』, 김전유경 옮김, 그린비, 2010, 4쪽(W. J. T. Mitchell, *What Do Pictures Want?*, Chicago: University of Chicago Press, 2005). 여기서 윌리엄 미첼 또한 이미지를 연구하는 과정에서, 이미지와 대상 그리고 매체를 함께 연구해야 한다는 점을 강조한다. 그러나 이 책에서 미첼은 기존의 이미지 연구자들과는 달리, 수용자 편에서 이것들의 관계를 언급하는 것이 아니라, 이미지를 주체화시켜 이미지 편에서, 특히 이미지의 욕망과 관련해서 이것들의 관계를 분석한다는 점이 독창적이다.
6) 플루서에 관한 이 장의 2절과 4절은 부분적으로 다음의 책에서 일부 수정을 거쳐 가져온 것임을 밝힌다. 심혜련, 『사이버스페이스 시대의 미학』, 살림, 2006, 93~96쪽.

'총체적 복합체'로 통합하려 했다.[7] 그가 하나의 융복합학으로서의 코무니콜로기를 제안하는 이유는 다음과 같다. 무엇보다도 먼저 그는 인간의 사회적 조건과의 연관 속에서 코무니콜로기의 필요성을 언급한다. 그는 인간이 타인과 소통하면서 살 수밖에 없는 사회적 존재이기 때문에, 커뮤니케이션은 피할 수 없는 운명과 같은 것이라는 데서 출발한다.[8] 사회적 존재로서의 인간 존재, 그것이 바로 코무니콜로기가 필요한 존재론적 이유다. 더 나아가 플루서는 지극히 실존적인 측면에서 코무니콜로기의 필요성을 이야기한다. 즉 인간은 태어남과 동시에 죽음이라는 길을 향해서 갈 수밖에 없기 때문에 태생적으로 불안과 고독을 가지게 되는데, 이를 잊고자 혹은 인생을 살 만한 것으로 만들기 위해 커뮤니케이션한다는 것이다.[9] 바로 이러한 점에서 그에게 이제 커뮤니케이션은 하나의 충분조건 또는 필요조건이 아니라 인간의 삶에서 필요충분조건으로 작용하며, 그 자체가 해석해야 될 하나의 현상이 된다.[10]

플루서는 이와 더불어 기술사회적 측면에서도 코무니콜로기가 필요하다고 주장한다. 이때 무엇보다도 중요한 것은 기술 발전으로 인해서 변화된 기술적 또는 매체적 상황이 커뮤니케이션을 중심으로 인간들 간의 관계를 본질적으로 변화시켰다는 점이다. 따라서 그는 제1차 산업혁명이 인간의 노동을 변화시킴으로써 인간과 세계의 관계와, 인간과 기술 또는 도구와의 관계를 변화시켰다고 보았다. 그다음, 제1차 산업혁명과는 달리

---

7) 빌렘 플루서, 『코무니콜로기』, 김성재 옮김, 커뮤니케이션북스, 2001, 256쪽(Vilém Flusser, *Kommunikologie*, Mannheim: Bollmann, 1996).
8) 같은 책, 10~11쪽.
9) 같은 책, 19쪽.
10) 같은 책, 12쪽.

제2차 산업혁명은 인간과 세계 또는 인간과 도구와의 관계가 아니라, 인간들 상호 간의 관계에 변화를 가져왔다고 보았다. 바로 이런 이유에서 제2차 산업혁명 이후에는 커뮤니케이션에 관한 이론이 그 어떤 이론보다도 중요해지는 것이다.[11] 이제 이러한 변화들이 무엇을 의미하는지를 본질적으로 파악해야 한다.[12] 그의 작업은 먼저 매체를 중심으로 해서 형성된다. 왜냐하면 한 시대의 지배적인 커뮤니케이션 방식을 이해하기 위해서는 먼저 그 시대의 지배적인 매체 그 자체에 대한 인식과 판단이 중요하기 때문이다.

플루서는 인류 문화에서 가장 중요한 두 가지 대립적인 전환점이 존재한다고 보았다. 하나는 바로 '선형문자의 발명'이고,[13] 또 다른 하나는 '기술적 이미지의 발명'이다.[14] 물론 그는 디지털 매체가 등장하기 이전의 다른 기술적 이미지와 디지털 이미지를 구별하지 않는다. 그는 이 두 형식의

---

11) 같은 책, 253쪽.
12) 이 글에서는 플루서가 코뮤니콜로기를 중심으로 이야기하고 있는 담론형의 구조 변화에 대해서는 자세히 언급하지 않겠다. 물론 담론형의 구조 변화에 대한 이론은 플루서를 이해하는 데 매우 중요한 이론임에는 틀림없다. 그러나 이 글에서는 플루서의 코뮤니콜로기 이론이 핵심이 아니라, 이러한 현상을 설명하기 위해 그가 도입하고 있는 매체 분석과 디지털 가상만을 다루고자 하기 때문이다.
13) 이 글에서는 플루서의 『사진의 철학을 위하여』(윤종석 옮김)를 텍스트로 사용할 것이다. 그러나 주요 개념이나 이론일 경우, 플루서의 원전을 참조해서 독일어로 명기할 것임을 밝힌다.
14) 빌렘 플루서, 『사진의 철학을 위하여』, 윤종석 옮김, 커뮤니케이션북스, 1999, 3쪽(Vilém Flusser, *Für eine Philosophie der Fotografie*, Göttingen: European Photography, 1997). 'Bild'라는 독일어 단어는 사전적 의미에서 그림, 형상, 영상, 화면, 모습, 인상 그리고 이미지라는 뜻을 가지고 있다. 기술적 이미지들이 본격적으로 등장하기 이전에 이 단어는 주로 그림이나 형상이라는 뜻으로 번역되었다. 그러나 지금은 주로 영상과 이미지로 번역될 수 있으며, 책의 내용과 맥락에 따라 이 용어는 다르게 번역될 수 있다. 국내에 출판된 플루서의 번역서들에서도 어떤 경우에는 그림 또는 형상으로 또 어떤 경우에는 이미지로 번역되고 있다. 이 글에서는 플루서의 이론에서 주로 이미지와 관계된 논의를 분석하기 때문에, 용어의 혼란을 피하기 위하여 'Bild'를 이미지로 번역해서 사용할 것임을 밝힌다. 이 점 플루서 책을 번역한 역자들에게 양해를 구한다.

이미지를 장치가 만들어 낸 이미지라는 커다란 틀에서 파악하고 있는 것이다. 사실 문자와 이미지 그리고 매체의 상관관계 또는 구텐베르크 은하계의 종말은 거의 모든 매체철학자들이 다룬 주제라고 해도 과언이 아니다. 또 각각의 철학적 입장에서 이러한 변화에 대해 동일한 또는 매우 상반된 해석과 전망을 내놓기도 했다. 뿐만 아니라, 이들 간의 변화와 그 변화의 결과에 대해서는 아직도 논쟁 중이다. 이러한 현상은 이 주제가 그만큼 철학 영역에서 중요하다는 것을 의미한다.

철학을 어떻게 규정하든지 간에, 철학의 근본은 '사유함'에 있다. 그런데 이러한 사유함을 위해서는 무엇보다도 사유할 거리가 있어야 한다. 매체들은 철학에 이러한 사유할 거리를 제공해 주었다. 뿐만 아니라, 이제 사유함 자체를 규정하기에 이르렀다. 플루서의 문자와 이미지 그리고 매체 연구의 출발점도 바로 이 지점이다. 그는 "스스로를 변화시키는 의식은 변화된 기술을 요청하고, 변화된 기술은 그 의식을 변화"시킨다고 강조한다.[15] 의식이 존재를 규정하는 것이 아니라, 존재가 의식을 규정하듯, 기술이 의식을 변화시키고 규정하게 된 것이다. 그렇기 때문에 새로운 매체의 출현은 바로 "새로운 의식 형태로의 출발점"을 의미한다.[16] 바로 이러한 이유에서 플루서는 이제 매체가 커뮤니케이션 이론의 중심이며, 그렇기 때문에 매체 그 자체를 충실하게 분석하는 것이 중요하다고 강조한다. 이미 매체 자체가 의미가 되었으며, 그 의미를 파악하기 위해서 매체이론은 현상학적이 되어야 한다는 것이다.[17]

---

15) 빌렘 플루서, 『디지털 시대의 글쓰기: 글쓰기에 미래는 있는가』, 윤종석 옮김, 문예출판사, 1998, 39쪽(Vilém Flusser, *Die Schrift: Hat Schreiben Zukunft?*, Göttingen: Immatrix Publ., 1987).
16) 같은 책, 39쪽.
17) 플루서, 『코무니콜로기』, 273~274쪽.

이러한 이론적 전제하에 플루서는 매체를 중심으로 커뮤니케이션 체계를 세 개의 전형적인 코드로 파악한다. 그 코드의 중심이 되는 것은 문자와 이미지 그리고 기술적 이미지다. 이를 중심으로 그는 시대를 알파벳 이전Vor-Alphabet 시대와 알파벳 시대, 그리고 알파벳 이후Nach-Aphabet 시대로 분류한다.[18] 문자를 중심으로 한 이러한 시대 구분은 이미지와 연결해서 다시 구분할 수 있다. 즉 이를 다시 이미지 중심으로 설명하면, 이미지 시대, 문자 시대 그리고 기술적 이미지의 시대로 분류된다.[19] 여기서 중요한 것은 알파벳 등장 이전에도 이미지가 중심 코드로 작동했으며, 알파벳 이후에도 이미지가 중심 코드로 작동하는 시대가 재등장했다는 사실이다. 그러나 뒤에서 좀더 자세히 이야기하겠지만, 알파벳 이후에 지배적 코드로 등장한 것은 '기술적 이미지'이며, 이 기술적 이미지는 알파벳 없이는 가능하지 않은 코드이다.[20]

일단 이러한 시대들은 이에 상응하는 사유형식이 다르다. 알파벳 이전 사회에는 순환적 사유방식이 지배적이었고, 알파벳 시대에는 선형적 사유방식이 지배적이었다.[21] 신화와 주술이 중심이 되는 사회는 사유방식 자체가 서로 유기적으로 연관된다. 이때 중요한 것은 서로 원을 그리듯이 연결된다는 것이다. 반면 책을 중심으로 한 선형적 사유방식에서는 무엇보다도 논리적 사유가 중요하다. 기승전결을 중심으로 한 그러한 사유 말이다. 그리고 알파벳 이후의 사유방식은 개별적이며 모자이크처럼 구성된다는

---

18) 같은 책, 91~113쪽 참조.
19) 플루서, 『사진의 철학을 위하여』, 16~17쪽.
20) 플루서, 『코무니콜로기』, 111쪽.
21) 빌렘 플루서, 『그림의 혁명』, 김현진 옮김, 커뮤니케이션북스, 2004, 31쪽(Vilém Flusser, *Die Revolution der Bilder*, Mannheim: Bollmann, 1996).

특징을 갖는다.[22] 또 이 각각의 사회에서 중요한 점으로 지적되는 것은 알파벳 이전 사회에서는 '의미'가, 알파벳 사회에서는 '선형적 과정'이, 그리고 알파벳 이후의 사회에서는 '상황'이 문화가 서술되는 방식에서 중요하게 된다는 점이다. 이러한 사회적 특징을 종합해서 플루서는 이 각각의 시대의 사회를 알파벳 이전 시대는 주술적 문화가 지배하는 '주술사회', 알파벳 시대는 '산업사회' 그리고 마지막으로 알파벳 이후의 시대를 '지식사회'라고 분류한다.[23] 즉 알파벳 이전 시대의 이미지는 세계를 직접적으로 반영하지만, 알파벳 이후 시대의 이미지들은 그렇지 않다. 따라서 그는 알파벳 이후 시대의 이미지들을 '기술적 이미지'technische Bilder라고 규정하고 이를 적극적으로 해석할 것을 요청한다. 그의 사진에 대한 철학은 바로 이에 대한 자신의 해석이다.

## 3. 사진과 사진기 그리고 사진 찍기

전통적인 이미지는 알파벳의 등장 이후 자신의 많은 역할을 상실한다. 특히 이미지는 지식과 정보 전달의 기능을 알파벳, 즉 문자에게 넘겨줄 수밖에 없었다. 그러나 문자가 독점적인 역할을 수행하는 시대 또한 과거가 된다. 문자의 지위는 기술적 이미지가 등장한 후 급격하게 흔들린다. 이러한 시대가 바로 플루서가 이야기하는 '탈역사 시대'Post-Geschichte이다. 이에 대해 그는 다음과 같이 이야기한다. "문자와 더불어 좁은 의미에서의 역사, 사실상 우상숭배에 대한 투쟁으로서의 역사가 시작되었다. 사진술과 더불

---

22) 맥루언도 이미 플루서와 동일하게 알파벳 이후의 사유방식을 파악했다.
23) Frank Hartmann, *Medienphilosophie*, Wien: WUV, 2000, S. 292.

어 '탈역사'가, 사실상 텍스트 숭배에 대한 투쟁으로서의 탈역사가 시작되었다."[24] 탈역사 시대에서 대표적인 매개물로 등장하는 것은 다시 이미지이다. 그런데 이 이미지는 전통적인 이미지와는 태생 자체가 다르다. 왜냐하면 바로 기술적 매체에 의해서 매개된 이미지이기 때문이다. 물론 전통적인 이미지와 기술적 이미지는 둘 다 이미지이기 때문에, 인간과 세계를 매개해서 세계 바깥에 존재하는 인간으로 하여금 세계를 표상하게 만든다는 공통점을 갖는다. 그러나 이미지로서 가질 수밖에 없는 이러한 공통점에도 불구하고 전통적 이미지와 기술적 이미지는 의미와 기능적인 측면에서 차이점을 가질 수밖에 없다.

플루서가 주목하는 것도 바로 이 차이점이다. 그는 알파벳 시대의 경험 여부가 그 차이를 가르는 데 있어서 매우 중요한 척도라고 강조한다. 전통적 이미지는 알파벳 시대를 경험하기 이전의 것이었으며, 기술적 이미지는 알파벳 단계를 경험한 이후에 등장한 것이기 때문에 이 둘은 본질적인 차이를 갖는다. 알파벳 시대를 미처 경험하지 못한 것과 경험한 것의 차이는 이루 말할 수 없이 크다. 선형문자가 인류 역사에 가져온 많은 중요한 점들을 이미 많은 이론가들이 언급했듯이 말이다. 전통적 이미지는 알파벳이 등장하기 이전의 이미지였기 때문에 구체적인 세계를 추상화할 때, 세계를 바로 추상화한다. 다시 말해서 추상화의 여러 단계들 중에서 첫번째 추상화 단계에 해당한다. 이와 달리 기술적 이미지들은 이미 알파벳 시대를 경험했기 때문에, 전통적 이미지처럼 세계를 바로 추상화할 수 없다. 선형문자, 즉 텍스트가 어떤 식으로든 전제되어 있기 때문이다. 그래서 기술적 이미지는 텍스트를 이미지로 추상화하는 경향이 있으며, 또 필연적

---

24) 플루서, 『사진의 철학을 위하여』, 21쪽.

으로 그럴 수밖에 없다. 즉 추상화 단계에서 제2단계에 해당하는 알파벳 단계를 거쳤으며, 또 이를 내포해야 하기 때문에 기술적 이미지는 제3단계의 추상물이 된다. 세계는 전통적 이미지에서 즉각적으로 추상화되고, 알파벳에 의해서 개념화됨으로써 2단계의 추상화 과정으로 표현되며, 마지막으로 텍스트로 개념화된 세계가 기술적 장치라는 매개물에 의해서 다시 한 번 이미지로 추상화되는 것이다. 이것이 바로 플루서가 이야기하는 전통적 이미지와 기술적 이미지의 근본적 차이다.

텍스트에 의해서 개념화된 세계가 기술적 장치에 의해 다시 한 번 추상화되면서 이미지로 등장한다는 것은 과연 무엇을 의미하는가. 이미지의 단순한 재등장인가, 아니면 말 그대로 기술적 이미지의 새로운 등장인가. 앞서 이야기했듯이 플루서가 계속 주목하는 것은 단지 매체의 변화뿐만 아니라, 이로 인한 사유의 변화이다. 그렇기 때문에 그는 기술적 이미지의 등장이 갖는 의의를 텍스트 중심의 사유인 "역사적 의식을 제2단계의 마술적 의식으로 대체시키고, 개념적 능력을 제2단계의 상상력으로 대체시킴으로써, 그것의 수용자를 개념적 사고방식이라는 필연성으로부터 마술적으로 해방시키는 것"으로 보았다.[25] 이때의 마술은 그 중에서도 제2단계의 마술, 즉 '추상적 환각 작용'이며, 신화가 아니라 기술장치에 내재되어 있는 프로그램과 관련 있는 것이다.[26] 따라서 기술적 이미지는 전통적 이미지가 가지고 있었던 마술적이며 신화적인 성격을 극복한 것이라고 볼 수 있다. 이러한 기술적 이미지의 출발은 사진의 등장과 더불어 본격적으로 시작되었다. 사진이 등장하기 이전에도 물론 기술적 이미지는 있었다.

---

25) 플루서, 『사진의 철학을 위하여』, 20쪽.
26) 같은 책, 20쪽.

그러나 사진만큼 대중적으로 확산된 것들은 아니었다. 따라서 사진이야말로 기술적 이미지가 대중화된 최초의 형태라고 볼 수 있다. 그렇기 때문에 사진의 등장 이후 이미지와 매체, 또는 이미지와 기술, 또는 예술과 기술의 문제가 본격적으로 제기된 것이다.

플루서는 사진을 하나의 온전한 철학적 주제로 삼아 연구한 몇 안 되는 철학자다. 사실 많은 철학자들이 사진에 관심을 갖고 사진에 대해 언급하긴 했지만, 자신이 다루는 많은 주제들 중 하나로 다루는 정도였다.[27] 그러나 플루서는 많은 이미지들 중 특히 사진에 대해 '사진의 철학'이라고 이야기하면서 사진에 대해 본격적으로 다룬다. 그것이 바로 그의 『사진의 철학을 위하여』*Für eine Philosophie der Fotografie*이다. 여기서 플루서가 사진을 분석하는 철학적인 방법은 매우 독특하다. 그는 사진 이미지에 대한 해석과 이해에 그치는 것이 아니라, 사진에 대해 좀더 본질적인 방식으로 접근한다. 그는 이미지로서의 사진보다는 오히려 인간과 세계의 매개물로서의 사진, 즉 '매체로서의 사진'에 주목한다. 이러한 플루서의 접근방식은 벤야민이 사진을 분석할 때, '예술로서의 사진'이 아니라, '사진으로서의 예술'을 강조한 것과 유사한 면이 있다고 볼 수 있다. 일찍이 벤야민은 '예술로서의 사진'에 대한 끊임없는 논쟁을 비판했다. 이 논쟁은 사진이 가져온 예술적 그리고 사회적 변화에 대해 그 어떤 답도 주지 못하고 있다고 생각했기 때문이다. 그에게 중요한 것은 사진이라는 장치에 의해서 변화된 예술 환경이었던 것이다.

벤야민과 마찬가지로 플루서에게도 예술로서의 사진은 별로 의미가

---

[27] Bernd Stiegler, "Medienphiosophie der Photographie", Hrsg. Mike Sandbothe und Ludwig Nagl, *Systematische Medienphilosophie*, Berlin: Akademie, 2005, S. 253~254.

없는 것이다. 그러나 벤야민과는 또 다르게 그의 관심은 다양한 도구적인 역할을 하는 사진이나 또는 다른 영역에 이미지로서 차용되는 사진이 아니라, 사진 그 자체이다. 따라서 플루서는 매체로서의 사진을 중심으로 사진을 만들어 내는 장치, 사진을 찍는 행위, 사진술 그리고 사진의 수용 등 다양한 측면에서 접근한다. 이러한 매체로서의 사진에 접근하는 여러 가지 방법 중에서도 그에게 가장 중요한 것은 장치Apparat이다. 플루서는 먼저 장치라는 개념을 명확히 하고, 그 의미를 분석한다. 그는 장치라는 용어가 라틴어 'apparatus'에서 유래된 것에 주목한다. 'apparatus'는 라틴어 'apparare'에서 유래했는데, 이 말은 '이미 준비하다'라는 의미를 갖는다.[28] 그래서 플루서는 장치라는 개념을 단지 도구나 수단의 의미가 아니라, "어떤 것을 준비하면서 인내심 있게 고대하는 하나의 사태"라고 규정한다.[29] 따라서 사진기도 바로 이러한 사태이다. 또 장치는 사태인 동시에 정보를 전달한다. 정보를 전달하는 과정에서 장치는 인간의 신체기관을 모사하고 이를 확장한다. 인간과 장치가 서로 상호작용하면서 닮아 가는 것이다.[30]

플루서는 이미지에 대한 지위 복원을 시도함과 동시에, 그 이미지 공간에서 이미지를 생산하고 수용하는 작용과 더불어 인간의 본성 자체에도 변화가 일어나고 있음을 보았다. 그는 이미지의 피상성을 예찬할 뿐만 아니라, 그 피상성을 가지고 마치 놀이하듯이 하는 행위 자체를 긍정적으로 인정한다. 그래서 플루서는 사진기라는 장치를 작동하는 인간을 호모 파베르가 아니라, 호모 루덴스라고 정의한다.[31] 그런데 단어 그대로 해석한

---

28) 플루서, 『사진의 철학을 위하여』, 26쪽.
29) 같은 책, 26쪽.
30) 같은 책, 28쪽.
31) 같은 책, 32쪽.

다면, 도구를 작동하기 때문에 작동인 또는 도구인이라고 규정하는 호모 파베르가 더욱 적합한 정의가 아닌가? 그러나 플루서는 사진기가 단지 작업도구인 것이 아니라 일종의 놀이기구라고 보기 때문에, 사진사를 호모 루덴스라고 하는 것이다. 이러한 플루서의 접근방식에서 가장 큰 특징은 사진기라는 장치가 산업사회의 기본 범주인 노동과 무관하다고 보는 데 있다.

플루서는 장치가 노동의 의미를 변화시킨다고 보았다. 즉 산업사회에서 세계를 변화시키던 노동이 이제 세계의 의미만을 변화시키고 있다고 본 것이다. 결국 새롭게 변화한 노동의 특징 안에서 장치를 작동하는 사진사는 노동을 하는 것이 아니다.[32] 그렇다면 사진사가 사진기라는 장치와 관계를 맺으면서 하는 일이 아무것도 없단 말인가? 그렇지 않다. 사진사 또한 무언가를 행하기는 하는데, 이 행위가 단지 노동은 아니라는 것이다. 사진사는 사진기를 통하여 세계의 다양한 의미 체계들을 만들어 낼 뿐이다.[33] 플루서는 사진사의 작업 행위를 장기 두는 사람의 행위와 비교한다. 즉 무엇인가를 하긴 하지만 노동과는 무관한 놀이적 행위이며, 아무 생각없이 하는 것이 아니라 늘 새로운 가능성을 탐색하는 그런 행위 말이다. 따라서 플루서는 다음과 같이 말한다. "장기 두는 사람들도 장기의 프로그램 속에서 새로운 가능성, 새로운 술수를 탐색한다. 장기 두는 사람이 장기를 가지고 유희하듯이, 사진사는 사진기를 가지고 유희한다."[34] 그렇기 때문에 사진기는 "결코 작업도구가 아니라 유희도구이며, 사진사는 노동자가

---

32) 같은 책, 32쪽.
33) 같은 책, 30쪽.
34) 같은 책, 32쪽.

아니라 유희하는 사람"이 된다.[35] 결국 사진사는 호모 파베르가 아니라, 호모 루덴스인 것이다. 플루서는 사진사를 호모 루덴스로 정의하는 데서 그치지 않고, 더 나아가 유희 자체에 대해 새로운 평가를 시도한다. 그는 '놀이' 또는 '유희'가 인간의 중요한 본성이며, 이를 결코 폄하해서는 안 된다는 입장을 취한다.

사실 우리는 그동안 노골적으로 '놀이'를 무시해 왔다. 최근 디지털 이미지로 구성된 다양한 놀이들을 비판하는 많은 입장들이 기본적으로 전제하는 것도 바로 이러한 놀이 문화에 대한 폄하일 것이다. 이는 이미지에 대한 폄하와 직접 연결된다. 이미지에서 서사와 의미를 찾는 행위도 바로 이러한 인식의 일환인 것이다. 그러나 놀이는 인간의 본성 중 하나다. 놀이는 일종의 문화적 행위이며, 인간은 그 본성상 문화적 인간일 수밖에 없다. 그런데 문자적 리터러시literacy[36]에 집착하는 많은 사람들에게 놀이는 단지 놀이일 뿐이다. 즉 노동은 일차적인 것이며, 놀이는 이차적인 것으로 취급된다. 마치 문자가 일차적인 것이며, 이미지가 이차적인 것으로 취급되듯이 말이다. 그러나 우리가 왜 노동하는가라는 물음을 던지면, 결국 노동이 이차적인 것으로 될 수밖에 없다. 놀이의 본질을 좀더 잘 수행하기 위해 노동하는 것이기 때문이다. 한 사회의 지배적인 가치나 목적은 기술 발전으로 인하여 변화할 수밖에 없다. 산업사회의 기본적인 범주인 노동만을 언제까지나 최상의 가치로 내세울 수는 없는 것이다. 놀이라고 해서 결코 의미 없는 쉬운 행위라고 생각해서는 안 된다. 플루서는 대표적인 '놀이하는 인간'인 사진사의 사진 찍는 행위를 중심으로 이를 설명한다. 일종의 놀이

---

35) 플루서, 『사진의 철학을 위하여』, 32쪽.
36) 리터러시는 문자화된 기록물을 통해 지식과 정보를 획득하고 이해할 수 있는 능력을 말한다.

기구인 사진기로 인하여 사진사는 예전의 화가들처럼 마치 노동하듯이 그림 그리는 행위에 매진할 필요가 없어졌다. 그 대신 사진사는 사진기라는 장치가 가지고 있는 놀이적인 측면에만 몰두하면 된다.[37] 그런데 노는 것이 결코 쉽지만은 않듯이, 이 몰두의 과정 역시 쉽지만은 않다. 장치는 그 장치와 더불어 놀이하는 인간이 깨닫지 못할 정도로 매우 복잡한 놀이도구이기 때문이다.[38]

플루서가 분석하는 사진사의 사진 찍는 행위, 즉 기술적 이미지를 만들어 내는 행위를 분석한 내용에서 주목해야 하는 것은 먼저, 사진이 단지 이미지가 아니라, 기술적 이미지라는 데 있다. 앞서 설명했듯이, 기술적 이미지는 전통적인 이미지와는 달리, 알파벳 시대, 즉 문자 시대라고 할 수 있는 역사 시대를 지나온 이미지다. 따라서 이 이미지에는 개념과 텍스트가 내재되어 있다. 그래서 플루서는 이 기술적 이미지를 잘 해석하기 위해서는 이 이미지 표면에 부착되어 있는 개념과 텍스트를 읽을 줄 알아야 한다고 했다. 그렇다면 결국 사진 찍기도 마찬가지다. 플루서에 따르면, 사진사가 사진을 찍기 위해서는 장치를 작동시켜야 하는데, 이 장치를 작동시키는 동작은 기술적 동작임과 동시에 개념적 동작이 된다.[39] 장치들은 일종의 사태로서 사진사에게 무수히 많은 관점을 열어 준다. 그리고 사진을 찍을 수 있는 대상들은 이렇게 무수히 많은 관점들을 다 허용한다. 이런 상황에서 사진 찍는 행위가 나오는데, 플루서는 이 행위들을 일종의 '현상학적 회의'라고 보았다.[40] 장치는 현상과 객체들에게 접근할 수 있는 무수히 많

---

37) 같은 책, 34쪽.
38) 같은 책, 37쪽.
39) 같은 책, 42쪽.
40) 같은 책, 44쪽.

은 관점들을 열어 주고 있기 때문에, 그 무수히 많은 관점들 사이에서 사진사는 현상학적인 회의를 거쳐 결국 이미지를 사냥하듯이 하나의 관점을 택하고, 그 관점에 따라 현상을 표현한다는 것이다.[41] 그렇기 때문에 그는 사진도 그 결과로서 파악한다. 그는 사진이 개념들을 이미지화한 것이기 때문에, "소박하고 비개념적인 어떠한 사진 찍기도 존재하지 않는다"고 주장한다.[42] 즉 사진은 "사태로 암호화된 개념"이다.[43] 그렇기 때문에, 장치로 놀이를 한다는 일은 쉽지 않다. 그뿐만이 아니다. 잘 놀기 위해서는 먼저 무엇보다도 장치에 대한 이해가 있어야 된다. 즉 진정한 의미에서의 호모 루덴스가 되기 위해서는 먼저 호모 파베르가 되어야 한다는 것이다. 장치에 대한 이해가 있어야 이미지도 만들고, 수용하고 해석할 수도 있다. 바로 그러한 능력을 플루서는 '기술적 상상력'이라고 한다. 기술장치 시대에 요구되는 상상력은 바로 이러한 상상력이다.

플루서는 바로 이러한 이유에서 상상력을 강조한다. 그에 따르면, 상상은 "세계의 사태를 장면으로 축소시키는 능력"이다.[44] 사진과 디지털 이미지를 생산하는 과정에서도 바로 이러한 상상력이 작동해야만 한다. 수많은 사태에 직면한 사진사는 현상학적 회의를 통해서 사태를 사진이라는 하나의 평면으로 축소시킨다. 그때 그에게 필요한 것은 상상력과 기술적 장치이다. 이 둘이 동시에 작용해야만 기술적 상상력이 된다. 그렇기 때문에 이러한 상상력에 의해서 만들어진 하나의 평면과 이미지, 그리고 그것이 가지고 있는 피상성은 폄하받을 그 어떤 이유도 없다는 것이다. 오히려

---

41) 플루서, 『사진의 철학을 위하여』, 44쪽.
42) 같은 책, 43쪽.
43) 같은 책, 54쪽.
44) 플루서, 『그림의 혁명』, 29쪽.

수많은 현상학적 회의를 거쳐 세계의 사태를 하나의 장면으로 축소시켰다는 것은 매우 경이로운 작업인 것이다. 더 나아가 이 장면은 매우 개념적이며 추상적이다. 결국 사진을 비롯한 기술적 이미지는 무수히 많은 의미를 내포하고 있는 의미복합체인 것이다.

### 4. 의미복합체로서의 이미지에 대한 재평가

플루서가 선형성에 근거한 시대를 비판하면서, 적극 환영하고 받아들인 새로운 매체 시대는 다양한 시각적 매체들의 등장과 더불어 시작된 기술적 이미지의 시대다. 여기서 기술적 이미지란, 말 그대로 기술적인 장치로 만들어진 이미지이다.[45] 기술적 이미지는 단지 사진, 영화 그리고 현대의 디지털 이미지만을 의미하는 것이 아니라, 넓은 의미에서 시각 영역에 기술적 장치가 매개되는 과정에서 시각이 확장되어 경험하게 되는 이미지 전반을 의미한다. 예를 들면, 현미경 등을 비롯한 다양한 시각장치들로 인하여 자연적인 눈으로는 체험할 수 없었던 이미지들도 기술적 이미지다. 즉 장치가 매개되어 이미지가 생성되고 이미지를 체험하고 그 이미지가 우리의 지각에 현상되는 것을 말한다. 플루서의 시대 구분에 따르면, 이러한 기술적 이미지가 지배적인 시대는 알파벳 이후의 탈역사 시대이다. 탈역사 시대로서 알파벳 이후 시대는 선형적인 사고와의 결별을 의미하며, 컴퓨터 통신망으로 다양한 주체들이 연결된 텔레마틱한 사회의 출현을 의미한다. 이 세계가 의미하는 바는 체계성에서 카오스로의 전환과 비선형성과 복합성의 등장이다. 즉 문자문화와 결별하고 다시 이미지가 지배하

---

45) 플루서,『사진의 철학을 위하여』, 15쪽.

는 시대로 전환되었다는 것은 새로운 사유체계가 등장하고, 이와 더불어 지배적 감각기관과 사유기관이 귀에서 눈으로 전환되었음을 의미하는 것이다.[46] 이 사실이 의미하는 것은 기술적 이미지가 주된 사유 형식과 사유 내용을 담지하고 있다는 것이다. 어쨌든 그것이 전통적인 이미지이든, 또는 기술적인 이미지이든 간에 플루서는 이미지에 대한 평가절하에 반대한다. 바로 이러한 입장에서 그는 기술적 이미지뿐만 아니라, 이미지에 대한 전체적인 재평가를 시도하고 있다.

플루서의 이러한 재평가는 바로 『사진의 철학을 위하여』의 첫 문장에서 바로 시작된다. 그는 이미지를 평면으로 파악하는데, 그냥 평면, 즉 본질 또는 실체와 무관하기 때문에 의미 없는 평면이 아니라, 의미 있는 평면으로 파악한다. 한마디로 말해서 이미지들은 "의미를 나타내는 평면"인 것이다.[47] 여기서 바로 플루서의 이미지에 대한 철학이 온전히 드러난다. 물론 지금은 이미지에 대한 평가가 예전과는 많이 달라졌다. 예전에는 이미지하면 뭔가 부족한 것이라고 생각하거나, 또는 실재가 아니라 실재의 부분들을 표면으로 표현한 것들이기 때문에 그 과정에서 기만과 속임수의 가능성이 존재할 것이라는 평가를 받아왔다.[48] 그러나 지금은 사정이 다르다. 매체미학, 매체철학, 아이코놀로지Ikonologie 또는 몇 년 전부터 새롭게 부각되고 있는 이미지학을 비롯해서 이미지를 다루는 몇몇 분야들은 이미지가 가지고 있는 독자적인 의미에 주목하고 이를 해석하려고 한다.[49] 물론 이러한 각 분야들에서 시행하고 있는 이미지에 대한 접근방식, 또 해석

---

46) 플루서, 『디지털 시대의 글쓰기: 글쓰기에 미래는 있는가』, 55~56쪽 참조.
47) 플루서, 『사진의 철학을 위하여』, 9쪽.
48) Gernot Böhme, *Theorie des Bildes*, München: Fink, 1999, S. 8.
49) ibid., S. 9 그리고 S. 28~29 참조.

하려는 이유와 해석의 결과들이 서로 같지는 않다. 그러나 이들이 가지고 있는 공통점은 바로 이미지를 하나의 해석복합체로 받아들이고, 그동안 무시당해 왔던 이미지에 정당한 지위를 보장하려고 한다는 점이다. 플루서의 시도도 바로 그러한 시도 중의 하나라고 볼 수 있다.[50]

어쨌든 다시 플루서의 이미지에 대한 설명으로 돌아가자. 먼저 플루서는 이미지가 가지고 있는 표면에 주목한다. 이미지의 표면을 그는 피상성이라 규정하는데, 이러한 피상성을 재평가하고자 하는 것이 바로 그가 이미지 연구를 하는 목적이다.[51] 전통적 이미지 논의에서 보면, 이미지는 본질이 아니라 현상이며, 그렇기 때문에 일차적인 것이 아니라, 이차적인 것으로 취급되곤 했다. 이미지의 지위 복원을 주장하는 게르노트 뵈메Gernot Böhme에 따르면, 바로 이러한 접근방식이 문제다. 즉 이미지를 늘 사물의 본질, 또는 실체 그리고 존재방식과 관련해서 파악하기 때문에, 그러한 관점에서는 이미지가 기껏 해야 본질과 실체를 어느 정도 반영하는 것 또는 본질과 실체와 무관한 것으로 평가받을 수밖에 없다는 것이다. 따라서 뵈메는 이미지를 본질과 실체와의 관계에서 파악하지 말고 독립적으로, 즉 본질과 실체와 분리된 고유한 것으로 파악할 것을 주장한다.[52] 또한 그는 이미지를 우리가 지금 살고 있는 현실과 관련해서 파악할 것을 제안한다. 그에 따르면 사물의 본질은 아직 드러나지 않은 채로 있다. 그와는 달리 현

---

50) 플루서가 『사진의 철학을 위하여』를 출판한 해는 1986년이다. 1980년경 독일에서는 감성학을 중심으로 한 매체미학이 등장했는데, 이 매체미학에서는 문자문화와는 다른 이미지문화 그리고 이미지와 매체의 관계를 매우 중요하게 여긴다. 그렇기 때문에 매체미학을 중요하게 생각하는 이론가들에게 플루서의 저작이 가지는 의미는 매우 크다.
51) 플루서, 『피상성 예찬: 매체 현상학을 위하여』, 2~17쪽 참조.
52) Reinhard Brandt, "Bildererfahrungen: Von der Wahrnemhmung zum Bild", Hrsg. Christa Maar, Hubert Burda, *Iconic Turn: Die neue Macht der Bilder*, Köln: DuMont, 2005, S. 47.

실은 실현된 상태다. 실현된 상태인 현실은 현상으로 파악되며 경험된다. 이렇게 현실과의 관계에서 이미지를 보면, 이미지 자체가 현상이기 때문에 굳이 이차적인 것으로 부당하게 폄하받지 않아도 된다.[53] 이러한 뵈메의 이미지 해석은 플루서와 직접 연결된다. 뵈메 이전에 플루서야말로 '매체 현상학'이라는 관점에서 이미지 현상과 그리고 그 이미지를 구현하는 매체에 관심을 가졌기 때문이다.

플루서는 인간과 세계 그리고 이미지의 관계에서 이미지를 "세계와 인간 사이의 매개물"로 정의한다.[54] 이 매개물인 이미지는 인간이 세계 안에 존재하는 데 반드시 필요하다. 인간은 세계 안에 존재하지만, 이때 인간이 존재하는 세계는 엄밀히 말해서 현상으로서의 세계이기 때문이다. 인간은 결국 본질과 실체인 세계가 아니라, 매개물에 의해서 매개된 세계 안에 존재하고 있는 것이다. 그렇기 때문에 인간은 "매개 없이는 세계에 접근할 수 없다. 따라서 이미지는 인간으로 하여금 세계를 표상 가능하도록 한다".[55] 인간으로 하여금 세계를 표상하도록 만드는 이미지는 그렇기 때문에 다의적인 상징복합체다. 이러한 이미지들로 구성된 이미지 공간 또한 다의적인 상징복합체다. 그에 따르면 이미지의 의미는 표면에 놓여 있기 때문에, 우리가 단 한 번의 시선으로 파악할 수 있다.[56] 그는 이러한 시선의 작업을 '스캐닝'Scanning이라고 규정한다.[57] 이 일차적인 스캐닝 작업을 통하여 이미지 공간은 하나의 "해석을 위한 공간"이 된다.[58] 이 공간은

---

53) Böhme, *Theorie des Bildes*, S. 9.
54) 플루서, 『사진의 철학을 위하여』, 11쪽.
55) 같은 책, 11쪽.
56) 같은 책, 10쪽.
57) 같은 책, 10쪽.
58) 같은 책, 10쪽.

일종의 의미복합체이기 때문에, 하나의 의미를 가지고 있는 이미지가 다른 이미지와 관계를 맺으며 또 다른 의미를 형성한다. 이미지들 간에 서로 상호작용이 일어나는 것이다. 결국 이미지 공간은 상호작용적인 공간으로 된다.[59] 이미지를 비롯한 이미지 공간은 무궁무진한 해석이 가능한 공간인 것이다. 이것이 바로 플루서가 정의한 이미지 세계다.

## 5. 디지털 가상 구하기

플루서는 위에서 언급한 이미지와 이미지 공간에 대한 재평가를 기술적 이미지와 디지털 매체 시대의 디지털 가상에까지 적용한다. 어쩌면 이는 아주 당연한 논리적 구조다. 기술적 이미지 또는 디지털 가상에 대한 부정적인 견해의 핵심은 이미지 그 자체에 대한 평가와 맞물려 있기 때문이다. 물론 그는 기술적 이미지, 즉 사진과 디지털 이미지를 구별하지는 않는다. 그에게는 그것이 사진이든, 영화든 또는 디지털 이미지이든 간에 본질적으로 장치에 의해서 만들어진 이미지라는 사실이 중요하다. 다만 그가 디지털 이미지와 관련해서는 디지털 이미지라는 표현보다는 '디지털 가상'이라는 표현을 사용하는데, 이때 가상은 이미지 세계 또는 공간을 의미한다고 볼 수 있다. 따라서 그는 디지털 매체 시대에 가상에 대한 불신이 확대되는 것을 보며, 이 현상을 이해할 수 없다고 한탄한다. 도대체 가상 또는 이미지가 왜 이토록 부당한 취급을 당해야 하는지 그는 이해할 수 없었다. 따라서 그는 다음과 같이 묻는다. "왜 우리는 도대체 이 종합적인 그림들, 소리들, 그리고 홀로그램들을 불신하는가? 왜 우리는 '가상'이란 단어

---

59) 같은 책, 10쪽.

로 이들을 욕하는가? 왜 이들은 우리에게 실재적이지 않는가?"[60]

플루서는 이러한 불신이 생기는 이유를 디지털 매체 시대의 세계 또는 디지털 매체 시대에 형성된 이미지 공간을 하나의 만들어진 공간으로 보기 때문이라고 한다. 여기에는 이미지 공간이 주어진 세계가 아니라 대안적으로 만들어진 세계이며, 또 이 세계가 만들어지는 과정에 거짓과 속임수가 충분히 개입될 수 있다는 인식이 전제해 있다.[61] 결국 이미지는 표면이며 피상성의 세계인 것이고, 그래서 온전한 평가를 받지 못하는 것이다. 따라서 플루서는 이미지, 기술적 이미지 그리고 디지털 가상으로 이루어지는 표면과 피상성을 예찬할 것이라며, 자신의 입장을 분명히 밝힌다.[62] 그는 표면과 피상성이 깊이가 없다고 비판하는 행위 또는 표면과 피상성을 자꾸 실체와 연관시켜 지금의 문화를 비판하려는 행위를 비판한다.[63] 그에 따르면, 보드리야르식으로 원본과 시뮬라크르를 구별하는 것은 더 이상 아무런 의미를 갖지 않는다. 원본이든 시뮬라크르든, 결국 우리는 이를 둘 다 표면으로 지각한다. 중요한 점은 그것이 무엇이든 간에, 우리가 그것을 지각한다는 사실이다.[64] 그는 지금 우리가 살고 있는 세계가 실재냐 가상이냐라는 이분법만으로 나눌 수 있는 것이 아니라고 한다. 그는 우리가 지금 많은 가능성이 존재하는 다원적인 세계에 살고 있으며, 결국 이러한 세계에서 "현실과 허구의 구분은 아무런 의미가 없다"고 주장한다.[65]

---

60) Vilém Flusser, "Digitaler Schein", Hrsg. Florian Rötzer, *Digitaler Schein: Ästhetik der elektronischen Medien*, Frankfurt am Main: Suhrkamp, 1991, S. 147.
61) ibid., S. 147~148.
62) 플루서, 『피상성 예찬: 매체 현상학을 위하여』, 16~17쪽.
63) 같은 책, 3쪽.
64) 플루서, 『그림의 혁명』, 175쪽.
65) 같은 책, 175~176쪽.

이러한 논의를 기본으로 해서 플루서는 컴퓨터 예술에까지 논의를 확장한다. 그의 관점에 따르면 사진은 기술적 이미지의 출발이며, 컴퓨터 예술은 기술적 이미지의 완성을 의미한다. 플루서는 전통적인 이미지와 기술적 이미지에 대한 재평가를 시도했듯이, 디지털 이미지 또는 컴퓨터 예술에 대한 재평가를 시도한다. 그는 컴퓨터 예술에 대해 이는 "희망이 가득한 섬"을 형성하는 것이며 "미래의 자유, 새로운 정치 의식의 출발점"이라고까지 평가한다.[66] 벤야민이 사진과 영화의 등장 이후, 기술 재생산 시대의 예술에 대해 새로운 평가를 시도하고 이를 통해 새로운 예술의 지형도를 전망했던 것처럼, 플루서 또한 그러한 시도를 한다. 그는 스스로 벤야민을 언급하면서 벤야민과 자신은 다르다고 이야기하지만,[67] 이러한 부인에도 불구하고 그의 컴퓨터 예술에 관한 분석은 벤야민의 기술 재생산 시대의 예술작품에 대한 분석과 상당히 유사하다. 특히 전통 미학에서 이야기하는 예술가의 개념을 컴퓨터 예술에서 인정하지 않는다는 점이 그러하다. 이에 대해 그는 다음과 같이 주장한다. "컴퓨터 예술가들의 프로그램은 반드시 격리된 개별적인 예술가에 ─ 과거의 위대한 예술가에 ─ 의해 완성될 필요가 없다. 그러한 종류의 프로그램은 일종의 합의를 형성하는데, 그렇게 탄생된 그림들은 더 이상 개별적인 예술가의 작품이 아니라, 개별적인 의도들의 종합이다."[68]

　개별적인 의도들의 종합을 만들어 내는 컴퓨터 예술가들은 사진사가 그러했던 것처럼, 컴퓨터라는 장치에 그대로 순응하는 자가 결코 아니다.

---

66) 플루서, 『피상성 예찬: 매체 현상학을 위하여』, 275쪽.
67) 같은 책, 275쪽.
68) 같은 책, 275~276쪽. 번역문 중 일부 표현을 수정하였음을 밝힌다.

그들은 컴퓨터라는 장치 프로그램을 의도적으로 사용할 수 있는 자들이다. 무수히 많은 디지털 이미지와 그것들을 만들어 내는 컴퓨터라는 장치를 "책략적으로 돌리며 회전시키는 자"들이 바로 컴퓨터 예술가들인 것이다.[69] 그렇다면 왜 컴퓨터 예술은 정당한 평가를 받지 못하는가? 플루서는 그 이유를 바로 기술적 상상력의 부재에서 찾는다. 따라서 그는 이런 입장을 가진 예술 비평가들에 대해 다음과 같이 비판한다.

> 예술 비평가들은 과학적인 알고리즘algorithm들을 예술작품으로 인정하지 않는다. — 아마도 그들은 그 알고리즘 속에서 상상력의 힘을 인식할 수 있을 만큼 충분히 훈련되지 않았다. 현재의 예술 비평은 과학적 방정식들에 대해 시각적으로 보지 못하는 상태일 뿐만 아니라, 청각적으로도 과학적 자모음의 행들에 대해서 귀가 먼 상태이다.[70]

그는 앞서 기술적 장치가 하나의 도구가 아니라 하나의 사태이며, 또 개체와 현상에 대한 관점을 열어 주고 있고, 그 장치를 작동하는 것은 결국 프로그램을 작동하는 것이라는 이해가 있다면 다른 평가가 나올 수 있다고 보았다. 또한 그는 기술적 장치가 개입된 이미지들이 반드시 예술일 필요는 없다고 생각한다. 그렇기 때문에 그는 컴퓨터 예술을 매우 희망적으로 본다.[71] 결국 우리가 예술이라고 하는 기존의 개념을 허물면, 지금의 컴퓨터 예술을 호모 루덴스에게 적합한 장치가 산출한 결과물로 볼 수 있다

---

69) 플루서, 『그림의 혁명』, 88쪽.
70) 플루서, 『디지털 시대의 글쓰기: 글쓰기에 미래는 있는가』, 53쪽.
71) 플루서, 『피상성 예찬: 매체 현상학을 위하여』, 275쪽.

는 것이다. 이 과정에서 컴퓨터를 작동하는 호모 루덴스가 반드시 예술가일 필요는 없다. 그러나 컴퓨터를 작동하는 모든 호모 루덴스는 예술가일 수는 있다.

## 6. 나가며

플루서가 이야기한 것처럼, 우리는 지금 컴퓨터를 중심으로 한 기술적 이미지의 시대에 살고 있다. 플루서는 컴퓨터를 중심으로 새로운 커뮤니케이션 코드가 실제로 작동하고 있음에도 불구하고, 우리가 이 코드에 대해 잘 알지 못하면서 이것이 만들어 내는 커뮤니케이션 체계를 무조건 비판하고 있다며 지적한다. 이 코드 체계에 익숙한 사람들에게 무조건적으로 알파벳 코드를 중심으로 한 커뮤니케이션 체계로 돌아갈 것을 강요하는 것은 정말 무리다. 플루서 또한 이 점을 강조한다.[72] 이런 시대에 우리가 컴퓨터를 중심으로 한 코드를 모르면, 우리는 어떤 의미에서 또 다른 문맹자가 될 수밖에 없다.[73] 문맹자가 되지 않기 위해서는 이 코드를 읽을 수 있어야만 한다.[74] 결국 플루서에게 중요한 것은 컴퓨터이든 사진기이든 간에, 장치에 대한 이해다. 즉 이미지 리터러시는 일종의 '장치 리터러시'라고 볼 수 있다. 장치에 대한 리터러시가 있어야만 진정한 의미에서 텔레마틱한 사회의 거주인이 될 수 있는 것이다.

현대는 디지털 망으로 구성된 텔레마틱한 사회이며, 그 사회에서 구성

---

72) 플루서, 『그림의 혁명』, 33쪽.
73) 같은 책, 48쪽.
74) 같은 책, 54쪽.

되는 문화는 텔레마틱한 문화다. 텔레마틱한 문화는 말 그대로 먼 것을 가깝게 느끼는 것이다. 그런데 디지털 장치 시대를 살아가는 우리는 먼 것을 가깝게 느끼기 위해서 먼 곳으로 갈 필요가 없다. 플루서가 강조했듯이, 우리가 먼 곳으로 먼 것을 가지러 가는 대신, 먼 곳에 있는 것을 이곳으로 가져오면 된다.[75] 이는 맥루언이 말한 '전 지구의 지구촌화'와 유사하며, 또 비릴리오가 비판하는 '가까운 곳의 상실'이라는 내용과 유사하다.[76] 그러나 이 둘과 다르게 플루서가 텔레마틱한 문화에서 강조하는 것은 인간들 간의 상호작용이다.[77] 이 상호작용적 텔레마틱한 사회에서 플루서는 유토피아를 본 것이다. 왜일까? 결국 인간은 고독하기 때문에 커뮤니케이션을 원하는 것이며, 텔레마틱한 사회야말로 거리 때문에 나를 타인으로부터 격리시키지 않고, 아무 이유 없이 포용해 줄 수 있다고 보았기 때문이다.[78] 쌍방향적인 대화를 가능하게 하는 매체를 중심으로 말이다.

현재 디지털 매체에 기반을 둔 새로운 소통 형태에 대한 논의가 분분하다. 페이스북 또는 트위터를 중심으로 한 SNS에 대한 논의가 바로 그것이다. 중요한 점은 이 새로운 소통 방식이 이전과는 다르게 쌍방향적이며 열린 소통의 구조를 갖고 있다는 점이다. 열린 소통의 구조는 위에서 압박한다고 해서 닫아지거나 하는 문제는 아니다. 그런 생각이야말로 이 매체에 대한 이해가 없기 때문에 가능한 발상이다. 플루서가 이야기한 텔레마틱한 문화가 비로소 본격적으로 진행되고 있다고 해도 과언이 아니다. 이 텔레마틱한 문화는 생산자와 소비자 또는 수용자를 명확하게 구분하지 않

---

75) 플루서, 『피상성 예찬: 매체 현상학을 위하여』, 225쪽.
76) 자세한 내용은 이 책의 맥루언 부분과 비릴리오 부분을 참조하길 바란다.
77) 같은 책, 232쪽.
78) 같은 책, 233쪽.

는다. 이 과정에서 그들의 쌍방향을 가능하게 하는 이미지는 이제 피상성이라는 이유로 배척될 필요가 없다. 그렇게 배척하는 사람들은 일종의 '이미지 리터러시' 또는 '장치 리터러시'가 없는 사람들이다. 이미지, 매체, 그리고 그것의 수용 과정을 이해하지 못하는 사람들인 것이다.

    현재 장치 리터러시의 부족 현상은 도처에서 일어나고 있다. 트위터나 페이스북에 올린 개인적 의견이 사회적 파장을 일으킬 때, 많은 사람들은 그저 사적으로 쓴 글이라고 주장 또는 변명한다. 사적인 것과 공적인 것이 뫼비우스의 띠처럼 순환되고 있다는 것을 인지하지 못한 것이다. 뿐만 아니라, 권력을 가진 자들이 이러한 장치 리터러시를 가지고 있지 않다면, 결코 사회의 의사소통 구조를 이해할 수 없다. 아니, 이해 불가능할 뿐만 아니라, 아주 유해한 소통 구조로 받아들이기도 한다. 따라서 사방에서 접근 가능하고, 또 그 파급력이 엄청난 이 소통 구조를 그저 위에서 억압하려고만 한다. 억압할 수 없는 것인데도 말이다. 장치 리터러시가 없다면, 이러한 현상은 계속 반복될 것이다. 디지털 매체가 아니라, 다른 매체 시대가 앞으로 다가온다고 해도 말이다.

# 4 | 속도에 의한 공간의 소멸과 편협된 시각의 강화[1]
폴 비릴리오

## 1. 들어가며

아날로그 매체를 중심으로 대중매체가 등장했을 때, 이것이 가져온 사회문화적 파급 효과에 대해 아도르노만큼 집요하고 또 신랄하게 비판한 이론가는 없었다. 그에게 대중매체를 중심으로 한 대중문화는 문화도 아니었다. 그것은 단지 인간을 몰개성화시키는 사악한 자본의 움직임이었으며, 문화예술을 값싼 상품으로 만들어 인간과 문화예술을 타락시키는 상술에 불과한 것이었다. 그러나 아도르노의 날선 비판에도 불구하고 대중매체의 영향력은 결코 줄어들지 않았다. 아니, 디지털 매체가 등장한 이래, 대중

---

[1] 비릴리오에 관한 이 글은 다음의 글들을 토대로 재구성한 것임을 밝힌다. 심혜련, 「디지털 노마드와 유비쿼터스」, 『인문학연구』 제38집, 조선대학교 인문학연구원, 2009; 심혜련, 「기술 발전과 시각체계의 상관관계에 관한 고찰: 벤야민과 비릴리오를 중심으로」, 『시대와 철학』 제18권 1호, 한국철학사상연구회, 2007. 속도와 공간에 관한 부분은 「디지털 노마드와 유비쿼터스」의 일부를 그대로 인용하기도 하고, 일부는 수정 보완하기도 했다. 그리고 지각과 시각체계에 관한 부분은 「기술 발전과 시각체계의 상관관계에 관한 고찰」의 일부를 그대로 인용하기도 하고, 일부는 수정 보완했다.

매체는 이전과 다른 양상을 띠면서도 여전히 그 위력을 발휘하고 있다. 아날로그의 형태를 띤 대중매체가 등장했을 때, 이것이 가진 순기능과 역기능에 대해 첨예한 논쟁들이 있었듯이, 디지털 매체 이후의 변화에 대해서도 역시 첨예한 논쟁들이 제기되었고, 계속 진행 중이다. 디지털 매체가 인간에게 결국 독이 될지 약이 될지는 그 누구도 모른다. 이러한 상황 속에서 대중매체에 대해 아도르노가 그랬듯이, 디지털 매체를 포함한 모든 매체 발전을 집요하게 비판하고 있는 이론가가 있다. 그는 바로 폴 비릴리오Paul Virilio, 1932~ 다. 매체를 비롯한 기술문명 전반에 대한 비릴리오의 비판은 아도르노의 비판보다 더 집요하고, 더 암울하다. 그의 전망에 따른다면, 지금처럼 기술매체가 발달한 시대에는 그 어떤 희망과 구원의 여지도 없다.

    비릴리오의 경우는 아도르노처럼 비판 그 자체가 힘이 될 수 있다고 하는 것도 아니며, 또 벤야민처럼 파국 뒤에 있는 구원의 천사를 기대하고 있는 것도 아니다. 그는 단지 매체에 대해 이론적으로 비판하는 것뿐 아니라, 인류 문명에 대한 일종의 묵시론적인 진단을 내리고 있는 것이다. 일찍이 대중매체에 대한 입장이 긍정적인 것과 부정적인 것으로 나뉘어 논쟁을 벌였듯이, 디지털 매체의 파급 효과도 긍정적인 입장과 부정적인 입장으로 나누어 볼 수 있다. 대중매체에 대한 논의가 주로 대중매체가 가지고 온 효과를 중심으로 진행되었다면, 디지털 매체에 대한 논의는 디지털 매체가 가지고 온 새로운 공간 지형에 대한 논의를 중심으로 진행된다. 한마디로 말해서 망으로 연결된 정보 공간을 과연 어떻게 파악할 수 있느냐가 문제의 핵심이다. 플루서는 새로운 공간의 출현으로 이를 매우 반긴다. 그에 반해 비릴리오는 텔레마틱한 사회에 대해 매우 비관적인 입장을 취하며, 더 나아가 묵시론적 입장을 취한다. 이 둘은 같은 현상을 매우 다른 시각으로 보는 것이다.[2)]

그렇다면 비릴리오가 지금 매체적 상황에서 또는 지금 기술적 상황에서 묵시론적 진단을 내리는 근거는 과연 무엇인가?[3] 왜 그는 병적인 종말론자라는 소리를 들어 가며 현재의 기술문명과 매체적 상황에 대해 계속해서 비판의 목소리를 내는가?[4] 매체의 발전과 진보라는 것이 결국 모든 존재들을 비현실화시킴과 동시에 파괴할 것이라고 보기 때문이다. 그는 기술매체가 모든 존재들의 물질적인 속성뿐만 아니라, 그들이 존재하기 위한 기본 범주인 시간과 공간도 해체시킴으로써, 결국 인간 신체의 해체라는 무시무시한 결과를 낳을 수 있다고 보았다.[5] 여기서 가장 주된 핵심은 공간의 소멸이다. 그가 속도를 비판하는 것도 결국은 속도가 공간을 해체하고 소멸시키기 때문이다. 그는 공간에 충실한 공간 이론가이다.[6] '더 빨리'라는 논리로 속도에 중독된 현대사회는 결국 걷잡을 수 없을 정도로 빠르게 진행되면서, 가속화 사회를 만들어 낸다. 가속화되는 사회는 그것을 제어할 수 있는 제어장치를 가지고 있지 않다. 제어장치 없이, 무엇을 통

---

2) Mike Sandbothe und Walther Zimmerli, "Einleitung", Hrsg. Mike Sandbothe und Walther Zimmerli, *Zeit-Medien-Wahrnehmung*, Darmstadt: Wissenschaftliche Buchgesellschaft, 1994, S. 7~10 참조.
3) 물론 비릴리오를 기술 묵시론자로 보는 관점에 반대하는 입장도 있다. 대표적으로 존 아미티지를 들 수 있는데, 그는 논문에서 비릴리오에 대한 비판의 글들을 다시 비판하면서, 비릴리오를 단지 기술 공포증을 가진 이론가로 취급할 수 없다고 주장한다. 아미티지에 따르면, 비릴리오는 동시대의 기술과 매체에 대해 부정적인 측면뿐만 아니라, 긍정적인 측면 또한 지적하고 있다는 것이다. 그렇지만 아미티지 또한 비릴리오가 어떻게 긍정적인 측면을 보여 주고 있는지는 구체적으로 서술하고 있지 못하다. 아미티지의 견해에 대해서는 다음의 글을 참고하길 바란다. 존 아미티지, 「폴 비릴리오의 정치 이론: 『속도와 정치』를 중심으로」, 폴 비릴리오, 『속도와 정치』, 이재원 옮김, 그린비, 2004, 31~40쪽(John Armitage, "Speed and Politics: An Introduction to Paul Virilio", 2003).
4) Daniela Kloock und Angela Spahr, *Medientheorien: Eine Einführung*, München: Fink, 2000, S. 154.
5) ibid., S. 154.
6) 디터 메르시, 『매체이론』, 문화학연구회 옮김, 연세대학교 출판부, 2009, 187쪽.

해 향하는지도, 어디로 향하는지도 모르는 채, 그저 속도라는 소용돌이에 빠져 물리적인 공간은 점차 해체된다. 그 가속화의 소용돌이 속에서 인간은 잃어버린 공간과 더불어 자신의 신체도 놓쳐 버린다. 아니, 놓침과 동시에 신체마저도 소멸되는 더없이 잔혹한 체험을 하게 된다. 바로 이러한 상황 판단이 비릴리오의 묵시론이 출발하는 지점이다. 그에게 결국 매체적 공간은 매우 심각한 '문제적 공간'이 될 수밖에 없다. 그렇다면 왜 기술 매체적 공간과 새로운 디지털 매체 공간은 문제적 공간이 될 수밖에 없는가?

비릴리오가 공간 문제를 분석하는 두 개의 축은 속도와 시각이다. 기술이 발달할수록 속도는 점점 더 빠름을 추구한다. 또한 다양한 시각기계들의 등장과 발전은 시각의 힘을 더욱 강화시키는데, 시각의 힘은 공간을 초월하며, 이제 시각은 더 이상 공간에 제약되지 않는다. 이 두 가지 사실에서 그는 '공간의 탈영토화'라는 현상이 일어나고 있음을 보았다. 뿐만 아니라 시각의 강화라는 현상에서 그는 편협된 시각 중심으로 재편되는 인간의 지각체계를 보았다. 무엇이든 하나가 강력한 힘을 가지면 문제가 된다. 결국 그는 이 둘이 실제적인 공간의 소멸이라는 비극적인 현실을 초래했다고 본다. 더 나아가 그는 새로운 매체적 공간이 해방의 공간도 아니며, 또 피에르 레비가 주장하는 집단지성이 가능한 공간도 아니라고 본다. 이 공간은 하나의 커다란 전자적 판옵티콘으로 기능할 뿐이다. 이렇게 되기 위해서는 먼저 세 가지 전제조건이 있어야 한다. 갈수록 가속화되는 속도와 이로 인한 공간의 재편이 바로 첫번째 조건이다. 그다음은 새로운 시각매체의 등장으로 인해 더욱더 강화되는 편향된 시각체계의 등장이다. 마지막으로 가장 두려운 것으로 작용하는 것은 시각매체와 통신수단의 결합이다. 이 결합이야말로 새로운 매체적 공간을 하나의 커다란 감옥으로 기능하게 만들기 때문이다. 처벌되기 이전에 처벌받을 일을 만들지 않으려고 끊임없는 자기 검열을 통해, 자기만의 감옥을 만드는 것이다. 그 결과 현실 공간 그 자체가 바로 하나의 커다란 감옥이 되고 말았다. 바로 여기서 비릴리오의 비판이 시작된다.

## 2. 속도에 의한 공간의 소멸

속도에 의한 공간의 재편 문제가 단지 정보혁명 시대에만 문제시되었던 것은 결코 아니다. 이미 산업혁명 이후 등장한 철도와 자동차로 인해 거리의 축소와 이로 인한 공간의 재편 문제가 제기되었다. 운송수단의 발전은 거리의 축소를 가져왔다. 그리고 전기 시대에 등장한 대중매체 또한 바로 거리의 축소와 직결된다. 맥루언은 전기 시대의 이러한 실제적인 거리 축소의 문제를 정보 공간의 확장으로 보았으며, 더 나아가 이를 '전 지구의 지구촌화'라는 말로 환영했다. 그다음으로 플루서는 디지털 매체 혁명 이후 등장한 텔레마틱한 사회를 호모 루덴스가 놀 수 있는 새로운 놀이공간으로서 긍정적으로 바라보았다. 이들에게 거리의 축소 또는 거리의 소멸은 바로 새로운 공간의 확장을 의미했다. 그러나 비릴리오는 이 거리의 축소라는 사실을 이들과는 정반대의 입장에서 비판적으로 바라본다. 그에 따르면, 거리의 축소는 공간의 확장이 아니라, 공간의 소멸을 의미할 뿐이다.[7] 물론 맥루언과 플루서가 이야기하는 확장된 공간과 비릴리오가 이야기하는 소멸된 공간은 같은 공간은 아니다. 맥루언과 플루서가 확장으로 본 공간은 정보적·비물질적 공간을 의미하며, 비릴리오가 공간의 소멸로 본 공간은 물질적이며 실제적인 공간을 의미한다. 그러나 문제는 같은 지

---

7) 비릴리오, 『속도와 정치』, 243쪽.

점에서 출발한다. 즉 실제 물리적인 거리의 축소가 바로 그 지점이다. 거리의 축소는 무엇보다도 운송수단의 발전에서 시작되었다. 운송수단의 발전으로 인하여 '멀리 있음'은 더 이상 문제가 안 되며, 인간은 고정된 협소한 공간에서 해방될 수 있었다. 고정된 장소에서 해방된 삶은 이제 유동성을 그 특징으로 갖게 되었다. 삶은 특정한 공간에 고정되는 것이 아니라, 속도의 가속화에 의해서 이리저리로 이동한다. 삶은 이제 흐름 속에 편입되었다. 인간의 삶의 형태에 혁명이 일어난 것이다. 속도는 거리를 축소해서 고정된 공간이라는 개념을 해체시킴과 동시에 정주적 인간들을 다시 유목민으로 만들었다. 비릴리오의 질주학Dromologie이 시작되는 출발점이 바로 이 지점이다.

비릴리오가 파악하는 모든 문제의 시작은 속도vitesse다. 그는 거리의 축소와 고정된 공간의 소멸, 일상생활의 가속화라는 현상이 바로 속도에서 출발한다고 보았다. 그는 공간 이론가인 동시에 속도 이론가이다. 속도와 공간은 불가분의 관계에 놓여 있다. 속도는 시간과 공간 사이에 개입한다. 속도가 가속화될수록 공간의 소멸도 가속화된다. 그래서 그는 속도에 대한 사유에서 출발해서 공간의 소멸을 비판적으로 고찰하는 질주학이라는 새로운 학문을 제시한다.[8] 질주학은 단지 속도에 관한 이론이 아니다. 질주학은 일종의 사회비판이론이자 정치이론이다. 그가 속도의 문제를 바로 권력의 문제와 연결시키기 때문이다. 결국 그가 질주학을 통해서 보여주려고 했던 것은 단지 속도에 대한 지식과 이론이 아니라, 속도가 어떻게 권력으로 작용하고 권력의 핵심이 될 수 있는가였다. 그가 속도와 권력의

---

8) Stefan Breuer, *Die Gesellschaft des Verschwindens: Von der Selbstzerstörung der technischen Zivilisation*, Hamburg: Junius, 2000, S. 131.

작용에서 중요하게 여긴 것은 빠른 속도가 가능한 교통로를 결국 누가 어떤 목적에서 소유하고 있는가였다. 비릴리오는 "프랑스혁명과 더불어 모든 교통로는 비로소 국가의 것이 되었다"라고 강조한다.[9] 즉 그에 따르면, 권력은 총구에서 나오는 것이 아니라, 속도와 교통로 그리고 공간의 소유에서 나온다. 따라서 그는 질주학을 중심으로 질주정Dromokratie이라는 정치체제를 언급하는 것이다. '질주정'이란 개념은 속도를 중심으로 한 당시의 정치권력 관계를 재편하려는 그의 시도에서 나온 것이다. 따라서 그는 다음과 같이 단언한다. "사실 존재하는 것은 '산업혁명'이 아니라 '질주혁명'이며, '민주주의'가 아니라 '질주정'이다. 그리고 '전략'이 존재하는 것이 아니라, '질주학'이 존재하는 것이다."[10]

비릴리오는 질주학이라는 새로운 학문을 토대로 속도와 권력의 관계를 심층적으로 분석한다. 그에게 있어서 모든 사회적 상황과 시기 그리고 정치적 결과들은 '속도의 현상'이기 때문이다.[11] 즉 그에게 모든 것들은 '속도 관계'인 것이다.[12] 따라서 속도를 소유한 자가 바로 권력을 가진 자가 되며, 권력을 쟁취하기 위한 싸움 또한 더 빠른 속도를 보유하기 위한 싸움이 된다. 좀더 빠른 속도를 가진 자는 자신의 임의대로 공간을 재편하고 점유할 수 있다. 속도는 매우 중요한 문제다. 속도는 시간과 공간의 연결지점으로 작용하기 때문이다.[13] 그렇기 때문에 속도에 관한 문제는 이

---

9) 폴 비릴리오, 『속도와 정치』, 76쪽.
10) Paul Virilio, *Geschwindigkeit und Politik*, Berlin: Merve Verlag, 1980, S. 61. Breuer, *Die Gesellschaft des Verschwindens: Von der Selbstzerstörung der technischen Zivilisation*, S. 139에서 재인용.
11) Kloock und Spahr, *Medientheorien: Eine Einführung*, S. 134.
12) ibid., S. 134.
13) 스티븐 컨, 『시간과 공간의 문화사 1880~1918』, 박성관 옮김, 휴머니스트, 2004, 22쪽 참조 (Stephen Kern, *The Culture of Time and Space 1880~1918*, Cambridge, Mass.: Harvard Uni-

미 산업혁명 이후 많은 사람들이 논의해 온 문제이다. 뿐만 아니라, 많은 사람들은 "속도에 대한 광기 어린 욕망"을 지니고 있으며, 이를 실현시키려고 했으며, 또 실현되었다.[14] 지금도 속도에 익숙해진 사람들은 결코 지금의 속도에 만족하지 않는다. 처음에는 빠른 속도에 혼란스러워하고 이를 우려하기도 하지만, 바로 속도에 대한 내성이 생기게 마련이다. 그래서 사람들은 '좀더 빠른 것'을 추구하며, '좀더 빠른 것을 추구'하는 것이 새로운 가치이자 척도가 된다.[15] 비릴리오는 이렇게 새로운 가치이자 모든 것의 척도로 기능하고 있는 속도가 실제의 공간과 지역을 무의미하게 만든다고 본다. 특히 그는 지금의 기술, 특히 매체기술이 인간의 삶에 가져온 가장 큰 변화를 '탈영토화'에서 찾는다. 그는 삶의 공간인 도시뿐만 아니라, 정치적 공간으로서의 도시, 그리고 지속과 머무름을 위한 도시, 그리고 이를 위해 인간이 모이는 도시는 이제 사라졌다고 본다.[16]

현실적인 공간인 도시는 이제 가속도에 의해서 사라졌다. 즉 탈영토화된 것이다. 그렇다면 도시들은 구체적으로 어떻게 탈영토화되는가? 이를 비릴리오는 '도정성'道程性, trajectivité의 문제로 분석한다.[17] 한마디로 말해서 거리를 빠르게 이동하고, 또 출발과 도착만이 중요해지면서, 거리를 이동할 때 도정이 중요하지 않게 된 것이다. 중요한 공간은 오로지 출발지와 도착지일 뿐이다. 나머지의 공간은 기차표 또는 비행기표에 하나의 기호처

---

versity Press, 1983).
14) 같은 책, 227쪽.
15) 페터 보르샤이트, 『템포 바이러스』, 두행숙 옮김, 들녘, 2008, 11쪽(Peter Borscheid, *Das Tempo-Virus*, Frankfurt: Campus, 2004).
16) Kloock und Spahr, *Medientheorien: Eine Einführung*, S. 153 참조.
17) 폴 비릴리오, 『탈출 속도』, 배영달 옮김, 경성대학교출판부, 2006, 36쪽(Paul Virilio, *La Vitesse de libération*, Paris: Galilée, 1995).

럼 존재할 뿐이다. 실제적인 공간이 마치 지도의 한 지점처럼 기호화되고 이 과정에서 공간은 공간성을 상실하면서, 탈영토화는 자연스럽게 진행된다. 이러한 상황 속에서 우리는 이곳에서 저곳으로 점프만 하면 된다. 순간 이동은 이제 꿈이 아니라, 현실이 된 것이다. 도정성은 없고, 정신 차리면 벌써 도착지에 온 것이다. 그런데 문제는 디지털 매체가 등장하면서 이러한 공간의 탈영토화가 가속화된다는 데 있다. 매체기술은 단순한 탈영토화의 문제가 아니라, 자연적 공간 자체를 무화시키기에 이르렀다. 빠른 속도로 무장한 디지털 매체는 신체를 다시 고정화시킴과 동시에 신체가 고정된 그 장소마저 소멸시키는 기이한 현상을 낳은 것이다.

### 3. 매체에 의한 공간의 소멸

비릴리오는 운송수단에 의한 공간의 소멸에 이어 정보통신기술에 의한 공간의 소멸도 비판하는데, 비판의 각은 더욱 날카로워진다. 잘 알려진 것처럼, 디지털 매체는 단지 정보전달 방식만 바꾸어 버린 것이 아니다. 정보를 전달하고 이를 수용하는 방식은 필연적으로 인간의 존재방식과 사유방식 그리고 놀이와 예술의 방식에도 절대적인 영향을 미친다. 여기서 특히 비릴리오가 주목하고 있는 것은 매체기술이 어떻게 공간을 탈영토화하는지, 그리고 그 방식이 이전의 운송수단이 탈영토화하는 방식과 어떻게 다른지이다. 운송수단의 발전이 도정성을 소멸시킴으로써 현실적인 공간을 기호화했다면, 매체는 현실적인 공간이라는 개념 자체를 무화시킨다. 이제 한 특정 공간에 정주된 인간은 없다. 뿐만 아니라, 20세기의 통신혁명은 이제 사적 공간과 공적 공간이라는 구분도 의미 없게 만들어 버렸다. 21세기에 등장한 '스마트하다'는 다양한 매체들의 경우에는 이러한 현상을 더욱 심화시키고 있다. 비릴리오는 이러한 사적 공간과 공적 공간의 구획이 해체되는 데 결정적인 역할을 한 것으로 '실시간'real-time이라는 새로운 시간 패러다임과 이를 토대로 한 새로운 존재방식인 '원격 현전'téléprésence을 들고 있다. 운송수단이 모든 공간을 획일적인 도시로 만들어 버렸다면, 원격통신기술은 이를 다시 실시간이라는 새로운 시간 체계 안에 편입시킴으로써 모든 공간을 실시간으로 도시화하기에 이른 것이다.[18] '지금'이라는 현재 시간과 '여기'라는 현재 공간은 이제 의미가 없다. 모든 것들이 원격통신에 의해 지금과 여기가 될 수 있기 때문이다. 지금 여기에 있음과 동시에 지금 거기에 존재할 수 있는 새로운 존재 유형이 탄생한 것이다. 거기라는 물리적 거리감은 이제 의미가 없다. 더 이상 먼 곳은 먼 곳으로 존재하는 것이 아니라, 여기에서도 근접 가능한 것이 되었다. 그렇다면 이게 왜 문제인가?

비릴리오는 거리감에 의해서 먼 곳으로 존재하던 공간이 더 이상 먼 곳으로 존재하지 않게 됨으로써, 실제로 가까운 것과 가까운 관계 그리고 가까운 곳이 소멸되는 것으로 파악한다. 즉 정보공간의 확대는 현실공간의 소멸을 의미하는 것이라고 본다. 거리감과 더불어 존재하던 것은 외부 세계다. 그런데 가까움으로 인하여 외부 세계는 소멸하고, 모든 외부 세계는 내부적인 것이 된다. 맥루언이 언급한 것처럼, 모든 것이 외파가 아닌 내파가 된 것이다. 그러나 맥루언과 달리 비릴리오는 이러한 내파적인 것을 결코 긍정적인 현상으로 파악하지 않는다. 상황 진단은 동일하나, 그 상황에 대한 판단이 다른 것이다. 비릴리오에게 통신수단의 발전은 결국 "공간적 외재성의 망각을 내포하는 종말"일 뿐인 것이다.[19] 그리고 모든 것을 실시간으로 만드는 원격기술은 현재의 시간도 죽인다. 공간의 외재성이 종

---

18) 비릴리오, 『탈출 속도』, 20쪽.

말하고 실시간이 지배하는 곳에서 인간의 현존은 결코 구체적 현존이 아닌 것이다.[20] 구체적 실존이 아닌 존재방식은 인간 관계에도 변화를 일으킨다. 현대사회에서는 가족관계뿐만 아니라, 이웃사촌도 더 이상 의미가 없다. 오히려 SNS를 통한 관계 맺기가 훨씬 의미가 있게 되었는지도 모르겠다. 거기와 여기가 늘 현재로, 즉 실시간으로 현재가 되는 이상, 가까움은 점점 의미를 잃어 간다. 비릴리오에게 이는 결국 인간 실존에 위협을 가하는 아주 위험한 세계의 등장을 의미할 뿐이다. 이러한 현상은 디지털 매체 기술이 등장하면서 더욱 가속화된다. 디지털 매체를 기반으로 한 원격통신기술은 모든 것을 변화시켰다. 장소에 고정된 인간을 탈장소화시키고, 이 탈장소화된 공간에서 인간은 이전과는 전혀 다른 존재방식으로 살아간다. 새로운 유목민, 디지털 노마드digital nomade가 등장한 것이다. 디지털 노마드는 이전과는 전혀 다른 공간에서 마치 흐름처럼 이동한다. 이 새로운 공간을 가능하게 하는 조건은 바로 '유비쿼터스'ubiquitous다. 운송수단의 발전이 대도시라는 공간을 탄생시켰고, 통신기술의 발전이 실시간 도시 공간이라는 것을 탄생시켰다면, 디지털 매체 기술은 유비쿼터스라는 디지털 정보 공간을 탄생시켰다.

　유비쿼터스라는 디지털 연결 기반은 이제 우리 사회의 대표적 인프라 구조가 되었다. 이 디지털 인프라 구조로 인해 사회는 하나의 망으로 연결되고 있다. 이제 인간은 어디서나 존재할 수 있는, 말 그대로 편재할 수 있는 신과 유사한 존재가 된 것이다. 이 새로운 인프라 구조가 가지고 있는 특징은 물질적인 인프라 구조가 아니라, 하나의 비물질적인, 즉 디지털

---

19) 비릴리오, 『탈출 속도』, 37쪽.
20) 같은 책, 21쪽.

적 인프라 구조라는 데 있다. 더 나아가 유비쿼터스는 가시적이고 물질적인 제약이 될 수 있는 망으로부터의 해방을 의미한다. 휴대 가능해진 다양한 디지털 장비를 가지고 있으면, 우리는 물질적인 연결망으로부터 자유로운 공간을 누릴 수 있다. 연결선 없는 세상이 바로 그것이다. 유비쿼터스는 디지털적으로 세계를 하나로 묶는다. 그런데 여기서 중요한 것은 물질적이며 자연적인 시공간의 제약으로부터 벗어났다는 사실이 아니다. 이미 이러한 벗어남은 산업혁명 이후 많이 현실적인 것이 되었다. 그렇기 때문에 유비쿼터스 세계에서 중요한 것은 오히려 '속도'다. 얼마나 빨리 접속해서 자연적 시공간으로부터 벗어날 수 있는지가 훨씬 중요해졌다. 그렇기에 이 구조 안에서는 '지금'이라는 시간적 제약과 '여기'라는 공간적 제약이 전혀 문제가 되지 않는다. 공간적으로 멀리 떨어진 '저기'는 유비쿼터스 시스템에 의해서 언제 어디서든 '여기'가 될 수 있기 때문이다. 얼마나 빨리 '저기'가 '여기'로 전환될 수 있는가가 중요하다. 원격 현전이야말로 유비쿼터스 시대에 디지털 노마드가 살아가는 전형적인 존재방식이 되었다.

디지털 매체가 만들어 낸 공간인 사이버스페이스에서 실제 공간과 가상공간의 구별은 의미가 없다. 물질적 공간과 비물질적 공간, 즉 현실과 가상은 서로 융합해서 이전과는 완전히 다른 공간을 만들어 내기 때문이다. 비릴리오는 이같이 매체에 의해 시간과 공간이 해체되고 있음을 비판한다. 이러한 그의 비판은 피에르 레비의 이론과 비교 가능하다. 레비는 비릴리오가 비판하고 있는 동일한 현상들에 대해 전혀 다른 관점에서 자신의 의견을 제시하고 있기 때문이다. 비릴리오가 소멸이라고 본 것을 레비는 새로운 속도에 의해 변화하는 시간과 공간의 창조로 본다.[21] 그가 이렇게

---

21) 피에르 레비, 『디지털 시대의 가상현실』, 전재연 옮김, 궁리, 2002, 31쪽.

보는 것은 무엇보다도 "시간과 공간의 복수성"을 인정하고, 이를 토대로 "단일한 범위와 일률적인 시간의 순서가 아니라 다양한 유형의 공간성과 지속성"을 고려해야 한다고 보기 때문이다.[22] 즉 시간과 공간은 고정되는 것이 아니라 늘 변화의 과정에 있기 때문에, 새로운 시간과 공간이 탄생할 수밖에 없는 것이다. 이 탄생은 이전의 시간과 공간을 소멸시키기도 하고, 때로는 이와 융합되기도 하며, 또 이를 변형시키기도 한다. 레비의 관점에서 이렇게 탄생된 새로운 공간은 새로운 지성이 활동할 수 있는 공간이다. 이 지성을 레비는 집단지성이라고 한다.[23] 이 집단지성은 무엇보다도 상호작용성에 근거하기 때문에, 고정적이라기보다는 유연하며, 민주적이라는 게 레비의 판단이다. 이러한 집단지성에 대한 희망을 가지고 있었기 때문에 레비는 결국 기술적 유토피아를 꿈꿀 수 있었던 것이다. 비릴리오가 묵시론적 전망을 갖게 된 바로 그 자리에서 말이다. 그런데 비릴리오가 단지 시공간의 소멸을 초래한다는 이유만으로 기술문명 전체에 대해 묵시론적 전망을 가졌다고 보면, 이는 오해다. 그가 묵시론적 전망을 갖게 된 구체적인 이유는 바로 시공간이 소멸되는 지점에서 인간 신체에 대한 억압과 통제를 보았기 때문이다. 결국 인간이 행복해질 수 있다고 믿었던 그 과정에서 그는 역으로 더욱 강화된 통제체계의 위험을 본 것이다. 더 나아가 그는 시각기계의 발전과 통신기계의 발전이 결합되면서 시각이 더욱 강력한 힘을 발휘하는 현상을 본다. 그리고 이 현상이 지각하는 신체를 가진 인간마저도 해체시킬 것이라고 본다. 결국 그는 시공간의 소멸과 더불어 인간 자유도 소멸되고, 인간 신체마저도 해체되는 과정을 비판했던 것이다.

---

22) 레비, 『디지털 시대의 가상현실』, 28쪽.
23) 같은 책, 143쪽.

## 4. 편협된 시각체계의 강화

다양한 운송수단과 통신수단의 발전은 인간의 지각체계도 재편했다. 보들레르와 벤야민이 대도시의 등장으로 인한 지각 변화를 '충격 경험'으로 설명하고, 또 볼프강 시벨부시Wolfgang Schivelbusch가 철도의 등장과 그로 인한 시각체계의 변화를 '파노라마적 시각체계'의 등장으로 설명했듯이, 속도감과 대도시라는 공간의 출현 역시 새로운 지각, 특히 새로운 시각체계의 등장을 가능케 했다고 설명할 수 있을 것이다.[24] 대도시 공간은 그 자체가 하나의 놀이공간처럼 작용하면서, 그곳에 사는 도시인들에게 커다란 스펙터클의 공간으로 작용한다.[25] 그리고 운송수단들은 일상적인 공간들에 대한 지각방식을 재배치했다.[26] 비릴리오 또한 속도에 의한 지각의 재편 문제를 다루고 있다. 따라서 비릴리오가 제안하는 질주학은 감성적 지각Aisthesis를 강조하는 감성학Aisthetik이라고 볼 수 있다.[27] 그는 다양한 매체 발전과 지각을 직접 연결시켜, 매체들이 어떻게 지각을 재편하며 또 이러한 지각의 재편이 어떤 의미가 있는지를 고찰했다.

비릴리오는 운송수단의 발전, 특히 철도 여행이 가져온 지각 변화에

---

24) 볼프강 시벨부시, 『철도여행의 역사』, 박진희 옮김, 궁리, 1999, 70~81쪽 참조(Wolfgang Schivelbusch, *Geschichte der Eisenbahnreise: Zur Industrialisierung von Raum und Zeit im 19. Jahrhundert*, München: C. Hanser, 1977).
25) 운송수단의 발전과 대도시의 등장이 인간의 시각체계에 미친 영향에 대해 자세히 언급한 이론가는 바로 벤야민이다. 이에 대한 자세한 논의는 다음의 글을 참조하길 바란다. 심혜련, 「놀이공간으로서 대도시와 새로운 예술 체험: 발터 벤야민 이론을 중심으로」, 철학아카데미, 『공간과 도시의 의미들』, 소명, 2004.
26) Götz Großklaus, "Medien-Zeit", *Zeit-Medien-Wahrnehmung*, S. 36~39 참조.
27) Nida-Rümelin und Betzler Hrsg., *Ästhetik und Kunstphilosophie von der Antike bis zur Gegenwart in Einzeldarstellungen*, Stuttgart: Kröner, 1998, S. 804. 이 책에서는 벤야민과 비릴리오를 감성적 지각을 중심으로 한 감성학의 대표적 철학자로 분류하고 있다.

주목하면서, 이를 운동과 속도에 의한 혼란이라고 지적한다.[28] 운송수단이 가져온 이 운동과 속도가 열차 밖의 세상을 고정된 이미지가 아니라, 하나의 흐름 또는 이미지 다발로 지각하게 함으로써 혼란을 불러일으킨다고 보는 것이다. 마치 영화의 스크린에서 이미지를 체험하는 것처럼, 풍광 이미지는 계속해서 흐른다. 그렇기 때문에 풍경 밖의 세계를 구성하는 많은 존재들은 하나의 개별적인 존재 또는 사물로 인식되는 것이 아니라, 하나의 점이나 하나의 픽셀처럼 인식되고, 또는 점들과 픽셀들이 모여 이미지 전체를 구성하듯이 이미지의 연속과 이미지의 다발을 형성한다. 결국 외부 세계는 운송수단이 가지고 있는 빠른 속도에 의해 소멸되고, 단지 남는 것은 시각에 남아 있는 이미지의 잔상들뿐이다.[29] 그런데 문제는 이렇게 재편된 이미지들이 연속적인 지각 과정과 기억 과정에 온전히 편입되지 못하는 데 있다. 연속과 흐름 그리고 다발로 존재하는 이미지이지만, 이 이미지들은 마치 영화의 한 장면을 캡처한 것처럼 하나의 장면으로 존재한다. 우리가 속도가 빠른 기차나 자동차 안에서 재편된 풍경을 볼 때, 이는 충분히 체험할 수 있다. 결국 연속과 흐름 속에서 외부 세계는 이미지로 재편되고, 이 이미지마저도 파편화된 이미지로 지각된다. 속도와 매체에 의해서 공간이 소멸된 것뿐만 아니라, 이제 이미지에 의해서 실제 공간인 외부 세계가 또 다시 재편되기에 이르렀다.

그렇다면 과연 비릴리오는 이러한 파편화된 이미지 지각 체험을 어떻게 설명하고 있는가? 이는 기존의 지각방식으로는 설명되지 않는다. 벤야

---

28) Paul Virilio, *Der negative Horizont*, Frankfurt am Main: Fischer Taschenbuch Verl., 1995, S. 7~26 참조.
29) 폴 비릴리오, 『소멸의 미학』, 김경온 옮김, 연세대학교출판부, 2004, 128쪽(Paul Virilio, *Esthétique de la disparition*, Paris: Galilée, 1989).

민이 이를 시각적 촉각성과 충격 경험이라는 새로운 개념을 제시하면서 대도시에서의 이미지 체험을 설명했던 것처럼, 비릴리오도 새로운 지각 개념을 제시한다. 그는 이러한 운송수단에 의한 이미지의 새로운 체험을 피크노렙시picnolèpsis라는 개념으로 설명한다. 피크노렙시는 '빈번한, 자주'를 의미하는 그리스어 피크노스picnos와 '발작'을 의미하는 렙시lèpsis의 합성어이다. 어원 그대로 번역하면, '자주 일어나는 발작'을 의미하는 일종의 기억 장애이며, 지각의 단절 현상이다.[30] 지각의 단절이라 함은 일시적인 지각 단절과 의식의 부재를 의미한다. 비릴리오는 지극히 일상적인 경험을 토대로 피크노렙시 현상을 설명하는데, 예컨대 우리가 손에 쥐고 있던 컵을 일시적으로 떨어뜨리는 상황도 그 중 한 예이다.[31] 이는 자신이 컵을 쥐고 있다는 의식과 또 컵을 쥐고 있는 손의 감각이 일시적으로 장애를 일으켜 순간적으로 작동하지 않기 때문에 일어나는 현상이다. 의식은 자신이 손에 컵을 들고 있다는 것을 안다. 그러나 감각은 순간적으로 이것을 망각한다. 그래서 컵은 떨어진 것이다. 그러나 이러한 현상은 아주 순간적으로 일어나기 때문에 대부분의 사람들은 이러한 장애를 인식하지 못한다.[32] 왜냐하면 "의식 차원의 시간은 자동적으로 다시 이어지고 겉보기에 아무런 단절 없이" 흐르기 때문이다.[33]

또 다른 피크노렙시 현상의 예를 들어 보자. 우리가 술을 많이 먹으면, 종종 필름이 끊어졌다고 하는 의식의 중단 현상을 체험한다. 간혹 우리를 당혹하게 하는 의식의 중단 현상은 완전히 필름이 지워진 의식의 부재가

---

30) 같은 책, 28쪽.
31) 같은 책, 27쪽.
32) 같은 책, 28쪽.
33) 같은 책, 27쪽.

아니라, 순간순간 필름이 끊어진 의식의 간헐적 부재 현상이다. 순간적인 이미지로 장면 장면들이 기억나는 이러한 현상도 일종의 피크노렙시적 현상이다. 비릴리오는 이를 일종의 "의식 상태의 모순적 각성 상태"라고 설명한다.[34] 운송수단에 의해서 순간 순간의 이미지로 현실세계를 인식하는 것 역시 이러한 상태로 볼 수 있다. 이러한 피크노렙시적 현상은 최근에 일어나는 현상은 아니다. 그에 따르면, 운송수단에서 더 나아가 영화와 그 이전의 많은 움직임을 포착한 연속사진들도 이러한 피크노렙시 현상으로 볼 수 있다. 그는 이러한 일종의 지각장애 현상이 지각이 기계에 의해 보충되거나 확장될 때 더욱 뚜렷하게 가시화된다고 강조한다. 그렇다면 지금 일어나고 있는 피크노렙시적 현상의 원인은 무엇일까? 비릴리오는 그 원인을 바로 속도, 그리고 존재하지 않는 것을 존재하는 것처럼 보이게 만드는 광학기계에서 찾는다.

이미 벤야민은 시각장치에 의해 비가시적인 것들이 가시화되는 현상을 '시각의 무의식적 세계'로 설명한 바 있다. 존재하지만 드러나지 않고 있다가, 어느 순간 그 모습을 보이는 무의식과 같이 시각에도 그런 현상이 존재한다는 것이다. 또 그가 말하는 이 시각세계는 재현과 미메시스의 세계에서의 시각의 확대이자 지각의 심화와 연관된 세계다. 비릴리오의 분류로 설명하면, 벤야민이 분석하는 시각세계는 일종의 '현상의 미학'에 속하는 세계로서 지각 가능한 현실을 모방하거나 드러내 보이는 세계인 것이다.[35] 반면 비릴리오가 말하는 시각세계는 벤야민이 말하는 시각세계를

---

34) 비릴리오, 『소멸의 미학』, 37쪽.
35) Paul Virilio, "Die große Optik", *Fluchtgeschwindigkeit*, übersetzt von Bernd Wilczek, Frankfurt am Main: Fischer Taschenbuch Verl., 2001, S. 58.

포함할 뿐만 아니라, 전혀 다른 시각체계에 대한 고찰도 포함한다. '가상이미지의 시대'에 대한 고찰이 바로 그것이다. 다양한 시각기계의 발달로 인하여 등장한 다양한 가상이미지들은 그 이전의 이미지의 존재론적 위치를 그대로 계승하지 않는다. 이전의 이미지들이 원본을 중심으로 한 대상의 재현과 미메시스로서 존재했다면, 이제 가상이미지들은 말 그대로 '가상'으로 존재한다. 이제 이미지 영역에서 중요한 점은 진짜와 가짜가 아니라, 가시적인 것과 비가시적인 것이다.[36] 이제 존재는 하되 비가시적이었던 것이 가시화되는 것보다도, 존재 자체가 없기 때문에 비가시적이었던 것들이 가시화되었다는 사실이 중요해졌다. 사실 디지털 매체가 이미지 생성에 적극 개입함으로써, 이미지와 대상 간의 관계는 급격하게 변화하게 된다. 이에 대해 괴츠 그로스클라우스는 다음과 같이 설명한다. 즉 과거에는 존재했으나 지금은 존재하지 않는 것들도 이미지로 여전히 존재할 수 있게 되었다고 말이다. 뿐만 아니라 아예 존재하지 않았던 것들이 시뮬레이션되어서 이미지로 존재할 수 있게 되었다고 말한다.[37] 비릴리오의 문제의식 역시 이미지와 대상 간의 이러한 관계 변화에서부터 출발하고 있다.

앞서 설명했듯이 비릴리오 또한 존재하는 비가시적 세계가 가시화되는 현상, 즉 기계의 눈이 개입되지 않은 일상적 시각으로는 부분적으로만 볼 수 있었던 속도와 움직임들이 기계가 개입됨에 따라 가시화되는 것을 지적한다.[38] 그러나 그에게 주된 문제는 이게 아니다. 오히려 문제는 시각

---

36) Nida-Rümelin und Bertzler Hrsg., *Ästhetik und Kunstphilosophie von der Antike bis zur Gegenwart in Einzeldarstellungen*, Stuttgart: Kröner, 1998, S. 805.
37) Götz Großkraus, *Medien-Zeit, Medien-Raum: Zum Wandel der raumzeitlichen Wahrnehmung in der Moderne*, Frankfurt am Main: Suhrkamp, 1995, S. 74.
38) 폴 비릴리오, 『정보과학의 폭탄』, 배영달 옮김, 울력, 2002, 90쪽(Paul Virilio, *La Bombe informatique*, Paris : Galilée, 1998).

기계와 통신기계의 결합과 또 존재하지 않았던 것들이 가시화되는 현상이며,[39] 이들이 서로 융합하는 현상에 있다고 본다.[40] 이러한 현상들은 다양한 기계들이 시각 영역에 들어오면서 두드러지게 나타나는데, 이를 비릴리오는 '소극적 광학'과 '적극적 광학', 즉 '작은 광학'과 '큰 광학'이라는 용어로 설명한다. 그에 따르면 소극적 광학이란 대상, 또는 물질을 그대로 보여 주는 광학을 의미한다. 즉 유리, 물 등과 같이 대상을 그대로 보여 준다는 것이다. 반면 큰 광학이자 적극적 광학은 빛과 속도로 매개된 기계를 통해서 대상을 달리 보여 줄 뿐만 아니라, 우리가 가지고 있던 전통적인 공간 구획 기준들도 변화시킨다.[41] 즉 텔레비전 화면이나 모니터에 등장하는 공간과 공간 구획 기준들은 자연적인 시각에서 체험할 수 있는 것과는 다르다.[42] 따라서 자연적인 빛 대신에 등장한 전기적인 빛은 '지각의 자동화' 현상과 '인공적인 시각의 발명'을 가져온 것이라고 볼 수 있다.[43]

분명한 사실은 이러한 인공적인 시각의 등장이 시각의 힘을 확장시켰다는 것이다. 특히 공간적으로 멀리 떨어져 있는 것들을 실시간으로 가시화할 수 있는 다양한 시각기계들의 등장은 시각의 힘을 점점 증대시키고 있다. 다양한 매체가 시각 영역에 개입하는 현상을 긍정하는 이론가들은 이러한 사실을 특히 강조한다. 벤야민 그리고 플루서 등이 바로 이러한 경우라고 할 수 있다. 그러나 비릴리오는 이 현상을 이들과 다르게 평가한다. 그것도 아주 부정적으로 말이다. 그가 부정적으로 평가하는 이유는 먼저,

---

39) Virilio, "Die große Optik", S. 54.
40) 비릴리오, 『정보과학의 폭탄』, 91쪽.
41) Virilio, "Die große Optik", S. 54.
42) 비릴리오, 『정보과학의 폭탄』, 70쪽.
43) Paul Virilio, "Die Sehmaschine", *Die Sehmaschine*, übersetzt von Gabriele Ricke und Roland Voullié, Berlin: Merve, cop., 1989, S. 136.

하나의 지각체계가 너무 커졌다는 데 있다. 이는 마치 맥루언이 구텐베르크 은하계가 철저히 시각 중심 문화였다는 사실을 비판한 것과 같은 맥락으로 볼 수 있다. 또한 그는 시각이 지나치게 거대해졌다는 것뿐만 아니라, 매우 편협되고 왜곡된 시각체계가 형성되었다는 사실을 비판한다. 따라서 그는 이러한 시선의 증가를 그리스 신화에 나오는 외눈 거인인 키클로페스에 비유한다. 이것이 의미하는 바는 완전한 시각의 증가가 아니라, 편협된 시선의 증가이다.[44] 대상을 온전히 보여 주는 것이 아니라, 기계에 의해서 변형되고 왜곡된 시각만이 존재한다는 것이다. 이 같은 것은 모두 기계의 눈이 만들어 낸 기계 시각이 가지는 특징이다.

## 5. 지각하는 신체의 해체와 전자적 판옵티콘의 등장

비릴리오가 지적했듯이, 속도의 문제는 지각의 문제다. 디지털 노마드라는 새로운 인간 유형과 그들의 존재를 가능하게 하는 유비쿼터스 그리고 속도는 인간 지각을 재편한다. 그래서 비릴리오는 지각의 문제에 관심을 돌린다. 특히 그는 속도와 시각의 문제를 연결시키는데, 앞에서 이미 보았듯이 기계가 개입된 시각에 대해 부정적인 견해를 가지고 있었다. 그러나 부정적인 견해를 가지고 있다고 해서 기계가 개입된 시각의 중요성을 무시하는 것은 결코 아니다. 아니, 오히려 그 중요성을 누구보다도 깊이 통찰하고 있기에 그에 대한 부정적인 견해를 펼칠 수 있는 것이다. 마치 아도르노가 대중매체의 영향력을 인정하고 그것이 가져올 파행적인 변화에 대해 깊이 통찰했듯이 말이다. 어쨌든 비릴리오가 기계적 시각과 관련해서 가

---

44) 비릴리오, 『정보과학의 폭탄』, 23쪽.

장 우려하는 부분은 기계적 시각으로 인하여 인간이 가지고 있는 자연적인 감각을 상실하게 되었다는 점이다.[45]

이러한 기계와 인간 지각 간의 관계에 대해서는 비릴리오 이전에 이미 맥루언이 이야기한 바 있다. 맥루언은 먼저 전자 매체의 등장으로 시각 중심의 서구문화가 몰락하고, 청각과 촉각을 중심으로 한 공감각이 확대될 것이라고 보았다. 그다음 그는 이러한 변화를 인간의 확장으로 파악했다. 즉 옷이 피부의 확장이듯이, 망원경과 현미경은 눈의 확장이며, 전화는 귀의 확장이라고 파악했던 것이다. 맥루언은 이러한 기계, 또는 매체로 인한 인간 확장을 필연적인 과정 또는 결과로 그리고 더 나아가 긍정적인 변화로 파악하고 있다. 확장된 인간은 결국 감각의 확장으로 인하여 더 많은 감각들을 체험하게 될 것이며, 이로 인해 시각 중심 세계가 해체될 것이라는 것이 그의 주장이다. 하지만 이와 관련해서 비릴리오는 맥루언과 전혀 다른 주장을 펼친다. 그는 전자 매체와 다양한 과학기술의 발전으로 인해 사람의 지각 능력이 기계로 전이되며, 이러한 과정에서 시각이 더욱 확대될 것이라고 보았다. 그런데 문제는 이렇게 확대된 시각에 있다. 그는 속도와 공간을 권력의 문제와 연결해서 질주학이라는 학문을 제안했듯이, 이 확대된 시각 문제도 권력 문제와 연결해서 맹렬히 비판한다. 즉 그는 권력을 가진 자가 이 확대된 시각을 어떻게 활용할 것인지에 대해 우려하고 비판한 것이다. 그는 확대된 시각이 결국 원격 조정의 근거가 될 것이며, 이로써 완전한 전자적 또는 디지털적 원격 감시의 체계가 완성될 것이라고 본 것이다. 이에 대해 그는 다음과 같이 말한다. "사람이 물체를 지각하는 능력은 계속해서 기계로 전이되며, 특히 최근에는 멀리서 촉각으로 느낄 수 없

---

45) Kloock und Spahr, *Medientheorien: Eine Einführung*, S. 141.

는 것을 대신할 수 있는 픽업, 센서, 다른 탐지기들에도 전이된다. 일반화된 원격 조정은 지속적인 원격 감시를 완전하게 만들 준비가 되어 있다."[46]

뿐만 아니라, 이러한 기계적 시각체계는 자연적인 시각체계를 붕괴시킨다고 비릴리오는 보았다. 그에 따르면, 자연적인 빛의 자리에 전기적인 빛이 들어오고, 그로 인하여 우리의 자연적 세계는 점차 인공적인 시각세계, 즉 모니터의 세계로 전환되고 있다.[47] 바로 이 모니터를 중심으로 재편된 세계는 원격 감시의 전제조건으로 작용하기도 한다. 우리의 소소한 모든 행위가 모니터를 통해 하나의 이미지의 흐름으로 가시화되고 감시받는 사회가 온 것이다. 따라서 매체에 의한 인간의 확장은 하나의 한여름밤의 꿈에 불과하며, 오히려 현실에서는 확장이 아니라, 감시와 검열을 통한 축소가 발생했다고 볼 수 있다. 특히 시각기계와 통신기계의 결합은 감시와 검열을 언제 어디서나, 그리고 누구나 할 수 있는 것으로 만든다. 인터넷에 올라온 수많은 '○○녀'와 '○○남'들은 바로 그 결과라고 볼 수 있다. 다른 감각기관에 호소하는 매체가 더해져서 지각의 확장 또는 인간의 확장이 가능해지기는 했지만, 이는 결국 다시 인간 존재를 감시하는 기제로 작동하게 된 것이다. 확대된 시각은 권력자의 감시 시각일 뿐이다.

비릴리오는 권력의 측면이 아닌, 일상적 측면에서는 이러한 시각기계와 통신기술의 결합으로 발생한 시각 문제를 결코 확대로 보지 않고 감각의 축소로 본다. 먼저 그는 시각기계와 통신기술이 결합해서 얻어지는 지각을 '원격 촉각'으로 설명한다.[48] 원격 촉각은 극대화된 다른 감각들과 장

---

46) 비릴리오, 『탈출 속도』, 21쪽.
47) Virilio, "Die Sehmaschine", S. 136 참조.
48) Virilio, "Die große Optik", S. 59.

치들이 더해져 실제 촉각처럼 작용하는 것을 말한다. 원격 촉각은 원격 현전이 전제가 되어야 한다. 원격 현전이 가능하지 않으면, 원격 촉각도 가능하지 않다. 즉 원격 촉각은 지리적 거리의 소멸로 파생된 결과인 것이다. 또한 원격 촉각은 매체가 매개된 경험을 의미하며, 간접 감각을 의미한다. 원격 촉각은 전자적으로 가능해진 시각과 청각 그리고 촉각이 더해진 복합지각이다. 이는 벤야민의 개념과 마찬가지로 질료에 대한 접촉이 시각적으로 가능해진 유사 촉각성이다.[49] 그러나 비릴리오에게 이러한 새로운 지각방식은 긍정적이지 않다. 왜냐하면 바로 원격 촉각은 일종의 원격 조정이며, 원격 감시를 가능하게 하기 때문이다.[50] 뿐만 아니라, 이러한 기계적 도움에 의한 감각의 확대는 진정한 의미에서 감각의 확대가 아니라, 오히려 감각의 쇠퇴를 초래한다고 비릴리오는 비판한다. 많은 경험들이 매체에 의해 매개된 지각방식으로 간다는 것은 직접지각의 쇠퇴를 의미한다.[51] 그에게 직접지각의 쇠퇴는 단지 지각의 쇠퇴로만 끝나지 않는다. 이는 더 나아가 시각적 주체의 해체를 초래하기도 한다. 그에 따르면 모든 것들이 이제 가시화되고 또 복합지각이 등장함에 따라 오히려 시각 주체는 급격하게 해체된다는 것이다.[52] 이렇듯 벤야민이 새로운 지각방식, 즉 시각적 촉각성과 분산적 지각 과정에서 주체가 능동적으로 활동할 것이라고 본 것과는 달리, 비릴리오는 새로운 지각 과정에서 "시각 주체성의 완전한 소멸"이 일어난다고 보았다.[53]

---

49) 비릴리오, 『소멸의 미학』, 114쪽.
50) Virilio, "Das dritte Interval", *Die Sehmaschine*, S. 26.
51) 비릴리오, 『정보과학의 폭탄』, 117쪽.
52) 비릴리오, 『소멸의 미학』, 98쪽.
53) Virilio, "Die versteckte Kamera", *Die Sehmaschine*, S. 111.

결국 속도에 의한 공간의 소멸과 매체기술의 발전으로 인한 지각의 확대는 지금과 여기라는 인간의 현존 공간의 소멸과 지각의 축소를 가져왔다. 게다가 이러한 상황에 실시간이라는 새로운 시간이 가세한다. 이 소멸과 축소의 과정은 실시간이라는 새로운 시간적 상황과 맞물리면서 더욱더 가속화된다. 실시간이라는 새로운 시간은 결국 동시성을 의미한다. 이제 누구나 이 동시성으로 인하여 어떤 사건이 어느 공간에서 발생하더라도 그 공간을 뛰어넘어 어디에서나 볼 수 있게 되었다. 그 결과 자연적인 간격들과 틈새들은 사라지게 되었다.[54] 최종적으로 비릴리오는 이러한 현상이 결국 "외부 세계의 종말"을 가져올 것이라고 비판한다.[55] 비가시적인 것들이 가시화되고, 비가시적인 것과 가시적인 것이 융합되고, 또 시각기계와 통신기술이 결합되면서 지리적 공간이 소멸되고, 먼 곳에 있는 것들이 실시간으로 장소와 관계없이 접근 가능해질 것이라고 말이다. 이러한 전반적인 상황은 이제 사회 전체가 역으로 언제 어디서나 감시당할 수 있는 가능성의 세계에 놓이게 되었다는 것을 의미한다.[56] 실시간적인 원격 현전 방식과 즉각적인 원격 작용 등은 "지속적인 원격 감시"를 가능하게 하는 것이다.[57] 이로써 전자적 판옵티콘의 세계가 진정으로 도래한 것이다.

판옵티콘은 말 그대로 모든 것을 볼 수 있다는 것을 의미한다. 그런데 문제는 이제 판옵티콘이 아니라, 진옵티콘Synopticon이다. '판'이 모든, 모두(all)를 의미한다면, 'Syn'은 동시성을 의미한다.[58] 즉 모든 것들을 동시에

---

54) Großkraus, *Medien-Zeit, Medien-Raum: Zum Wandel der raumzeitlichen Wahrnehmung in der Moderne*, S. 100.
55) Virilio, "Die Perspektive der Echtzeit", *Fluchtgeschwindigkeit*, S. 40.
56) 비릴리오, 『정보과학의 폭탄』, 18쪽.
57) Virilio, "Das dritte Intervall", S. 21.
58) Leon Hempel und Jörg Metelmann, "Bild-Raum-Kontrolle: Videoüberwachung als

감시할 수 있는 '판-진옵티콘'Pan-Synopticon의 세계가 현실화되었다.[59] 이러한 판-진옵티콘적 세계에서 권력을 가진 자들은 원격 감시를 한다. 이들은 유비쿼터스를 기반으로 해서 '언제, 어디서나 그리고 누구나' 감시한다. 이들이 감시하고 통제하고자 한다면, 이 감시와 통제를 벗어날 수 없다. 디지털 매체의 발전으로 자연적 시각에서 벗어난 모든 감시와 통제는 모니터 안에서 이루어진다. 이러한 감시 카메라의 순기능과 역기능에 대해서는 많은 사람들이 이미 언급했다. 그러나 문제는 이것이 일상생활에 미치고 있는 영향이 과소평가되고 있다는 점이다. 내가 지금 무엇을 하고 있는지, 또는 과거에 무엇을 했는지, 나의 동선은 모니터를 통해 내가 원하지 않아도 다 보여진다. 내 허락 없이 말이다. 모두 볼 수 있다는 것은 그 반대로 모두 보여질 수 있다는 것을 의미한다는 사실을 우리는 종종 망각한다. 뿐만 아니라, 보여지고 있다는 사실을 인지하는 순간, 나는 기계적 시각을 의식하게 된다. 그럼으로써 자신도 모르게 스스로 검열체계를 가동할지도 모른다. 누군가가 나를 보고 있을지도 모르기 때문이다. 또 보여지는 나는 기계적 시각에 의해 촬영된 이미지를 통해서 존재한다. 나뿐만 아니라, 모든 것들이 카메라에 의해서 보여지고 존재한다. 중심에 있는 것은 기계적 시각이다. 기계적 시각이 자연적 시각을 대체하면서, 세계는 이제 모니터와 스크린을 중심으로 재편된 것이다. 이러한 현상에 대해 비릴리오는 다음과 같이 언급했다.

---

Zeichen gesellschaftlichen Wandels", Hrsg. Leon Hempel und Jörg Metelmann, *Bild-Raum-Kontrolle: Videoüberwachung als Zeichen gesellschaftlichen Wandels*, Frankfurt am Main: Suhrkamp, 2005, S. 17.
59) ibid., S. 18.

만약 접근할 수 없는 먼 곳이 사라지면서 빛의 속도에 힘입어 정보매체의 접근이 가능해진다면, 우리는 머지않아 원거리 통신의 실시간의 원근법에 의해 야기된 뒤틀린 가상의 효과에 익숙해질 것이다. 이 원근법 속에서 예전의 지평선은 스크린 안으로 물러나고, 전자 광학이 우리의 망원경 광학을 대신할 것이다.[60]

그렇다. 정말 모든 가시적 세계는 스크린 안의 세계가 되었으며, 스크린 안의 세계가 현실인지 가상인지 확인할 수 없을 지경에 이른 것이다. 또한 도처에 있는 모니터와 스크린 덕분에 어느 누구도 모니터 밖의 세계에 저항할 수 없을 지경에 이르렀다. 벗어날 수 있는 방법은 저항밖에는 없다. 그러나 저항의 방식 또한 디지털적 역감시의 형식을 가질 수밖에 없다. 그러기 위해서는 '판-진옵티콘'에 대한 이해가 전제가 되어야만 한다. 즉 볼 수 있는 권력을 가진 자들과 이들이 어떤 방식으로 권력을 행사하는지를 아는 자들의 싸움이 된 것이다.

## 6. 나가며

벤야민과 비릴리오는 둘 다 '감성학'의 관점에서 지각 이론으로서 미학을 해석한 대표적인 학자들이라고 볼 수 있다. 이 둘은 특히 매체가 개입된 시각체계에 대해 무엇보다도 지각을 중심으로 분석했다. 그러나 이 둘은 같은 현상을 유사한 방식으로 분석하면서도 보는 관점이 다르다. 벤야민이나 비릴리오 둘 다 시각기계의 적극적 개입을 시각의 확장으로 보았다는

---

60) 비릴리오, 『탈출 속도』, 12쪽.

측면에서는 동일하다. 우선 벤야민은 시각기계가 시각 영역에 개입함으로써, 이미지가 숭배적 가치에서 벗어나 전시 가치를 갖게 되었다는 점에서 긍정적으로 보았다. 이미지는 전시 가치를 갖게 됨으로써 단지 존재함으로써 의미를 갖는 단계에서 벗어나, 보여 줌으로써 자신의 가치를 드러내게 된 것이다. 그는 진정한 의미에서 '이미지 접근 가능성에 대한 민주화'가 열렸다고 보았다. 그러나 비릴리오는 이러한 벤야민의 주장과는 달리 시각의 확대를 부정적으로 평가한다. 그는 "넘쳐나는 호기심, 탐욕스러운 눈, 시선에 대한 규제 철폐의 시대인 20세기는 사람들이 주장하듯이, '이미지'의 시대라기보다는 광학의 시대 그리고 착시의 시대"라고 규정한다.[61] 시각이 확대되었다는 것은 볼 수 있는 능력이 확대되었다는 의미인 동시에 감시당할 수 있는 기회가 확대되었다는 것과 같은 의미이기 때문이다. 즉 비가시적인 것이 가시화되었을 뿐만 아니라, 은밀하게 감추고 싶거나 보호받고 싶은 사적인 측면이 가시화되었다는 것을 의미하며, 나도 모르게 나의 일상생활이 가시화되었다는 것을 의미한다. 그렇기 때문에 앞으로의 전망에 대한 평가도 다르다. 이러한 관점과 전망의 차이는 바로 이 둘이 기술문명을 어떻게 바라보는지, 그 차이에서 본질적으로 기인한다.[62]

비릴리오에게 기술의 의미와 영향력은 매우 크지만, 큰 만큼 암울하기도 하다. 지금까지의 기술 발전과 앞으로 다가올 기술의 발전에 대해서, 그는 거의 묵시론적 전망을 펼치고 있다.[63] 그 이유는 무엇보다도 기술이 전

---

61) 비릴리오, 『정보과학의 폭탄』, 33쪽.
62) 벤야민의 기술 개념에 대해서는 다음의 글을 참조하길 바란다. 심혜련, 「예술과 기술의 문제에 관하여: 벤야민과 하이데거의 논의를 중심으로」, 『시대와 철학』 제17권 1호, 한국철학사상연구회, 2006.
63) Andreas Kuhlmann, "Einleitung", Hrsg. Andreas Kuhlmann, *Philosophische Ansichten der Kultur der Moderne*, Frankfurt am Main: Fischer Taschenbuch Verlag, 1995, S. 15.

쟁의 쌍생아라고 보기 때문이다. 이 둘은 운명을 같이 하고 있다는 것이 비릴리오의 진단이다. 디지털 매체를 중심으로 한 현재의 통신체계에 대해서도 마찬가지다. 비릴리오는 기계를 매개로 해서 일어나는 피드백이 보이지 않는 위협을 초래하고 있다고 강조한다.[64]

디지털 관음증과 노출증이 일상적인 현상이 된 지금, 비릴리오의 경고는 분명 중요하다. 또 확장된 시각체계 속에서 무엇이든지, 그리고 단순한 호기심으로 보려고 하는 탐욕스러운 시각이 실제로 존재하는 지금, 그의 경고는 결코 카산드라의 틀린 예언으로만 작용하지는 않을 것이다. 그러나 비릴리오의 기술에 대한 사유는 하나의 경고 그 자체로만 읽히기 때문에, 이를 극복하기 위한 새로운 차원으로 나갈 수 없으며, 결국 이 또한 하나의 허무주의로 끝날 수 있다는 한계가 있다.[65] 한탄은 쉽다. 체념 또한 쉽다. 그러나 이를 극복하기 위해서는 한탄과 체념과는 다른 무엇이 있어야 할 것이다. 비릴리오의 저작에는 바로 무언가 다른 것이 2% 부족한 채 남아 있다. 그렇기 때문에 기술이 가지는 암울한 측면을 지적함과 동시에 그것이 희망의 도구로 쓰일 수도 있음을 살펴본 벤야민의 논의가 지금 우리에게 오히려 현실적으로 힘을 주는 것이 아닌가 싶다. 우리에게 필요한 것은 절망이 아니라, 희망이기 때문이다.

---

64) 비릴리오, 『정보과학의 폭탄』, 15쪽.
65) 같은 책, 15쪽.

# 5 | 디지털 매체의 확산과 새로운 예술의 의미[1]

노르베르트 볼츠

## 1. 들어가며

18~19세기 산업혁명은 단지 물질적·경제적 영역에 국한되지 않고, 인간의 정신사, 문화 그리고 예술 영역에 이르기까지 매우 커다란 영향력을 미쳤다. 그 후 한 세기가 훌쩍 지난 지금, 우리는 다시 때로는 정보혁명, 또 때로는 디지털혁명이라 불리는 또 다른 혁명을 이야기한다. 그리고 이 새로운 혁명의 영향력은 산업혁명보다 더하면 더했지, 결코 뒤지지 않을 것이다. 산업혁명이 우리의 일상적인 삶의 양식과 문화와 경제생활, 그리고 예술의 형식을 마구 뒤흔들어 놓았듯이, 디지털혁명도 그러할 것이고 또 그렇게 진행되고 있다.[2] 산업혁명은 예술 영역에 다양하고 근본적인 변화를

---

1) 이 장은 다음의 글을 수정 보완한 것임을 밝힌다. 심혜련, 「새로운 매체시대의 예술에 대한 고찰: 볼츠의 매체미학을 중심으로」, 철학아카데미 엮음, 『기호학과 철학 그리고 예술』, 소명, 2002.
2) 포르셍연구소 엮음, 『호모 사피엔스에서 인터랙티브 인간으로』, 공나리 옮김, 동문선, 2001, 13쪽 참조(Foreseen Observatory, *De L'homo sapiens à l'homme interactif*, Paris: Denoël, 1998). 이 글에서는 지금 시대가 산업혁명과 강도의 측면에서 유사한 변혁을 가져올 것이나, 이 변혁

가져왔는데, 그 첫번째 변화는 기계의 적극적 개입이다. 다시 말해서 예술가가 기계를 예술의 영역에 적극적으로 사용하게 된 것, 또 다른 한편 기술 발전으로 인해 대중매체가 광범위하게 확대된 것은 예술의 확산 또는 예술의 몰락에 대한 문제의식을 가져왔다. 회화 영역에서 보면 현실의 재현과 모방이라는 예술의 역할은 사진과 영화의 등장으로 그 독보적 위치에 타격을 입었다. 특히 사진의 등장은 회화의 영역에서 보면 하나의 지축이 흔들리는 지진과도 같은 영향력을 발휘했다.[3] 회화는 풍경화와 초상화의 영역에서 점차 밀려났기에 다른 소재를 찾을 수밖에 없었다. 사진이 재현할 수 없는 것들, 즉 무의식, 꿈 그리고 다양한 빛과 색채에 대한 인간의 지각 등이 주된 대상으로 등장했다.[4] 뿐만 아니라, 산업혁명 이후 대중매체의 발달로 인해 이제 예술과 대중문화를 분리될 수 있는 상호 적대적인 관계로만 파악할 수는 없다. 대중문화가 전 지구적으로 영향력을 미치고 있는 지금, 우리는 무엇이 대중문화, 즉 하위문화이고 무엇이 순수예술, 즉 고급문화인지 명확히 구분해서 이야기할 수 없다. 이 둘은 이제 서로 간에 없어서는 안 되는 일종의 공생관계를 형성하고 있다.

산업혁명이 예술 영역에 일반적으로 이러한 변화를 가져왔다면, 디지

---

은 산업혁명이 가져온 변혁과는 질적인 측면에서 구별된다고 주장한다. 구체적으로 이야기하면, 산업혁명이 이룩한 기계화는 에너지의 집중을 조장하였지만, 새로운 통신 테크놀로지의 혁명은 이와는 반대로 분산이라는 효과를 가져올 것이라고 낙관적으로 예측하고 있다. 이러한 대변혁의 초기적 지표로서 재택근무, 전자 카탈로그, 대중매체의 분할, 산업의 탈중심화를 들고 있다.

3) 기술을 비롯한 매체가 예술 영역에 일으킨 변화는 예술작품의 형식과 내용 그리고 창작과 수용 전반에 지대한 영향을 끼쳤다. 이와 관련해서 자세한 논의는 다음의 글을 참조하길 바란다. 심혜련, 「예술과 매체, 뫼비우스의 띠」, 철학아카데미, 『철학, 예술을 읽다』, 동녘, 2006.

4) 이와 관련해서 다음의 책을 참고하길 바란다. 프랑크 포페르, 『전자시대의 예술』, 박숙영 옮김, 예경, 1999, 10~13쪽(Frank Popper, *Art of the Electronic Age*, New York: Harry N. Abrams, 1993).

털혁명은 예술 영역에 어떤 변화를 가져왔는가? 디지털혁명 시대의 예술은 이전의 시기와 구별할 수 있는 어떤 특징을 가지고 있는가? 만약 디지털혁명 시대에 예술이 이전의 예술과 질적인 측면에서 구별된다면 이러한 예술은 어떤 이론의 틀을 가지고 파악해야 하는가? 새로운 매체와 예술의 관계는 결국은 예술과 기술의 관계로 환원될 수밖에 없다. 테크네라는 하나의 개념에서 분화된 후에도, 예술과 기술은 역사적으로 늘 밀접한 관계를 맺고 있었다. 기술은 항상 예술에게 새로운 예술 방식과 창작 방식을 가능하게 했지만, 사실 사진과 영화가 등장하기 이전에는 별 문제가 되지 않았다. 아날로그 매체가 등장하기 이전에 기술은 명확히 예술 창조와 표현을 도와주는 하나의 도구에 불과했기 때문이었다. 예술가의 입장에서 보면 새로운 매체는 하나의 예술을 표현하는 도구에 지나지 않았던 것이다. 디지털 시대 또는 정보화 시대라고 일컬어지는 지금 기계에 대한 예술가들의 표상은 많이 바뀌었다. 또한 예술의 자율성에 대해서 서로 양보할 수 없는 수많은 논쟁들이 있어 왔고, 지금도 그렇다. 어쨌든 낭만주의 이래 예술의 자율성이라는 이름 아래에서 보면, 예술과 기술의 필연적인 결합은 하나의 '야만적인 결혼'이자 또는 '예술의 죽음'일 수도 있다.[5] 그러나 지금 예술과 기술의 결합, 또는 예술과 매체의 결합은 결코 이 둘 양자간의 '야만적인 결혼'도, '예술의 죽음'도 아니다. 새로운 형태의 '동거'이자 예술의 또 다른 확대를 위한 시도일 뿐이다.

　　예술은 늘 자기를 현존재로 드러내기 위해서 그것이 무엇이든 간에 하나의 도구를 필요로 해왔다. 그러나 지금 디지털 매체는 단지 도구만을 의미하지는 않는다. 오히려 매체는 도구에서 벗어나 사유의 형식과 내용을

---

5) Hans-Peter Schwarz, *Medien-Kunst-Geschichte*, München: Prestel, 1997, S. 56.

규정할 수 있는 '사유 도구'가 되었다.[6] 예술도 마찬가지 상황이다. 디지털 매체 예술에서 매체는 단지 수단이나 도구로서만 이용되지 않는다. 오히려 매체는 하나의 창조적 행위 그 자체이고,[7] 이미 미적 관념들 그 자체를 내포하고 있다고도 볼 수 있다. 디지털 매체 예술이론은 바로 이러한 인식에서 출발한다.[8] 지금 시대의 예술은 이전의 전통적 예술과도, 산업혁명 이후 기술 재생산 시대의 예술과도 다르다. 디지털혁명이 예술 영역에 미친 영향력은 지금까지의 예술을 둘러싼 지형도를 바꾸기에 충분하다. 아니, 지형도뿐만 아니라, 과연 예술이 무엇인가라는 개념 규정에서부터 큰 변화를 가져올 수 있다. 기존의 전통적인 예술 개념과 이론 틀을 가지고 지금의 예술 상황을 설명할 수는 없을 것이다. 따라서 이 장에서 나는 이러한 전제들 아래 예술과 디지털 매체와의 상관관계를 살펴보고자 한다. 여기서 새로운 매체와 예술의 상관관계를 분석하는 데 중심틀로서 작용하는 이론은 바로 다름 아닌 매체미학이다. 기본적으로 매체미학은 현대 매체 상황에서 전개되는 새로운 예술적 시도를 하나의 중요한 예술적 시도로 받아들이면서 그것을 분석하려고 한다. 그런데 매체미학은 매체에 대한 예술적 혹은 미학적 고찰이라는 용어보다는 매체미학이라는 용어를 고집한다. 매체미학의 입장에서는 미학$^{Ästhetik}$ 그 자체가 문제의 핵심이 아니라, 오히려 감성적 지각$^{aisthesis}$이 중심 문제이기 때문이다.

매체미학적 관점에서 디지털 매체 예술의 상황을 이론적으로 파악

---

[6] Oliver Grau, *Virtuelle Kunst in Geschichte und Gegenwart: Visuelle Strategien*, Berlin: Reimer, 2002, S. 147.
[7] Peter Weibel, "Transformation der Techno-Ästhetik", Hrsg. Florian Rötzer, *Digitaler Schein: Ästhetik der elektronischen Medien*, Frankfurt am Main: Suhrkamp, 1991, S. 224.
[8] Konrad Paul Liessmann, *Philosophie der modernen Kunst*, Wien: WUV, 1999, S. 120.

하려 할 때, 가장 중요한 이론가 중 한 사람이 바로 노르베르트 볼츠Norbert Bolz, 1953~다. 볼츠는 독일에서 현재 진행되고 있는 매체미학의 '전도사'라 할 수 있을 정도로 적극적으로 전통적 미학, 즉 철학적 미학을 공격하고 있으며, 미학 영역 내에서 매체미학의 시대적 정당성과 필요성을 적극 주장하고 있다. 감성적 지각이 강조되는 미학이라든가, 새로운 매체 상황과 예술의 관계 등에 대한 논의들이 그의 이론의 기본 전제다. 볼츠의 문제의식과 기본 전제들은 지극히 타당하다. 그럼에도 불구하고 볼츠의 이론이 전적으로 타당하다고 볼 수만은 없게 하는 부분도 있다. 따라서 이 장에서 나는 먼저 볼츠의 매체미학과 새로운 매체 시대의 매체예술이 가지는 특징을 소개하고, 그의 이론이 가지고 있는 문제점들을 지적하고자 한다.

## 2. 문자문화와의 결별

볼츠의 매체미학의 근본 전제들은 특별한 것들이 아니다. 그는 우리가 일상생활 속에서 이미 다 경험하고 인식한 문제들에서부터 논의를 전개한다. 그는 지금의 현대사회가 아주 매체 의존적 사회라고 정의하고, 바로 여기서 출발한다. 그는 이 매체 의존적 사회라는 현실을 지각의 측면에서 접근한다. 즉 지각의 측면에서 보았을 때, 더 이상 "직접적인 세계 지각이라는 것은 존재하지 않으며",[9] 이러한 지각 대신에 매개된 지각이 전면적으로 등장했다고 주장한다.[10] 이러한 전제는 우리 또한 일상생활에서 늘 체

---

9) 노르베르트 볼츠, 『구텐베르크-은하계의 끝에서: 새로운 커뮤니케이션 상황들』, 윤종석 옮김, 문학과지성사, 2000, 31쪽(Norbert Bolz, *Am Ende der Gutenberg-Galaxis: Die neuen kommunikationsverhältnisse*, München: Fink, 1995).
10) 같은 책, 31쪽.

험할 수 있다. 아침에 일어나 신문을 읽거나 스마트폰으로 주요 뉴스들을 확인하고 텔레비전을 시청한다. 몇 군데 전화를 하고 메일을 확인하며, 누군가 방문했을 때 초인종 소리로 누군가가 왔다는 사실을 인식하고, 인터폰 등을 통해 그 누군가를 확인한다. 거리에 나가서도 마찬가지다. 주변을 보기 이전에 웹상에서 위성사진이나 지도를 제공하는 서비스를 통해 이미 시각 이미지로 모든 것들을 보고, 또 때로는 거리의 풍광을 보면서 자신의 위치를 확인하기보다는 스마트폰을 보면서 자기 위치를 끊임없이 확인한다. 중요한 것은 매체 경험이지 실제 경험이 아니다. 또 늘 반복되는 일상생활뿐만 아니라, 우리의 사무적인 일과 여가시간도 이와 별로 다르지 않다.

이러한 매체 의존적 사회에서는 지배적인 매체도 변화해 왔다. 이전에는 문자매체가 지배적 매체였다면, 이제는 이미지를 중심으로 한 시각매체, 더 나아가 복합매체Multi-Media가 중심 매체로 등장했다. 매체의 기본 기능은 확실히 정보를 저장하고 촉진시키는 것이다. 키틀러가 지적했듯이, 복합매체가 등장하기 이전의 매체는 '세분화된 노동 분업적인 지각 구조'를 가지고 있었다. 즉 듣기, 읽기, 보기가 각각의 독립된 매체에 상응하는 지각형식으로 존재했다. 그러나 복합매체가 지배하는 사회에서는 더 이상 세분화된 지각형식과 이에 상응하는 매체가 존재하는 것이 아니라, 공감각적인 지각이 존재하고, 다양한 매체가 하나로 된 복합매체가 지배하게 된다. 바로 이 지점에서 볼츠는 문자문화와의 결별을 이야기한다.

시각 이미지를 중심으로 한 새로운 매체들의 등장으로 인해 문자문화가 위기에 봉착했다는 논의는 새로운 주제는 아니다. 이미 앞에서 살펴보았듯이, 볼츠 이전의 많은 매체철학자들이 이에 대해 자신의 의견을 펼치곤 했다. 때론 한탄하는 사람도 있었고, 또 때로는 새로운 문화적 패러다임으로 반기는 사람도 있었다. 그런데 볼츠는 문자문화와의 결별을 아주 강하게 옹호할 뿐만 아니라, 더 나아가 디지털 매체 시대에 휴머니즘이라는 근대적 인간 개념과 문자문화에 연연해하는 사람들을 "디지털 시대의 문맹인"들이라고 강하게 비판한다.[11] 즉 계몽적 의식을 중요하게 여기는 교양인들이 문자문화에 집착하고 새로운 매체 상황을 받아들이지 못하고 있다고 말이다. 왜냐하면 그는 문자문화를 근대적 또는 현대적 유럽 문화의 합리성에 기초를 둔 것으로 보았기 때문이다. 이러한 볼츠의 주장은 탈문자적 인간을 이미지에 사로잡힌 문맹인으로 본 안더스의 주장과는 정면으로 대치되며, 또 기술적 이미지가 가지는 새로운 힘을 본 플루서와 같은 입장이라고 볼 수 있다. 볼츠는 "문자라는 구텐베르크적 세계로부터의 이별"을 하나의 필연적인 그리고 부정할 수 없는 현상으로 본다.[12] 더 나아가 그는 이러한 이별을 반긴다. 왜냐하면 그는 "알파벳적인 낡은 유럽을 대신해서, 디지털화된 세계 공동체가 등장"할 것이라고 보고 있기 때문이다.[13]

이러한 볼츠의 주장은 피에르 레비가 주장하는 '공동의 지적 자산' collective intelligence이라는 개념과 같다고 볼 수 있다.[14] 레비 또한 볼츠와 마찬가지로 디지털 매체의 등장이 새로운 지식 형태를 가져올 것이라고 보았으며, 이를 매우 긍정적으로 받아들이고 있다.[15] 즉 이 둘은 문자문화의 몰락을 또 다른 집단적·탈문자적 문화의 등장으로 보고 있다. 볼츠는 탈문자적 문화의 특징을 다음과 같이 정리한다. 첫째, 세계 지식의 문서고 Archiv

---

11) 노르베르트 볼츠, 『컨트롤된 카오스: 휴머니즘에서 뉴미디어의 세계로』, 윤종석 옮김, 문학과지성사, 2000, 35~36쪽(Norbert Bolz, *Das kontrollierte Chaos: vom Humanismus zur Medienwirklichkeit*, New York: ECON Verlag, 1994).
12) 볼츠, 『구텐베르크-은하계의 끝에서: 새로운 커뮤니케이션 상황들』, 235쪽.
13) 같은 책, 231쪽.
14) 피에르 레비, 『사이버 문화』, 김동윤·조준형 옮김, 문예출판사, 2000, 41쪽(Pierre Levy, *Cyberculture*, Minneapolis, Minn.: University of Minnesota Press, 2001).
15) 같은 책, 46~50쪽 참조.

로서의 책의 기능은 상실되었고, 둘째, 종이 대신 영상 모니터가 주된 기억 공간으로 등장했으며, 셋째, 사회적 커뮤니케이션에서 중요한 역할을 하는 매체는 더 이상 문자가 아니라, 이미지라는 사실을 말이다.[16] 여기서 볼츠를 다시 맥루언의 이론과 비교해 볼 수 있다. 재미있는 사실은 볼츠와 맥루언 모두 구텐베르크 은하계, 즉 문자문화의 몰락을 이야기한 것은 동일한데, 그 이후 등장한 지배적인 지각에 대해서는 다른 의견을 내놓는다는 것이다. 맥루언에게 문자문화의 몰락은 결국 시각 중심주의 문화의 몰락이다. 반면 볼츠에게 문자문화의 몰락은 시각 중심의 문화가 비로소 시작되는 것을 의미하며, 낮게 평가받아 온 시각 이미지에 대한 재평가를 의미한다. 이는 문자문화를 어떤 지각 작용과 연결해서 보는가에 달려 있다고 볼 수 있다. 어쨌든 둘 다 문자문화의 몰락을 이야기한다는 사실이 중요하다.

다시 볼츠가 이야기하는 문자문화의 몰락으로 돌아가 보자. 그렇다면 이제 종이, 책 등 문자문화를 상징하던 것들은 새로운 매체 상황과 더불어 역사의 저편으로 사라지고 마는 하나의 낡은 유물이 되고 말았는가? 물론 책이 정보와 지식을 전달하는 전달 수단으로서의 지배적 역할은 상실하고 말았지만, 책 또는 문자 존재 그 자체가 사라진 것은 아니라는 게 볼츠의 지적이다. 즉 존재 그 자체의 소멸이 다가온 것이 아니라, 합리성의 범주라는 것이 흔들림과 동시에 책과 문자의 역할도 바뀌었다는 것이다. 이에 대해 볼츠는 다음과 같이 말한다.

여기서 오해를 피하기 위해 한마디 한다면, 전통적인 문화적 테크닉들은 결코 사멸하지 않을 것이다. 사람들은 여전히 글을 쓰고 읽을 것이다. 전

---

16) 볼츠, 『컨트롤된 카오스: 휴머니즘에서 뉴미디어의 세계로』, 303~304쪽.

보다 더 많이. 사람들은 여전히 개인적인 대화를 장려하고, 바이올린을 연주하며, 박물관들을 방문할 것이다. 심지어는 이러한 문화적 테크닉들이 각각의 개인들에게 점점 더 중요해질 수도 있다. 그러나 그것들은 미디어 복합체 내에서 그 위상을 근본적으로 변혁시킬 것이다. 책은 더 이상 지식 관리와 교양 교육의 주도 미디어가 아니다. 그리고 바로 그 때문에 책은 정보사회가 지속적으로 부과하는 스트레스로부터 탈출하여 도피하려는 그런 사람의 정신의 생태학적인 보금자리를 보호하기 위해서라도 포기할 수 없는 것이다.[17]

즉 새로운 매체가 지배하는 사회가 되었다고 하더라도, 낡은 매체들이 그대로 사멸하지는 않을 것이고, 다만 그 매체의 지배적 역할이 바뀔 것이라 말한다. 일종의 매체의 '재목적화'가 발생할 수 있는 것이다.[18] 그렇다면 낡은 매체들은 왜 사멸하지 않는가? 볼츠는 그 이유를 낡은 매체들이 여전히 생활적인 측면, 즉 여가의 차원에서 요구되기 때문이라고 한다. 즉 낡은 매체들은 우리에게 더 이상 세계에 대한 정보나 지식을 주는 것이 아니라, 단지 소일거리로서 존재한다는 것이다.[19] 이러한 주장은 문자가 단지

---

17) 볼츠, 『컨트롤된 카오스: 휴머니즘에서 뉴미디어의 세계로』, 36쪽.
18) 제이 데이비드 볼터·리처드 그루신, 『재매개: 뉴미디어의 계보학』, 이재현 옮김, 커뮤니케이션북스, 2006, 53쪽. 볼츠의 이러한 주장은 얼핏 보면, 맥루언이 이야기하는 매체 형식과 내용 간의 상호작용으로 보일 수 있다. 그러나 이는 좀 다르다. 볼터와 그루신의 용어로 이야기하면, 맥루언의 주장은 분명 매체의 '재매개화' 작용이다. 그러나 볼츠가 주장하는 것은 매체의 역할과 목적이 바뀌는 것이기 때문에, 볼터와 그루신이 말하는 매체의 '재목적화'에 더 적합하다.
19) 볼츠, 『컨트롤된 카오스: 휴머니즘에서 뉴미디어의 세계로』, 37쪽. 이 외에도 다음 저서를 참고하길 바란다. Norbert Bolz, *Philosophie nach ihrem Ende*, München: Klaus Boer Verlag, 1992, S. 151~155. 이 글에서도 볼츠는 이미 지식과 정보의 저장으로서의 책의 역할은 낡았다고 강하게 주장한다.

낡은 매체가 되었다는 단순한 사실만을 내포하는 것이 아니다. 문자가 낡은 매체라는 주장은 문자가 대표할 수 있는 근대적·합리적 세계관과의 결별을 의미하는 것이다. 즉 문자문화와의 결별은 체계, 합리성, 이성이라는 범주들로 설명되는 세계관과의 작별을 의미한다. 따라서 그는 문자문화의 몰락에 대한 어떤 향수도 갖지 않는다. 왜냐하면 그에게 문자문화의 몰락은 바로 특권화된 계급과 그 계급이 독점적으로 향유하던 고급문화의 몰락 그 자체이자 모던적 합리성의 몰락을 의미하기 때문이다.[20] 바로 이러한 지점에서 그는 단호하게 전통적인 휴머니즘적 가치로부터의 결별을 주장한다. 이제 중요한 것은 휴머니즘적 가치가 아니라, '포스트휴먼' 이후의 문화인 것이다. 그는 문자문화에서 시각문화의 단계를 거쳐 복합매체의 복합 감각적 문화의 세계로 넘어가는 현실에서 고전적인 휴머니즘 가치들은 '세계 경험을 구속하는 사슬'일 뿐이라고 비판하면서, 휴머니즘적 가치들의 전도가 불가피하다고 주장한다. 그는 디지털 매체가 포스트휴먼적 상황을 만들며, 이 상황은 결코 비인간적이지 않으며, 오히려 지극히 인간적이라고 주장한다.[21] 그는 자유롭고 개인적이며 다양할 수 있는 인간적인 요소들이 비로소 디지털 매체에 의해서 전개된다고 본다.[22]

---

20) Norbert Bolz, "Abschied von Gutenberg-Galaxis: Medienästhetik nach Nietzsche, Benjamin und McLuhan", Hrsg. Jochen Hörisch und Michael Wetzel, *Armaturen der Sinne: literarische und technische Medien 1870 bis 1920*, München: Fink, 1990, S. 140.
21) 볼츠, 『컨트롤된 카오스: 휴머니즘에서 뉴미디어의 세계로』, 24쪽.
22) 같은 책, 24쪽. 이 외에도 볼츠의 다음 논문을 참고하길 바란다. Norbert Bolz, "Für eine posthumane Kultur", Hrsg. Andreas Kuhlmann, *Philosophische Ansichten der Kultur der Moderne*, Frankfurt am Main: Fischer Taschenbuch Verlag, 1994, S. 137~140. 이 글에서도 볼츠는 위의 본문에서 언급한 주장과 똑같은 주장을 되풀이하고 있다. 볼츠의 이러한 논지는 그가 문자문화에 익숙한, 즉 계몽되고 교양 있는 식자층을 공격할 때 대표적으로 내세우는 것이다. 즉 전통적인 휴머니즘적 가치들은 지금의 세계 경험의 족쇄로서 작용하므로 이러한 문학적인 휴머니즘 전통과 작별해야 한다는 것이다.

## 3. 새로운 미학적 패러다임으로서의 감성학

디지털 매체 시대의 포스트휴먼적 상황에서 볼츠는 전통 미학으로는 지금의 예술 상황을 설명할 수 없다고 보았다. 따라서 그는 새로운 미학, 즉 감성적 지각을 바탕으로 한 감성학을 적극 받아들이며, 이를 발전시킨다. 지금까지 미학 내에서 예술을 둘러싼 담론은 몇 개의 지배적인 개념들을 중심으로 전개되었다. 즉 예술, 존재, 진리, 정신 그리고 아름다움 등의 개념이 핵심 개념이었다. 그러나 이러한 기본적 범주만으로 지금의 매체예술을 분석할 수는 없다. 예술이 아름다움이라는 개념만으로 설명된다면, 지금의 예술작품이 주는 심미적 체험과 예술작품 이외의 것에서 체험하는 심미적 체험을 도저히 '심미적'ästhetisch이라는 형용사로 설명할 수 없을 것이다. 이처럼 전통적인 미적 범주를 중심으로 매체예술과 지금의 예술적 상황을 분석한다면, 지금의 예술은 예술이 아니라, 하나의 반예술Anti-Kunst로 정의될 수도 있다. 물론 그렇게 정의하는 사람들도 있을 것이다. 그러나 디지털 매체 예술이 '예술인가 혹은 반예술인가'라는 문제가 중요한 것은 아니다. 오히려 중요한 문제는 '디지털 매체 예술을 어떤 기준을 가지고 평가할 수 있을까'가 될 것이다.

앞에서 근대의 합리성으로 대변되는 문화가 문자문화이고, 지금의 문화는 이미 문자문화에서 벗어난 시각문화가 주류를 이루고 있다고 밝혔다. 그런데 시각문화의 등장은 반드시 디지털 시대라고 하는 지금의 문화적 특징으로만 보기는 어렵다. 이미 언급한 것처럼, 산업혁명 이후 시각문화 또는 영상문화가 지배적인 문화로 등장했기 때문이다. 그러나 사진과 영화를 중심으로 형성된 아날로그 시대의 시각문화와 디지털 매체가 만들어 내는 시각문화를 동일하게 볼 수는 없다. 그렇다면 어떤 측면에서 이 두 개의 시각문화를 구별할 수 있을까? 디지털 매체는 한마디로 말해서 복합매체다. 그렇기 때문에, 지금의 문화는 단적으로 시각문화로만 정의할 수 없는 문화적 그리고 매체적 성격을 소유하고 있다. 즉 시각뿐만 아니라, 청각, 촉각 등의 다른 지각방식을 모두 하나의 매체가 가지고 있다는 것이다.[23] 이러한 복합매체의 등장으로 인하여, 하나의 매체를 통한 한 가지의 지각 체험만이 아니라, 다양한 지각 체험이 가능해졌다. 게다가 지금 우리는 예술작품을 통해서뿐만 아니라, 곳곳에서 그리고 많은 상품들과 상품 포장들에 의해서 미적 체험을 할 수 있게 되었다.

이러한 상황 속에서 볼츠를 비롯하여 매체미학을 주장하는 많은 사람들은 미학이라는 이름이 아름다움에 관한 학문 또는 예술작품에 대한 분석 등에 머무를 수 없다고 주장한다. 오히려 중요한 것은 작품 분석이 아니라, 각각의 수용자의 체험과 지각방식이라고 한다. 좀더 정확히 말해서, 중요한 것은 해석과 관조를 기반으로 한 예술 이해 또는 미적 체험이 아니라, 오히려 감각과 이미지의 스펙터클 그리고 몰입이다.[24] 이들은 지금의 미적 체험과 현상을 설명하기 위해서는 미학이 감성적 지각을 중심으로 하는 감성학이 되어야만 한다고 주장한다. 이러한 입장에 선다면 당연히 매체미학의 중심축은 수용자가 된다. 즉 예술가의 창조성이나 의도에 대한 분석과 예술작품에 대한 객관적 분석보다는, 예술작품이 어떤 매체를 이

---

23) Andre Gauron, "Das digitale Zeitalter", Hrsg. Stefan Bollmann, *Kursbuch Neue Medien: Trends in Wirtschaft und Politik, Wissenschaft und Kultur*, Mannheim: Bollmann, 1996, S. 24~40 참조. 여기서 저자는 전통적인 매체를 문자와 회화로 들고 있으며, 이와 반대로 현대의 새로운 매체는 시각적이고 복합매체가 주된 형식이라고 정의한다.
24) 앤드류 달리, 『디지털 시대의 영상 문화』, 김주환 옮김, 현실문화연구, 2003, 15쪽(Andrew Darley, *Visual Digital Culture: Surface Play and Spectacle in New Media Genres*, London: Routledge, 2000).

용해서 전달되고, 또 이 예술작품이 수용자에게 어떻게 지각되고 체험되는가가 중심 문제인 것이다.[25] 볼츠의 매체미학도 바로 여기서 출발한다. 어느 누구보다도 그는 자신의 저작들 속에서 지속적으로 철학적 미학과 결별한 감성적 지각으로서의 감성학을 주장한다. 그렇다면 왜 볼츠는 디지털 매체 시대의 새로운 미학적 패러다임으로 그토록 강하게 매체미학을 주장하는가? 우리가 사적인 영역에서 사용하는 기술과 공적인 영역에서 사용하는 기술들은 잘 알려져 있다시피 일상생활의 기본적인 속도와 리듬을 뒤흔들어 놓았고, 그 구조를 바꾸어 놓았다. 뿐만 아니라, 좀더 중요한 것은 변화된 생활세계로 인하여, 이에 대응하는 우리의 인식 과정과 인식 구조도 변화를 겪는다는 점이다.[26] 바로 이 점에서 출발한 볼츠는 우리가 느끼는 대부분의 지각이 직접적 지각이 아니라 매체가 매개된 매체 의존적 지각이며, 이 지각 과정에서 매체가 우리 지각을 규정하기 때문에, 미학이 이제 매체를 주된 주제로 삼는 매체미학이어야 한다고 주장한다.[27]

감성적 지각으로서의 미학 또는 감성학, 이것이 바로 매체미학의 출발점이다. 매체미학은 철학적 미학이라는 이름으로 추구되었던 미학을 이제 미학의 본래 이름인 감성학으로 되돌려 놓는다.[28] 미학은 이제 아름다운 예술들에 관하여 이야기할 것이 아니라, 미학의 원래 의미였던 지각에

---

25) Werner Faulstich, *Medienästhetik und Mediengeschichte: Mit einer Fallstudie zu 'The War of the Worlds' von H. G. Wells*, Heidelberg: C. Winter, 1982, S. 14.
26) Derrick de Kerckhove, "Touch versus Vision: Ästhetik neuer Technologien", Hrsg. Wolfgang Welsch, *Die Aktualität des Ästhetischen*, München: Fink, 1993, S. 144 참조.
27) 노르베르트 볼츠, 『발터 벤야민: 예술, 종교, 역사철학』, 김득룡 옮김, 서광사, 2000, 139~140쪽(Norbert Bolz und Willem van Reijen, *Walter Benjamin*, Frankfurt: Campus-Verl., 1991).
28) Norbert Bolz, *Theorie der neuen Medien*, München: Raben Verlag, 1990, S. 7; Norbert Bolz, *Eine kurze Geschichte des Scheins*, München: Fink, 1991, S. 7 참조.

관하여 이야기해야만 한다.[29] 고대 희랍어 '아이스테시스'aisthesis에 어원적 기원을 두고 하나의 학문으로 성립된 미학은 그 본래적 개념에서 벗어나 철학으로서의 미학, 또는 감성적 '인식'Erkenntnis에 관한 학문으로 전개되어 왔다.[30] 즉 아이스테시스의 본래적 의미에 충실하게 지각, 감정, 느낌 등을 다루기보다는 오히려 예술가의 창조성이나, 예술작품에 대한 분석, 아름다움에 대한 분석에 치중했다. 그러나 새로운 형식의 예술작품은 이미 예술가의 창조성이나, 예술가의 능력 못지않게 프로그램과 기술자들에게 많은 부분 의존해야만 하는 상황에 처했다. 또 아름다움이란 개념도 절대적 기준으로 작용하는 것이 아니라 하나의 상대적 개념이라는 것이 밝혀진 지금, 전통적 미학의 범주로는 지금의 미적 상황과 미적 체험을 설명하기는 어렵다. 전통적인 아름다움이 지금의 예술작품에서 재현되는 것도 아니고, 예술이 선이나 진리라는 개념과 반드시 연관되는 것도 아니기 때문이다. 따라서 감성학으로서의 매체미학은 이제 예술작품 그 자체에 대한 분석, 또는 아름다움에 대한 분석이 아니라, 예술작품과 수용자 간의 관계를 문제 삼는다. 즉 대상을 수용하는 주체의 측면에서 논의를 진행하는 것이다.

---

29) 볼츠, 『구텐베르크-은하계의 끝에서: 새로운 커뮤니케이션 상황들』, 16쪽. 여기서 볼츠는 지각으로서의 미학이 바로 미학자들에게 무시당했다고 비판한다. 미학자들이야말로 미학을 지각 이론이 아니라, 아름다운 예술, 즉 가상에 대한 이론으로 이해했기 때문이라고 말이다. "본래의 의미에서 지각에 관한 이론으로부터 출발했던 아이스테시스(aisthetis)는, 그것을 아름다운 가상의 이론으로 이해했던 소위 미학자들에 의해서 오랫동안 무시되어 왔다."
30) 미학과 감성학 그리고 미적 인식과 감성적 지각에 대한 논의는 여기서 자세히 다루지는 않겠다. 왜냐하면 이 논의는 여전히 진행 중이라 매우 복잡한 이론적 지형도를 그려야만 하기 때문이다. 이에 대한 자세한 논의는 다음의 글에서 좀더 자세히 설명하고 있다. 따라서 다음의 글을 참조하길 바란다. 심혜련, 「감성학에서의 감성적 지각 문제에 관하여: Aura, Uncanny 그리고 Atmosphere를 중심으로」, 『시대와 철학』 제22권 2호, 한국철학사상연구회, 2011.

## 4. 디지털 매체 시대의 예술의 새로운 특징과 수용방식의 변화

산업혁명 이후 예술과 기술의 결합이 본격적으로 진행되면서 예술 영역에서 일어난 가장 큰 변화는 이미지가 무한정 복제될 수 있었다는 데 있었다. 벤야민이 지적했듯이, 예술작품에 대한 복제는 어느 시대나 늘 존재했다. 그러나 원본이 존재하는 한, 복제품은 늘 복제품에 머무를 수밖에 없었으며 복제품은 원본의 권위에 무릎을 꿇을 수밖에 없었다. 원본을 능가하는 복제는 있을 수 없었던 것이다. 그러나 기술 재생산 시대에 들어 이러한 원본과 복제품의 관계에 큰 변화가 일어났다. 다시 말해서 원본이 존재하지 않는 그리고 항상 무한정 복제될 수 있는 예술 형식이 생겨난 것이다. 이에 해당하는 것이 바로 영화와 사진이다. 앞에서 살펴보았듯이, 영화와 사진이 가져온 변화의 시간을 벤야민은 바로 예술의 영역의 운명적 시간이라고 보았으며, 이를 아우라의 몰락이라고 정의하였다. 아우라의 몰락이라고 정의할 수 있는 기술 재생산 시대의 예술작품은 전통적 예술작품이 가지고 있었던 원본성, 진품성 그리고 일회성을 더 이상 요구하지 않는다. 내가 본 사진이 원본이고 다른 사람이 본 사진은 복제품이라고 어느 누구도 말하지 않고, 말할 수도 없다. 뿐만 아니라, 수용자의 측면에서 보았을 때, 사진과 영화를 통해서 우리는 원하는 곳에서 원하는 시간에 복제된 예술작품을 수시로 볼 수 있는 기회를 가지게 되었다. 사실 복제된 예술작품에 대해 여러 가지 이견이 있을 수 있으나, 확실한 것은 우리가 실제로 실물, 즉 원본의 작품을 감상할 기회보다는 복제품을 통해 예술작품을 접할 수 있는 기회가 훨씬 더 많아졌다는 점이다. 아니 비교 불가능할 정도로 많이 복제된 예술작품을 감상하고, 분석하고, 해석한다. 거의 이미지 복제의 전 지구적 현상이라고까지 이야기할 수 있다.

그렇다면 디지털 매체 시대의 예술작품은 어떠한 특징을 갖는가? 먼저, 이미지와의 관계에서 보면 이제 '이미지의 복제'가 아니라, '이미지의 변형'이 중요한 문제다.[31] 그다음 예술 개념과 관련해서 보면, 예술이란 무엇인가라는 규정에 결정적인 변화가 일어났음을 알 수 있다. 그렇기 때문에 모방과 재현만으로 지금의 예술을 설명할 수 없는 것이다. 또 예술이 어떠해야 한다는 규정과 의식만으로 디지털 매체 예술뿐만 아니라, 지금의 예술을 설명할 수 없게 되었다. 이미 예술 형식 그 자체가 많은 변화를 경험했으며, 이에 부응하여 예술가들도 다양하게 자신의 예술적 시도를 수행하고 있다. 이렇게 해서 탄생된 디지털 매체 시대의 예술작품은 어떠한 특징을 가지고 있는가? 손으로 직접 제작한 예술작품과 기계가 수단으로 쓰인 예술작품, 산업혁명 이후 기계를 적극적으로 작품의 도구로 활용한 예술작품과는 다르게, 디지털 매체 상황에서 산출된 매체예술은 "일시적이고 비물질적 속성"을 특징으로 한다.[32]

기술과 예술의 융합 과정에서 예술을 둘러싼 기본적인 물음 중 하나는 바로 비물질성이라는 개념이다.[33] 기본적으로 비물질적인 예술가의 의도,

---

31) Weibel, "Transformation der Techno-Ästhetik", S. 205~207 참조. 여기서 페터 바이벨은 산업혁명과 예술과의 상관관계를 고찰하면서 지금을 포스트 산업혁명, 즉 전자적 산업혁명의 시기라고 규정한다. 그는 포스트 산업혁명의 시기에 매체예술이 가지고 있는 특징 중의 하나를 고전적 예술작품의 변형이라고 지적한다.
32) Peter Zec, "Das Medienwerk: Ästhetische Produktion im Zeitalter der elektronischen Kommunikation", Hrsg. Florian Rötzer, *Digitaler Schein: Ästhetik der elektronischen Medien*, Frankfurt am Main: Suhrkamp, 1991, S. 104. 이 글에서 페터 제크는 매체예술이 등장하기 전의 예술은 회화나 조각, 사진 등 그것이 어떤 형식이더라도 대상으로 자기 자신을 드러낸다고 강조한다. 이와 다르게 매체예술은 하나의 프로그램 또는 전자적이거나 또는 시각적인 것으로 저장되고 연속적으로 불러낼 수 있는 처리 과정에 의존적인 정보 구조로서 자신을 드러낸다고 한다.
33) 포페르, 『전자시대의 예술』, 252쪽 참조. 1985년 파리의 퐁피두 센터에서 열린 '비물질' 전시회는 바로 이러한 철학적 질문에 대한 하나의 대응이었다고 볼 수 있다. "이 전시회의 주요 주

상상 등이 물질적 대상인 예술작품으로 현실화되는 과정까지를 우리는 예술이라고 이름 붙일 수 있다. 그런데 예술에서 비물질성이라니! 그렇다면 비물질화된 예술작품을 우리는 어떻게 그리고 어디서 감상할 수 있는가? 예술작품의 비물질화 현상은 반드시 디지털 매체 시대에 일어난 현상만은 아니다. 일찍이 빛에 대한 예술적 탐구에 몰두한 홀로그래프 예술과 레이저 예술 등은 캔버스와 물감 등에서 해방된 "대상 없는 영상 베리에이션"[34]을 시도하였다.[35] 즉 빛과 영상만으로 이루어진 비물질적인 예술작품을 추구했다. 빛 그 자체가 홀로그래프의 주체이자 내용, 그리고 표현 수단인 것이다.[36] 이러한 시도들은 지금의 매체적 상황에서 아주 잘 드러난다. 컴퓨터 예술과 웹아트Webart는 기본적으로 홀로그래프 예술과 레이저 예술처럼 이미지의 흐름을 보여 준다. 여기서 중요한 것은 재현된 대상이 아니라, 무정형적이며 무대상적인 이미지의 다발들이다. 물론 다 그렇다는 것은 아니다. 중요한 것은 이미지들이 무엇을 묘사하는 것인가가 아니라, 이미지를 통한 빛의 형상화로 전환되었다는 점이다.[37] 즉 지시대상의 해체가 핵심이다. 볼츠 또한 이 점을 지적하고 있다.[38]

디지털 매체 예술에서는 대상에 대한 이미지적 재현과 전달이 아니

---

제는 커뮤니케이션 기술에 의해 여과된 대중매체와, 독특한 새로움과 리얼리티, 그리고 마티에르 자체가 전파나 방사로 환원되어 만질 수도 없고 볼 수도 없는 테크놀로지로 물질 세계를 변형시킨다는 것이었다."
34) 볼츠, 『구텐베르크-은하계의 끝에서: 새로운 커뮤니케이션 상황들』, 206쪽.
35) 포페르, 『전자시대의 예술』, 29~53쪽 참조.
36) 같은 책, 37쪽 참조. 프랑크 포페르는 홀로그래프가 바로 물질적·대상적 캔버스와 물감에서 벗어나 빛과 영상만으로 무언가를 표현하기 때문에 감성적 지각으로서의 미학에 가장 적합한 예술 형식이라고 주장한다.
37) 볼츠, 『구텐베르크-은하계의 끝에서: 새로운 커뮤니케이션 상황들』, 207쪽.
38) 같은 책, 149쪽.

라, 이미지 그 자체가 중요하다. 대상 없는 이미지 또는 보드리야르가 말하는 실제 대상보다 더 실재 같은 이미지들, 즉 시뮬라크르가 등장한 것이다. 이러한 이미지들을 중심으로 많은 디지털 매체 예술들은 이미지들의 흐름과 운동 그리고 비물질성들을 보여 준다. 이것이 바로 디지털 매체 예술이 갖는 중요한 특징 중 하나다. 이제 예술은 캔버스에서 벗어나 스크린으로, 또 스크린조차 없는 공기 중의 움직임으로 전환했다.[39] 더 나아가 전 지구적인 연결망으로 자리를 옮기고 있다. 여기서 우리는 감상의 차원이 아니라 체험의 차원에서, 새로운 유희 공간이라는 예술의 새로운 움직임을 볼 수 있다. 이것이 바로 비물질적 미학의 배경이 된다.[40] 그렇기 때문에 디지털 매체 예술을 수용하는 과정에서는 무엇보다도 지각이 중요하다. 볼츠가 디지털 매체 시대에 등장한 새로운 형태의 예술을 분석하는 데 있어, 새로운 패러다임으로 감성학에 바탕을 둔 매체미학의 필요성을 주장하는 이유도 바로 여기에 있다.

예술과 관계된 매체가 변화하면, 예술 그 자체의 특징만 변화하는 것이 아니라, 그것을 수용하는 방식도 필연적으로 변화할 수밖에 없다. 그렇기 때문에 디지털 매체 예술을 둘러싼 논쟁에서 중요한 문제로 논의되는 것 중에 하나가 바로 수용 문제다. 그러나 이러한 예술과 수용 문제를 둘러싼 논의는 디지털 매체 시대에 와서 새롭게 제기되는 문제는 아니다. 이미 아날로그 매체에 의한 예술의 변화와 더불어 그것의 수용 문제도 논의되어 왔는데, 벤야민의 경우가 바로 그러하다. 그는 그 당시 새로운 매체의 등장으로 인해 변화된 지각방식인 대중적이며 분산적인 지각방식과 시각적

---

39) 볼츠, 『컨트롤된 카오스: 휴머니즘에서 뉴미디어의 세계로』, 356쪽 참조.
40) 볼츠, 『구텐베르크-은하계의 끝에서: 새로운 커뮤니케이션 상황들』, 207쪽.

촉각성이라는 복합지각을 강조했다.

앞에서 이미 강조했던 것처럼, 이러한 벤야민의 이론을 디지털 매체 시대에 그대로 적용해서 그의 이론이 틀렸다든가 또는 정확히 맞았다든가 라고 이야기할 수는 없다. 중요한 것은 바로 그가 변화에 주목했다는 사실 이다. 그가 기술 재생산 시대에서의 매체와 예술작품 그리고 수용방식에 주목했다면, 이제 우리는 디지털 매체 시대에서의 매체와 예술작품 그리고 수용방식에 주목해야만 한다. 그렇다면 디지털 매체 시대의 디지털 매체 예술은 과연 어떻게 수용자에게 지각되는가? 매체미학적 관점에서 이는 매우 중요한 문제다. 디지털 매체 예술의 수용에 관한 물음은 이미 위에서 언급했던 새로운 매체 시대의 예술작품의 특성 변화와 무관하지 않다. 즉 비물질적이고, 비대상적이고, 또 계속되는 영상들의 흐름은 결국 작품 자체에 대한 분석보다는 상호작용성에 근거한 작품의 수용 과정을 더 문제 삼게끔 한다. 디지털 매체 상황과 관련해서 새로운 지각방식은 지속적 지각과는 다르게 일시적이고 순간적이다. 그리고 아주 빠른 속도와 관련되어 있다. 일시적이고 순간적 지각방식에서 볼츠는 벤야민의 독특한 개념인 시각적 촉각성을 받아들이면서, 이 촉각성이야말로 새로운 매체에 의해 형성된 예술을 수용하는 주된 지각방식이라고 주장한다. 즉 그는 촉각성과 공감각이라는 지각방식의 설명을 통해 새로운 예술의 특성을 간접적으로 드러내고 있다.

우리는 매스미디어의 소음과 영상의 흐름들에 의해 결코 헤매서는 안 된다. 전기는 우선 눈과 귀에만 유익한 것은 아니다. 그것은 오히려 아주 새로운 방식으로 우리를 모든 세계 사물들과 '접촉'하게 하고 그것들을 탐색하는 것을 가능케 한다. '터치'$^{Touch}$라는 유행어는 우선 사물들과의 피부적 접촉만을 의미하는 것이 아니라, 인간 정신 속에서의 사물들의 생명 자체를 의미한다. 촉각은 관계를 심화시키는 실재이다. …… 전기는 시각적인 도서 문화와 촉각적인 뉴미디어 세계의 중재자로 특징 지어진다.[41]

벤야민이 기술 재생산 시대의 예술작품을 분석할 때, 새로운 지각형식으로 내세운 것이 다수라는 측면에서 대중적이고 정신오락적·분산적인 지각이었다. 그러나 벤야민 시대의 매체도 오늘날의 관점에서 보면 하나의 낡은 매체일 수 있다. 그렇다면 새로운 매체는 어떤 지각방식을 요구하는가? 과연 새로운 매체도 대중적 지각방식과 정신오락적·분산적 지각방식을 요구하는가? 그렇지 않다. 벤야민이 영화의 등장과 동시에 주의 깊게 본 새로운 공적인 공간은 바로 영화관이었다. 그러나 지금은 영화를 영화관에서만 볼 수 있는 것은 아니다. 집에서 비디오나 컴퓨터, 그리고 DVD를 통해 우리는 영화를 개인적 방식으로 수용한다. 또한 많은 영상들은, 그것이 영화의 영상이든, 컴퓨터 게임의 영상이든 간에 고도의 집중을 요구한다. 즉 정신오락적·분산적 지각이 아니라, 영상 속으로 함몰하는 집중과 침잠이 다시 요구되고 있다. 아니 요구될 뿐만 아니라, 많은 수용자들은 이런 방식으로 영상들 속에 몰입하고 그 속에 잠긴다. 벤야민의 용어를 차용, 확대해서 이야기하면 이러한 지각 체험은 '정신오락적·분산적 지각'이 아니라 '정신오락적·침잠적 지각'인 것이다. 3D 영화관이 바로 대표적 예다. 우리는 이런 현상을 영화관에서뿐만 아니라, 주위에서 쉽게 볼 수 있다. 즉 일종의 환각 체험처럼 영상에 몰두해서 시간 가는 줄도 모르고 컴퓨터를 즐기는 데서 찾아볼 수 있다. 이제 인간은 영상들을 단지 관찰자의 시점에

---

41) 볼츠, 『컨트롤된 카오스: 휴머니즘에서 뉴미디어의 세계로』, 277쪽.

서 보고 즐기는 것이 아니라, 영상들 속으로 깊이 개입한다.[42] 다시 말해서 수용자는 단지 수동적으로 관찰자의 입장에 머무르는 것이 아니라, '총체적인 주의 집중'을 통해서 적극적으로 영상에 개입한다.[43]

### 5. 새로운 예술: 예술의 종말 또는 확장

미학을 감성학으로서의 미학으로 규정하고 이에 기반해서 매체미학을 주장하는 볼츠에게 '예술은 무엇이고, 예술은 어떤 계기들을 가지고 있어야 하는가'라는 문제 설정은 불필요하다. 왜냐하면 그는 근대적 의미의 예술이 이미 종말을 맞이했다고 보고 있기 때문이다. 도처에서 미적 체험이 가능하고, 또 전 지구적으로 광범위하게 퍼져 있는 매체를 통해 확산되는 확장된 예술 체험은 그에게 바로 예술의 종말을 의미한다. 따라서 그는 현재의 매체 환경과 예술 간의 연관성에서 무엇보다도 중요한 것은 예술이 아니라, 미디어 환경 디자인이라고 주장한다. 결국 그는 전통적인 미학이론을 대신해서 하나의 디자인 과학이 등장해야 한다고 한다.[44] 예술 대신 디자인이 이제 미적 체험의 근거가 되기 때문이다. 그는 디지털 매체 예술도 예술로 파악하기보다는 "컴퓨터에 입각한 그래픽 디자인"으로 파악하며, 현재 진행 중인 예술로 본다.[45] 그래픽 디자인과 상품 디자인이 이제 예술

---

42) 디지털 매체 예술을 수용하는 과정에서는 무엇보다도 몰입 그리고 그 몰입을 위한 지각이 강조되며, 촉각뿐만 아니라 공감각이 강조된다. 이에 대한 자세한 논의는 다음의 글을 참조하길 바란다. 심혜련, 「디지털 미술과 지각의 변화」, 오병남 외, 『미학으로 읽는 미술』, 월간미술, 2007, 239~247쪽.
43) 볼츠, 『컨트롤된 카오스: 휴머니즘에서 뉴미디어의 세계로』, 328쪽.
44) 볼츠, 『구텐베르크-은하계의 끝에서: 새로운 커뮤니케이션 상황들』, 202쪽.
45) 같은 책, 198쪽.

작품의 창작을 대신하고, 그 결과물들은 예술작품을 대신한다. 예술은 이제 그래픽 디자인과 상품 디자인에 자리를 내어 주고, 예술가의 창조성과 천재성은 디자인 환경과 프로그램으로 대치된다. 이제 매체미학적 관점에서 중요한 것은 예술이 아니라, 미디어 환경 디자인이다.[46] 이때 예술가는 하나의 카메라맨과 유사하고 또 프로그래머의 역할과 유사한 역할을 한다. 즉 작품을 '창조'하는 것이 아니라, '실행'하는 것이다. 이는 마치 플루서가 장치의 프로그램을 실행하는 주체를 강조한 것과 같은 맥락이다.

미디어 환경 디자인은 우리에게 유희 공간의 확장을 가져오며, 아름다운 가상이라는 미학의 범주에서 벗어난 미적 기본 체험을 가능케 한다. 그리고 이때 예술가에게 요구되는 것은 얼마만큼 창조적인 의도를 내놓는가일 뿐이다. 따라서 볼츠는 현대 매체예술에서 중요한 것은 "콘셉트적인 예술"[47]이라고 주장한다. 볼츠의 이러한 관점에서 예술의 종말은 한편 타당성이 있다. 디지털 매체 예술이 이런 방식으로 진행되고 있는 것도 사실이기 때문이다. 디지털 매체 예술뿐만 아니라, 전통적인 방식으로 만들어진 작품 또는 과거의 예술작품들 역시 이 새로운 매체의 영향을 받는다. 다양한 방식으로 복제되고, 또 복제된 이미지들이 디지털 매체로 다시 변형되기도 한다. 예술 창작에서도 컴퓨터가 사용됨으로써 큰 변화가 일어났다. 오랜 기간 동안 훈련을 받아야지만 가능했던, 즉 일종의 도제적 방식의 교육을 통해서만 가능했던 예술 창작이 이제 컴퓨터 프로그램의 도움으로 좀더 쉽게 이루어지고 있기 때문이다. 이때 중요한 것은 볼츠가 강조한 것처럼 아이디어와 내용이다. 따라서 디지털 매체 시대에는 모든 사람이 프

---

46) 볼츠, 『컨트롤된 카오스: 휴머니즘에서 뉴미디어의 세계로』, 202쪽.
47) 같은 책, 167쪽.

로그램을 사용해서 작품을 창작할 수 있게 되었다. 즉 모든 사람이 예술가가 될 수 있게 된 것이다. 이러한 의미에서 어쩌면 예술의 종말은 예술의 확대라는 말로 대치될 수 있다. 이러한 현상은 예술을 둘러싼 비의적인 담론에서 벗어나 예술의 확대라는 긍정적 측면으로 이해할 수 있다. 그렇다면 이제 우리는 고전적 의미에서의 예술 개념을 완전히 폐기해야 하는가?

볼츠의 이론적 지평에 서면, 분명 그렇다. 볼츠는 앞서 지적했듯이 문자문화에 연연하는 것은 향수에 지나지 않으며, 이미 대세는 시각문화를 넘어서 복합매체가 지배하는 새로운 매체의 시대로 넘어왔다. 그는 이 매체적 상황에서 예술이 낡은 휴머니즘 가치와 결별하고 새로운 휴머니즘을 형성해야 한다고 주장한다. 이때 예술은 이 새로운 휴머니즘을 위한 삶의 자극제로서 존재하게 된다. 현실적으로 예술은 단지 '삶의 자극소', '사회의 경보 체제', '현실 연구의 탐사 장치'로서 작용한다는 것이다.[48] 그러므로 그의 입장에서 보면, 예술이 사회에서 어떤 역할을 수행하는가라는 물음은 낡은 합리적 세계관에서 나오는 물음에 불과한 것이다. 사회에 대한 비판적 계기나 유토피아적 계기를 갖지 않은 미학이 성립되어야 하고, 바로 이러한 미학이 앞으로 주도적인 학문이 될 것이라고 그는 주장한다.

> 예술은 오늘날 더 이상 사회와의 비판적 안티테제 관계 속에서는 파악될 수 없다. 그리고 바로 그 때문에 우리는 미학이 포스트모던적 세계의 주도 과학으로 격상되고 있다고 말할 수 있다. 예술은 더 이상 유토피아적 기관으로 기능하지 않고, 단지 삶의 자극소, 사회의 경보 체제, 그리고 현실 연구의 탐사 장치가 된다. …… 모던의 자율적 예술을 대신해서 미디어 환경

---

48) 볼츠, 『컨트롤된 카오스: 휴머니즘에서 뉴미디어의 세계로』, 354쪽.

에 의해 프로그래밍된 감성 작용이 등장하는데, 이것은 전자공학을 미디어적 현실의 생리학으로 경험 가능케 하고 있다.[49]

우리는 예술을 더 이상 유토피아적-비판적 요청으로 파악할 수 없다. 예술에 대한 유토피아적-비판적 관념은 모던이 지배했던 100년 동안인 19세기 중엽부터 제2차 세계대전까지는 정당성을 지녔다. 그러나 현재의 미학적 상황은 완전히 다르다. 그리고 바로 그 때문에 필자는 미학이 포스트모던적 세계의 주도 과학이라고 주장한다.[50]

이러한 볼츠의 진단은 어느 정도 정당하다. 왜냐하면 사실이 그렇기 때문이다. 그러나 사실이 그렇다고 해서, 예술 상황을 그대로 인정하고, 예술에게 아무것도 기대하지 않는 것이 과연 옳은 것일까? 앞에서 이미 밝혔듯이 나는 볼츠의 매체미학의 기본 전제들에 동의한다. 즉 기존의 미학적 개념으로 지금의 미적 상황을 설명할 수 없으므로 매체미학에 대한 필요성을 인정하는 것이다. 더 나아가 새로운 매체 시대의 예술 형식도 바뀌었고 또 그것을 지각하는 지각방식도 바뀌었음 역시 인정한다. 그러나 이러한 전제들에 대한 동의에도 불구하고 볼츠의 이론을 전적으로 받아들일 수는 없는데, 그것은 다름 아닌 볼츠의 기본적인 세계관에 대해 동의를 할 수 없기 때문이다. 볼츠의 매체미학에서는 사회의식의 부재가 확연히 드러난다. 낡은 휴머니즘이라는 고루한 가치에서 벗어나 삶의 자극소의 역할을 하는 예술은 사회에 대하여 어떤 발언도 하지 않는다. 더 나아가 예술

---

49) 볼츠, 『구텐베르크-은하계의 끝에서: 새로운 커뮤니케이션 상황들』, 211쪽.
50) 볼츠, 『컨트롤된 카오스: 휴머니즘에서 뉴미디어의 세계로』, 354쪽.

에게 어떠한 사회적 발언을 기대한다는 것 자체가 볼츠의 논리를 따르면 고루한 것이 되고 만다.

볼츠는 왜 미학이 매체미학이 되어야 하는지를 사회학적으로 설명한다. 현대사회를 매체 의존적 사회라고 규정한 그의 전제가 바로 그 예다. 즉 현대사회가 매체 의존적 사회이고, 많은 지각들이 매체에 의해 매개된 지각이기 때문에, 철학과 미학이 '현실'에 충실하기 위해서는 바로 '매체'를 다루어야만 한다고 하는 것이다. 그러나 바로 이 점에서 볼츠의 역설이 드러난다. 사회적 변화와의 상관관계 속에서 미학은 매체를 다루어야만 한다고 하면서, 이렇게 해서 성립된 매체미학은 사회에 더 이상 어떠한 발언도 하지 않는다는 것, 아니 발언을 요구하는 것 자체가 낡은 요구로서 폐기되어야 하는 것이 모순을 일으키는 것이다. 그는 사회에 대한 안티테제로서의 예술은 이제 불필요한 예술의 가치일 뿐이라고 주장한다. 단지 소일거리와 여가시간을 보내기 위한 예술, 또 삶의 자극소의 역할을 하는 예술이 바로 새로운 예술인 것이다. 바로 이 지점에서 나는 볼츠의 매체미학에서 사회의식의 부재를 본다. 물론 그는 낡은 휴머니즘 가치에서 해방되어야 한다며 휴머니즘 그 자체를 폐기하기보다는, '포스트휴먼'이라는 변화된 휴머니즘 가치를 주장한다. 새로운 매체에 의해 확장된 유희 공간을 떠돌며 많은 미적 체험을 하고 또 즐기는 행위가 포스트휴먼에 적합한 행위인 것이다. 그런 상황 속에서 고전적 의미의 예술은 종말은 맞이했다.

## 6. 나가며

사실 우리가 전통적 의미의 예술 개념을 완전히 폐기한다고 해서 이것이 쉽게 폐기될 수 있는 것은 아니다. 개념뿐만 아니라, 예술 그 자체도 그렇다. 예술의 생명은 길다. 물론 위대해서도 그렇겠지만, 그것이 가진 상품적 가치가 결코 쉽게 포기되지 않을 것이기 때문이기도 하다. 중요한 사실은 예술은 본질적으로 숭배의 대상이 아니라, 즐김의 대상이 되어야 한다는 점이다. 그런데 예술에 대한 숭배가 바로 예술 외적인 조건에서 산출되었던 것처럼, 이제 즐김의 대상으로서의 예술에도 이전의 예술에 대한 숭배적 가치가 여전히 존재하고 있다는 것이 문제이다. 사실 상품에서 우리가 미적 체험을 하는 것은 별 문제가 아니다. 문제는 이제 상품도 마치 예술처럼 '명품'이라는 말도 안 되는 이름으로 포장된 채, 특권적 지위를 갖게 되었다는 데 있는 것이다. 이전의 고급문화와 예술이 그러했듯이 말이다. 상품에 대한 숭배, 명품의 미적 가치에 대해 부정적인 입장을 취한다고 해서, 내가 고급예술과 저급예술을 나누는 기준에 찬성하는 것은 아니다. 또한 예술에 대한 물신적 태도나, 예술은 뭔가 고상한 것이어야 한다는 예술관에 전적으로 찬성하는 것도 아니다. 단지 '예술을 위한 예술'이라면, 이러한 예술에 대해서 어떠한 미련도 없다. 그러나 우리가 예술을 위한 예술을 포기하는 것과 예술이 가지고 있는 비판적 그리고 유토피아적 계기마저도 포기한다는 것은 다른 문제다. 예술의 존재 이유는 매우 다양하기 때문이다. 즐김을 위한 예술이 있는 반면, 여전히 사회비판적 예술도 있어야 한다.

또 다른 물음 하나가 제기될 수 있다. '그렇다면 새로운 실존의 유희 공간에서 예술은 과연 어떤 기능을 할 수 있을까?'라는 물음이 바로 그것이다. 하나의 유흥으로서 또는 소일거리로서의 예술만이 존재한다면, 예술이 상품처럼 쉽게 구입되고 쉽게 소비되고 마는 일회적 상품으로서의 기능만을 수행한다면, 굳이 예술이라는 이름이 필요할까? 즉 그냥 오락이라든가, 미적 상품이라든가, 아니면 팬시 상품이라고 해도 아무런 문제가 없지 않은가? 진리의 마지막 피난처로서 예술의 역할을 굳이 주장할 필요는 없을 것이다. 그러나 예술은 오락 이상의 것을 담고 있어야 한다. 오락이 오락으로 끝나는 것이 아니라, 그래도 뭔가 조금이라도 고민의 흔적을 가지고 있는 오락, 여운이 있는 오락이 되어야 하는 것이 아닐까? 비판적 계기가 빠진 미학이 주도적 학문이 된다면, 나는 그것을 사양하겠다. 볼츠적 의미에서 우둔하고 낡은 합리적 가치라는 모던적 가치에 함몰된 디지털 시대의 문맹인으로 남더라도, 나는 비판적 계기를 함축하고 있는 미학을 꿈꾸고 싶다(물론 매체미학의 기본 전제에는 동의하면서 말이다). 이럴 때 사회비판의 실천적 함의를 내포한 채, 기술 재생산 시대의 예술 형식의 변화와 그것의 지각 작용을 파악했던 벤야민의 매체에 대한 고민이 그리워진다. 확장된 유희 공간을 떠돌며 미적 체험만 하기에는 세상이 너무 팍팍하다. 여전히 유희 이전에 삶 자체가 문제인 사람들이 많으며, 또 예술은 아직 이런 사회가 있다는 것을 알릴 필요도 있다. 따라서 예술은 단순한 삶의 자극제가 되고, 또 팍팍한 사회를 살아가는 사람들에게 위로도 될 수 있을 뿐 아니라, 이러한 사회 자체에 대한 날선 비판으로 작용할 수도 있어야 한다. 아니, 그렇게 되어야만 한다.

# 6 | 매체에 의한 시공간의 재편과 매체공간
### 괴츠 그로스클라우스

## 1. 들어가며

시간과 공간, 이는 매우 오래된 철학적, 그리고 과학적 문제다. 많은 철학자들과 과학자들은 아주 오래전부터 시간과 공간의 문제를 설명하기 위해 애써 왔다. 그러나 이들의 논의는 지극히 추상적 차원에서 이루어졌기 때문에, 이 분야에 많은 지식을 갖고 있지 않는 한, 일반인들에게는 이해하기 힘든 하나의 블랙홀이었다. 우리는 항상 지금이라는 시간과 여기라는 공간을 점유하고 살아갈 수밖에 없음에도 불구하고, 시간과 공간은 마치 공기처럼 우리 주변을 감싸고 있었기 때문에 그다지 신경을 안 쓰고 살아온 것도 사실이다. 그리고 추상적 시공간만큼이나 사회적 시공간에 대한 관심 역시 비교적 적었고, 그나마 최근에 와서야 이에 대해 본격적으로 연구되고 있다고 볼 수 있다. 그러나 우리의 신체는 추상적 시공간뿐 아니라 반드시 사회적 시공간에 일정한 좌표를 점유해야 존재한다고 할 수 있다. 이렇게 시공간을 점유한 인간의 일상은 늘 시간과 공간이라는 두 축을 중심으로 구성된다. 뿐만 아니라, 우리 생애에서 어떤 시간대 또는 연령대에 어느 공간에 있어야 정상적이라고 여겨지는, 사회적 규범으로서의 시간과 공간도 있다. 딱 봐도 중고등학교 학생인 것 같은데, 학교라는 공간에 있어야 할 평일의 시간대에 다른 공간에 있으면, 이상하게 보이는 것도 사실이다. 뿐만 아니라, 사회에서 규정된 법을 어겼을 때, 가해지는 형벌도 공간을 제한하는 것이다. 공간을 제한한다는 것은 단순한 공간적 범위의 제한에 그치지 않고, 공간을 제한당한 자의 행위와 일상생활을 제한한다는 것을 의미한다. 그러나 강제적으로 어떤 시간대에 어떤 공간에만 있어야 되는 경우를 제외하고서라도 우리는 대부분 원하는 시간에 원하는 공간으로 갈 수 없다. 사회적·경제적·문화적 이유 등 다양한 요인들 때문에 그러하다.

이러한 제약들뿐만 아니라 지리적으로 멀리 있다는 것은 쉽게 가까이 할 수 없다는 것을 의미하기 때문에, 먼 공간은 늘 먼 공간으로 존재할 수밖에 없었다. 쉽게 갈 수 없기 때문에 먼 곳은 늘 동경의 대상이 될 수 있었다. 그런데 언제부터인가 시간적·공간적으로 제약을 받을 수밖에 없던 인간의 신체가 이것으로부터 조금씩 자유로워지기 시작했다. '언제, 어디서나 그리고 누구든지' 접근할 수 있는 공간으로 향하는 문들이 열리기 시작한 것이다. 문제는 이러한 공간이 생기면서, 시간성과 공간성, 또 인간의 신체적 존재에 본질적인 변화가 생기기 시작했다는 것이다. 전통적인 시공간 개념에 근거한 이 개념들과 새로운 공간에서 언급되는 이 개념들 사이에 균열이 생긴 것이다. 이 새로운 공간은 아주 무서운 속도로 이전의 시공간 개념과 신체의 개념들을 잠식해 들어가고 있다. 무엇이 큰 변화인지 또는 회복 불가능한 균열인지 미처 숙고도 하기 전에, 이 공간은 또 다른 사회적 시공간 그리고 일상의 시공간으로 자리 잡게 되었다. 이 공간이 바로 가상현실 또는 사이버스페이스이다.

가상현실과 사이버스페이스는 한마디로 말해서 매체가 매개되어 열린 공간이다. 물론 이전의 공간들도 매체에 의해 매개되어 있기는 했다. 따라서 가상현실과 사이버스페이스에서 중요한 점은 이 공간이 매체에 의해서 매개된 공간이라는 데 있는 것이 아니라, 이전의 매체들에 의해 매개된 공간과 이 공간들 사이에 본질적인 차이가 무엇인가라는 데 있다. 또 가상현실과 사이버스페이스가 실제 시공간 경험들에 어떠한 변화를 초래하는가라는 문제가 핵심이다. 괴츠 그로스클라우스Götz Großklaus, 1933~의 논의는 바로 여기에서 출발한다. 사실 매체에 의해 매개된 시공간, 그리고 매체공간에 대한 그의 이론은 특별하게 새로운 것은 아니다. 왜냐하면 거의 모든 매체철학자들이 자신의 고유한 이론을 중심으로 매체와 시공간 그리고 이미지 등을 다루기 때문이다. 사실 이 책에서 언급한 거의 모든 철학자들이 이 문제를 다루었다고 해도 과언이 아니다. 그 중 그로스클라우스의 이론과 가장 유사한 점을 보이고 있는 철학자는 아마도 비릴리오일 것이다. 그는 속도를 중심으로 시공간의 소멸과 확장을 비판했으며, 그리고 이미지를 중심으로 한 편협된 시각체계의 확대를 비판했다. 따라서 그로스클라우스는 어떤 측면에서는 비릴리오의 문제의식을 계승하고 있다고 볼 수 있다. 그러나 중요한 차이점은 그가 비릴리오와는 달리 매체로 인해 재편된 시공간의 문제와 이미지의 문제에 대해서 어떤 평가도 하지 않는다는 데 있다. 그는 '시공간의 재편'을 이야기하지, 비릴리오처럼 '공간의 소멸'을 이야기하지는 않는다. 뿐만 아니라, 플루서처럼 이미지의 피상성이 가지고 있는 가능성에 대해서 희망적으로 이야기하지도 않는다. 한마디로 말해서 그는 상황에 대한 정확한 진단을 모색할 뿐이며, 이에 대한 자신의 가치평가를 철저하게 배제시키고 있는 것이다. 단지 그는 매체계보학적 시선으로 매체들이 시공간과 이미지를 어떻게 변화시키고 있는지에 대해 서술할 뿐이다.

## 2. 매체에 의한 공간의 재편

매체로 인한 시공간의 변화와 이미지의 변화를 다루기 위해서는 기본적으로 근대적 시공간의 탄생에 관한 논의에서 출발할 수밖에 없다. 근대적 시공간의 탄생은 무엇보다도 철도와 통신기술의 발달로 시작되었다. 전통적인 시공간은 낡은 교통수단과 연결되어 있었다. 이때는 모든 것들이 천천히 움직일 수밖에 없었다. 그렇기 때문에 인간은 자연과 매우 유기적으로 연결될 수 있었고, 이동 중에 바라본 풍경을 지극히 자연적인 풍경으로 재현할 수 있었다. 볼프강 시벨부시는 이러한 전통적인 시공간을 자연과 유기적으로 연결된 시공간이라고 보았다.[1] 그는 공간과 관련해서, 특히 철도가 가져온 가장 큰 변화를 바로 '사이 공간'Zwischenraum의 소멸이라고 이야기한다.[2] 이는 비릴리오가 근대적 공간의 탄생을 '도정성'의 상실로 본 것과 같다. 그에게 도정성의 상실이란, 출발지와 도착지만이 중요하게 되면서, 그 사이의 여정들이 하찮게 취급되는 것을 의미한다. 그로스클라우스도 이 둘과 유사한 입장에서 시공간에 대한 분석을 시작한다. 즉 근대적 시공간의 탄생은 공간의 확대임과 동시에, 거리감으로 인해 존재했던 사이 공간의 상실을 의미한다고 본다.[3] 그는 새로운 매체장치들이 시공간의 간극을 최소화하거나 또는 아예 해체시킨다고 보았고, 그 결과 모든 것들이 원거리가 아니라 근거리에 존재하게 되었다고 보았다.[4] 이렇듯 모든 것들

---

1) 볼프강 시벨부시, 『철도여행의 역사』, 박진희 옮김, 궁리, 1999, 51쪽.
2) 같은 책, 53쪽.
3) Götz Großklaus, "Medienphilosophie des Raums", Hrsg. Mike Sandbothe und Ludwig Nagl, *Systematische Medienphilosophie*, Berlin, 2005, S. 9.
4) Götz Großklaus, *Medien-Zeit, Medien-Raum: Zum Wandel der raumzeitlichen Wahrnehmung in der Moderne*, Frankfurt am Main: Suhrkamp, 1997, S. 7.

이 가까워지면서, 이전의 존재방식인 '지금'과 '여기'는 해체되고, '동시성'이라는 시간 개념이 등장함과 더불어 공간적 제약에서 많이 해방되었다. 이는 단지 철학적 또는 과학적 차원에서만 그러한 것이 아니다. 우리가 구체적으로 느끼는 일상에서 이러한 현상은 더욱 두드러진다. 이는 시공간에 대한 논의가 추상적 차원에서 사회적 차원으로 전환된 것을 의미한다.

철도와 교통수단 그리고 대중매체의 발전으로 새롭게 조명되기 시작한 사회적 공간을 둘러싼 논의 중 가장 중요한 것은 바로 공간의 확대와 공간의 분열이다. 더 나아가 이것을 뒷받침하는 공간 이해는 바로 공간이 절대적이고 단일한 공간이 아니라, 상대적이며 다원화된 공간이라는 것이다. 이러한 공간 이해는 바로 공간이 보는 사람 또는 체험하는 사람에 따라 달리 규정될 수 있다는 관점에서 시작된다.[5] 근대적 시공간의 등장과 더불어 관찰자로서의 주체가 바로 근대적 인간으로 등장한 것이다. 관찰자인 주체는 또한 다양한 방법을 통해 '보기'를 확대한다. 왜냐하면 보는 능력과 범위의 확대야말로 주체가 가진 권력의 확장을 의미하기 때문이다. 그렇기 때문에 관찰자인 주체는 매체를 적극 활용할 수밖에 없다. 바로 이 점이 매체가 공간에 적극 개입할 수 있는 변수가 된다. 이미 철도와 교통수단에 의해서 공간의 확대 등이 논의가 되었다면, 관점주의적 공간 해석은 매체, 정확히 말해서 카메라의 눈과 편집으로 인해 변화된 매체공간에 대한 논의와 직접 연결된다. 그로스클라우스는 매체로 인한 공간의 변화와 더불

---

5) 스티븐 컨은 균일한 공간 이해가 아닌, 이러한 복수의 공간의 등장은 바로 '관점주의'(perspectivism) 철학에서 비롯되었다고 말한다. 관점주의 철학에 따르면, 관점의 수만큼 서로 다른 공간들이 존재할 수 있다는 것이다. 이로써 언제나 동일하고 불변하는 '절대공간'은 해체된다. 이와 관련된 자세한 논의는 다음의 책을 참조하길 바란다. 스티븐 컨, 『시간과 공간의 문화사 1880~1918』, 박성관 옮김, 휴머니스트, 2004, 333~360쪽.

어 매체공간 그 자체를 언급하는 것이다.

그로스클라우스가 매체와의 관계 속에서 분석의 대상으로 삼는 시공간은 개념으로서의 추상적 시공간이 아니라, 아주 일상적인 '사회적 시공간'이다. 사실 공간을 규정하는 범주들과 공간을 상징하는 의미는 철저히 사회적일 수밖에 없다.[6] 그는 매체로 인해 변화된 공간과 매체공간을 이야기하기 전에 먼저 전통적으로 이원화된 사회적 공간에 대해 이야기한다. 우리가 공간을 이야기할 때, 가장 먼저 떠올리는 기준은 안과 밖이다. '가까운 곳'은 '안'을 의미하며, '먼 곳'은 '밖'을 의미한다. 따라서 그로스클라우스는 사회적 공간을 분석할 때, 안과 밖이라는 공간이 무엇을 의미하는지를 분석한다. 그에 따르면, '안'이라는 공간이 의미하는 것은 무엇보다도 자신의 '고유한 공간'이다. 이는 가까이 있는 공간을 의미함과 동시에 상징적으로는 문화 공간, 안전 공간 그리고 인간의 공간을 의미한다. 반면 '밖'이라는 공간은 '낯선 공간', 멀리 떨어져 있는 공간, 위험 공간, 자연 공간 그리고 신과 죽은 자들의 공간을 의미한다. 이렇듯 안과 밖이라는 공간은 매우 대립적인 공간이다. 그로스클라우스는 여기서 더 나아가 중심과 변두리, 위와 아래 그리고 동쪽과 서쪽이라는 기준을 가지고 공간을 분류한다. 중심과 변두리라는 공간 기준도 안과 밖이라는 공간 기준과 마찬가지로 대비되는 공간이다. 중심 공간은 신성한 공간, 지배하는 자들의 공간, 남성적 공간 그리고 권력을 가진 자들의 공간을 의미한다. 반면 변두리 공간은 세속적 공간, 지배당하는 자들의 공간, 여성적 공간 그리고 권력을 박탈당한 자들의 공간을 의미한다. 위와 아래라는 공간도 분명히 대비된다. 위라는 공간이 의미하는 바는 신들의 공간, 지배자의 공간임과 동시에 살

---

6) 컨, 『시간과 공간의 문화사 1880~1918』, 346쪽.

아 있는 자들의 공간이다. 반면 아래라는 공간은 죽은 자들의 공간이며, 악과 금지된 자들의 공간이다. 동쪽과 서쪽이라는 공간도 이와 유사한 방식으로 대비된다. 동쪽에 있는 공간은 빛의 공간, 탄생의 공간 그리고 삶과 낮을 의미한다. 반면 서쪽에 있는 공간은 어두운 공간, 죽음의 공간 그리고 밤을 의미한다.[7] 그런데 새로운 매체가 기반이 된 공간은 우리가 가지고 있던 전통적인 시공간 개념을 뒤흔들 뿐만 아니라, 문화적으로 정확히 정의된 경계들, 즉 과거, 현재 그리고 미래의 경계를 뒤흔든다. 즉 안과 밖, 낯섦과 익숙함 그리고 공적인 것과 사적인 것의 경계가 큰 혼란에 빠지게 됨으로써,[8] "오래된 사회적 시공간의 해체"가 일어나는 것이다.[9]

그로스클라우스는 이러한 오래된 사회적 시공간의 해체라는 문제를 문화사적으로 접근하지 않는다. 그는 스스로가 강조했듯이, 매체를 중심으로 한 매체철학적 관점에서 이러한 문제들에 접근한다.[10] 그에게 핵심이 되는 것은 자연적 공간이 아니라, '매체-시간'Medien-Zeit과 '매체-공간'Medien-Raum이며, 이 매체적 시공간이 우리의 일상적 또는 사회적 시공간을 어떻게 변화시키는가이다. 따라서 그는 사회적 시공간의 해체라는 문제에서 더 나아가 시각매체가 어떻게 공간 개념과 공간 지각을 변화시키는지를 고찰한다. 앞서 이야기한 것처럼 철도와 교통수단의 발전이 변화시킨 것은 사회적 공간이다. 그러나 영화는 시공간의 문제를 철도와 교통수단과는 다른 방식으로 해체시키고 또 통합한다. 그에 따르면 영화라는

---

7) Großklaus, "Medienphilosophie des Raums", S. 4~5.
8) Götz Großklaus, *Medien-Zeit, Medien-Raum: Zum Wandel der raumzeitlichen Wahrnehmung in der Moderne*, S. 8.
9) ibid., S. 7.
10) ibid., S. 7.

매체는 새로운 매체-공간을 제시한다. 매체-공간은 말 그대로 공간이지만, 어떤 측면에서는 매체 속에서 표현되는 '공간-이미지'Raum-Bilder라는 이미지적 특성을 갖는다. 중요한 사실은 공간-이미지이든 또는 매체-공간이든 간에 그 두 유형의 형태가 바로 '매체-이미지'Medien-Bilder라는 데 있다.[11] 매체 이미지는 일종의 기술적 이미지로서 현실과 깊은 관련이 있다. 기술적 이미지는 현실을 모방을 통해 단순히 재현하기도 하고, 또 편집을 통해 재구성하기도 하며, 또 현실과 전혀 무관하게 존재하기도 한다. 각각의 매체들은 자신에게 적합한 이미지들을 구성한다. 즉 사진, 영화, 텔레비전, 비디오 그리고 컴퓨터 이미지들은 자신의 고유한 이미지 특징을 가지고 있다. 대상 없는 이미지와 같은 컴퓨터 이미지를 제외하고 나머지 매체 이미지들은 어쨌든 '모방'이라는 성격에서 완전히 자유로울 수는 없다.[12] 그렇기 때문에 이 매체 이미지들은 실제 대상의 흔적을 완전히 지울 수는 없는 것이다.[13]

이러한 전제 아래에서 그로스클라우스는 매체 이미지들 중 특히 영화 속의 '공간-이미지'에 관심을 갖고 이를 분석한다. 영화에서 그가 공간과 관련해서 가장 주목하는 점은 영화가 "개별적 관점의 시간적인 순서에 따라 공간을 분할"했다는 데 있다.[14] 여기서 개별적인 관점은 바로 카메라의 시선과 다양한 카메라 기법을 의미한다. 카메라의 눈은 기계의 눈이다. 따라서 카메라의 눈은 인간의 눈의 한계를 넘어 기계가 가질 수 있는 다양한 관점을 제시하고, 이에 따라 공간에 대한 또 다른 관점주의적 해석을 이

---

11) Großklaus, "Medienphilosophie des Raums", S. 13.
12) Götz Großklaus, *Medien-Bilder*, Frankfurt am Main: Suhrkamp, 2004, S. 7 참조.
13) ibid., S. 8.
14) Großklaus, "Medienphilosophie des Raums", S. 13.

미지로 표현한다. 카메라의 기법 외에도 영화는 또 다른 방법으로 공간을 다원화한다.[15] 그것은 바로 영화의 전제조건이라고 할 수 있는 편집이다. 영화의 편집은 영화 속 공간들을 분할하고 이를 다원화한다. 영화 속 공간과 장소는 단일한 통일체로 등장하는 것이 아니라 다양한 분열과 파편으로 등장하며, 이 분열된 공간과 파편으로서의 공간은 결국 함께 지각됨으로써 의미를 갖는다.[16] 결국 공간과 장소는 파편으로서, 그리고 고정된 것이 아니라 과정으로서 파악되어야 한다. 결론적으로 그로스클라우스는 영화 속 이미지 공간을 "하나의 시간 안에서 생성된 결과"로 파악해야 한다고 주장한다.[17] 여기서 중요한 것은 결과가 아니라, 과정으로서의 시간의 흐름이다. 뿐만 아니라, 이제 공간 또는 현실에서 중요한 것은 결과가 아니라, 과정이 되었다. 즉 공간과 현실을 주어진 것으로 이해하는 것이 아니라, 조형 가능한 그리고 시간 안에서 형성되는 내재적인 과정으로 봐야 한다.

### 3. 매체에 의한 시간의 재편

철도 및 교통수단의 발전과 대중매체의 등장은 공간의 재편에만 기여한 것은 아니다. 시간도 마찬가지로 재편되었다. 사실 시간과 공간은 서로 샴쌍둥이처럼 붙어 있다. 따라서 공간 문제는 시간 문제를 그리고 시간 문제는 공간 문제를 야기시킬 수밖에 없다. 따라서 철도와 대중교통수단 등에 의해서 다원화된 사회적 공간의 실제성이 인정되었다면, 시간도 마찬가지

---

15) 컨, 『시간과 공간의 문화사 1880~1918』, 360쪽.
16) Großklaus, "Medienphilosophie des Raums", S. 14.
17) ibid., S. 14.

다. 한마디로 말해서, 이러한 변화는 시간과 관련해서 보았을 때, "사회적 시간의 실제성을 긍정"한 것이다.[18] 그러나 약간의 정도 차이는 있다. 즉 철도와 대중교통수단이 전통적인 사회적 공간을 해체시키는 데 결정적인 역할을 했다면, 대중매체, 특히 시각 대중매체는 전통적인 시간 개념을 해체시키는 데 결정적인 역할을 했다고 볼 수 있다.[19] 왜냐하면 과거와 현재 그리고 미래라는 순환적이며 연대기적인 시간은 매체에 의해서 서로 혼융되기 때문이다.[20] 물론 그렇다고 해서 교통수단은 공간 개념만을, 그리고 시각 대중매체는 시간 개념만을 해체시켰다는 것은 결코 아니다. 어떤 것의 역할이 좀더 중요해졌는가의 차이가 있을 뿐이다. 그로스클라우스도 시간 문제가 기술적 이미지 매체의 등장과 긴밀한 관계를 맺고 있음에 주목하면서, 기술적 이미지 매체와 시간 문제를 분석한다. 그가 특히 관심을 갖고 분석하는 것은 매체 속에 재현된 시간 이미지들이다. 그는 19세기 기술적 이미지 매체의 등장으로 인해 수세기 동안 지속되어 온 시공간의 상징적 재현 체계가 흔들리게 되었다고 본다.[21] 기술적 이미지 매체가 시간에 가져온 가장 큰 변화는 과거, 현재 그리고 미래로 이야기될 수 있는 연대기적 시간 개념과 그 개념들 사이에 존재하는 간극$^{Intervall}$이 사라졌다는 것이다.[22] 간극이 사라졌다는 것은 도대체 어떤 현상을 말하는 것인가?

무엇보다도 매체-시간에서 시간적 간극이 사라졌다는 것은 현재가

---

18) 컨, 『시간과 공간의 문화사 1880~1918』, 32쪽.
19) Mike Sandbothe und Walther Ch. Zimmerli, "Einleitung", Hrsg. Mike Sandbothe und Walther Ch. Zimmerli, *Zeit-Medien-Wahrnehmung*, Darmstadt: Wissenschaftliche Buchgesellschaft, 1994, S. 6.
20) Großklaus, *Medien-Zeit, Medien-Raum: Zum Wandel der raumzeitlichen Wahrnehmung in der Moderne*, S. 8.
21) Götz Großklaus, "Medien-Zeit", *Zeit-Medien-Wahrnehmung*, S. 36.
22) ibid., S. 37.

확대되었다는 것을 의미한다.[23] 즉 현재라는 시간이 확대되어 부분적으로 과거와 미래를 현재 안에 포섭시킴으로써 과거 그 어느 때보다도 두터워진 것이다.[24] 과거와 비교했을 때, '두터워진 현재'가 등장한 것이다.[25] 두터워진 현재가 의미하는 것은 일차적으로 시간의식Zeitbewußtsein의 변화다. 시간의식은 사진과 영화의 등장으로 인하여 급격한 변화에 직면한다. 그로스클라우스는 현재가 주술적인 강력한 힘을 갖게 된 것과 굉장히 밀도 있게 집중되고 있다는 점, 그리고 오래된 시간 구분들이 서로 융합되고 결국 시간 사이에 존재했던 간극이 사라지게 된 것을 그 변화라고 말한다.[26] 그 결과 동시적 현재의 장들이 확장되고, 과거 또한 현재의 동시적 장으로 확장된다고 한다.[27] 간극이 사라지고 동시성이 등장한 것이 매체로 인한 시간 변화 또는 매체-시간이 갖는 가장 큰 변화인 것이다. 이처럼 매체는 우리의 시간의식을 재구성한다.[28] 이러한 매체로 인한 시간의 변화와 매체-시간의 변화를 그는 먼저 사진으로 인한 시간의 재구성과 사진 속의 시간을 통해 설명한다. 그에 따르면 이러한 사진과 시간의 재구성을 잘 파악하고 있는 이론가는 바로 롤랑 바르트Roland Barthes이다.

바르트는 사진 속에서 '언젠가 존재했던 것들의 흔적'을 본다. 언젠가

---

23) Großklaus, *Medien-Bilder*, S. 169.
24) 헤르만 뤼베는 이와 관련해서 다른 주장을 제시하기도 한다. 그는 현재라는 시간이 과거와 미래를 포섭했다는 사실을 현재의 확대로 해석하지 않고, 그 반대로 '현재의 축소'로 해석한다. 과거와 미래를 포섭한 만큼 현재의 시간이 잠식당하고 그로 인해서 현재가 축소된다고 본 것이다. Hermann Lübbe, "Zivilisationsdynamik: Über die Aufdringlichkeit der Zeit im Fortschritt", *Zeit-Medien-Wahrnehmung*, S. 29~31 참조.
25) 컨, 『시간과 공간의 문화사 1880~1918』, 129쪽.
26) Großklaus, "Medien-Zeit", S. 38.
27) ibid., S. 38.
28) ibid., S. 40.

존재했던 것들이란, 말 그대로 과거의 사실이다. 이 과거의 사실들이 사진을 통해 현재가 되는 것인데, 그의 표현을 빌리자면 "과거의 현실들이 유출"된 것이다.[29] 바르트는 사진에서 과거 존재가 가지고 있던 구체적인 흔적이 다시 산출되고, 또 그렇게 됨으로써 변화된 시간의식인 '마술적 현존'과 '마술적 증거'가 그 모습을 드러낸다고 보았다.[30] 과거의 흔적이 사진을 통해 다시 등장한 것이다. 사실 시간이 가지고 있는 가장 큰 특징은 비동시성이다. 과거, 현재 그리고 미래는 결코 동시에 존재할 수 없는 것이지만, 흔적으로서의 사진은 과거를 보여 줌으로써 과거와 현재를 교차시킴과 동시에 동시적인 것으로 만든다.[31] 결국 사진이라는 매체에서 "지나간 과거의 시간은 지향된다. 사진은 우리에게 '언젠가 존재했던 것'으로 향하는 시각적인 통로를 열어 준 것이다".[32] 그럼으로써 사진은 일종의 매체적 기억의 기록보관소로서의 역할을 하면서, 이미지로서의 기억이라는 새로운 장을 열게 된다.[33]

그러나 사진에 의해서 현재화된 과거의 시간은 자연적 시간은 아니다. 사진 속의 시간은 일종의 매체현실Medienrealität이라고 볼 수 있다. 이 매체현실은 위에서 살펴본 바와 같이 일종의 시간의 재구성을 의미한다. 시간을 재구성할 때 중요한 것은, 과거가 현재가 되면서 현재의 밀도가 높아지고 또 현재가 확장된다는 것이다. 그러나 이러한 변화 과정에 다시 영화라

---

29) Großklaus, "Medien-Zeit", S. 37.
30) ibid., S. 37과 Großklaus, *Medien-Bilder*, S. 173~175 참조.
31) Sybille Krämer, "Was also ist ein Spur? Und worin besteht ihre epistemologische Rolle? Eine Bestandsaufnahme", Hrsg. Sybille Krämer, Werner Kogge und Gernot Grube, *Spur: Spurenlesen als Orientierungstechnik und Wissenskunst*, Frankfurt am Main: Suhrkamp, 2007, S. 17~18 참조.
32) Großklaus, "Medien-Zeit", S. 37.
33) Großklaus, *Medien-Bilder*, S. 55.

는 매체가 등장하면서, 또 다른 시간의식이 등장하고, 또 다른 측면에서의 시간의 재구성이 발생한다. 그것은 바로 동시성Synchronisation이다.[34] 이 '동시성'은 동일한 시간에 체험할 수 있는 공간이 확대되었다는 것을 의미한다. 사진이 시간적인 과거와 관계를 맺고, 시간적인 과거를 현재로 불러들이면서 주술적 현재라는 시간의식의 생성에 결정적인 역할을 했다면, 영화는 같은 시간에 체험할 수 있는 공간을 확대시킨 것이다. 물론 영화도 과거의 사실들을 영화적 장면으로 재현함으로써 시간의 불가역성과 비동시성이라는 전통적 시간 개념의 해체에 결정적인 역할을 했다. 마치 사진처럼 말이다. 그러나 영화는 여기서 더 나아가 시간의 단일성마저도 해체함으로써 다양한 시간적 현상들을 그려냈다.[35]

영화 이미지 안에서 '지금'은 항상 '동시적인 시간'이 되며, '여기'는 항상 '동시적인 근접성'이 되는데, 그 결과 현재는 표면적으로 매우 촘촘해진다. 즉 현재가 확대된 것이다.[36] 이러한 시간의 단일성의 해체와 간극의 해체에 결정적인 역할을 하는 영화적 요소는 바로 편집이다. 대표적인 것이 바로 영화 초기에 데이비드 그리피스David Griffith가 발전시킨 '평행편집기술'이다. "평행편집기술은 동일한 사건에 대해 동시에 발생한 여러 가지 반응들을 보여 줌으로써 시간을 확장시켰다."[37] 영화 화면을 다양한 공간으로 분할해서 동일한 시간에 일어난 동일한 사건들에 대해, 다양한 공간에서 다양한 인물들의 반응을 보여 줌으로써 결국 매체-시간이 무한정 확대될 수 있음을 보여 준 것이다. 다양한 인물들의 반응이 의미하는 것은 사건

---

34) Großklaus, "Medien-Zeit", S. 44.
35) 컨, 『시간과 공간의 문화사 1880~1918』, 90쪽.
36) Großklaus, "Medien-Zeit", S. 7.
37) 컨, 『시간과 공간의 문화사 1880~1918』, 91쪽.

에 대한 복수적 시점의 인정이다. 복수적 시점의 인정이란 일종의 사적 시점의 인정을 의미한다. 절대적이며 보편적인 시점을 강요하는 것이 아니라, 개개인의 시점들을 인정하는 것이다. 이러한 현상은 결코 우연적인 것은 아니다. 이것은 사회적이며 근대적인 매체가 초래한 결과로, 결국 "단일한 공적 시간의 현실성을 버리고 사적 시간의 현실성을 승인할 것, 나아가 시간의 성질을 비균질적·유동적·가역적으로 파악할 것. 이것은 시대적 요청"이었던 것이다."[38] 근대적 시공간과 더불어 등장했던 이러한 시대적 요청이 최근 다시 등장했다. 바로 디지털 매체 시대에 사이버스페이스라는 새로운 매체공간이 등장함과 동시에 또 다른 방식으로 시공간을 이해해야 한다는 시대적 요청에 직면하게 된 것이다.

### 4. 디지털 매체 공간: 사이버스페이스

새로운 매체가 등장하면, 그 이전의 낡은 매체들은 급격한 변화에 직면하게 된다. 물론 많은 사람들이 우려했던 것처럼, 새로운 매체가 등장했다고 해서 낡은 매체들이 사라지는 것은 아니다. 사진이 등장한 후, 많은 이들이 회화의 몰락을 우려했지만 회화는 결코 몰락하지 않았다. 다만 변했을 뿐이다. 텔레비전이 등장한 이후, 영화의 미래를 걱정하기도 했지만, 영화는 회화가 변했듯이 단지 변했을 뿐이다. 이처럼 새로운 매체와 낡은 매체의 관계는 서로 변증법적인 관계를 맺는다. 어떤 경우에는 내용이 되기도 하고, 또 어떤 경우에는 형식이 되기도 하면서, 새로움과 낡음은 관계를 재정립한다. 매체들이 만들어 내는 시공간도 마찬가지다. 새로운 매체가 낡은

---

38) 컨, 『시간과 공간의 문화사 1880~1918』, 101쪽.

매체들을 위협했듯이, 새로운 매체에 기반을 둔 매체적 시공간은 낡은 매체를 중심으로 한 매체적 시공간을 해체시킨다. 역사적으로 보았을 때, 새로운 매체들이 낡은 매체적 시공간과의 관계에서 가장 두드러지게 보이는 특징은 바로 시공간적인 거리감을 최소화하거나 없앤다는 데 있다. 모든 것들이 가깝게 다가왔다.[39] 디지털 매체 공간인 사이버스페이스도 마찬가지다. 지금 상황에서 아직은 새로운 매체인 디지털 매체는 그 이전의 대중교통 수단과 대중매체가 그러했듯이, 모든 것들을 가깝게 만들었다. 그런데 문제는 이 디지털 매체 공간인 사이버스페이스가 이전과는 전혀 다른 공간적 성질을 기반으로 구성된다는 데 있다. 즉 사이버스페이스는 현실세계에서의 공간과 다른 차원의 공간 세계를 보여 준다. 존재론적으로 보았을 때 전적으로 이미지를 중심으로 구성된 공간이 본격적으로 등장한 것이다. 또 이러한 매체 이미지로 구성된 공간은 미메시스에서 벗어나 본격적으로 시뮬라시옹과 관계를 맺는다. 따라서 그로스클라우스도 사이버스페이스에 접근할 때, 바로 이 점에 주목한다. 즉 매체 이미지를 중심으로 보았을 때, 기술적 이미지와 현실의 관계 문제가 미메시스에서 시뮬라시옹으로 전환되었다는 사실에서부터 논의를 시작한다.[40]

근대적 시공간의 문제는 앞서 살펴보았듯이, 크게 두 개의 차원에서 살펴볼 수 있다. 하나는 근대적 시공간의 문제를 이야기할 때 언급되는 근본적으로 구체적이며 물질적인 시공간의 문제다. 다른 하나는 대중매체의 등장으로 본격적으로 가시화된 매체적 시공간의 문제다. 물론 이 둘이 마

---

39) Großklaus, *Medien-Zeit, Medien-Raum: Zum Wandel der raumzeitlichen Wahrnehmung in der Moderne*, S. 7.
40) ibid., S. 113.

치 서로 영원히 만날 수 없는 평행을 이루면서 진행된 것은 아니다. 이 둘은 서로 교차하면서 영향을 주고받았다. 그런데 전자 매체 시대를 거쳐 디지털 매체 시대에 이르게 되면, 구체적이며 물질적인 공간을 중심으로 논의되던 공간의 소멸 문제는 다른 차원의 문제가 된다. 매체적 시공간, 특히 매체공간에 대한 논의도 마찬가지다. 왜냐하면 디지털 매체 시대에 공간은 이제 구체적이고 물질적인 공간을 넘어서 일종의 지도 위에 존재하는 '추상적인 기호 공간'이 되며, 더 나아가 가상적이며 시뮬레이션된 공간이 등장했기 때문이다.[41] 이러한 공간에서는 공간에 존재하던 구체적인 공간 입체 또한 하나의 기호화된 물질, 가상적이며 시뮬레이션된 물질로 변형된다. 공간 자체가 물질에서 비물질로, 그리고 공간에 존재하는 모든 것들 또한 물질에서 비물질로 변형되는 존재론적 혁명이 일어나는 것이다.

사이버스페이스는 말 그대로 일종의 공간이다. 그런데 이 공간은 물질적인 공간이라기보다는 비트와 바이트로 구성된 '디지털 정보 공간'이다.[42] 그럼에도 불구하고 이 공간이 어찌 되었든 공간임을 부정할 수는 없다. '스페이스'라는 용어를 사용하는 한 그러하다.[43] 그런데 이 공간을 우리는 흔히 '가상공간' 또는 '가상현실'이라고 한다. 이렇게 규정함과 동시에

---

41) Großklaus, "Medienphilosophie des Raums", S. 5.
42) ibid., S. 16.
43) 마르쿠스 슈뢰르는 공간 사회학을 전개하면서, 사이버스페이스를 의미하는 많은 용어들이 공간적 은유를 사용하고 있다는 사실에 주목한다. 정보 고속도로, 정보의 바다 등과 같은 많은 공간적 은유들을 사용하고 있다는 사실을 지적함과 동시에 그는 이러한 공간적 은유의 사용을 반대하는 의견 또한 있다고 소개하고 있다. 즉 인터넷에 대한 은유로서의 공간 개념을 거부하는 몇몇 사람들이 있는데, 이들은 전통적인 공간 개념에 의거해서 공간을 이해하기 때문이라고 한다. 이와 관련된 자세한 논의들은 다음의 책을 참조하길 바란다. 마르쿠스 슈뢰르,『공간, 장소, 경계: 공간의 사회학 이론 정립을 위하여』, 정인모·배정희 옮김, 에코리브르, 2010, 287~299쪽(Markus Schroer, *Räume, Orte, Grenzen: Auf dem Weg zu einer Soziologie des Raums*, Frankfurt am Main: Suhrkamp, 2006).

또 이 공간과 현실을 '실제 공간' 또는 '현실'과 구별한다. 이러한 구별을 통해서 우리는 가상적인 것을 실재적인 것보다 낮게 평가하는 전통적인 형이상학에 기대어 가상공간을 폄하하기도 한다. 가상은 가상일 뿐 결코 실재가 아니며, 실재가 될 수 없다고 말이다. 이러한 논의에는 무엇보다도 가상과 실재를 이원화하는 태도가 깔려 있다. 그런데 문제는 이 이원화의 구도가 해체되고 있다는 데 있다. 더 나아가 우리가 전통적으로 가지고 있는 가상과 실재에 대한 관념마저도 흔들리고 있다. 마치 보드리야르가 '하이퍼리얼'은 사실 우리가 실재라고 믿고 있는 것 자체가 가상임을 감추기 위해 존재한다고 말한 것처럼 말이다.

그로스클라우스의 문제의식은 보드리야르와는 달리 실재의 가상성과 조작 가능성에 있지 않다. 그는 가상공간, 즉 사이버스페이스라는 매체공간을 어떻게 이해해야 하는가에 주목하고 있다. 그는 보드리야르처럼 결코 실재 그 자체를 부정하지는 않는다. 그가 매체공간을 주목하는 이유는 지극히 일상적이다. 즉 가상공간과 실제 공간의 경계가 허물어지고 있으며, 이는 일상생활에서도 누구나 쉽게 체험할 수 있다는 데서 출발한다. 그렇기 때문에 그는 가상공간과 실제 공간이 어떻게 상호작용하고 있는지를 검토하는 것이 더 현실적이라고 한다. 그가 사이버스페이스라는 매체공간을 탐색하는 이유도 바로 거기에 있다. 그는 무엇보다도 "전자적·디지털적 상황들이 이러한 물질성을 해체시키고 낡은 시공간을 비물질적 예술작품, 즉 가상현실로 변형"시키고 있다는 사실에 주목한다.[44] 낡은 시공간의 물질성을 해체시킨다는 것은 현실적이고 구체적인 시공간이 비현실적이고

---

44) Großklaus, *Medien-Zeit, Medien-Raum: Zum Wandel der raumzeitlichen Wahrnehmung in der Moderne*, S. 8.

비물질적인 공간으로 대체되고 있다는 것을 의미한다. 즉 현실적인 시공간에서 배회하는 시간만큼, 아니 그보다 더 많은 시간들을 이 새로운 공간에서 배회한다는 것이다. 도시에서의 '산책자'는 이제 사이버스페이스 안에서 정보의 바다를 항해하는 '항해사'가 된 것이다.

　이런 전제에서 출발한 그로스클라우스는 사이버스페이스의 등장으로 인하여 전통적인 이원화된 공간 코드는 소멸되고, 그 대신 '하이브리드 공간'이 등장했다고 보았다. 이 하이브리드 공간은 밖을 안으로, 안을 밖으로, 낯선 곳을 고유한 곳으로, 고유한 곳을 낯선 곳으로, 공적 공간을 사적 공간으로, 사적 공간을 공적 공간으로, 세계적인 공간을 지역적인 공간으로, 지역적인 공간을 세계적인 공간으로 만든다.[45] 이 둘의 관계는 이제 분할된 것이 아니다. 이 둘은 상황과 관점에 따라 매번 바뀐다. 안과 밖의 관계가 마치 뫼비우스의 띠처럼 된 것이다. 따라서 그로스클라우스는 "하이브리드 공간인 사이버스페이스는 외부 공간도, 세계적인 공간도 아니라, 관계의 동시성에 따라 이해해야만 하는 공간"이라고 규정한다.[46] 관계 속에서 상대적으로 공간을 파악한다는 것은 실재와 가상이라는 전통적인 문제도 다른 관점에서 봐야 한다는 것을 의미한다. 그는 그 이유를 다음과 같은 사실에서 찾는다. 즉 지금은 더 이상 존재하지 않지만 과거에는 존재했던 것들, 또 현재뿐만 아니라 과거에도 아예 존재하지 않았던 것들이 시뮬레이션되어 이미지로 존재할 가능성이 커졌기 때문이다.[47]

　그렇다면 과연 전통적인 공간 이론과의 관계에서 사이버스페이스라

---

45) Großklaus, "Medienphilosophie des Raums", S. 17.
46) ibid., S. 17.
47) Großklaus, *Medien-Zeit, Medien-Raum: Zum Wandel der raumzeitlichen Wahrnehmung in der Moderne*, S. 74.

는 매체공간이 갖는 고유한 특징은 무엇인가? 또 사이버스페이스가 전통적인 시공간이 가지고 있었던 것들 중 소멸하게 한 것은 무엇인가? 이러한 논의들은 대략 두 가지 입장으로 정리될 수 있다. 하나는 비릴리오처럼 매체 발전으로 인한 공간의 소멸을 강조하는 입장이고, 또 다른 하나는 맥루언처럼 공간의 확장을 강조하는 입장이다.[48] 이 두 개의 다른 이론들 속에서 그로클라우스는 그 어느 한 입장을 택하는 것이 아니라, 사이버스페이스라는 매체공간을 일종의 체험 공간으로 여기면서, '장소'Ort라는 개념을 가지고 와 다른 방식으로 설명한다. '장소'나 '비장소'Nicht-Ort 둘 다 공간이다. 그런데 장소는 행위와 경험, 그것도 지속적인 경험이 축적된 경험 공간이다. 비장소로서의 공간은 우리가 스쳐 지나가는 고속도로의 휴게소들 그리고 공항과 같은 곳이다.[49] 사이버스페이스는 마치 이러한 비장소처럼 스쳐 지나가는 곳으로 인식되곤 하는데, 그로스클라우스는 사이버스페이스도 흔적과 기억이 구체적으로 남아 있는 장소로 이해할 것을 제안하는 것이다.

근대적 매체에 의해서 탄생된 공간은 아무리 비릴리오처럼 공간과 거리의 소멸과 축소를 이야기한다고 해도 장소와 직접 연결될 수밖에 없다. 그런데 디지털 매체가 등장하고부터 근본적으로 근대적 공간과는 전혀 다른 공간, 즉 구체적인 장소와 무관한 새로운 공간들이 등장했다. 이것이 바로 디지털 매체 시대의 공간이 가지고 있는 가장 큰 특징이다. 이 말은 구체적인 장소를 떠나 사이버스페이스 그 어딘가가 장소가 될 수 있다는 것

---

[48] Jörg Döring und Tristan Thielmann, "Einleitung: Was lesen wir im Raume? Der Spatial Turn und das geheime Wissen der Geographen", *Spatial Turn: Das Raumparadigma in den Kultur-und Sozialwissenschaften*, Bielefeld: Transcript, 2009, S. 28~31 참조.
[49] Marc Augé, *Nicht-Orte*, München: Beck, 2011, S. 84, S. 97~98 참조.

을 의미한다. 그러므로 니컬러스 네그로폰테Nicholas Negroponte는 이러한 사이버스페이스의 특징을 '공간 없는 장소'라고 규정하기도 한 것이다.[50] 그는 이 현상을 다음과 같이 설명한다. "하이퍼텍스트가 인쇄된 책의 페이지를 없앤 것과 마찬가지로 탈정보사회는 지리적 한계를 없앨 것이다. 디지털적인 삶은 시간과 공간에 대한 의존도를 점차로 줄이며, 장소 자체까지 전달할 수 있는 경지에 이르렀다."[51] 이는 네그로폰테가 일찍이 그러할 것이라고 예견한 데 그치지 않고 정말 현실이 되었고, 또 아주 일상적인 현실이 되었다. 디지털 매체로 인해 변화된 시공간은 기본적으로 "흐름의 공간과 시간을 초월한 시간"으로 규정된다.[52] 이 흐름의 공간이 의미하는 바는 "존재하지 않는 공간이 아니라 통신망들의 노드node로 연결된 지형"을 갖는 공간이다.[53] 따라서 이 "흐름의 공간이 갖는 구조와 의미는 모든 장소가 아닌 특정한 통신의 흐름이 나타나고 있는 통신망 내부와 그 주변에 구축된 관계에 관련된 것이다."[54] 구체적인 특정한 장소성과 연결된 공간이 아닌, 통신망과 연결된 공간이 의미하는 것은 이제 사람들이 장소를 중심으로 상호작용하기보다는 통신을 중심으로 이동하고 상호작용한다는 것이다.[55] 이렇게 함으로써 공간은 이제 흐름의 공간, 즉 유동적인 공간으로

---

50) 니컬러스 네그로폰테, 『디지털이다』, 백욱인 옮김, 커뮤니케이션북스, 2010, 157쪽(Nicholas Negroponte, *Being Digital*, New York : Knopf, 1995).
51) 같은 책, 157쪽.
52) 마누엘 카스텔, 미레야 페르난데스-아트데볼 외, 『이동통신과 사회』, 김원용·성혜령 옮김, 커뮤니케이션북스, 2009, 236쪽(Manuel Castells, Mireia Fernàndez-Ardévol, Jack Linchunan Qui and Araba Sey, *Mobile Communication and Society: A Global Perspective*, Cambridge, Mass.: MIT Press, 2007).
53) 같은 책, 236쪽.
54) 같은 책, 236쪽.
55) 같은 책, 241쪽.

재탄생한다. 이 유동적인 공간에서 장소는 소멸될 위기에 놓이게 된다.

이러한 상황 속에서 그로스클라우스는 디지털 매체로 인해 야기된 공간의 문제가 오히려 장소에 관한 논의를 가져왔다고 본다. 구체적 장소가 없다고 이야기되는 사이버스페이스라는 비물질적 공간에서 인간은 역으로 장소에 관심을 갖는다. 공간의 문제는 장소의 문제와 긴밀하게 연결될 수밖에 없기 때문에, 이는 매우 자연스러운 현상으로 볼 수 있다. 이와 관련해서 그로스클라우스는 아무리 공간이 물질적 공간에서 비물질적 공간으로 전환된다 하더라도, 장소가 그렇게 간단하게 소멸될 것이라고 보지 않는다. 단지 장소가 지니고 있는 공간적 의미에 변화가 일어날 것이라고 본다. 왜냐하면 장소는 한 개인의 경험과 기억 그리고 흔적과 연결되어 있기 때문이다. 다시 말해서 장소는 한 개인이 지니고 있는 "고유한 흔적의 장"을 의미하므로, 사이버스페이스라는 공간도 장소와 연결해서 파악할 수 있는, 아니, 파악해야 하는 공간이라고 주장한다.[56] 사이버스페이스에서도 기억의 장소와 흔적의 장소가 구체화되고 있다. 장소는 이제 "개인의 행위가 일어나는 특정한 네트워크에 따라 개인화되고 네트워크화"되었다.[57] 결국 장소가 소멸된 것이 아니라, 장소가 흐름이라는 유동적인 공간이 됨으로써, 장소가 가지고 있는 공간적 의미가 소멸된 것이다.[58]

그렇다면 새로운 매체공간이자 매체장소인 사이버스페이스에서 그로스클라우스가 이야기하는 흔적과 기억의 문제는 어떻게 되는가? 그로스클라우스는 더 나아가 기억의 문제를 아날로그 이미지와 디지털 이미지에

---

56) Großklaus, "Medienphilosophie des Raums", S. 12.
57) 같은 책, 243쪽 참조.
58) 같은 책, 243쪽 참조.

도 적용한다. 영화와 사이버스페이스는 본질적으로 매체적 이미지 공간이기 때문이다. 사실 하루가 다르게 변해 가는 장소에서 우리가 더 이상 기억의 흔적을 찾는다는 것은 어렵다. 기억과 관계된 장소의 의미는 점점 더 소멸되고 있다.[59] 물질적 장소의 흔적은 점점 더 사라지고, 흔적은 단지 기억 속에 존재할 뿐이다. 이 기억 속에 존재하는 이미지들은 실제 사진이라는 형태로 그 현상을 드러낸다. 이제 장소가 아니라, 이미지가 기억의 창구로 작용하는 것이다. 사진앨범은 지극히 개인적인 기억과 관계된다.[60] 그런데 사진이 단지 개인적인 기억 그리고 개인적인 기억 공간과 관계하는 것만은 아니다. 집단적 기억과도 관계가 깊다. 그는 외젠 아제Eugène Atget와 아우구스트 잔더August Sander의 사진을 예로 들어 이를 설명하고 있다. 이들의 사진에서 보여지는 흔적의 장소는 개인이라기보다는 집단적 기억과 관계 맺고 있으며, 이 집단적 기억은 장소와 연결된다. 그렇기 때문에 집단적으로 기억해야 할 장소에 어김없이 기념물들이 설치되는 것이다.

디지털 매체 공간은 근본적으로 이미지 공간이다. 이 이미지 공간을 구성하고 있는 것은 디지털 이미지다. 디지털 이미지의 특징은 한마디로 말해서 대상 없는 이미지, 즉 지시대상이 없는 이미지들이다. 이 이미지는 말 그대로 지시대상과의 관계가 없기 때문에, 미메시스적 관계에서 해방된다. 이 해방이 의미하는 바는 지시대상의 흔적의 소멸이다. 사진의 경우 그것이 스트레이트 사진이든, 인위적으로 만들어진 회화 같은 사진이든 간에, 이미지와 실제 객체와의 관계 속에 존재한다. 따라서 그로스클라우스는 사진이 여전히 실제 대상과의 관계에서 흔적을 가지고 있다고 본 반

---

59) Großklaus, *Medien-Bilder*, S. 61.
60) ibid., S. 62.

면, 디지털 이미지에서는 이 흔적이 상실된다고 본다.[61] 여기서 사라지는 것은 실제 대상의 흔적일 뿐, 존재의 흔적과 기억은 결코 사라지지 않는다.

이 매체공간에 남겨진 존재의 흔적이 이제 문제가 된다. 새로운 형태의 흔적 찾기가 등장했기 때문이다. 게다가 디지털 매체에 무엇인가를 남겨 놓았다는 것은, 이제 지울 수도 없는 각인이 되었다는 것을 의미한다. 일종의 주홍글씨가 된 것이다. 디지털 노출증과 관음증은 이제 그 어떤 흔적도 개인의 기억과 관련된 흔적으로 내버려 두지 않는다. 특히 우리나라에서 이 디지털 흔적 찾기는 그 어느 나라에서도 볼 수 없는 기이한 현상이 되었다. 네티즌들의 '신상 털기'라는 이름 아래에 그 어떤 개인도 숨을 공간이 없다. 흔적을 남기지 않으려면, 디지털 매체 공간에 그 어떤 사적인 글이나 이미지 등을 올려서는 안 된다. 그러나 그게 과연 가능한 일인가? 그것이 가능하지 않다면, 사이버스페이스는 그 어떤 틈새와 사이 그리고 빈 공간이 들어설 자리를 마련하지 않고 있는 것이다. "빈 공간의 부활."[62] 이는 현실 공간에서만 필요한 것이 아니다. 사이버스페이스라는 매체공간에서도 절실히 필요하다.

## 5. 나가며

그로스클라우스가 이야기하는 매체공간은 자연적·물질적 공간도, 매체적 공간도 아닌 제3의 공간이다. 이 공간은 매체가 매개된 이미지만으로 이루어진 공간임에도 불구하고 현실로 평가되고, 또 많은 우려를 받고 있다. 이

---

61) ibid., S. 8.
62) 컨, 『시간과 공간의 문화사 1880~1918』, 439쪽.

렇듯 이 제3의 공간은 이제 강력한 힘을 가지게 되었다. 어느 누구도 쉽게 이 제3의 공간을 벗어날 수 없다. 자신이 이 현실세계와 동떨어진 채 살지 않는 한 말이다. 아니 동떨어져 산다고 해도, 자신도 모르게 이 제3의 공간에 주인공으로 등장할지도 모른다. 그런 가능성은 도처에 있다. 자신이 원하지 않아도 무차별적으로 이 공간에 올라오는 수많은 동영상들이 바로 그것이다. 그렇다면 이 제3의 공간에 대한 공간적 이해는 매우 중요하다. 1895년 뤼미에르 형제가 「기차의 도착」이라는 영화를 상영했을 때, 사람들은 자신에게 기차가 달려오는 듯한 착각에 빠져 두려워했다고 한다. 그 두려움의 근거가 된 착각은 어디에서 온 것일까? 그 영화를 본 사람들은 자신이 기차역이 아니라, 영화관에 있다는 사실도 알고 있었다. 그럼에도 불구하고 두려움을 가졌던 것이다. 그것은 순간적으로 시공간적 지각에 혼란이 일어났음을 의미한다.

사이버스페이스라는 매체공간은 이러한 지각의 혼란을 더욱 가속화시키고 있다. 왜냐하면 순간적인 시공간적 지각의 혼란에서 더 나아가 지속적인 시공간적 지각의 혼란을 가져오기 때문이다. 컴퓨터 게임이 바로 그러한 예라고 할 수 있다. 게임 속의 캐릭터가 나인지, 현실의 내가 나인지 모호하다. 이 공간에서 나의 정체성인 아바타는 나의 일부로 보아야 하는지, 아니면 전혀 다른 나로 보아야 하는지도 애매하다. 또 현실에 있는 내가 더 현실적인지, 또는 가상공간에 있는 내가 더 현실적인지도 모호하다. 현실과 가상의 경계는 점점 더 미궁에 빠진다. 사이버스페이스, 이는 매혹적인 공간임에는 틀림없다. 또 이 공간에서 배회하는 산책자 또는 조정하는 항해사로 산다는 것도 매우 재미있는 일임에는 틀림없다. 그러나 이 매체공간도 아직은 현실공간을 필요로 한다. 돌아올 수 있는 공간으로서 말이다. 아직은 말이다. 불행인지 다행인지 지금 현실에서 영화 「아바타」의 주인공처럼 현실을 버리고 아바타로 존재할 수 있는 판도라 행성에서의 삶을 결정할 수는 없다. 현실의 내가 아무리 비루할지라도 아직은 이게 나인 것이다. 그러나 내가 아니고 싶다는 인간의 꿈은 다양한 분화된 존재인 아바타를 계속 필요로 할 것임은 분명하다.

# 참고문헌

**1부 아날로그 매체, 대중문화를 열다**

2 _ 예술의 기술적 재생산과 아우라의 몰락: 발터 벤야민

Auerrochs, Bernd, "Aura, Film, Reklame", Hrsg. Theo Elm und Hans H. Hiebel, *Medien und Maschinen: Literatur im technischen Zeitalter*, Freiburg: Rombach, 1991.

Baatz, Willfried, "Über Fotografie: Bemerkungen zur Theorie Walter Benjamins", *Fotografie Heft 40*, Leipzig: Fotokinoverl., 1986.

Benjamin, Walter, "Das Kunstwerk im Zeitalter seiner technischen Reproduzierbarkeit", Unter Mitw. von Theodor W. Adorno und Gerschom Scholem, Hrsg. von Rolf Tiedemann und Hermann Schweppenhäuser, *Gesammelte Schriften* I. 2, Frankfurt am Main: Suhrkamp, 1991.

_____ , "Über einige Motive bei Baudelaire", *Gesammelte Schriften* I. 2.

_____ , "Zentralpark", *Gesammelte Schriften* I. 2.

_____ , *Gesammelte Schriften* I. 3.

_____ , "Kleine Geschichte der Photographie", *Gesammelte Schriften* II. 1.

_____ , "Erwiderung an Oscar A. H. Schmitz", *Gesammelte Schriften* II. 2.

_____ , "Paris, die Stadt im Spiegel", *Gesammelte Schriften* IV. 1.

_____ , *Das Passagen-Werk*, *Gesammelte Schriften* V. 2.

_____ , "Berliner Chronik", *Gesammelte Schriften* VI.

_____ , "Lebensläufe", *Gesammelte Schriften* VI.

_____ , *Medienästhetische Schriften*, Hrsg. Detlev Schöttker, Frankfurt am Main:

Suhrkamp, 2002.
Böhme, Gernot, *Atmosphäre*, Frankfurt am Main: Suhrkamp, 1995.
Bolz, Norbert, "Aesthetics of Media: What Is the Cost of Keeping Bejamin Current?", ed. Hans Ulrich Gumbrecht, Michael Marrinan, *Mapping Benjamin: The Work of Art in the Digital Age*, Stanford: Stanford University Press, 2003.
Bolz, Norbert und Willem van Reijen, *Walter Benjamin*, Frankfurt am Main: Campus, 1991.
Bredekamp, Horst, "Der simulierte Benjamins", Hrsg. Andreas Berndt, Peter Kaier, Angela Rosenberg und Diana Trinker, *Frankfurter Schule und Kunstgeschichte*, Berlin: Reimer, 1992.
Habermas, Jürgen, "Bewußtmachende oder rettende Kritik: die Aktualität Walter Benjamin", Hrsg. Siegfried Unseld, *Zur Aktualität Walter Benjamin*, Frankfurt am Main: Suhrkamp, 1972.
Jacobsen, Wolfgang Hrsg., *Geschichte des deutschen Films*, Stuttgart: Metzler, 1993.
Lindner, Burkhardt, "Technische Reprozierbarkeit und Kulturindustrie: Benjamins Positives Barbarentum im Kontext", Hrsg. Burkhardt Lindner, *Links hatte noch alles sich zu enträtseln: Walter Benjamin im Kontext*, Frankfurt am Main: Syndikat, 1978.
Monaco, James, *Film verstehen*, Hamburg: Rowohlt, 1996.
Richter, Peter-Cornell, *Fotografieren*, Hamburg: Rowohlt, 1979.
Ritter, Joachim et al. Hrsg., *Historisches Wörterbuch der Philosophie*, Bassel: Schwabe, 1971.
Scharang, Michael, *Zur Emanzipation der Kunst*, Berlin: Luchterhand, 1971.
Schulte, Christian Hrsg., *Walter Benjamins Medientheorie*, Konstanz: UVK, 2005.
Stoessel, Marleen, *Aura, Das vergessene Menschliche: Zu Sprache und Erfahrung bei Walter Benjamin*, München: C. Hanser, 1983.
Verspohl, Franz-Joachim, "Optische und taktile Funktion der Kunst: Der Wandel des Kunstbegriffs im Zeitalter der massenhaften Rezeption", *Kritische Berichte*, Jahrgang 3, Heft 1, 1973.
Wagner, Gerhard, *Walter Benjamin: Die Medien der Moderne*, Berlin: Vistas, 1992.
심혜련, 「대중매체에 관한 발터 벤야민의 미학적 고찰이 지니는 현대적 의의」, 『미학』 제30집, 한국미학회, 2001.
_____, 「발터 벤야민의 아우라(Aura) 개념에 관하여」, 『시대와 철학』 제12권 1호, 한국철학사상연구회, 2001.
_____, 「디지털 매체 시대의 아우라 문제에 관하여」, 『시대와 철학』 제21권 3호, 한국철학사상연구회, 2010.
_____, 「사진에 대한 매체철학적 고찰」, 『미학』 제63집, 한국미학회, 2010.

_____, 「예술의 새로운 사회적 기능: 발터 벤야민의 "예술의 정치화"를 중심으로」, 홍준기 엮음, 『발터 벤야민: 모더니티와 도시』, 라움, 2010.

_____, 「감성학에서의 감성적 지각 문제에 관하여: Aura, Uncanny 그리고 Atmosphere를 중심으로」, 『시대와 철학』 제22권 2호, 한국철학사상연구회, 2011.

## 3 _ 대중매체와 문화산업: 테오도어 아도르노

Adorno, Theodor W., *Prismen: Kulturkritik und Gesellschaft*, Berlin: Suhrkamp, 1955. [『프리즘: 문화 비평과 사회』, 홍승용 옮김, 문학동네, 2004]

_____, *Ästhetische Theorie*, Frankfurt am Main: Suhrkamp, 1970. [『미학이론』, 홍승용 옮김, 문학과지성사, 1983]

_____, *Minima Moralia*, Frankfurt am Main: Suhrkamp, 1980. [『한 줌의 도덕』, 최문규 옮김, 솔, 2000]

_____, "Über den Fetischcharakter in der Musik und die Regression des Hörens", T. W. Adorno, *Dissonanzen: Musik in der verwalteten Welt*, Göttingen: Vandenhoeck & Ruprecht, 1991.

_____, *Negative Dialektik*, Frankfurt am Main: Suhrkamp, 1994.

Adorno, Theodor W. und Hanns Eisler, *Komposition für den Film*, München: Roger & Bernhard, 1996.

Benjamin, Walter, "Das Kunstwerk im Zeitalter seiner technischen Reproduzierbarkeit", Unter Mitw. von Theodor W. Adorno und Gerschom Scholem, hrsg. von Rolf Tiedemann und Hermann Schweppenhäuser, *Gesammelte Schriften* I. 2, Frankfurt am Main: Suhrkamp, 1991.

Enzensberger, Hans Magnus, "Constituents of a Theory of the Media", *The Consciousness Industry*, ed. Michael Koloff, New York: Seabury Press, 1974. [「미디어 이론의 제 요소」, 권중운 편역, 『뉴미디어의 영상 미학』, 민음사, 1994]

Felix, Jürgen, "Im Zeitalter der Reproduktion: Revisionen nach der Moderne", *Ästhetik & Kommunikation: Medien an der Epochenschwelle* Heft 88, Jahrgang 24, 1995.

Hansen, Miriam B., "Introduction to Adorno, 'Transparencies on Film(1966)'", *New German Critique*, no. 40(Winter), 1987. [「아도르노의 영화의 자명성에 관하여」, 『헐리우드/프랑크푸르트』, 김소영 편역, 시각과언어, 1994]

Hartmann, Frank, *Medienphilosophie*, Wien: WUV, 2000. [『미디어 철학』, 이상엽·강웅경 옮김, 북코리아, 2008]

Horkheimer, Max und Theodor W. Adorno, *Dialektik der Aufklärung*, Frankfurt am Main: Fischer Taschenbuch Verl., 1969. [『계몽의 변증법』, 김유동·주경식·이상훈 옮김, 문

예출판사, 1995]

Huyssen, Adreas, "Adorno in Reverse: From Hollywood to Richard Wagner", *After the Great Divide: Modernism, Mass Culture, Postmodernism*, Bloomington: Indiana University Press, 1986. [「거꾸로 읽는 아도르노: 헐리우드에서 리하르트 바그너까지」, 『헐리우드/프랑크푸르트』, 김소영 편역, 시각과언어, 1994]

Jay, Martin, *The Dialectical Imagination: A History of the Frankfurt School and the Institute of Social Reserch 1923~1950*, Boston: Little, Brown, 1973. [『변증법적 상상력』, 황재우 외 옮김, 돌베개, 1981]

Mersch, Dieter, *Medientheorien zur Einführung*, Hamburg: Junius, 2006. [『매체이론』, 문화학연구회 옮김, 연세대학교 출판부, 2007]

Negt, Oskar, "Oskar Negt im Gespräch mit Eberhard Knödler-Bunte, Strukturwandel der Öffentlichkeit", *Ästhetik & Kommunikation*, Heft 100, Jahrgang 29, 1998.

Schöttker, Detlev, "Theodor W. Adornos Beiträge zur Medientheorie "Erkennendes Hören" als Programm", Hrsg. Alexander Roesler und Bernd Stiegler, *Philosophie in der Medientheorie von Adorno bis Žižek*, München: Wilhelm Fink, 2008.

Seel, Martin, "Unkontrolliert Dabeisitzen. Adornos Entwurf einer Ästhetik des Kinos", Nicolaus Schafhausen, Hrsg. Venessa Joan Müller und Michael Hirsch, *Adorno: Die Möglichkeit des Unmöglichen*, Frankfurt am Main: Lukas & Sternberg, 2003.

노명우, 『계몽의 변증법: 야만으로 후퇴하는 현대』, 살림, 2005.

심혜련, 「예술의 새로운 사회적 기능: 발터 벤야민의 "예술의 정치화"를 중심으로」, 홍준기 엮음, 『발터 벤야민: 모더니티와 도시』, 라움, 2010.


4 _ 텔레비전 시대의 실재와 가상의 문제: 귄터 안더스

Anders, Günter, *Die Antiquiertheit des Menschen 1: Über die Seele im Zeitalter der zweiten industriellen Revolution*, München: Beck, 1994.

_____, *Die Antiquiertheit des Menschen 2: Über die Zerstörung des Lebens im Zeitaltter der dritten industriellen Revolution*, München: Beck, 1995.

_____, 1982년 6월 인터뷰. 여기서는 다음의 책에서 재인용 Konrad Paul Liessmann, *Philosophie der modernen Kunst*, Wien: WUV, 1999.

Bolter, Jay David und Richard Grusin, *Remediation: Understanding New Media*, Cambridge, Mass.: MIT Press, 1999. [『재매개: 뉴미디어의 계보학』, 이재현 옮김, 커뮤니케이션북스, 2006]

Bolz, Norbert, *Eine kurze Geschichte des Scheins*, München: Fink, 1991.

Eco, Umberto, *Apocalittici e Integrati*, Milano: Bompiani, 1965. [『매스콤과 미학』, 윤종태 옮김, 열린책들, 2009]

Enzensberger, Hans Magnus, "Constituents of a theory of the media", *The Consciousness Industry*, ed. Michael Koloff, New York: Seabury Press, 1974. [「미디어 이론의 제 요소」, 권중운 편역, 『뉴미디어 영상 미학』, 민음사, 1994]

Flusser, Vilém, *Lob der Oberflächlichkeit: Für eine Phänomenologie der Medien*, Bensheim: Bollmann, 1993. [『피상성 예찬: 매체 현상학을 위하여』, 김성재 옮김, 커뮤니케이션북스, 2004]

Goffi, Jean-Yves, *La Philosophie de la Technique*, Paris: PUF, 1988. [『기술 철학: 테크노월드 속의 도구적 인간』, 황수영 옮김, 한길사, 2003]

Hartmann, Frank, *Medienphilosophie*, Wien: WUV, 2000. [『미디어 철학』, 이상엽·강웅경 옮김, 북코리아, 2006]

Heidegger, Martin, *Die Technik und die Kehre*, Pfullingen: Neske, 1962. [『기술과 전향』, 이기상 옮김, 서광사, 1993]

Heinze, Thomas, *Medienanalyse: Ansätze zur Kultur-und Gesellschaftkritik*, Opladen: Westdt. Verl., 1990.

Ihde, Don, *Technic and Praxis*, Boston : D. Reidel Pub. Co., 1979. [『기술철학』, 김성동 옮김, 철학과현실사, 1998]

Kittler, Friedrich, *Grammophon, Film, Typewriter*, Berlin: Brinkmann & Bose, 1986.

Liessmann, Konrad Paul, *Philosophie der modernen Kunst*, Wien: WUV-Universitätsverlag, 1999.

Luhmann, Niklas, *Die Realität der Massenmedien*, Opladen: Westdt. Verl., 1996.

Mersch, Dieter, *Medientheorien zur Einführung*, Hamburg: Junius, 2006. [『매체이론』, 문화학연구회 옮김, 연세대학교 출판부, 2007]

Schnell, Ralf, *Medienästhetik: Zu Geschichte und Theorie audiovisueller Wahrnehmungsformen*, Stuttgart: J. B. Metzler, 2000. [『미디어미학』, 강호진 외 옮김, 이론과 실천, 2005]

노명우, 『텔레비전, 또 하나의 가족』, 프로네시스, 2008.

심혜련, 「예술과 기술의 문제에 관하여: 벤야민과 하이데거의 논의를 중심으로」, 『시대와 철학』 제17권 1호, 한국철학사상연구회, 2006.

_____, 「디지털 매체 기술과 예술의 융합: 디지털 데이터 총체 예술작품에 대한 논의를 중심으로」, 『미학』 제53집, 한국미학회, 2008.

요시미 순야, 『미디어 문화론』, 안미라 옮김, 커뮤니케이션북스, 2006.

윌리엄스, 레이먼드, 「흐름의 연속으로서의 TV체험」, 『대중예술의 이론들: 대중예술의 비평을 위하여』, 박성봉 편역, 동연, 2000.

## 5 _ 구텐베르크 은하계의 종말과 매체에 의한 인간의 확장: 마셜 맥루언

Benjamin, Walter, "Der Autor als Produzent", *Gesammelte Schriften* II. 2.
Böhme, Gernot, *Aisthetik: Vorlesungen über Ästhetik als allgemeine Wahrnehmungslehre*, München: Fink, 2001.
Bolter, Jay David und Richard Grusin, *Remediation: Unterstanding New Media*, Cambridge, Mass.: MIT Press, 1999. [『재매개: 뉴미디어의 계보학』, 이재현 옮김, 커뮤니케이션북스, 2006]
Enzensberger, Hans Magnus, "Constituents of a theory of the media", *The Consciousness Industry*, ed. Michael Koloff, New York: Seabury Press, 1974. [「미디어 이론의 제 요소」, 『뉴미디어의 영상 미학』, 권중운 편역, 민음사, 1994]
Filk, Christian und Michael Lommel, "Media Synäesthetics: Eine Einleitung", Hrsg. Christian Filk und Michael Lommel, *Media Synaesthetics: Konturen einer physiologischen Medienästhetik*, Köln: Halem, 2004.
Hartmann, Frank, *Medienphilosophie*, Wien: WUV, 2000. [『미디어 철학』, 이상엽·강웅경 옮김, 북코리아, 2008]
_____, *Mediologie: Ansätze einer Medientheorie der Kulturwissenschaften*, Wien: WUV, 2003.
Horrocks, Christopher, *Marshall McLuhan and Virtuality*, Cambridge: Icon, 2000. [『마셜 맥루언과 가상성』, 김영주·이원태 옮김, 이제이북스, 2002]
Jürgens-Kirchhoff, Annegret, *Technik und Tendenz der Montage: In der bildenden Kunst des 20. Jahrhundert*, Giessen: Anabas, 1984.
Kloock, Daniela und Angela Spahr, *Medientheorien Eine Einführung*, München: Fink, 2000.
Levinson, Paul, *Digital McLuhan: A Guide to the Information Millennium*, London: Routledge, 1999.
McLuhan, Marshall, *The Gutenberg Galaxy: The Making of Typographic Man*, Toronto: University of Toronto Press, 1962. [『구텐베르크 은하계』, 임상원 옮김, 커뮤니케이션북스, 2001]
_____, *Understanding Media: The Extensions of Man*, New York: McGraw-Hill, 1964. [『미디어의 이해』, 박정규 옮김, 커뮤니케이션북스, 1997]
Mersch, Dieter, *Medientheorien zur Einführung*, Hamburg: Junius, 2006. [『매체이론』, 문화학연구회 옮김, 연세대학교 출판부, 2007]
Miller, Jonathan, *McLuhan*, London: Fontana, 1971. [『맥루안』, 이종인 옮김, 시공사, 2001]
박영욱, 『매체, 매체예술 그리고 철학』, 향연, 2008.
심혜련, 「복제기술의 발전과 사유의 연관 관계」, 『아카필로』 7, 산해, 2001.
_____, 『사이버스페이스 시대의 미학』, 살림, 2006.

_____, 「매체와 공감각 그리고 자연적 인터페이스」, 『미학』 제60집, 한국미학회, 2009.
_____, 「감성학에서의 감성적 지각 문제에 관하여: Aura, Uncanny 그리고 Atmosphere를 중심으로」, 『시대와 철학』 제22권 2호, 한국철학사상연구회, 2011.
프로이트, 지그문트, 『문명 속의 불만』, 김석희 옮김, 열린책들, 1998.

## 6 _ 기록매체와 정신분석: 프리드리히 키틀러

Freud, Sigmund, "Das Unheimlich", 1919. [「두려운 낯섦」, 『예술, 문학, 정신분석』, 정장진 옮김, 열린책들, 2004]
Kittler, Friedrich A., *Grammophon, Film, Typewriter*, Berlin: Brinkmann & Bose, 1986.
_____, *Aufschreibesysteme 1800·1900*, München: Fink, 1995.
_____, *Optische Medien: Berliner Vorlesung 1990*, Berlin: Merve, 2002.
Kloock, Daniela und Angela Spahr, *Medientheorien Eine Einführung*, München: Fink, 2000.
Lacan, Jacques, "Le stade du miroir comme formateur de la fonction du Je telle qu'elle nous est révélée dans l'expérience psychanalytique", 1966. [「정신분석 경험에서 드러난 주체 기능 형성 모형으로서의 거울 단계」, 권택영 엮음, 『자크 라캉: 욕망 이론』, 민승기·이미선·권택영 옮김, 문예출판사, 1994]
_____, "God and the Jouissance of The Woman", 1973. [「신, 그리고 ƒ 여성의 희열」, 권택영 엮음, 『자크 라캉: 욕망 이론』, 민승기·이미선·권택영 옮김, 문예출판사, 1994]
_____, *Le Séminaire, Les quatre concepts fondamentaux de la psychanalyse*, Paris: Editions du Seuil, 1973. [『세미나, 정신분석의 네 가지 근본 개념』, 맹정현·이수련 옮김, 새물결, 2008]
Mersch, Dieter, *Medientheorien zur Einführung*, Hamburg: Junius, 2006. [『매체이론』, 문화학연구회 옮김, 연세대학교 출판부, 2007]
Winthrop-Young, Geoffrey, *Friedrich Kittler zur Einführung*, Hamburg: Junius, 2006.
비릴리오, 폴, 「영화, 그것은 '나는 본다'가 아니라 '나는 난다'이다」, 『전쟁과 영화: 지각의 병참학』, 권혜원 옮김, 한나래, 2004.
박영욱, 『매체, 매체예술 그리고 철학』, 향연, 2008.
_____, 「문자학에 대한 매체철학적 고찰: 데리다의 음성중심주의 비판과 키틀러의 매체분석을 중심으로」, 『범한철학』 제54집, 범한철학회, 2009.
요시미 순야, 『소리의 자본주의: 전화, 라디오, 축음기의 사회사』, 송태욱 옮김, 이매진, 2005.
홍준기, 『라캉과 현대철학』, 문학과지성사, 2002.

## 2부 디지털 매체, 새로운 존재방식을 열다

### 2 _ 시뮬라크르, 하이퍼리얼 그리고 실재: 장 보드리야르

Baudrillard, Jean, *La société de consommation ses mythes ses Structures*, Paris: Gallimard, 1970. [『소비의 사회 그 신화와 구조』, 이상률 옮김, 문예출판사, 2000]

_____ , *Simulacres et Simulation*, Paris: Galilée, 1981. [『시뮬라시옹』, 하태환 옮김, 민음사, 1996]

_____ , *L'échange impossible*, Paris: Galilée, 1999. [『불가능한 교환』, 배영달 옮김, 울력, 2001]

Berger, Wilhelm, *Philosophie der technologischen Zivilisation*, München: Fink, 2006.

Bolz, Norbert, *Eine kurze Geschichte des Scheins*, München: Fink, 1991.

Graham, Gordon, *The Internet: A Philosophical Inquiry*, New York: Routledge, 1999. [『인터넷 철학』, 이영주 옮김, 동문선, 2003]

Großkraus, Götz, *Medien-Zeit, Medien-Raum: Zum Wandel der raumzeitlichen Wahrnehmung in der Moderne*, Frankfurt am Main: Suhrkamp, 1995.

Hartmann, Frank, *Mediologie: Ansätze einer Medientheorie der Kulturwissenschaften*, Wien: WUV, 2003.

Heim, Michael, *The Metaphysics of Virtual Reality*, New York: Oxford University Press, 1993. [『가상현실의 철학적 의미』, 여명숙 옮김, 책세상, 2001]

Jung, Werner, *Von der Mimesis zur Simulation: Eine Einführung in die Geschichte der Ästhetik*, Hamburg: Junius, 1995.

Lévy, Pierre, *Qu'est-ce que le virtuel?*, Paris: La Découverte, 1995. [『디지털 시대의 가상현실』, 전재연 옮김, 궁리, 2002]

Mersch, Dieter, *Medientheorien zur Einführung*, Hamburg: Junius, 2006. [『매체이론』, 문화학연구회 옮김, 연세대학교출판부, 2006]

Nida-Rümelin und Betzler Hrsg., *Ästhetik und Kunstphilosophie von der Antike bis zur Gegenwart*, Stuttgart: Kröner, 1998.

Storey, John, *An Introductory Guide to Cultural Theory and Popular Culture*, London: Harvester/Wheatsheaf, 1993. [『문화연구와 문화이론』, 박모 옮김, 현실문화연구, 1995]

Weibel, Peter, "Votum für eine transästhetische Vision", Hrsg. Peter Gente, Barbara Könches, Peter Weibel, *Philosophie und Kunst: Jean Baudrillard: Eine Hommage zu seinem 75. Geburtstag*, Berlin: Merve, 2005.

_____ , *Time Slot: Geschichte und Zukunft der apparativen Wahrnehmung vom Phenakistiskop bis zum Quantenkino*, Köln: Buchhandlung Walther König, 2006.

Welsch, Wolfgang, *Grenzgänge der Ästhetik*, Stuttgart: P. Reclam, 1996. [『미학의 경계를 넘어』, 심혜련 옮김, 향연, 2005]

Wulf, Christoph, "Vom Subjekt des Begehrens zum Objekt der Verführung: Bild-Imagination-Imaginäres", Hrsg. Peter Gente, Barbara Könches, Peter Weibel, *Philosophie und Kunst, Jean Baudrillard: Eine Hommage zu seinem 75. Geburtstag*, Berlin: Merve, 2005.

심혜련, 『사이버스페이스 시대의 미학』, 살림, 2006.

_____, 「첨단과학기술 시대에 기술 미학의 근본 문제에 관하여」, 『미학』 제51집, 한국미학회, 2007.

## 3 _ 탈역사 시대의 기술적 이미지: 빌렘 플루서

Böhme, Gernot, *Theorie des Bildes*, München: Fink, 1999.

Brandt, Reinhard, "Bildererfahrungen: Von der Wahrnemhmung zum Bild", Hrsg. Christa Maar, Hubert Burda, *Iconic Turn: Die neue Macht der Bilder*, Köln: DuMont, 2005.

Flusser, Vilém, *Die Schrift: Hat Schreiben Zukunft?*, Göttingen: Immatrix Publ., 1987. [『디지털 시대의 글쓰기: 글쓰기에 미래는 있는가』, 윤종석 옮김, 문예출판사, 1998]

_____, "Digitaler Schein", Hrsg. Florian Rötzer, *Digitaler Schein: Ästhetik der elektronischen Medien*, Frankfurt am Main: Suhrkamp, 1991.

_____, *Lob der Oberflächlichkeit: Für eine Phänomenologie der Medien*, Bensheim: Bollmann, 1993. [『피상성 예찬: 매체 현상학을 위하여』, 김성재 옮김, 커뮤니케이션북스, 2004]

_____, *Die Revolution der Bilder*, Mannheim: Bollmann, 1996. [『그림의 혁명』, 김현진 옮김, 커뮤니케이션북스, 2004]

_____, *Kommunikologie*, Mannheim: Bollmann, 1996. [『코무니콜로기』, 김성재 옮김, 커뮤니케이션북스, 2001]

_____, *Für eine Philosophie der Fotografie*, Göttingen: European Photography, 1997. [『사진의 철학을 위하여』, 윤종석 옮김, 커뮤니케이션북스, 1999]

Hartmann, Frank, *Medienphilosophie*, Wien: WUV, 2000.

Mitchell, W. J. T., *What Do Pictures Want?*, Chicago: University of Chicago Press, 2005. [『그림은 무엇을 원하는가: 이미지의 삶과 사랑』, 김전유경 옮김, 그린비, 2010]

Sachs-Hombach, Klaus, "Konzeptionelle Rahmenüberlegungen zur interdisziplinären Bildwissenschaft", Hrsg. Klaus Sach-Hombach, *Bildwissenschaft: Disziplinen, Themen, Methoden*, Frankfurt am Main: Suhrkamp, 2005.

_____, *Das Bild als Kommunikatives Medium: Elemente einer allgemeinen*

*Bildwissenschaft*, Köln: Halem, 2006.

Stiegler, Bernd, "Medienphiosophie der Photographie", Hrsg. Mike Sandbothe und Ludwig Nagl, *Systematische Medienphilosophie*, Berlin: Akademie, 2005.

심혜련, 『사이버스페이스 시대의 미학』, 살림, 2006.

## 4 _ 속도에 의한 공간의 소멸과 편협된 시각의 강화: 폴 비릴리오

Armitage, John, "Speed and Politics: An Introduction to Paul Virilio", 2003. [『폴 비릴리오의 정치 이론: 『속도와 정치』를 중심으로』, 폴 비릴리오, 『속도와 정치』, 이재원 옮김, 그린비, 2004]

Borscheid, Peter, *Das Tempo-Virus*, Frankfurt: Campus, 2004. [『템포 바이러스』, 두행숙 옮김, 들녘, 2008]

Breuer, Stefan, *Die Gesellschaft des Verschwindens: Von der Selbstzerstörung der technischen Zivilisation*, Hamburg: Junius, 2000.

Großklaus, Götz, "Medien-Zeit", Hrsg. Mike Sandbothe, Walther Ch. Zimmerli, *Zeit-Medien-Wahrnehmung*, Darmstadt: Wissenschaftliche Buchgesellschaft, 1994.

_____, *Medien-Zeit, Medien-Raum: Zum Wandel der Raumzeitlichen wahrnehmung in der Moderne*, Frankfurt am Main: Suhrkamp, 1995.

Hempel, Leon und Jörg Metelmann, "Bild-Raum-Kontrolle: Videoüberwachung als Zeichen gesellschaftlichen Wandels", Hrsg. Leon Hempel und Jörg Metelmann, *Bild-Raum-Kontrolle: Videoüberwachung als Zeichen gesellschaftlichen Wandels*, Frankfurt am Main: Suhrkamp, 2005.

Kern, Stephen, *The Culture of Time and Space* 1880~1918, Cambridge, Mass.: Harvard University Press, 1983. [『시간과 공간의 문화사 1880~1918』, 박성관 옮김, 휴머니스트, 2004]

Kloock, Daniela und Angela Spahr, *Medientheorien: Eine Einführung*, München: Fink, 2000.

Kuhlmann, Andreas, "Einleitung", Hrsg. Andreas Kuhlmann, *Philosophische Ansichten der Kultur der Moderne*, Frankfurt am Main: Fischer Taschenbuch Verlag, 1995.

Lévy, Pierre, *Qu'est-ce que le virtuel?*, Paris: La Découverte, 1995. [『디지털 시대의 가상현실』, 전재연 옮김, 궁리, 2002]

Mersch, Dieter, *Medientheorien zur Einführung*, Hamburg : Junius, 2006. [『매체이론』, 문화학연구회 옮김, 연세대학교 출판부, 2009]

Nida-Rümelin und Betzler Hrsg., *Ästhetik und Kunstphilosophie von der Antike bis zur Gegenwart*, Stuttgart: Kröner, 1998.

Sandbothe, Mike und Walther Ch. Zimmerli, "Einleitung", Hrsg. Mike Sandbothe, Walther Ch. Zimmerli, *Zeit-Medien-Wahrnehmung*, Darmstadt: Wissenschaftliche Buchgesellschaft, 1994.

Schivelbusch, Wolfgang, *Geschichte der Eisenbahnreise: Zur Industrialisierung von Raum und Zeit im 19. Jahrhundert*, München: C. Hanser, 1977. [『철도여행의 역사』, 박진희 옮김, 궁리, 1990]

Virilio, Paul, *Vitesse et politique*, Paris: Galilée, 1977. [폴 비릴리오, 『속도와 정치』, 이재원 옮김, 그린비, 2003]

_____, *Geschwindigkeit und Politik*, Berlin: Merve Verlag, 1980.

_____, "Das dritte Interval", *Die Sehmaschine*, übersetzt von Gabriele Ricke und Roland Voullié, Berlin: Merve, cop., 1989.

_____, *Der negative Horizont*, München : C. Hanser, 1989.

_____, "Die Sehrmaschine", *Die Sehmaschine*, übersetzt von Gabriele Ricke und Roland Voullié, Berlin: Merve, cop., 1989.

_____, "Die versteckte Kamera", *Die Sehmaschine*, übersetzt von Gabriele Ricke und Roland Voullié, Berlin: Merve, cop., 1989.

_____, *Esthétique de la disparition*, Paris: Galilée, 1989. [『소멸의 미학』, 김경온 옮김, 연세대학교 출판부, 2004]

_____, *La Vitesse de libération*, Paris: Galilée, 1995. [『탈출 속도』, 배영달 옮김, 경성대학교 출판부, 2006]

_____, *La Bombe informatique*, Paris : Galilée, 1998. [『정보과학의 폭탄』, 배영달 옮김, 울력, 2002]

_____, "Die große Optik", *Fluchtgeschwindigkeit*, übersetzt von Bernd Wilczek, Frankfurt am Main: Fischer Taschenbuch Verl., 2001.

_____, "Die Perspektive der Echtzeit", *Fluchtgeschwindigkeit*, übersetzt von Bernd Wilczek, Frankfurt am Main: Fischer Taschenbuch Verl., 2001.

심혜련, 「놀이공간으로서 대도시와 새로운 예술 체험」, 철학아카데미, 『공간과 도시의 의미들』, 소명, 2004.

_____, 「예술과 기술의 문제에 관하여: 벤야민과 하이데거의 논의를 중심으로」, 『시대와 철학』 제17권 1호, 한국철학사상연구회, 2006.

_____, 「기술 발전과 시각체계의 상관관계에 관한 고찰」, 『시대와 철학』 제18권 1호, 한국철학사상연구회, 2007.

_____, 「디지털 노마드와 유비쿼터스」, 『인문학연구』 제38집, 조선대학교 인문학연구원, 2009.

## 5 _ 디지털 매체의 확산과 새로운 예술의 의미: 노르베르트 볼츠

Bolter, Jay David und Richard Grusin, *Remediation: Understanding New Media*, Cambridge, Mass.: MIT Press, 1999. [『재매개: 뉴미디어의 계보학』, 이재현 옮김, 커뮤니케이션북스, 2006]

Bolz, Norbert, "Abschied von Gutenberg-Galaxis: Medienästhetik nach Nietzsche, Benjamin und McLuhan", Hrsg. Jochen Hörisch und Michael Wetzel, *Armaturen der Sinne: literarische und technische Medien 1870 bis 1920*, München: Fink, 1990.

_____, *Theorie der neuen Medien*, München: Raben Verlag, 1990.

_____, *Eine kurze Geschichte des Scheins*, München: Fink, 1991.

_____, *Philosophie nach ihrem Ende*, München: Klaus Boer Verlag, 1992.

_____, *Das kontrollierte Chaos: vom Humanismus zur Medienwirklichkeit*, New York: ECON Verlag, 1994. [『컨트롤된 카오스: 휴머니즘에서 뉴미디어의 세계로』, 윤종석 옮김, 문학과지성사, 2000]

_____, "Für eine posthumane Kultur", Hrsg. Andreas Kuhlmann, *Philosophische Ansichten der Kultur der Moderne*, Frankfurt am Main: Fischer Taschenbuch Verlag, 1994.

_____, *Am Ende der Gutenberg-Galaxis: Die neuen kommunikationsverhältnisse*, München: Fink, 1995. [『구텐베르크: 은하계의 끝에서: 새로운 커뮤니케이션 상황들』, 윤종석 옮김, 문학과지성사, 1991]

Bolz, Norbert und Willem van Reijen, *Walter Benjamin*, Frankfurt: Campus-Verl., 1991. [『발터 벤야민. 예술, 종교, 역사철학』, 김득룡 옮김, 서광사, 2000]

Darley, Andrew, *Visual Digital Culture: Surface Play and Spectacle in New Media Genres*, London: Routledge, 2000. [『디지털 시대의 영상 문화』, 김주환 옮김, 현실문화연구, 2003]

Faulstich, Werner, *Medienästhetik und Mediengeschichte: Mit einer Fallstudie zu 'The War of the Worlds' von H. G. Wells*, Heidelberg: C. Winter, 1982.

Foreseen Observatory, *De L'homo sapiens à l'homme interactif*, Paris: Denoël, 1998. [『호모 사피엔스에서 인터랙티브 인간으로』, 공나리 옮김, 동문선, 2001]

Gauron, Andre, "Das digitale Zeitalter", Hrsg. Stefan Bollmann, *Kursbuch Neue Medien: Trends in Wirtschaft und Politik, Wissenschaft und Kultur*, Mannheim: Bollmann, 1996.

Grau, Oliver, *Virtuelle Kunst in Geschichte und Gegenwart: Visuelle Strategien*, Berlin: Reimer, 2002.

Kerckhove, Derrick de, "Touch versus Vision: Ästhetik neuer Technologien", Hrsg. Wolfgang Welsch, *Die Aktualität des Ästhetischen*, München: Fink, 1993.

Levy, Pierre, *Cyberculture*, Minneapolis, Minn.: University of Minnesota Press, 2001. [『사이버 문화』, 김동윤·조준형 옮김, 문예출판사, 2000]

Liessmann, Konrad Paul, *Philosophie der modernen Kunst*, Wien: WUV-Universitätsverlag, 1999.

Popper, Frank, *Art of the Electronic Age*, New York: Harry N. Abrams, 1993. [『전자시대의 예술』, 박숙영 옮김, 예경, 1999]

Schwarz, Hans-Peter, *Medien-Kunst-Geschichte*, München: Prestel, 1997.

Weibel, Peter, "Transformation der Techno-Ästhetik", Hrsg. Florian Rötzer, *Digitaler Schein: Ästhetik der elektronischen Medien*, Frankfurt am Main: Suhrkamp, 1991.

Zec, Peter, "Das Medienwerk: Ästhetische Produktion im Zeitalter der elektronischen Kommunikation", Hrsg. Florian Rötzer, *Digitaler Schein: Ästhetik der elektronischen Medien*, Frankfurt am Main: Suhrkamp, 1991.

심혜련, 「새로운 매체시대의 예술에 대한 고찰」, 철학아카데미 엮음, 『기호학과 철학 그리고 예술』, 소명, 2002.

_____, 「예술과 매체, 뫼비우스의 띠」, 철학아카데미, 『철학, 예술을 읽다』, 동녘, 2006.

_____, 「디지털 미술과 지각의 변화」, 오병남 외, 『미학으로 읽는 미술』, 월간미술, 2007.

_____, 「디지털 매체 시대의 아우라 문제에 관하여」, 『시대와 철학』 제21권 3호, 한국철학사상연구회, 2010.

_____, 「감성학에서의 감성적 지각 문제에 관하여: Aura, Uncanny 그리고 Atmosphere 를 중심으로」, 『시대와 철학』 제22권 2호, 한국철학사상연구회, 2011.


6 _ 매체에 의한 시공간의 재편과 매체공간: 괴츠 그로스클라우스

Augé, Marc, *Nicht-Orte*, München: Beck, 2011.

Berger, Wilhelm, *Philosophie der technologischen Zivilisation*, München: Fink, 2006.

Castells, Manuel, Mireia Fernàndez-Ardévol, Jack Linchunan Qui and Araba Sey, *Mobile Communication and Society: A Global Perspective*, Cambridge, Mass.: MIT Press, 2007. [『이동통신과 사회』, 김원용·성혜령 옮김, 커뮤니케이션북스, 2009]

Döring, Jörg und Tristan Thielmann, "Einleitung: Was lesen wir im Raume? Der Spatial Turn und das geheime Wissen der Geographen", *Spatial Turn: Das Raumparadigma in den Kultur-und Sozialwissenschaften*, Bielefeld: Transcript, 2009.

Großklaus, Götz, "Medien-Zeit", Hrsg. Mike Sandbothe, Walther Ch. Zimmerli, *Zeit-Medien-Wahrnehmung*, Darmstadt: Wissenschaftliche Buchgesellschaft, 1994.

_____, *Medien-Zeit, Medien-Raum: Zum Wandel der raumzeitlichen Wahrneh-*

*mung in der Moderne*, Frankfurt am Main: Suhrkamp, 1995.

_____ , *Medien-Bilder*, Frankfurt am Main: Suhrkamp, 2004.

_____ , "Medienphilosophie des Raums", Hrsg. Mike Sandbothe und Ludwig Nagl, *Systematische Medienphilosophie*, Berlin: Akademie, 2005.

Kern, Stephen, *The Culture of Time and Space, 1880~1918*, Cambridge, Mass.: Harvard University Press, 1983. [『시간과 공간의 문화사 1880~1918』, 박성관 옮김, 휴머니스트, 2004]

Krämer, Sybille, "Was also ist ein Spur? Und worin besteht ihre epistemologische Rolle? Eine Bestandsaufnahme", Hrsg. Sybille Krämer, Werner Kogge und Gernot Grube, *Spur: Spurenlesen als Orientierungstechnik und Wissenskunst*, Frankfurt am Main: Suhrkamp, 2007.

Lübbe, Hermann, "Zivilisationsdynamik: Über die Aufdringlichkeit der Zeit im Fortschritt", Hrsg. Mike Sandbothe, Walther Ch. Zimmerli, *Zeit-Medien-Wahrnehmung*, Darmstadt: Wissenschaftliche Buchgesellschaft, 1994.

Negroponte, Nicholas, *Being Digital*, New York : Knopf, 1995. [『디지털이다』, 백욱인 옮김, 커뮤니케이션북스, 2010]

Sandbothe, Mike und Walther Ch. Zimmerli, "Einleitung", Hrsg. Mike Sandbothe, Walther Ch. Zimmerli, *Zeit-Medien-Wahrnehmung*, Darmstadt: Wissenschaftliche Buchgesellschaft, 1994.

Schivelbusch, Wolfgang, *Geschichte der Eisenbahnreise: Zur Industrialisierung von Raum und Zeit im 19. Jahrhundert*, München: C. Hanser, 1977. [『철도여행의 역사』, 박진희 옮김, 궁리, 1999]

Schroer, Markus, *Räume, Orte, Grenzen: Auf dem Weg zu einer Soziologie des Raums*, Frankfurt am Main: Suhrkamp, 2006. [『공간, 장소, 경계: 공간의 사회학 이론 정립을 위하여』, 정인모·배정희 옮김, 에코리브르, 2010]

# 찾아보기

|ㄱ, ㄴ, ㄷ|

가상 19, 23, 98, 113~114, 117, 122, 187, 191, 195, 199, 205~206, 214, 217~218, 238
　　~의 실재화 211, 213
가상공간 255, 314~315
가상성 196, 209
가상세계 209~211, 214
가상이미지 261
가상현실 25, 113~114, 187, 205~207, 211~212, 217, 300~301, 314
　　~과 예술의 관계 211~212
가상화 212
감각
　　~들의 상호작용 131, 147~148
　　~의 쇠퇴 266
　　공~ 147~148, 264, 277, 290
　　단일 ~ 143
감성적 지각(Aisthesis) 257, 275, 283~284
감성학(Aisthetik) 128, 257, 269, 282~284, 289
감시 카메라 24
개인매체 21, 26
거울이미지 169, 171~172, 174
고피, 장-이브(Jean-Yves Goffi) 99

공간 23, 319
　　~ 없는 장소 318
　　~의 재편 247~248, 307
　　~의 확대 253, 302~303
　　공적 ~ 252~253
　　사적 ~ 124, 252~253
공간성 252, 256, 300
공간-이미지 306
공적 영역 284
관점주의 303~304, 306
관조 88, 213, 283
광고 68~69, 71~72
광학기계 260
구술문화 146
구텐베르크 은하계 20, 127, 130, 143, 263
　　~의 몰락 20, 279
　　~ 인쇄문화 129~130
귀요, 마리 장(Marie Jean Guyau) 165
「기억과 축음기」 165
그로스클라우스, 괴츠(Götz Großklauss) 25, 301
　　~와 보드리야르의 비교 315
　　~와 비릴리오의 비교 25, 301~302
　　~와 플루서의 비교 301
　　시공간의 재편 25, 301

제3의 공간 321~322
그루신, 리처드(Richard Grusin) 118, 139
그리피스, 데이비드(David Griffith) 311
글쓰기
    구텐베르크적 ~ 127
    모자이크적 ~ 127
    몽타주적 ~ 127
    콜라주적 ~ 176
기록(Aufschreibe) 156
    무의식적 ~ 154
    의식적 ~ 153~154
기록매체 154~155, 157, 159, 179, 185
기록체계 155, 157, 179
    1800년경 ~ 158~163
기술
    ~과 예술의 융합 287
    ~과 전쟁의 관계 270~271
    ~적 상상력 232, 240
기술적 이미지 23, 190, 218, 221, 224~227, 231, 233~234, 237~239, 241, 306, 308
    ~와 문자의 관계 224
기억 165, 180~181, 319~321
    ~과 기록의 관계 152~153
    개인적 ~ 320
    매체적 ~ 310
    무의식적 ~ 153~154
    의식적 ~ 154
    집단적 ~ 320
네그로폰테, 니컬러스(Nicholas Negroponte) 318
넥트, 오스카(Oskar Negt) 96
니체(Friedrich W. Nietzsche) 140, 162, 178~179
대중 34
    ~ 등장의 의미 65
대중매체 17, 21, 33~34, 83, 120~121, 244
    ~와 예술의 관계 17
대중문화 21, 33~35, 83, 120, 244, 273
    ~ 긍정론 35~36
    ~ 비판론 34~35

도플갱어 171, 173~174
디지털 가상 23, 218, 237~238
디지털 노마드(digital nomade) 254~255, 263
디지털 매체 209, 244, 283
    ~ 공간 247, 312~313, 320~321
    ~ 시대 21~24, 27, 185, 187
    ~ 예술 186, 275, 289~290, 292~293
디지털 융합(digital convergence) 185
디지털 치매 180
디지털혁명 272~275

| ㄹ, ㅁ |

라디오 65, 84, 98, 108, 141~142
라캉, 자크(Jacques Lacan) 21, 158, 165~166, 174
    빗금 쳐진 여성 158~159, 177
    상상계 21, 165, 169~172, 174~175
    상징계 21, 165, 174~176
    실재계 21, 165, 167~168, 175
레비, 피에르(Pierre Lévy) 212, 247, 278
    기술적 유토피아 256
    집단지성 256
로티, 리처드(Richard Rorty) 13
뤼미에르 형제 32, 322
    「기차의 도착」 32, 322
말라르메, 스테판(Stephane Mallarmé) 162
    단어-예술 162
매개성(Medialität) 28, 135
매개학(Mediologie) 16
매체 결정론자 176
매체계보학 301
매체고고학 154, 184
매체-공간(매체공간; Medien-Raum) 25, 303~306, 312, 314~315, 317, 319, 321~322
매체 내용 129, 133~135, 137~138, 156
매체미학 16, 24, 148, 234, 275~276, 283~284, 289~290, 292, 296
매체-시간(매체시간; Medien-Zeit) 305,

308~309, 311
매체예술 29, 213, 276, 282, 287, 293
매체융합 155
매체 의존적 사회 276~277, 296
매체 의존적 지각 284
매체-이미지(매체 이미지) 306, 313
매체 인식론(Medienepistemologie) 140
매체 현상학 236
매체 형식 129, 133~134, 137~138, 140, 156
매체적 시공간 313~314
매체철학 14~16, 20~21, 28~29
「매트릭스」 194, 201
매트릭스 108, 113~114, 116, 137, 200
맥루언, 마셜(Marshall McLuhan) 19~20, 118, 125
   ~과 벤야민의 비교 127, 137
   ~과 안더스의 비교 137
   ~과 프로이트의 비교 145
   『구텐베르크 은하계』 125, 132
   내부확산(Implosion) 143
   뜨거운 매체(hot media) 139~143
   『미디어의 이해』 125, 143
   외부확산(Explosion) 143
   인간 감각의 확장 133, 145, 149
   인간의 확장 20, 133, 143~145, 149, 265
   차가운 매체(cool media) 139~143
머이브리지, 에드워드(Edward Muybridge) 170
모방 273, 287, 306
무의식 153, 155, 166~168, 175, 180
묵시론 123, 245~247, 256, 270
문자 155~156
   ~매체 277
   ~문화 174, 233, 278, 281~282, 294
   ~언어 154~155, 217
   ~적 리터러시 230
문화산업 79, 84~86, 88~89, 133, 136
   ~론 75, 93, 95
   ~의 본질 85, 87, 92
문화이론 75, 121

미메시스(Mimesis) 191, 194, 260~261, 313, 320
미학(Ästhetik) 275
   ~의 어원 285

| ㅂ, ㅅ |

바르트, 롤랑(Roland Barthes) 309~310
바이벨, 페터(Peter Weibel) 211
반예술(Anti-Kunst) 282
방송된 사건 111~112, 123~124
베르거, 빌헬름(Wilhelm Berger) 208
벤야민, 발터(Walter Benjamin) 16~17, 35, 38, 76, 98, 190, 289~291
   ~과 아도르노의 비교 18
   ~과 68혁명 40, 137
   ~ 미학과 전통 미학 41
   ~의 예술 개념 17
   ~ 이론의 전제 41
   ~ 이론의 정치적 함의 40
   「기술 재생산 시대의 예술작품」 17, 43, 75
   「보들레르의 몇 가지 계기들에 관하여」 45, 54
   「사진의 작은 역사」 45
벨시, 볼프강(Wolfgang Welsch) 206~207
보드리야르, 장(Jean Baudrillard) 22, 122, 193~194, 198, 206, 238, 315
   ~와 벨시의 비교 208
   ~와 비릴리오의 비교 199~200
   ~와 안더스의 비교 22, 199~200
   ~와 플라톤의 비교 194
   ~와 플루서의 비교 206
   디즈니랜드 202~204
   성상파괴 운동 202~203
   워터게이트 사건 202~204
복제 113~114, 190~192, 286
복합매체 21, 180, 187, 277, 283, 294
복합지각 266, 290
본질 193, 217~218, 235

볼츠, 노르베르트(Norbert Bolz) 24, 102, 276
　~와 레비의 비교 278
　~와 맥루언의 비교 279
　~와 벤야민의 비교 24
　~와 안더스의 비교 278
　~와 플루서의 비교 278, 293
　예술의 종말 24
　유토피아적 계기 294, 297
볼터, 제이(Jay Bolter) 118, 139
뵈메, 게르노트(Gernot Böhme) 235~236
분산 63~64
　~적 지각 63~64, 67, 88, 116, 266, 289
브레데캄프, 호르스트(Horst Bredekamp) 50
비릴리오, 폴(Paul Virilio) 23, 197
　~와 레비의 비교 255~256
　~와 맥루언의 비교 248, 253, 263~264
　~와 벤야민의 비교 245, 260~261, 266, 269~270
　~와 아도르노의 비교 245
　~와 플루서의 비교 245, 248
　가속화 246~247
　거리의 소멸 248~249
　공간의 소멸 25, 252, 267, 301
　공간의 탈영토화 247, 251~252
　도정성 251~252, 302
　인간 신체의 해체 246, 256
　질주정 250
　질주학 249~250, 264
비물질 254, 314~316
비물질성 191, 287~289
비물질적 공간 248, 255, 316, 319
사이 공간(Zwischenraum) 302
사이버스페이스 13, 25, 209, 255, 300~301, 312~322
사이보그 149~150
사적 영역 124, 160, 284
사진 190, 226~227, 232, 286, 309
　~과 디지털 이미지의 비교 321

~으로서의 예술 58, 227
　매체로서의 ~ 227
　예술로서의 ~ 58, 227
사태 228, 231~233, 240
사회비판이론(비판이론) 16, 24, 75, 78, 121, 123, 249
사회적 시공간 25, 299~300, 304~305
산업혁명 272~273
상호작용성 142, 148, 256, 290
속도 23~24, 247, 249, 251, 255, 301
　~와 공간의 관계 249
　~와 권력의 관계 249~250
숭배의 대상 297
숭배적 가치 70, 270
스마트폰 184
시각 132, 146~147, 247
　~기계 247, 262, 265, 267, 269~270
　~매체 247, 277
　~의 확대 233, 269~270
　기계적 ~ 263~265, 268
　편향된 시각체계 247, 263, 301
시간성 209, 300
　동시성 303, 311
　비동시성 310~311
　실시간 170, 252~254, 267
시간의 재편 307
시간의식 309~311
시공간
　근대적 ~ 302, 312~313
　추상적 ~ 299, 304
시뮬라시옹(Simulation) 122, 191, 193, 196, 199, 205, 313
시뮬라크르(Simulacre) 22, 194, 196~197, 199~201, 203~204, 206, 214~215, 238, 289
시벨부시, 볼프강(Wolfgang Schivelbusch) 257, 302
시선 54~55, 236, 306
실재 19, 98, 113~114, 117, 122, 168, 193, 195~197, 204~206, 209, 214, 217, 238
　~의 가상성 202, 205, 214~215, 315

~의 부활 198~199
~의 소멸 197, 200
~의 은폐 196
실재세계(reale Welt) 187, 209~210
실제 공간 255, 315
실제 세계(wirkliche Welt) 109, 113

|ㅇ|

아날로그 매체 32~33
아도르노, 테오도어(Theodor Adorno) 16, 18, 35, 73, 76~77, 98, 134, 136
    ~를 둘러싼 논쟁 74
    ~와 벤야민의 비교 75
    ~의 예술 개념 80~81
    『계몽의 변증법』 73, 99, 133
    관리되는 사회 19, 78~79, 81~82, 85, 89~92, 94
    문화산업 18~19, 75, 79, 83~93
    문화산업론 73~75, 94~95
    비판적 계기 64, 83, 294, 297~298
    『영화를 위한 작곡』 93
    「영화의 투명성」 93~94
    진리 계기 80, 91~92
    진정한 예술 18, 80, 83, 85, 92
    텔레비전 이미지 19, 116~117
「아바타」 113~114, 322
아우라 42~43, 49~52, 60
    ~의 공간적 특성 52
    ~의 몰락 17~18, 38, 41, 45, 57, 61, 67, 69~71, 286
    ~의 시간적 속성 52
    원본성(Originalität) 46, 53, 57, 286
    일회성(Einmaligkeit) 46, 50, 51, 53, 57, 286
    진품성(Echtheit) 46, 50~51, 286
    탈아우라화 62
아이코놀로지(Ikonologie) 234
아이콘마니아(Ikonomanie) 107, 121
아제, 외젠(Eugéne Atget) 62, 320

안더스, 귄터(Günther Anders) 19, 98
    ~와 맥루언의 비교 110~111
    ~와 벤야민의 비교 108
    ~와 보드리야르의 비교 122
    ~와 아도르노의 비교 19, 102, 108
    ~와 윌리엄스의 비교 122
    ~와 플루서의 비교 122
    ~와 하이데거의 비교 102~105
    ~와 호르크하이머의 비교 102
    ~의 대중문화 이해 107
    거대기기 102, 106
    이미 결정된 것들 111
    『인간의 골동품성』 101, 108
언캐니(uncanny) 173~174
SNS 242, 254
에코, 움베르토(Umberto Eco) 100, 116~117
엔첸스베르거, 한스(Hans M. Enzensberger) 94, 123
영화 21, 62, 65~66, 118, 154, 164, 169, 172, 174, 179, 185, 190, 286
    ~와 전쟁의 관계 171
    ~와 지각의 관계 63
    편집 63, 171, 307, 311
예술
    ~ 개념의 확장 212
    ~의 대중화 77~78
    ~의 사회적 기능 77
    ~의 상품화 78~79, 84
    ~의 자율성 42, 274
    ~의 정치화 40, 76~77, 137
    ~의 종말 292~294, 296
원격 감시 264~265, 268
원격 조정 264
원격 촉각 265~266
원격 현전 253, 255, 266~267
원본 113, 190~192, 238
윌리엄스, 레이먼드(Raymond Williams) 121~122
유비쿼터스 209, 254~255, 263, 268

UCC 현상 13
유일성 53, 57
음성언어 154~155, 217
의식 166~167, 175, 180
　　~세계 168
이동성 184
이미지 23, 187, 191~192, 195, 198~199, 216~217, 238, 320
　　~ 공간 236~238, 320
　　~ 리터러시 241, 243
　　~ 소비자 109
　　~에 대한 폄하 230
　　~와 대상의 갈등 197
　　~와 실재의 관계 216~217
　　~의 재평가 187, 234
　　~의 지배 187
　　대상 없는 ~ 192~193, 289, 306, 320
　　디지털 ~ 186~187, 192, 218, 221, 232~233, 239~240, 319~320
　　아날로그 ~ 319
　　원본 없는 ~ 197
이미지학(Bildwissenschaft) 217, 234
인쇄문화 131~133, 143

| ㅈ, ㅊ |

잔더, 아우구스트(August Sander) 320
장소(Ort) 317~320
　　매체~ 319
　　비~(Nicht-Ort) 317
장치(Apparat) 228~229, 231~232, 237, 240
　　~ 리터러시 241, 243
재매개(Remediation) 118, 138~139, 185
재목적화 280
재현 62, 64, 190~196, 204, 210, 260~261, 273, 285, 287~288, 302, 306, 308, 311
전기 시대 130~131, 143, 146~147
전송매체 180
전자 매체 130, 143, 264

~ 시대 207, 314
전통 미학 41, 191, 276, 282, 285
전통 형이상학의 종말 205
전통적 시공간 302, 305, 317
전통적 예술 275
전통적 이미지 193, 224~225, 231, 234~235, 239
전회 13~14
정보 공간 245
정보혁명 248, 272
정보화 시대 274
정세도(definition) 140~143
　　~와 참여도의 관계 141~142
정신 157, 175
　　~의 추방 162, 168
정신분석학 21, 153, 155, 165~166, 168, 174
정신오락적 분산 88
정치의 심미화 76~77
정치의 예술화 40
종말론 100~101
주체 50~56, 65, 87, 91~92, 95, 114~115, 135, 169~171, 173~179, 233, 266, 285, 293, 303
　　~와 정신의 해체 177~178
　　~의 해체 92
지각 59, 289
　　~의 재편 24, 257, 263
　　~의 확장 265
　　정신오락적·분산적 ~ 63, 65, 291
지식정보화사회 185~186
질주학(Dromologie) 23~24
집중 59, 63~64, 66, 69, 88, 291
청각 146~147
청취자의 퇴행 88, 115
촉각 147
　　~성 67, 290
　　~적 지각 63, 67, 69
　　시각적 촉각성 67~68, 259, 266, 289~290
축음기 21, 154, 164~165, 168, 179, 185
침잠 59, 63~66, 69, 88, 92, 291

| ㅋ, ㅌ, ㅍ |

커뮤니케이션 220~221, 242
컴퓨터 예술 239~240
컴퓨터 이미지 306
코무니콜로기(Kommunikologie) 218~220
키틀러, 프리드리히(Friedrich Kittler)
20~21, 118, 154, 185
　~와 맥루언의 비교 156
　~와 비릴리오의 비교 172
　『기록체계들 1800/1900』 155, 164
　『축음기, 영화, 타자기』 164~165
타자기 21, 118, 154, 164, 176, 178~179, 185
　~와 여성 176
탈예술화 79
탈은폐 103~104
　강요된 ~ 103
탈정보사회 318
태블릿PC 21, 184
테크네(techné) 104~105, 274
텔레비전 34~35, 98, 100, 108, 112
판옵티콘 247, 267
　진옵티콘(Synopticon) 267
　판-진옵티콘(Pan-Synopticon)
　268~269
팬텀 19, 105, 108, 112, 137, 199~200, 215
　~화 109, 200
포스트휴먼 281~282, 296
포이에시스(Poiesis) 104
프랑크푸르트 학파 16, 76
프로메테우스적인 부끄러움 105~107
프로이트, 지그문트(Sigmund Freud) 144, 166
　『문명 속의 불만』 144
플라톤 152, 180, 194~195, 218
플루서, 빌렘(Vilém Flusser) 22~23, 122, 218
　~와 맥루언의 비교 23, 242
　~와 벤야민의 비교 227~228, 239

　~와 뵈메의 비교 236
　~와 비릴리오의 비교 242
　~의 시대 구분 23
　『사진의 철학을 위하여』 227, 234
　텔레마틱한 사회 219, 233, 241~242, 245, 248
플루서의 시대 구분
　기술적 이미지의 시대 223
　문자 시대 223
　이미지 시대 223~224
피상성 218, 232, 235, 238, 243
피스크, 존(John Fisk) 121
피크노렙시(picnolèpsis) 259~260

| ㅎ |

하르트만, 프랑크(Frank Hartmann) 212~213
하이데거(Martin Heidegger) 98, 103, 140, 178~179
　닦달(Ge-Stell) 102~103
하이브리드 186
　~한 공간 25, 316
하이퍼리얼(Hyperreal) 22, 197~198, 200~203, 205, 214~215, 315
하임, 마이클(Michael Heim) 208, 212
현상 193, 218, 236
현상학적 회의 231~233
호르크하이머, 막스(Max Horkheimer) 73, 134
호모 루덴스(Homo Ludens) 228~230, 232, 241, 248
호모 파베르(Homo Faber) 105, 107, 228~230, 232
혼종화 211, 214
획일화 34~35
후이센, 안드레아스(Adreas Huyssen) 77
휴머니즘 278
　~적 가치로부터의 결별 281